Nova Lei
de Recuperação Judicial

Nova Lei de Recuperação Judicial

2021

Coordenadores
André Chateaubriand Martins
Marcelo Sampaio Goés Ricupero

ALMEDINA

NOVA LEI DE RECUPERAÇÃO JUDICIAL

COORDENAÇÃO: André Chateaubriand Martins, Marcelo Sampaio Goés Ricupero.

DIRETOR ALMEDINA BRASIL: Rodrigo Mentz
EDITORA JURÍDICA: Manuella Santos de Castro
EDITOR DE DESENVOLVIMENTO: Aurélio Cesar Nogueira
ASSISTENTES EDITORIAIS: Isabela Leite e Larissa Nogueira

DIAGRAMAÇÃO: Almedina
DESIGN DE CAPA: FBA

ISBN: 9786556273693
Dezembro, 2021

Dados Internacionais de Catalogação na Publicação (CIP)
(Câmara Brasileira do Livro, SP, Brasil)

Nova Lei de recuperação judicial / coordenação
André Chateaubriand Martins, Marcelo Sampaio
Goés Ricupero. – 1. ed. – São Paulo : Almedina, 2021.

Bibliografia
ISBN 978-65-5627-369-3

1. Empresas – Recuperação – Leis e legislação – Brasil
2. Falência – Leis e legislação – Brasil
3. Recuperação extrajudicial (Direito) – Leis e legislação – Brasil
4. Recuperação judicial (Direito) – Leis e legislação – Brasil

I. Martins, André Chateaubriand. II. Ricupero, Marcelo Sampaio Goés.

21-86171 CDU-347.736(81)(094)

Índices para catálogo sistemático:

1. Recuperação extrajudicial de empresas : Leis : Brasil 347.736(81)(094)
2. Recuperação judicial de empresas : Leis : Brasil 347.736(81)(094)

Maria Alice Ferreira – Bibliotecária – CRB-8/7964

Este livro segue as regras do novo Acordo Ortográfico da Língua Portuguesa (1990).

EDITORA: Almedina Brasil
Rua José Maria Lisboa, 860, Conj. 131 e 132, Jardim Paulista | 01423-001 São Paulo | Brasil
editora@almedina.com.br
www.almedina.com.br

SOBRE OS COORDENADORES

André Chateaubriand Martins

Pós-graduado em Direito Civil-Constitucional pela Universidade do Estado do Rio de Janeiro (UERJ). Mestre em Direito (LL.M.) pela Columbia Law School, Nova Iorque (EUA). Professor dos cursos de graduação e pós-graduação da Pontifícia Universidade Católica do Rio de Janeiro (PUC-RJ). Advogado com ênfase em insolvência, contencioso cível e arbitragem.

Marcelo Sampaio Goés Ricupero

Graduado em Direito pela Universidade de São Paulo (USP). Especialista em Valores Mobiliários pela Universidade de São Paulo (USP). Advogado com ênfase nas áreas de societário/M&A e insolvência.

SOBRE OS AUTORES

Alex Hatanaka

LL.M. pela London School of Economics and Political Science (Inglaterra), mestre em Direito Comercial pela Universidade de São Paulo (USP), graduado em Direito pela Universidade de São Paulo (USP) e em Administração de Empresas pela Fundação Getulio Vargas (FGV). Advogado.

Ana Beatriz Passos dos Santos

Pós-Graduada em Direito Societário pelo Insper. Graduada em Direito, Fundação Getulio Vargas (FGV).

André Chateaubriand Martins

Pós-graduado em Direito Civil-Constitucional pela Universidade do Estado do Rio de Janeiro (UERJ). Mestre em Direito (LL.M.) pela Columbia Law School, Nova Iorque (EUA). Professor dos cursos de graduação e pós-graduação da Pontifícia Universidade Católica do Rio de Janeiro (PUC-RJ). Advogado com ênfase em insolvência, contencioso cível e arbitragem.

André Luiz Freire

Professor da Faculdade de Direito da Pontifícia Universidade Católica de São Paulo (PUC-SP). Sócio do Mattos Filho Advogados. Pós-doutor em Democracia e Direito Humanos pelo Ius Gentium Conimbrigae, da Universidade de Coimbra (Portugal). Doutor (S.J.D.) em Filosofia do Direito pela Universidade de Virginia (EUA). Doutor e Mestre em Direito

Administrativo pela Pontifícia Universidade Católica de São Paulo (PUC-SP). Mestre em Direito (LLM) pela Universidade de Virginia (EUA).

Antonio Oliveira

Graduado em Direito pelo Instituto Brasileiro de Mercado de Capitais – IBMEC. Advogado nas práticas de Financiamentos e Dívida.

Bruno Mastriani Simões Tuca

Graduado em Direito pela Pontifícia Universidade Católica de São Paulo (PUC-SP). Atua em operações estruturadas de financiamento, incluindo securitizações, reestruturação de dívida, financiamentos DIP e exit financing e instrumentos híbridos.

Caio Rigon Ortega

Graduado em direito pela Universidade de São Paulo (USP). Pós-graduado em Direito Societário pela Escola de Direito da Fundação Getulio Vargas (FGV). Advogado com ênfase na área de contencioso societário.

Cassio Gama Amaral

Graduado em Direito, Unijorge. Mestre em Direito Internacional, EM-Lyon (Grande École de Commerce, França) e em Administração, Universidade Federal da Bahia (UFBA), Doutorando em Direito pela Universidade Nova de Lisboa (Portugal).

Danilo Haddad Jafet

Mestre em Direito Civil, Universidade de São Paulo (USP). Pós-graduado em Direito Processual Civil, Universidade de São Paulo (USP). Graduado em Direito, Universidade de São Paulo (USP). Advogado.

Fabio Teixeira Ozi

Graduado em Direito pela Universidade de São Paulo (USP). Especialização em Direito Tributário pela Universidade de São Paulo (USP). Especialização em Direito Empresarial pela Fundação Getulio Vargas (FGV).

Flávia Guimarães Leardini

Pós-Graduada em fraude fiscal e lavagem de dinheiro pela Universidad de Castilla-La Mancha (Espanha) e em Direito Penal Econômico e Europeu pela Universidade de Coimbra (Portugal). Advogada criminalista.

Flavio Mifano
Especialização em Economia e Direito Empresarial pela Fundação Getulio Vargas (FGV). Graduado em Direito, Universidade Paulista.

Flávio Pereira Lima
Graduado em direito pela Universidade de São Paulo (USP). Foi presidente da Câmara de Mediação, Conciliação e Arbitragem da Ordem dos Advogados do Brasil – Seção São Paulo, membro do Conselho do Comitê Brasileiro de Arbitragem (CBAR) e membro do Conselho Secional da Ordem dos Advogados do Brasil – São Paulo, além de secretário-geral do Comitê Especial de Ética Pública da Ordem dos Advogados do Brasil – São Paulo.

Flávio Spaccaquerche Barbosa
Mestre em Direito Internacional Econômico, Université Panthéon-Sorbonne (França). Especialização em Direito das Relações de Consumo, Pontifícia Universidade Católica de São Paulo (PUC-SP). Bacharel em Direito, Pontifícia Universidade Católica de São Paulo (PUC-SP). Advogado.

Frederico Kerr Bullamah
Graduado em Direito pela Universidade Presbiteriana Mackenzie e mestre em Direito (LL.M.) pela Queen Mary – University of London (Inglaterra). Atua em operações de financiamento estruturadas, englobando a representação de investidores, credores e devedores em operações de reestruturação e renegociação de dívidas.

Gabriela Silva de Lemos
Pós-Graduação em Direito Tributário pela Pontifícia Universidade Católica de São Paulo (PUC-SP) e em Direito Empresarial pela Fundação Getulio Vargas (FGV). Graduada em Direito, Pontifícia Universidade Católica de São Paulo (PUC-SP).

Gabriel de Freitas Queiroz
Advogado criminalista formado pela Pontifícia Universidade Católica de São Paulo (PUC-SP).

Gabriel Kukulka Figuinha
Graduado em Direito pela Pontifícia Universidade Católica de São Paulo (PUC-SP). Mestrando em Direito Processual Civil na Universidade de São Paulo (USP).

Giovanna Campedelli
Graduada em Direito pela Universidade Presbiteriana Mackenzie. Pós-graduada em Direito Empresarial pelo Instituto de Ensino e Pesquisa – Insper. Advogada com ênfase nas áreas de contencioso cível e insolvência.

Henrique Ribeiro Junqueira Borges
Membro do Grupo de Estudos em Recursos Naturais e Sustentabilidade da Universidade de Brasília (UnB).

João Pedro Pimentel Siqueira
Graduado em direito pelo Instituto Brasileiro de Mercado de Capitais – IBMEC, especialização em Processo Civil pela Pontifícia Universidade Católica do Rio de Janeiro (PUC-RJ). Advogado com ênfase na área de contencioso cível.

João Ricardo de Azevedo Ribeiro
Graduado em Direito pela Universidade de São Paulo (USP). Mestre em Direito (LL.M.), Cornell University Law School (EUA). Advogado com ênfase nas áreas de societário/M&A.

Laura Guidugli Fillietaz
Graduada em Direito pela Pontifícia Universidade Católica de São Paulo (PUC-SP).

Lina Pimentel Garcia
Graduada em Direito pela Universidade Paulista, pós-graduada em Direito Ambiental pela Escola Superior de Direito Constitucional e pós-graduada em Sustentabilidade pela Fundação Dom Cabral. Atua na área de direito ambiental e lida com diversos assuntos inerentes à prática incluindo áreas contaminadas, licenciamentos, resíduos sólidos e serviços ecossistêmicos.

Lucas Henrique De Lucia Gaspar
Mestrando em Direito Penal pela Universidade de São Paulo (USP). Pós-graduando (lato sensu) em Processo Civil pela Universidade de São Paulo (USP). Advogado.

Marcelo Sampaio Goés Ricupero
Graduado em Direito pela Universidade de São Paulo (USP). Especialista em Valores Mobiliários pela Universidade de São Paulo (USP). Advogado com ênfase nas áreas de societário/M&A e insolvência.

Marcelo Schwartzmann
Graduado em Direito pela Universidade Presbiteriana Mackenzie, especialização em Direito Ambiental e Gestão Estratégica da Sustentabilidade pela Pontifícia Universidade Católica de São Paulo (PUC-SP). Também realizou curso de extensão em American Law pela University of California (EUA) e curso de extensão em Aspectos Florestais pela Companhia Ambiental do Estado de São Paulo. Advogado atuante na prática de Ambiental.

Maria Olivia de Freitas Zani
Graduada em Direito pela Pontifícia Universidade Católica de São Paulo (PUC-SP). Advogada.

Marina Anselmo Schneider
Graduada em Direito pela Pontifícia Universidade Católica de São Paulo (PUC-SP), especialização em Direito pela Pontifícia Universidade Católica de São Paulo (PUC-SP) e mestre em Direito (LL.M.) pela University of London (Inglaterra). Atua em transações nacionais e internacionais de mercado de capitais, finanças e operações estruturadas.

Mariana Leoni Beserra
Graduada em Direito pela Universidade Presbiteriana Mackenzie. Advogada com ênfase nas áreas de contencioso cível e insolvência.

Maricí Giannico
Doutorado e Mestrado em Direito Processual Civil pela Universidade de São Paulo (USP). Professora de Processo Civil na Universidade de Brasília

(UnB). Coordenadora do Comitê de Tribunais Superiores do CESA. Bacharel em Direito, Universidade de São Paulo (USP).

Murilo Castineira Brunner
Advogado mestre em Direito Civil pela Universidade de São Paulo (USP).

Nathalia Beschizza
Graduada em direito pela Universidade Presbiteriana Mackenzie. Especialista em Processo Civil pela Pontifícia Universidade Católica de São Paulo (PUC-SP).

Nathalia Gomes de Oliveira
Pós-Graduação em Direito Tributário pelo Instituto de Ensino e Pesquisa – Insper. Graduada em Direito, Universidade Presbiteriana Mackenzie.

Paola Rossi Pantaleão
Mestranda em Direito Penal pela Pontifícia Universidade Católica de São Paulo (PUC-SP). Especialista em Direito Processual Penal pela Escola Paulista da Magistratura. Advogada criminalista.

Paula de Souza Gonçalves
Mestranda em Direito Processual Civil pela Universidade de São Paulo (USP). Graduada em Direito pela Universidade de São Paulo (USP).

Paula Moreira Indalecio
Pós-graduada em Direito Penal Empresarial pela Fundação Getulio Vargas (FGV) e em Direito Penal Econômico e Europeu pela Universidade de Coimbra (Portugal). Cursou LL.M em Mercado Financeiro e de Capitais pelo Instituto de Ensino e Pesquisa – Insper. Advogada criminalista.

Renata Paiva Gonçalves Leal
Bacharel em Direito pela Pontifícia Universidade Católica do Rio de Janeiro (PUC-RJ). Advogada.

Ricardo Junqueira de Andrade
Graduado em Direito pela Pontifícia Universidade Católica do Rio de Janeiro (PUC-RJ). Especialista em Direito Civil-Constitucional pela

Universidade do Estado do Rio de Janeiro (UERJ). Mestre em Direito (LL.M) pela Columbia Law School, Nova Iorque (EUA). Advogado.

Rodrigo de M. Pará Diniz
L.L.M. em Direito Tributário pelo Instituto de Ensino e Pesquisa – Insper. Master em Gestão Estratégica para Advogados pela Fundação Getulio Vargas (FGV). Mestrado em Direito Tributário pela Universidade de São Paulo (USP). Bacharel em Direito, Universidade de São Paulo (USP).

Sofia Costa Agreli
Bacharel em Direito, Centro Universitário de Brasília (UniCEUB).

Stefano Motta
Graduado em Direito pela Universidade Presbiteriana Mackenzie. Especialista em Processo Civil pela Pontifícia Universidade Católica de São Paulo (PUC-SP). Mestrando em Direito dos Negócios na Fundação Getulio Vargas (FGV).

Thais Arza Monteiro
Bacharel em Direito, Universidade Presbiteriana Mackenzie. Mestrado em Direito Processual, Université Paris Sud- XI (França). Advogada.

Thamires de Oliveira Loduca
Pós-Graduada em Direito Processual Civil pela Pontifícia Universidade Católica de São Paulo (PUC-SP). Bacharel em Direito, Universidade Presbiteriana Mackenzie.

Thiago Luís Santos Sombra
Graduado em Direito pelo Centro Universitário de Brasília (UniCEUB). Mestre em Direito Privado pela Pontifícia Universidade Católica (PUC-SP). Doutor em Direito, Tecnologia e Regulação pela Universidade de Brasília (UnB). Especialização pela London School of Economics em Cyberlaw, com enfoque na proteção da privacidade e proteção de dados (UK). Pós-graduação em Direito privado na Università degli Studi di Camerino (Itália).

PREFÁCIO

Este livro contém um conjunto de artigos que tratam da reforma da lei de recuperação judicial. Tais artigos foram escritos por sócios e advogados do escritório Mattos Filho, Veiga Filho, Marrey Jr e Quiroga Advogados e dispõem de várias matérias de alta relevância no tocante às regras que ditam a recuperação judicial das empresas no Brasil.

Alguns temas se sobressaem dentro dessa coletânea, em vista da importância que eles têm no mundo prático, como é o caso da negociação preventiva, a mediação, a arbitragem, a apresentação do plano de recuperação judicial alternativo, a venda de ativos, a temática das garantias fiduciárias, a falência e a questão tributária, aspectos penais decorrentes da recuperação, dentre outras matérias relevantes.

Sem sombra de dúvidas, a lei de recuperação judicial trouxe uma série de alternativas fundamentais para reerguimento econômico das empresas que se encontram em dificuldades financeiras e comerciais. Um dos destaques da aludida lei é a possibilidade de credores e devedores terem um maior diálogo na composição da sua relação jurídica, bem como a viabilidade de se separar do patrimônio das empresas em recuperação alguns ativos que possam ser alienados e, consequentemente, gerar liquidez para solução das dívidas existentes, sem que haja reflexos sucessórios para os respectivos adquirentes.

Desde a sua edição, a aludida lei enfrentou também questões de forte repercussão na jurisprudência brasileira, sendo que o Poder Judiciário posicionou-se, em várias ocasiões, sobre temas a ela atinentes, como é o caso da diferença entre créditos concursais e extraconcursais, reserva de crédito, assembleia geral de credores, cessão de créditos e pagamentos dos créditos extraconcursais não sujeitos à recuperação etc.

Em outros termos, pode-se dizer que a lei de recuperação judicial já provocou vários debates na doutrina e jurisprudência e continuará a provocar, uma vez que a empresa está sempre envolvida no mundo econômico que é muito flexível e mutável. Ou seja: estabilidade econômica e crise são sempre verso e anverso da mesma medalha e a empresa está inserida nessa realidade econômica.

Daí por que a necessidade de se estudar a lei de recuperação judicial em detalhes e com profundidade acadêmica. Como sabemos, o mundo passa por uma crise sanitária sem precedentes o que provoca uma grande instabilidade econômica em todos os continentes. As empresas ficaram desabastecidas, em grande parte desse período, de realizar suas atividades na sua plenitude, provocando situações de insolvência e dificuldades financeiras. Nessas circunstâncias o direito deve disponibilizar à sociedade mecanismos para minimizar os efeitos de uma crise econômica e a lei de recuperação judicial, em certa medida, cumpre essa função.

Diante disso, a elaboração de um livro com artigos que discutem o tema da recuperação judicial sobre o prisma teórico e prático é de grande importância, uma vez que dá aos operadores do direito instrumentos necessários para lidar com o complicado mundo dos negócios. Como sabemos, nem sempre o desejo dos empresários se adapta às soluções jurídicas existentes, o que produz uma necessidade do advogado estar presente nos negócios de forma pró ativa.

Por essas razões entendemos que o livro que ora apresentamos seja de grande valia para aqueles que militam na respectiva área.

ROBERTO QUIROGA MOSQUERA
Mestre e Doutor pela PUC/SP
Professor da USP e FGV DIREITO SP
Sócio do Mattos Filho, Veiga Filho, Marrey Jr e Quiroga Advogados

SUMÁRIO

1ª PARTE
RECUPERAÇÃO JUDICIAL E EXTRAJUDICIAL

2ª PARTE
FALÊNCIA

3ª PARTE
SETORES E TEMAS DIVERSOS EM RECUPERAÇÃO JUDICIAL E FALÊNCIA

1ª PARTE

RECUPERAÇÃO JUDICIAL E EXTRAJUDICIAL

1. Negociação Preventiva: Um Novo *Stay Period* para Estímulo à Negociação

Ricardo Junqueira de Andrade
Stefano Motta
Gabriel Kukulka Figuinha

Introdução: a crise econômica na pandemia de COVID-19 e as medidas legislativas e judiciárias tomadas para seu enfrentamento

A pandemia de COVID-19 causou impactos gravíssimos nas esferas social, política e econômica. A crise sanitária, isolamento social, restrições à circulação de pessoas e mercadorias, dentre outras limitações, implicaram na oscilação no preço de insumos da cadeia de consumo,[1] drásticas perdas de faturamento, variação cambial e desvalorização do real,[2] moratória no pagamento de dívidas,[3] desemprego etc.[4]

[1] Vide, por exemplo a oscilação do preço do aço. Disponível em: https://valor.globo.com/empresas/noticia/2021/05/05/siderurgicas-reajustam-precos-em-ate-18.ghtml. Acesso em 27.05.2021.

[2] Disponível em: https://valor.globo.com/financas/noticia/2020/05/11/disparada-do-dolar-eleva-incerteza-sobre-rumos-da-economia.ghtml. Consulta realizada em 27.05.2021.

[3] Conforme relatório publicado pelo Fundo Monetário Internacional, a crise do coronavírus deu um "golpe inédito" nos mercados financeiros globais e representa uma "ameaça muito séria" à sua estabilidade. Disponível em: https://oglobo.globo.com/economia/surto-de--coronavirus-deu-um-golpe-inedito-nos-mercados-financeiros-globais-diz-fmi-24371371. Acesso em: 27.05.2021.

[4] "As medidas de isolamento social concebidas para achatar a curva de contágio da Covid-19 resultaram em repercussões econômicas gravíssimas, dentre elas: (i) quedas bruscas de receita em todos os grandes setores da economia (exceto supermercados e farmácias), incluindo reduções entre 60 e 90% no turismo, no transporte aéreo, no comércio de vestuário, em

Por outro lado, a despeito da profunda crise econômica e imediato impacto nas receitas das empresas, as despesas em geral, como tributos e empréstimos, continuaram a ser devidas, havendo claro e abrupto descompasso entre receita e dívida.[5]

A crise econômica, naturalmente, gerou grandes preocupações no ano de 2020 aos Poderes Legislativo e Judiciário no Brasil e, com isso, a busca por medidas eficazes para "achatar a curva" de insolvência a fim de evitar o ajuizamento em massa de pedidos de recuperação judicial e de ações de execução.[6]

bares e restaurantes e nas empresas de estacionamento; (ii) diminuição de mais de 60% na renda de autônomos, empreendedores e trabalhadores informais; (iii) saída expressiva de capital estrangeiro do País rumo a mercados institucionalmente mais seguros, redundando em alta do dólar (aproximadamente 30% em abril) e queda da Bolsa de Valores (quase 50% do Ibovespa em março); (iv) previsão da OMC de maior redução do comércio internacional desde a II Guerra Mundial; (v) projeções de quedas históricas nos PIB de economias desenvolvidas (7,5% dos países da zona do euro, com destaque negativo para o Reino Unidos com retração projetada de 13%, e 5,9% nos Estados Unidos); (vi) mais de 90 países pedindo auxílio financeiro ao FMI; (vii) contratos de petróleo sendo negociados a preços negativos pela primeira vez na História em função da falta de capacidade de armazenamento do óleo acumulado pela queda brusca de consumo; (viii) 60% da frota mundial de aeronaves no solo, causando um problema inédito de logística de onde estacionar e como fazer a manutenção de mais de 14.000 aviões que deveriam estar no ar". (SCALZILLI, João Pedro. SPINELLI, Luis Felipe. TELLECHEA, Rodrigo. Pandemia, crise econômica e Lei de Insolvência. 1ª Ed. Porto Alegre: Buqui, 2020. p. 25)

[5] "Para explicar a crise econômica gerada pelas medidas de quarentena, citando o Professor Lawrence H. Summers, economista da Universidade de Harvard, o também Professor e Juiz Daniel Carnio Costa esclarece que o relógio econômico, aquele que afere o faturamento das empresas, ficou estático no tempo, vez que o consumo despencou da noite para o dia; por outro lado, o relógio financeiro, o que aponta as despesas (como aluguel, contas e outros) manteve seu regular curso, causando assim um descompasso insuportável para grande maioria dos empresários. (MONTEIRO, Ana Carolina Reis do Valle. SALOMÃO FILHO, Luis Felipe. Impulsionando a recuperação econômica do Brasil por meio de procedimentos de insolvência mais robustos. Disponível em: https://institutoibde.com.br/2020/06/05/impulsionando-a-recuperacao-economica-do-brasil-por-meio-de-procedimentos-de-insolvencia-mais-robustos/. Consulta realizada em 31.03.2021)

[6] "Dada a natureza abrupta e generalizada da crise do COVID-19, é importante "achatar a curva" das insolvências e usar medidas de alívio para impedir que empresas viáveis sejam forçadas prematuramente à insolvência. Sem intervenção, mesmo procedimentos normalmente eficazes podem levar à falência sistêmica, onde uma enxurrada de insolvências poderia

O receio, como manifestado pelo jurista e juiz titular da 1ª Vara de Falências e Recuperações Judiciais da Comarca de São Paulo, Daniel Carnio Costa, seria, na prática, que o aumento do número de recuperações judiciais pudesse até prejudicar sobremaneira o funcionamento da justiça,[7] tornando o processo de soerguimento, já alvo de críticas pelo tempo de tramitação, completamente inviável.

A despeito dessa preocupação, não ocorreu no ano de 2020 o esperado número significativo de pedidos de recuperação judicial. Segundo o Serasa, houve 1.179 pedidos de recuperação judicial em 2020, número 15% inferior ao ano de 2019, marcado por 1.387 pedidos.[8]

A diminuição do número de distribuições de pedidos de recuperação judicial, contudo, parece estar ligada a outros fatores diferentes do reflexo da crise econômica. Como bem explicaram José Marcelo Martins Proença e Eduardo da Silva Mattos,[9] as causas para diminuição do número de recuperações judiciais em 2020 estão mais associadas (i) ao fato de que pequenas empresas não ajuízam pedidos de recuperação judicial, mas, basicamente, fecham diretamente as suas portas; (ii) às expectativas depositadas no governo sobre a concessão de auxílios financeiros; e (iii) aos debates sobre as modificações da Lei n. 11.101/2005 ("LFRE") e às expectativas de melhores condições para as empresas em crise.

O cenário para os anos de 2021 e 2022, todavia, reflete pessimismo. Em matéria do jornal O Estado de São Paulo, a consultoria Alvarez & Marsal estimou aumento significativo no número de pedidos de recuperação

provocar um colapso nos preços dos ativos e no próprio Judiciário brasileiro." (MONTEIRO, Ana Carolina Reis do Valle. SALOMÃO FILHO, Luis Felipe. Op. Cit.).

7 "Daí o paradoxo da recuperação judicial em tempos de pandemia: a recuperação judicial é um mecanismo eficaz para ajudar as empresas a superar a crise, mas o aumento de casos de recuperação empresarial poderá colapsar o funcionamento da Justiça, fazendo com que os processos judiciais, inclusive os de recuperação empresarial, não tenham andamento célere e eficaz. (COSTA, Daniel Carnio. O paradoxo da recuperação judicial em tempos de pandemia. Migalhas, 4 ago. 2020. Disponível em: https://migalhas.uol.com.br/coluna/insolvencia-em-foco/331582/o-paradoxo-da-recuperacao-judicial-em-tempos-de-pandemia.%20acesso. Consulta realizada em: 31.03.2021.

8 Disponível em: https://www.serasaexperian.com.br/sala-de-imprensa/noticias/recuperacao-judicial-tem-queda-de-15-em-2020-revela-serasa-experian/, consulta realizada em 31.03.2021.

9 Disponível em: https://www.conjur.com.br/2021-fev-01/mattos-proenca-empresas-recuperacao-judicial-2020, consulta realizada em 31.03.2021.

judicial, em aproximadamente 53%, chegando a pouco mais de 1.800 pedidos para o ano corrente.[10]

Em reportagem veiculada no jornal Valor Econômico no dia 30.03.2021, a expectativa da Alvarez & Marsal se mostrou acurada, tendo em vista que no mês de fevereiro de 2021 o Serasa apurou o ajuizamento de 90 pedidos de recuperação judicial, quantidade 11% maior em comparação ao mesmo mês do ano passado.[11]

Diante desse contexto, o Poder Judiciário procurou soluções rápidas e eficientes desde o início da pandemia. Em 31.03.2020, o Conselho Nacional de Justiça ("CNJ") expediu a Recomendação n. 63,[12] por meio da qual recomendou a todos os juízes que (i) dessem prioridade à análise e decisão de questões relacionadas ao levantamento de valores em favor de credores ou empresas recuperandas, visando ajudar a manutenção do regular funcionamento da economia e subsistência dos trabalhadores e suas famílias; (ii) suspendessem a realização de Assembleias Gerais de Credores presenciais; (iii) prorrogassem o prazo do *stay period;* (iv) autorizassem empresas devedoras em fase de cumprimento do plano já aprovado pelos credores a apresentar plano modificativo, desde que comprovada a incapacidade de cumprimento de obrigações previamente assumidas; e (v) avaliassem, com especial cautela, o deferimento de medidas de urgência, decretação de despejos por falta de pagamento e a realização de atos de excussão patrimonial.

O Tribunal de Justiça de São Paulo ("TJSP") também agiu e, já prevendo o aumento significativo no número de demandas relacionadas ao COVID-19, expediu, em 17.04.2020, o Provimento CG n. 11/2020, por meio do qual criou o projeto-piloto de conciliação e mediação pré-processuais para disputas empresariais decorrentes dos efeitos da pandemia, sendo

[10] Disponível em: https://economia.estadao.com.br/noticias/geral,pedidos-de-recuperacao-judicial-devem-subir-53-este-ano-a-1-8-mil-preve-consultoria,70003595317#:~:text=BRAS%C3%8DLIA%20%2D%20O%20n%C3%BAmero%20de%20pedidos,estudo%20obtido%20pelo%20Estad%C3%A3o%2FBroadcast. Consulta realizada em: 31.03.2021.

[11] Disponível em: https://valor.globo.com/legislacao/noticia/2021/03/30/numero-de-pedidos-de-recuperacao-judicial-pode-bater-recorde-neste-ano.ghtml. Consulta realizada em 31.03.2021.

[12] Disponível em: https://atos.cnj.jus.br/atos/detalhar/3261#:~:text=Recomenda%20aos%20Ju%C3%ADzos%20com%20compet%C3%AAncia,coronav%C3%ADrus%20causador%20da%20Covid%2D19. Consulta realizada em: 31.03.2021.

previsto "para disputas empresariais decorrentes dos efeitos da Covid-19, destinado a empresários e sociedades empresariais, nos termos do artigo 966 do Código Civil, e demais agentes econômicos, desde que envolvidos em negócios jurídicos relacionados à produção e circulação de bens e serviços".

As medidas exemplificativamente citadas acima demonstram que é possível constatar, desde o início da pandemia, a preocupação com o aumento desenfreado no número de processos atinentes a casos de insolvência e a priorização da utilização de métodos consensuais para resolução de conflitos.

O Poder Legislativo também atuou e aprovou mudanças substanciais na LFRE, por meio da promulgação da Lei n. 14.112/2020, originada de discussões do Projeto de Lei n. 1.397/2020, proposto pelo deputado federal Hugo Leal.

Alinhadas com os princípios norteadores do Código de Processo Civil de 2015 ("CPC") e sob influência de legislações europeias, dentre as diversas modificações implementadas pela Lei n. 14.112/2020, está o art. 20-B, §1º, da LFRE, objeto deste artigo.

É interessante registrar que o art. 20-B, §1º, da LRFE criou uma nova fase no processo de recuperação judicial, estabelecendo uma etapa de negociações prévias ao ajuizamento do pedido de recuperação judicial, com a possibilidade de suspensão de obrigações pelo prazo de 60 dias por meio da obtenção de tutela cautelar antecipada de urgência.

Referido instituto é inédito, já que previamente à Lei n. 14.112/2020 a suspensão das demandas judiciais propostas contra a empresa recuperanda só era possível após deferido o processamento da recuperação judicial e por meio da concessão do *stay period*, inexistindo prévia salvaguarda dos interesses da recuperanda e incentivo judicial à resolução consensual de conflitos.

A despeito de ainda não haver dados empíricos e, consequentemente, informações sobre o percentual de sucesso das negociações prévias, a inclusão do art. 20-B, §1º, da LRFE é congruente com as preocupações da Administração Pública e a tentativa de "achatamento da curva" de processos durante a pandemia de COVID-19.

Nos próximos tópicos, passaremos a analisar a natureza do referido instituto, suas influências e os requisitos previstos na LRFE para suspensão prévia das demandas ao pedido de recuperação judicial.

1. Negociação preventiva à pré-insolvência: o modelo cooperativo do Processo Civil brasileiro e a influência europeia

1.1. O modelo cooperativo de processo e a Lei de Mediação: bases principiológicas do art. 20-B, §1º, da LRFE

A despeito do ineditismo do art. 20-B, §1º, no contexto da LRFE, que passou a estabelecer a possibilidade de uma etapa de negociação prévia ao ajuizamento do pedido de recuperação judicial, a referida previsão já estava amparada em nosso ordenamento jurídico, sendo perfeitamente congruente com os princípios contemporâneos do direito processual civil.

O CPC, elaborado à luz de um regime político democrático participativo, foi marcado pela forte influência do modelo colaborativo de processo, caracterizado por potencializar a participação das partes na solução dos conflitos por meio de soluções consensuais e, também, por privilegiar o contraditório amplo como forma de auxílio ao juiz na construção da decisão judicial.[13]

Em seus dez primeiros artigos, o CPC estabeleceu normas fundamentais para atuação das partes e do juiz no processo, traçando as linhas-mestras que o estruturam.[14] O art. 3º, §2º, do CPC prevê que "o Estado promoverá, sempre que possível, a solução consensual dos conflitos". Já o §3º do referido artigo ainda consigna que "a conciliação, a mediação e outros métodos de solução consensual de conflitos deverão ser estimulados por

[13] "Ademais, a democracia participativa, tida mesmo como um direito fundamentar de quarta dimensão, sugere a caracterização do processo como um espaço privilegiado de exercício direto de poder pelo povo. Nessa quadra, potencializa-se o valor da participação no processo, incrementando-se as posições jurídicas das partes no processo a fim de que esse se constitua firmemente como um democrático ponto de encontro dos direitos fundamentais (arts. 1º, 7º, 9º e 10 do CPC/2015)" (MITIDIERO, Daniel. Colaboração no processo civil. 3ª ed. São Paulo: Revista dos Tribunais, 2015. p. 47)

[14] "Nosso novo Código de Processo Civil segue nesse particular esse último caminho: desde o início, o legislador entorna normas fundamentais que servem para densificar o direito ao processo justo previsto na Constituição (art. 5º, LIV) e dar as linhas-mestras que o estruturam. Dentre essas normas, consta do art. 6º: 'Todos os sujeitos do processo devem cooperar entre si para que se obtenha, em tempo razoável, decisão de mérito justa e efetiva', Se adotada uma chave de leitura apropriada, trata-se de norma de mais ampla importância que ao mesmo tempo visa caracterizar o processo civil brasileiro a partir de um modelo e fazê-lo funcionar a partir de um princípio: o modelo cooperativo de processo civil e o princípio da colaboração" (MITIDIERO, Daniel. Op. Cit., p. 52

juízes, advogados, defensores públicos e membros do Ministério Público, inclusive no curso do processo judicial".

Ainda, o art. 6º do CPC faz referência expressa ao modelo cooperativo ao regular que "todos os sujeitos do processo devem cooperar entre si para que se obtenha, em tempo razoável, decisão de mérito justa e efetiva".

Tais disposições estão alinhadas com a Resolução n. 125/2010 do CNJ,[15] que instituiu a Política Pública de Tratamento Adequado dos Conflitos de Interesses e implicou, dentre diversas outras medidas, na criação e instalação dos Centros Judiciários de Solução de Conflitos e Cidadania ("**CEJUSC**"), configurando, portanto, as bases para criação da Lei n. 13.140/2015 ("**Lei de Mediação**").

A Lei de Mediação constituiu marco importante no incentivo à adoção dos métodos consensuais de resolução de conflitos ao regular a matéria por meio de lei federal e criar a figura do mediador judicial, profissional habilitado com formação técnica na área (art. 11) e com remuneração condizente com seu *munus* (art. 13).[16]

Ademais, a Lei de Mediação trouxe previsões mais claras sobre a organização das reuniões de mediação, possibilidade de suspensão dos processos judiciais em andamento (art. 16) e estímulo financeiro às partes ao dispor sobre a desnecessidade de pagamento de custas judiciais finais na hipótese de solução do conflito previamente à citação do réu (art. 29).

A Lei de Mediação também prevê como obrigação do magistrado a designação da audiência de mediação na hipótese de a petição inicial preencher os requisitos essenciais e não ser o caso de improcedência liminar do pedido (art. 27).

Ou seja, ainda que persista alguma resistência por parte dos operadores do direito em razão da cultura adversarial do litígio,[17] a Lei de Mediação

15 Disponível em: https://www.cnj.jus.br/wp-content/uploads/2011/02/Resolucao_n_125-GP.pdf, consulta realizada em 29.03.2021.

16 "A previsão é coerente com a exigência de capacitação e cadastramento, pauta que demanda tempo e dedicação dos facilitadores da comunicação. A partir da implementação de tal previsão, haverá maior chance de que passem a integrar os quadros do Poder Judiciário os profissionais experientes que trabalham com pauta remuneratória adequada (como mediadores privados integrantes de listas de Câmaras de Mediação e Arbitragem)". (TARTUCE. Fernanda. Mediação nos conflitos civis. 4ª ed. Rio de Janeiro: Forense, 2018. p. 307).

17 Essa também é a visão de Fernanda Tartuce: "A adoção de técnicas diferenciadas de tratamento de conflitos exige uma substancial modificação da visão do operador do Direito,

deixou fora de dúvidas a opção consensual ao disciplinar que a audiência de mediação deve ser designada pelo juiz após receber a petição inicial, salvo se existir expressa manifestação em sentido contrário das partes.

Conquanto a negociação prévia já esteja prevista em legislações estrangeiras, como explicado adiante no tópico "1.2", a sua inclusão na LRFE está alinhada às perspectivas contemporâneas do processo civil colaborativo constitucional, que visam utilizar métodos alternativos de resolução de conflitos a fim de viabilizar a prestação da tutela jurisdicional efetiva.[18]

Não apenas alinhado à perspectiva colaborativa de processo civil, o art. 20-B, §1º, da LRFE também observa os ditames da Lei de Mediação ao prever expressamente a realização de audiências de mediação, a possibilidade de suspensão das demandas em curso pelo prazo de 60 dias, tal qual o disposto no art. 28 da Lei de Mediação, bem como a observância aos arts. 15 e 16 da referida legislação, que dispõem que a mediação poderá ser realizada também no processo arbitral e que a suspensão do processo poderá ser prorrogada pelo prazo necessário para seu desfecho mediante pedido das partes.

É, portanto, a inclusão do art. 20-B, §1º, da LRFE sistematicamente congruente com as reformas recentemente realizadas em diversos diplomas do nosso ordenamento jurídico.

1.2. Negociação prévia e a influência de legislações estrangeiras

A inclusão de uma fase de negociação prévia ao ajuizamento do pedido de recuperação judicial possui influência direta de legislações europeias,

do jurisdicionado e do administrador da justiça. Segundo Kazuo Watanabe, a cultura da sentença instalou-se assustadoramente entre nós, preconizando um modelo de solução contenciosa e adjudicada dos conflitos de interesses. Há que se substituir, paulatinamente, a cultura da sentença pela cultura da pacificação" (TARTUCE. Fernanda. Op. Cit. p. 110).

[18] Nesse sentido, é a posição de Manoel Justino Bezerra Filho: "É medida louvável ante a quantidade excessiva de trabalho jurisdicional, devendo cuidar-se, porém, para que não se torne mais uma forma de atravancar o andamento processual e também para não se prestar a formar mais um campo de exploração para as sempre reprováveis medidas protelatórias, tornando o procedimento mais lento e complexo do que já é. Para isso, as partes e, principalmente, o poder jurisdicional, deverão ficar atentos" (FILHO, Manoel Justino Bezerra. Lei de Recuperação de Empresas e Falência. Edição 2021. Ed: Thomson Reuters Brasil, 2021. p. RL-1.5)

como a Diretiva Europeia 2019/1023,[19] mas, principalmente, do Código Comercial francês, conforme ressaltou, em seu parecer ao PL 1.397/2020, o Deputado Isnaldo Bulhões Junior:

> Assim, de acordo com o PL nº 1397/20, ficaria instituído o procedimento de negociação preventiva apresentado nos arts. 6º ao 8º do projeto de lei em análise, o qual teve como fundamento legislativo o direito comparado, qual seja o exitoso sistema francês de prevenção e antecipação da crise da empresa, surgido em 1985, bem como na recente Diretiva Europeia (EU) nº 1.023/2019. Foi dito, na justificação do PL, que aquele sistema francês vem sendo utilizado com êxito já há alguns anos naquele país, e disporá 'sobre os regimes de reestruturação preventiva, o perdão de dívidas e as inibições, e sobre as medidas destinadas a aumentar a eficiência dos processos relativos à reestruturação e renegociação de dívidas', ressaltando-se que sua criação neste momento, no Brasil, se dá em regime eminentemente transitório, que será válido somente até o fim do reconhecimento do estado de calamidade.

Como apontado acima, desde 1985 a legislação francesa têm contribuído positivamente para a superação da crise financeira das empresas ao prever a criação do *Redressement Judiciaire*, que, segundo Vera Helena de Mello Franco, nada mais é do que um procedimento de intervenção judicial, cujo objetivo é a sobrevivência da empresa por meio da manutenção da atividade comercial na hipótese em que a empresa devedora está cessando os pagamentos, mas ainda com possibilidade de recuperação.[20]

19 Conforme item 24 da referida Diretiva foi disposto que: "os devedores, incluindo as entidades jurídicas e, se o direito nacional assim o previr, as pessoas singulares e os grupos de sociedades, deverão poder dispor de um regime de reestruturação que lhes permita enfrentar as suas dificuldades financeiras numa fase precoce, quando for provável que será possível evitar a sua insolvência e garantir a viabilidade da empresa. O regime de reestruturação deverá estar disponível antes de o devedor ser declarado insolvente nos termos do direito nacional, ou seja, antes de o devedor preencher as condições do direito nacional necessárias para iniciar um processo de insolvência coletivo que, normalmente, implica a inibição total do devedor e a nomeação de um síndico" Disponível em: https://eur-lex.europa.eu/legal-content/PT/TXT/PDF/?uri=CELEX:32019L1023&from=EN. Acesso em 24.05.2021.

20 "A Lei de 25.01.1985 provendo à criação do *Redressement Judiciaire* (intervenção judicial), cujo objetivo era a sobrevivência da empresa com a manutenção da atividade e do emprego, a par da apuração do passivo. O procedimento aplica-se às situações em que a empresa está impossibilitada de quitar uma ou mais dívidas, cessando seus pagamentos, mas, ainda,

Nos anos de 2003 e 2005, por meio de alterações legislativas inseridas no Código Comercial francês, houve a criação do instituto da *Conciliation*, que, como o próprio nome sugere, se trata de possibilidade conferida ao devedor que esteja em situação de dificuldade econômica, jurídica ou financeira de solicitar ao Tribunal Comercial francês a designação de um conciliador para conduzir o procedimento de conciliação com determinados credores.[21]

De forma análoga ao previsto no art. 20-B, §1º, da LRFE, o instituto da *Conciliation* é destinado para os sujeitos em dificuldades jurídicas, econômicas ou financeiras, comprovadas ou previsíveis e que não estejam em mora por mais de quarenta e cinco dias (artigo 611-4 do Código Comercial francês).

Em linhas gerais, o pedido de conciliação é endereçado ao presidente do Tribunal Comercial do foro da sede da empresa, demonstrando documentalmente a situação econômica, financeira e social da empresa por meio do: (i) extrato do registro comercial da empresa; (ii) declaração de créditos e débitos com indicação dos principais credores; (iii) lista com garantias concedidas à credores; (iv) demonstração de fluxo de caixa, bem como dos ativos realizáveis e disponíveis; e, (v) valores operacionais, ou seja, estoques em produção ou em andamento.

Caso o procedimento de conciliação seja deferido, o presidente do Tribunal Comercial nomeia um conciliador pelo prazo de 4 meses, que pode ser prorrogado por mais 1 mês, de modo que a duração total do procedimento não exceda 5 meses (art. 611-6 do Código Comercial francês).

com possibilidade de recuperação (FRANCO, Vera Helena de Mello. A crise econômica e a reforma do direito concursal no continente europeu função social ou manutenção da atividade? Revista dos Tribunais, v. 936/2013. p. 13/14)

[21] "Já se a empresa passa por dificuldades jurídica, econômica ou financeira, advertidas ou previsíveis, capaz de colocar a empresa em perigo, o presidente do Tribunal de Comércio, pode designar um conciliador (*la conciliation*, art. L611-3, *Code de Commerce*), cuja função é favorecer acordos entre o devedor e seus principais credores, supervisionar e ou inclusive substituir o empresário, com o fito de por fim às dificuldades da empresa;
"No caso da conciliação o prazo máximo da intervenção é de quatro meses e neste período o devedor não poderá pagar credores anteriores e nem alienar bens sem autorização do tribunal. Existe, ademais, a possibilidade de suspensão das ações propostas.
Quanto aos sujeitos passivos, a lei francesa de forma generosa aplica a medida tanto a pessoas jurídicas quanto naturais que exerçam atividade profissional independente e inclusive a profissionais liberais" (FRANCO, Vera Helena de Mello. Op. Cit. p. 13/14).

Após nomeado, o conciliador promoverá medidas para renegociação das dívidas da empresa, podendo requerer documentos à empresa devedora, solicitar ao presidente do Tribunal Comercial a disponibilização de informações em seu poder e relevantes para a conciliação, bem como organizar a venda parcial da empresa (art. 611-7 do Código Comercial francês).

Na hipótese de celebração de acordos entre o devedor e seus principais credores, o acordo poderá ser homologado pelo presidente do Tribunal Comercial, conferindo-lhe força executiva, desde que (i) o devedor não esteja cessando o pagamento aos seus credores; (ii) o acordo garanta a sustentabilidade da empresa; e (iii) o acordo não prejudique credores não signatários.

Após a homologação do acordo, enquanto vigente o pagamento aos credores, o Código Comercial francês prevê que as demandas propostas contra o devedor serão suspensas, impedindo a excussão de bens móveis e imóveis (art. 611-10-1).

Por fim, na hipótese de não cumprimento do acordo pelo devedor, o Código Comercial francês prevê a resolução do acordo celebrado (art. 611-10-3), restabelecendo-se as partes em suas condições originais e permitindo a adoção de outras medidas visando a superação da situação de crise econômica, por meio da já citada *Redressement Judiciaire* ou do instituto da *sauvegarde*.[22]

A previsão do Código Comercial francês sobre a *Conciliation* não é inédita e institutos visando a negociação prévia ao ajuizamento de um pedido de recuperação judicial ou insolvência também são aplicados em outros países europeus.

[22] A *sauvegarde* (arts. L 620-1 a 627-4 do *Code* de *Commerce*), aplica-se a sociedade que está em situação de dificuldades financeiras sérias, mas ainda não no regime de cessação de pagamentos e sob este aspecto é diferente do *redressement judiciaire* que tem lugar para as sociedades que estão em situação de cessação de pagamento.
É, igualmente forma de reorganização empresarial com finalidade de manter a atividade, o emprego e apurar o ativo para facilitar a recuperação da empresa, conforme plano previamente aprovado, evitando a cessação de pagamentos.
Se a salvaguarda não evita a cessação de pagamento, o procedimento pode se converter tanto em *redressement judiciaire* como em *liquidation judiciaire*. (FRANCO, Vera Helena de Mello. Op. Cit. p. 13/14).

A título de exemplo e sem querer ser exaustivo, vigora em Portugal desde 20.05.2012 o Processo Especial de Revitalização, [23] que consiste em um procedimento urgente e que pode ser utilizado por qualquer devedor que se encontre em situação econômica difícil ou em situação de insolvência iminente, permitindo o estabelecimento de um procedimento de negociação com os respectivos credores visando a suspensão das cobranças de dívidas e possibilitando sua renegociação.[24]

No Reino Unido, o recente *Corporate Insolvency and Governance Act*, em vigor desde 20.06.2020,[25] criou o mecanismo de pré-insolvência denominado *Moritorium*, que, nas palavras do juiz Daniel Carnio Costa, consiste em um mecanismo simples e desburocratizado para suspender a cobrança de dívidas de modo a iniciar uma negociação coletiva com credores:

> O novo mecanismo da Moratorium concede às empresas uma possibilidade de se reestruturar, protegidas por uma ordem de stay, mas sem a necessidade de terem de ajuizar as ações tradicionais de insolvência empresarial. Basicamente, concede-se à devedora uma proteção do stay por 20 dias úteis (podendo ser prorrogado ou reduzido) mediante a demonstração de que suas atividades foram afetadas pela crise da pandemia (com utilização de um critério de avaliação flexível – more likely than not), possibilitando que se inicie uma negociação coletiva com os credores. Dessa forma, concede-se à empresas uma opção mais fácil, barata e menos burocrática para que

[23] Disponível em: https://dre.pt/legislacao-consolidada/-/lc/34529075/view. Consulta realizada em 31.03.2021.

[24] Trata-se, evidentemente, de uma tentativa de reproduzir, entre nós, algumas experiências já existentes no plano do direito comparado. Em Portugal, por exemplo, desde 20 de maio de 2012, vigora o Processo Especial de Revitalização (PER), que foi regulado no corpo do Código da Insolvência e da Recuperação de Empresas – CIRE, que consiste num processo especial, com caráter urgente, 'que pode ser utilizado por qualquer devedor, e destina-se a permitir àquele que, comprovadamente, se encontre em situação econômica difícil ou em situação de insolvência meramente iminente, mas que ainda seja suscetível de recuperação estabeleça negociações com os respectivos credores de molde a concluir com este acordo conducente a sua revitalização (art. 17-A CIRE)" (DE LUCCA, Newton. LEITE, Flávia Piva Almeida. A mediação em tempos de pandemia. Direito empresarial: estruturas e regulação. v. 3. São Paulo: UNINOVE, p. 30).

[25] Disponível em: https://www.legislation.gov.uk/ukpga/2020/12/crossheading/moratorium/enacted. Consulta realizada em 31.03.2021.

possam obter a reestruturação, preservando-se a funcionalidade do Poder Judiciário, na medida em que evitam-se ajuizamentos de ações altamente complexas.[26]

Ou seja, a adoção de medidas pré-insolvência, além de alinhada com os princípios constitucionais e processuais vigentes no Brasil, revela-se verdadeira tendência na Europa, inclusive em países com índice de desenvolvimento econômico superiores ao Brasil, como França e Reino Unido.

A inclusão da possibilidade na LFRE, se bem aplicada, é, assim, uma válida medida no sentido de tentar modernizar o sistema de resolução de conflitos em casos de insolvência.

2. Análise dos requisitos para concessão da medida cautelar prevista no art. 20-B, §1º, da LRFE

Segundo o disposto no art. 20-B, §1º da LRFE, para que seja autorizada a suspensão das obrigações do devedor pelo prazo de 60 dias, a fim de que sejam realizadas tentativas de composição com seus respectivos credores, o interessado deverá comprovar no momento do ajuizamento do referido pedido: (i) o preenchimento dos requisitos legais para requerer recuperação judicial; (ii) a instauração de procedimento de negociação ou mediação perante o CEJUSC do tribunal competente ou da câmara especializada; e, (iii) o preenchimento dos requisitos para concessão de tutela cautelar antecipada, nos termos do art. 305 e seguintes do CPC.

Sobre o preenchimento dos requisitos para requerer recuperação judicial, o art. 20-B, §1º, da LRFE remete-nos para os requisitos previstos no art. 51 da LRFE,[27] ou seja, o pedido de suspensão deverá ser instruído com os documentos hábeis a justificar o requerimento de recuperação judicial. Nesse sentido, conforme pontua Fabio Ulhoa Coelho, o benefício da suspensão temporária das obrigações deve ser interpretado

[26] COSTA, Daniel Carnio. Op. Cit.

[27] "Observe-se que essa tutela de urgência apenas será concedida se a empresa peticionária demonstrar que preenche os requisitos legais par requerer recuperação judicial. O fato de ser concedida essa tutela não obriga o pedido posterior de recuperação; no entanto, a tutela só poderá ser concedida com a prova de que, se necessário, estará a peticionária apta ao pedido de recuperação". (FILHO, Manoel Justino Bezerra. Op. Cit., p. RL-1.5).

restritivamente, ou seja, apenas em favor dos devedores que preencham os requisitos legais para requerer recuperação judicial.[28]

Ademais, ao ser mencionado no art. 20-B, §1º, da LRFE que as tratativas de negociação serão realizadas em procedimento de mediação ou conciliação "já" instaurados perante o CEJUSC do tribunal competente ou da câmara especializada, verifica-se a exigência legal para suspensão das obrigações de que o procedimento de mediação ou conciliação tenha sido instaurado previamente pela parte interessada.

Essa intepretação se justifica ante a necessidade de ser demonstrado um princípio de seriedade e de comprometimento do interessado em renegociar suas dívidas e, assim, não tornar o procedimento de negociação prévia uma medida que visa apenas procrastinar o cumprimento de obrigações. Nesse sentido também é o entendimento de Marcelo Barbosa Sacramone sobre a interpretação do referido requisito.[29]

A fim de obter os benefícios para suspensão temporária das obrigações, o interessado deverá demonstrar o preenchimento dos requisitos para concessão da tutela cautelar antecipada, nos termos do art. 305 e seguintes do CPC.

[28] "O § 1º é expresso ao admitir o procedimento apenas "às empresas em dificuldade que preencham os requisitos legais para requerer recuperação judicial". E não poderia ser diferente a previsão legal, em razão do princípio constitucional da igualdade. O agente econômico que não satisfaz aos requisitos do art. 51 da LF não pode obter o mesmo benefício judicial (inexigibilidade temporária das obrigações), acessível somente aos que os atendem, por uma via transversa.
Se a petição inicial de procedimento de tutela cautelar em caráter antecedente não estiver instruída na forma do art. 51 da LF, o juiz deve indeferi-la. Cabe a emenda da petição inicial, por deficiência de instrução, como se entende em relação à petição inicial de recuperação judicial. Mas, convém que o juiz seja mais rigoroso, de modo a só autorizar a emenda se for realmente de pequena gravidade a deficiência da instrução. Em nenhuma hipótese, deve fazer a constatação prévia, para não tumultuar ainda mais o feito". (COELHO, Fabio Ulhoa. Comentários à Lei de Falências e de Recuperação Judicial. Ed. 2021. São Paulo: Revista dos Tribunais, 2021).

[29] "Para que a tutela cautelar seja concedida, o devedor já deve ter instaurado procedimento de mediação ou conciliação perante o Centro Judiciário de Solução de Conflitos e Cidadania (Cejusc) do tribunal competente ou da câmara especializada envolvendo cada um dos créditos cuja negociação pretende. Não se justifica suspensão de execução em função da negociação, se o devedor não promoveu a negociação com o respectivo credor" (SACRAMONE, Marcelo Barbosa. Comentários à Lei de recuperação de empresas e falência. 2ª Ed. São Paulo: Saraiva Educação, 2021. p. 153).

Como se sabe, a concessão de tutelas de urgência cautelares ou antecipadas demanda a demonstração dos conhecidos requisitos da verossimilhança das alegações (*fumus boni iuris*)[30] e perigo de dano ou o risco ao resultado útil do processo (*periculum in mora*),[31] nos termos do art. 300 do CPC.

Ou seja, além dos requisitos anteriormente expostos, o interessado deverá justificar a presença dos requisitos do *fumus boni iuris* e do *periculum in mora*. Contudo, em um contexto onde se pleiteia apenas a suspensão das obrigações do interessado pelo prazo de 60 dias, poderá surgir o questionamento do que consistiria, efetivamente, o *fumus boni iuris* e o *periculum in mora* no caso.

Afinal, caracterizar a verossimilhança das alegações por meio do preenchimento dos requisitos para requerer recuperação judicial seria repetir o trecho do art. 20-B, §1º, da LRFE, que exige, como requisito para suspensão das obrigações, a juntada dos documentos previstos no art. 51 da LRFE.

Partindo do princípio basilar de hermenêutica jurídica segundo o qual a lei não contém palavras inúteis, o reconhecimento da verossimilhança das alegações poderá ser justificado pelo interessado demonstrando eventual risco de insolvência a que estará submetido caso não seja deferida a suspensão das obrigações para tentativa de negociação de uma obrigação específica.

30 "Entendemos que o *fumus boni iuris* guarda inequívoca relação com o direito substancial que a tutela cautelar visa a assegurar. A uma, porque nem sempre (ou quase nunca) é simples a distinção entre os planos das condições da ação e do mérito; a duas, porque a propalada autonomia da cautelar – hoje já bastante relativizada e fadada à extinção com o advento do Código de Processo Civil de 2015 – está no processo e não na tutela propriamente dita, que visa justamente a proteger a tutela definitiva. Ora, se é assim, não há como imaginar a defesa de uma tutela sem, ao menos superficialmente, fazer uma consideração quanto à sua viabilidade futura". (ARRUDA ALVIM. Tereza. TALAMINI, Eduardo. DA SILVA RIBEIRO, Leonardo Ferres. Tutela Provisória Ed 2016. São Paulo: Revista dos Tribunais, 2016.

31 O *periculum in mora*, ou perigo da demora, está referido em várias passagens da lei processual. Trata-se do risco de lesão ou mesmo de perecimento do direito se não houver pronta atuação do Estado-juiz. Em algumas situações, a demora inerente à prestação jurisdicional é um obstáculo à fruição do direito, daí a necessidade de uma decisão do juiz para proteger ou mesmo permitir ao requerente, desde já, usufruir do direito, sob pena de não ter o que desfrutar após o normal andamento do processo (ARRUDA ALVIM. Tereza. TALAMINI, Eduardo. DA SILVA RIBEIRO, Leonardo Ferres. Op. Cit.).

Nesse sentido, o interessado, por exemplo, poderá demonstrar por meio da documentação juntada que as dívidas as quais se pretende renegociar representam porcentual expressivo do débito global do interessado e que, caso sejam pleiteadas medidas expropriatórias para pagamento do débito pelos credores, o deferimento das medidas implicarão prejuízo para continuidade da atividade empresarial.

O *periculum in mora*, no mesmo sentido, poderá ser demonstrado ante o risco iminente de que seja formulado pedido de recuperação judicial na hipótese de as obrigações as quais se pretende renegociar não sejam suspensas.

Preenchidos os requisitos supracitados, o juiz deverá determinar a citação dos credores com os quais o interessado pretende renegociar. Os credores terão o prazo de cinco dias úteis para poderem contestar o pedido, e, eventualmente, indicar as provas que pretendem produzir (art. 306 do CPC).

Em observância ao procedimento previsto para as tutelas cautelares antecipadas nos arts. 305 e seguintes do CPC, o juiz deverá decidir o pedido de suspensão previsto no art. 20-B, §1º, da LRFE apenas após a apresentação de contestação pelos credores, na hipótese de ficar convencido da ausência de pertinência de suas manifestações.[32]

No entanto, sendo relevantes os argumentos e ante ao risco da demora, o juiz poderá deferir o pedido de suspensão das obrigações liminarmente, nos termos do art. 300, §2º, do CPC.

Sobre esse ponto, não parece fazer sentido prático a observância estrita ao procedimento para concessão de tutela cautelar antecipada prevista nos arts. 305 e seguintes do CPC. Isso porque, considerando o número de credores aos quais o interessado pretende renegociar, apenas a citação já poderá se tornar uma atividade hercúlea e inviabilizar o procedimento.

Outra questão interessante em relação ao procedimento do pedido de suspensão das obrigações, e que deverá ser solucionada pela jurisprudência,

[32] "Em princípio, o juiz só pode decretar a suspensão da exigibilidade das obrigações do devedor, na forma do § 1º do art. 20-B, se, após a dilação probatória, ficar convencido de que a contestação dos credores não tem pertinência. Na forma do art. 300 e seguintes do CPC, o juiz poderá decretar a tutela provisória de urgência, mas, em vista da remissão expressa aos arts. 305 e seguintes do mesmo Código, pelo § 1º, não pode deixar de seguir o devido processo legal correspondente ao procedimento de tutela cautelar requerida em caráter antecedente". (COELHO, Fabio Ulhoa. Op. Cit., p. RB-26.3).

trata da extensão dos efeitos da suspensão: o interessado deverá incluir todos os seus credores no polo passivo da ação para obter a suspensão de todas as suas obrigações ou, ao contrário, todas as obrigações do interessado serão suspensas independentemente da inclusão de todos os seus credores no polo passivo?

Sobre esse ponto, é possível que a jurisprudência acolha o argumento de que todos os credores deverão ser citados para responder o pedido de tutela cautelar antecedente. Isso porque entender o contrário seria permitir que um procedimento regulado pelo CPC, o qual disciplina exclusivamente processos individuais, tenha uma eficácia coletiva, violando princípios processuais como o juiz natural, devido processo legal, contraditório e vedação da decisão surpresa, além de inadvertidamente acabar por permitir, ao menos em tese, eventuais manobras censuráveis entre a empresa devedora e credores específicos para suspender reflexamente as cobranças de terceiros que estão sendo alijados das negociações.

Ou seja, parece descabido imaginar que eventuais credores que sequer foram demandados na tutela antecedente antecipada sejam prejudicados por eventual suspensão deferida no processo.

Ainda em atenção aos interesses dos eventuais credores, é importante também que os requisitos para deferimento da cautelar sejam analisados com cautela pelo juiz, a fim de evitar que o instituto seja utilizado com fins meramente procrastinatórios, e, caso vislumbrada tal conduta, sejam adotadas sanções processuais à parte que utilizar indevidamente o procedimento, sem prejuízo da responsabilidade pela reparação dos danos causados pela torpe utilização do expediente legal.

Afinal, como visto, a concessão da tutela cautelar para suspensão das obrigações do interessado não se dá de forma automática. Nessa oportunidade, o juiz deverá analisar, ainda que em um juízo sumário, a viabilidade da proposta e, na hipótese de ser verificada a utilização do instituto com fins de apenas obstar a cobrança de débitos, aplicar a multa prevista para os que litigam com má-fé, nos termos dos arts. 80 e 81 do CPC.

Outra preocupação legítima e que deverá ser observada pelos credores diz respeito à adoção de medidas de urgência enquanto vigente a suspensão legal prevista no art. 20-B, §1º, da LRFE. Isso porque na hipótese de o instituto vir a ser utilizado com viés doloso, ou seja, em que a suspensão das obrigações tenha como intenção viabilizar eventual dilapidação patrimonial, os credores poderão se valer da previsão contida no art. 16,

§2º, da Lei de Mediação, que prevê que a suspensão do processo em razão da mediação não obsta a adoção de medidas de urgência pelo juiz, como, por exemplo o arresto, sequestro etc.

Enfim, talvez em razão da urgência com que a Lei n. 14.112/2020 foi promulgada persistam dúvidas procedimentais sobre a aplicação do instituto da negociação prévia prevista no 20-B, §1º, da LRFE, que deverão ser aclaradas pela doutrina e jurisprudência.

Logo, a despeito do grave cenário econômico atualmente vivenciado, é importante que o Judiciário seja criterioso e esteja atento para que os referidos pedidos de suspensão não sejam utilizados para simplesmente procrastinar obrigações e sirvam, sim, como relevante ferramenta para evitar a excessiva judicialização.

Conclusões

O instituto da negociação prévia inaugura um novo procedimento da LRFE ao permitir a suspensão de obrigações em uma etapa prévia ao pedido de recuperação judicial, favorecendo a retomada do diálogo entre credores e devedores a fim de renegociar obrigações e dívidas.

No cenário de pandemia de COVID-19, em que as projeções econômicas são negativas e é esperado um grande aumento da insolvência, são positivos os esforços de desjudicialização e que visam aliviar a carga sobre o sempre assoberbado Poder Judiciário.

O instituto da negociação prévia, previsto no art. 20-B, §1º, da LRFE, é destinado aos sujeitos que já tenham preenchidos os elementos para pedir recuperação judicial, mas que pretendam renegociar seus débitos antes da judicialização e do tortuoso processo de recuperação judicial.

A medida, se bem aplicada, poderá ser bastante eficiente frente à crise econômica vivenciada, mas demandará análise cuidadosa do Poder Judiciário para evitar que o instituto se torne mero recurso de procrastinação do cumprimento de obrigações e mais um expediente para apenas lesar credores.

Também deve ser evitada que a suspensão atinja quem não é parte do procedimento e, consequentemente, estará alijado das negociações, suportando apenas os ônus do inadimplemento das obrigações da parte devedora.

Assim, para que o intento do legislador se concretize, obviamente será necessária a realização de concessões mútuas, mas isso não pode ser confundido com propostas completamente desarrazoadas. Para essas situações, espera-se que o Poder Judiciário seja rigoroso e aplique as sanções cabíveis aos que derem mau uso à boa iniciativa criada pelo art. 20-B, §1º, da LRFE.

Referências

ARRUDA, Tereza Arruda; TALAMINI, Eduardo; RIBEIRO Leonardo Ferres de Silva. *Tutela provisória*. São Paulo: Revista dos Tribunais, 2016.

COELHO, Fabio Ulhoa. *Comentários à lei de falências e de recuperação judicial.* 15.ed. São Paulo: Revista dos Tribunais, 2021. *E-Book.*

COSTA, Daniel Carnio. O paradoxo da recuperação judicial em tempos de pandemia. *Migalhas,* 4 ago. 2020. Disponível em: https://migalhas.uol.com.br/coluna/insolvencia-em-foco/331582/o-paradoxo-da-recuperacao-judicial-em-tempos--de-pandemia.%20acesso. Acesso em: 31 mar. 2021.

DE LUCCA, Newton; LEITE, Flávia Piva Almeida. A mediação em tempos de pandemia. *In*: JORGE, André Guilherme Lemos; SILVA, Guilherme Amorim Campos da; MACIEL, Renata Mota. *Direito empresarial*: estruturas e regulação. São Paulo: UNINOVE, 2020. v.3 p.27-46.

FILHO, Manoel Justino Bezerra. *Lei de recuperação de empresas e falência.* 15.ed. São Paulo: Revista dos Tribunais, 2021.

FRANCO, Vera Helena de Mello. A crise econômica e a reforma do direito concursal no continente europeu função social ou manutenção da atividade? *Revista dos Tribunais,* São Paulo, v. 936, p.73, out. 2013.

MITIDIERO, Daniel. *Colaboração no processo civil.* 3. ed. São Paulo: Revista dos Tribunais, 2015.

MONTEIRO, Ana Carolina Reis do Valle; SALOMÃO FILHO, Luis Felipe. Impulsionando a recuperação econômica do Brasil por meio de procedimentos de insolvência mais robustos. *IBDE.* Disponível em: https://institutoibde.com.br/2020/06/05/impulsionando-a-recuperacao-economica-do-brasil-por-meio--de-procedimentos-de-insolvencia-mais-robustos/. Acesso em 31 mar. 2021.

SACRAMONE, Marcelo Barbosa. *Comentários à Lei de recuperação de empresas e falência.* 2. ed. São Paulo: Saraiva, 2021.

SCALZILLI, João Pedro; SPINELLI, Luis Felipe; TELLECHEA, Rodrigo. *Pandemia, crise econômica e Lei de Insolvência.* Porto Alegre: Buqui, 2020.

TARTUCE. Fernanda. *Mediação nos conflitos civis.* 4. ed. Rio de Janeiro: Forense, 2018.

2. A Mediação na Recuperação Judicial: Avanços e Desafios

André Chateaubriand Martins
João Pedro Pimentel Siqueira

Introdução

A jurisdição estatal e o processo judicial, como concebidos e desenvolvidos ao longo dos anos, não atendem aos anseios da sociedade contemporânea, mais ágil e complexa, o que faz surgir questionamentos sobre a efetiva prestação jurisdicional pelo Estado e abre caminho para o surgimento de outros métodos alternativos de resolução de controvérsias[1].

A crise da administração da Justiça não chega a ser um fenômeno universal, mas um sentimento de frustração compartilhado por vários países, seja pela morosidade da prestação jurisdicional, seja pelo alto custo de se litigar. No Brasil, em especial, a inabalável "*crise do Poder Judiciário*" é retroalimentada pelo próprio ensino jurídico, que forma advogados mais treinados para o litígio do que para evitá-lo, por meio de métodos consensuais[2]. Frente a esse cenário, "*a obstrução das vias de acesso*

[1] SILVA, Paulo Eduardo Alves da. "*Resolução de Disputas: Métodos Adequados para Resultados Possíveis e Métodos Possíveis para Resultados Adequados*". In: "*Negociação, mediação, conciliação e arbitragem: curso de métodos adequados de solução de controvérsias*". LORENCINI, Marco Antônio Garcia Lopes; SALLES, Carlos Alberto de; e SILVA, Paulo Eduardo Alves da., 3ª ed., Rio de Janeiro: Forense, 2020, p. 37.

[2] BACELLAR, Roberto Portugal. "*O Poder Judiciário e o Paradigma da Guerra na Solução de Conflitos*". In CEZAR PELUSO, Antônio; RICHA, Morgana de Almeida. (coord.). *Conciliação e mediação: estruturação da Política Judiciária Nacional.* Rio de Janeiro: Forense, 2011, p. 31.

à justiça e o distanciamento entre o Judiciário e seus usuários"[3] são os resultados diretos.

Some-se a isso, ainda, outros complicadores, tais como o custo de manutenção dos processos; a burocratização; óbices procedimentais; a mentalidade do juiz que nem sempre lança mão dos poderes que lhe são atribuídos; a falta de informação e de orientação para os detentores dos interesses em conflito; a manutenção da assimetria informacional; e as deficiências do patrocínio gratuito[4].

Embora o cenário pareça invencível e desanimador, muitas tentativas vêm sendo empreendidas para tentar sanar (ou, ao menos, atenuar) a crise enfrentada pelo Poder Judiciário. Dentre os mecanismos, pode-se mencionar a tentativa de diminuição do número de recursos e instâncias processuais para aceleração de julgamentos e a adoção de medidas de urgência. Nota-se que os Estados e as sociedades estão construindo um novo sistema de resolução de litígios, de modo a reorganizar as próprias funções do Estado e desenvolver parcerias entre o público, a comunidade e, ainda, o setor privado.

Trata-se, na verdade, do reconhecimento explícito da incapacidade do Poder Judiciário de garantir, de forma isolada, os direitos subjetivos dos cidadãos. Assim, impulsionados pelo movimento de acesso à justiça e do desenvolvimento do sistema multiportas, o Poder Judiciário passou a conviver com outros mecanismos de solução de disputas em sistemas[5], sejam métodos heterocompositivos, sejam autocompositivos ou, ainda, a heresia da autotutela.

Alguns estudiosos defendem, inclusive, que, dada a gravidade da crise do Poder Judiciário, as formas alternativas passaram a ser não mais uma mera opção ao jurisdicionado, mas sim uma necessidade para evitar o colapso da Justiça brasileira. Carrie Menkel-Meadow, por exemplo, aponta

[3] GRINOVER, Ada Pellegrini. "*Os fundamentos da justiça conciliativa*", Revista IOB de Direito Civil e Processual Civil, Porto Alegre, v. 9, n. 52, p. 72, 2008. Disponível em: https://www2.trf4.jus.br/trf4/upload/editor/rbb_ADA%20PELLE.pdf.

[4] Ibidem, p. 72.

[5] SILVA, Paulo Eduardo Alves da. "*Resolução de Disputas: Métodos Adequados para Resultados Possíveis e Métodos Possíveis para Resultados Adequados*". In: "*Negociação, mediação, conciliação e arbitragem: curso de métodos adequados de solução de controvérsias*". LORENCINI, Marco Antônio Garcia Lopes; SALLES, Carlos Alberto de; e SILVA, Paulo Eduardo Alves da., 3ª ed., Rio de Janeiro: Forense, 2020, p. 38.

que tanto a resposta jurisdicional estatal quanto a saída consensual devem conviver, sem se considerar que um de tais meios seja a via principal de solução de conflitos.[6]

Essa consciência de que, se o que importa é pacificar, torna-se irrelevante considerar se a pacificação decorreu de atividade do Estado ou por outros meios eficientes. Nessa toada, a *"cultura do litígio"* ou *"cultura da sentença"*, que representa, na formação jurídica brasileira, uma exagerada dependência da resolução de conflitos à decisão judicial estatal, passa a perder o seu espaço para a *"cultura da pacificação"*, que fomenta os meios de resolução consensual.[7]

A mediação surge, nesse cenário, como instrumento na facilitação da comunicação entre as partes para propiciar que elas possam, ao entender melhor os meandros da situação controvertida, protagonizar uma solução consensual. A mediação de conflitos integra o rol dos métodos consensuais de resolução de controvérsias e destaca-se por agregar às suas atribuições o resgate da relação social entre opositores e a manutenção do diálogo. Trata-se de método não adversarial, no qual predomina a cooperação sobre a competição. Sendo um método que não define vencidos e vencedores, sem prevalecimento de uma parte sobre a outra, a mediação se torna instrumento adequado para solução dos conflitos que comprometem relações continuadas[8].

Não à toa, a mediação conquistou posição de destaque no âmbito da recuperação judicial, notadamente aqueles que buscam viabilizar a continuidade da atividade empresarial em crise (*going concern restructuring*),

[6] MENKEL-MEADOW, Carrie. "*Whose Dispute is it Anyway? A Philosophical and Democratic Defense of Settlement (in Some Cases)*". In: RISKIN, Leonard L.; WESTBROOK, James E. Dispute Resolution and Lawyers. 2. ed. Saint Paul: West Group, 2004, p. 30, *apud* TARTUCE, Fernanda. "*Mediação nos conflitos civis*", op. cit., p. 73.

[7] WATANABE, K. "*Cultura da sentença e cultura da pacificação*". In: YARSHELL, F. Luiz; MORAES, M. Z. (Coord.). "Estudos em homenagem à professora Ada Pellegrini Grinover". São Paulo: DPJ, 2005, *apud* SILVA, Paulo Eduardo Alves da. "*Resolução de Disputas: Métodos Adequados para Resultados Possíveis e Métodos Possíveis para Resultados Adequados*". In: "*Negociação, mediação, conciliação e arbitragem: curso de métodos adequados de solução de controvérsias*". LORENCINI, Marco Antônio Garcia Lopes; SALLES, Carlos Alberto de; e SILVA, Paulo Eduardo Alves da., 3ª ed., Rio de Janeiro: Forense, 2020, p. 45.

[8] PAIVA, Luiz Fernando Valente de Paiva. JUNQUEIRA, Thiago Braga. "*A Efetividade da Mediação no Sistema Americano. Um Incentivo à Recente Experiência Brasileira*", op. cit.

eis que a composição envolve todas (ou a maioria) das partes envolvidas. Em uma recuperação judicial, naturalmente, todas as partes devem fazer concessões, suportando algum grau de perda. Assim, sob essa ótica, a mediação se torna um instrumento poderoso para viabilizar a composição em torno da definição de como viabilizar o soerguimento da empresa e equacionar as dívidas da empresa recuperanda com cada um dos credores.

Justamente por isso, impulsionado pela necessidade de mudanças, o Conselho Nacional de Justiça ("CNJ") deu um grande passo ao instituir a denominada "Política Pública de Resolução Apropriada de Disputas", que restou espelhada na Resolução nº 125/2015. Esse movimento foi o marco da mudança cultural, que vem alcançando mecanismos consensuais à condição de métodos prioritários para a solução dos conflitos de interesse. Tal norma teve por objetivos prioritários: estimular os métodos autocompositivos e incentivar os tribunais a organizarem e planejarem programas amplos de autocomposição. É possível notar, desde já, os esforços do CNJ em implementar um sistema público de mediação, em moldes similares aos que já existiam em outros países.

Após a adoção dessa política pública no âmbito do Poder Judiciário, o Poder Legislativo não viu alternativa senão prestigiar a mediação, aprovando dois diplomas relevantes sobre o tema. O primeiro deles foi o Código de Processo Civil ("CPC" – Lei nº 13.105/2015), que prestigiou política de incentivo à autocomposição, que já vinha sendo adotada. O CPC não apenas reafirmou regras já existentes, mas também avançou no tratamento do tema, estabelecendo, por exemplo, que, em todo processo cível, deve ser realizada uma audiência de conciliação ou mediação, salvo se ambas as partes manifestarem, expressamente, desinteresse na composição.

A partir de então, o ordenamento jurídico brasileiro, sob a égide do CPC, culminou com a tônica consensual, ao enunciar no parágrafo segundo de seu artigo terceiro que: "o Estado promoverá, sempre que possível, a solução consensual dos conflitos". Nessa mesma linha, o paradigma processual impõe que "a conciliação, a mediação e outros métodos de solução consensual de conflitos deverão ser estimulados por juízes, advogados, defensores públicos e membros do Ministério Público, inclusive no curso do processo judicial" (art. 3º, §3º, do CPC).

Adicionalmente, foi promulgada a Lei de Mediação (Lei nº 13.140/2015), que disciplinou a mediação entre particulares, bem como a autocomposição dos conflitos que envolvam entes públicos. Esses dois novos diplomas legais, aliados às práticas que já estavam sendo conduzidas nos últimos anos, deram o impulso que faltava para a implementação da cultura da mediação no Brasil.

Contudo, a Lei da Mediação foi criada e pensada para mediações bilaterais, isto é, havendo dois centros de interesses bem definidos em disputas. Essa normativa se mostrou, na prática, insuficiente quando confrontada por uma situação complexa e multilateral, como é o caso da recuperação judicial. Isso porque a Lei de Mediação, por si só, não superava todos os desafios regulatórios para a implementação da mediação como o método adequado para conjugar múltiplos interesses avessos, em busca de uma solução consensual desenvolvida pelas partes em conflito.

Nesse contexto, o CNJ editou a Recomendação nº 58, de 22 de outubro de 2019, com o objetivo de orientar e, antes de tudo, sistematizar a tutela da mediação na recuperação judicial – situação em que se aborda conflitos policêntricos. Essa Recomendação, no cerne, seria uma investida do CNJ em criar um padrão de utilização da mediação nos casos de recuperação judicial, diminuindo a ausência de padronização em tal aplicação. Com a edição da Recomendação, mitiga-se o entrave de adaptar a mediação a cada caso de Recuperação Judicial concretamente analisado.

Por tais motivos, a Recomendação do CNJ não pode ser vista apenas como uma *sugestão*, sem força vinculativa, aos magistrados responsáveis pelo processamento e julgamento de processos de recuperação judicial, mas sim como um índice de regramento na promoção deste método aos casos recuperacionais. O seu próprio artigo 1º é explícito ao invocar os objetivos da normativa: recomendar a todos os magistrados que promovam, sempre que possível, o uso da mediação, de forma a auxiliar a resolução de todo e qualquer conflito entre o empresário/sociedade, em recuperação ou falidos, e seus credores, fornecedores, sócios, acionistas e terceiros interessados no processo.

Nesse contexto, é possível já perceber o movimento mais direcionado das normativas para a aplicação da mediação aos processos de recuperação judicial. O Enunciado nº 45, da I Jornada de Prevenção e Solução Extrajudicial de Litígios, seguindo a mesma linha, também confirma a adequação e compatibilidade da mediação aos casos de recuperação judicial.

Contudo, até a promulgação recente da Lei nº 14.112/2020, um grande obstáculo que o Brasil enfrentava para a ampla implementação da mediação nos processos de recuperação judicial era a ausência de norma legal expressa que autorizasse o uso dos meios consensuais ao longo do processo recuperacional. Dessa forma, no cotidiano da recuperação judicial, o costume era de se esquecer que a fase do plano, por exemplo, é uma fase de negociação que, por si só, pode ser entendida tanto como método quanto como técnica de resolução de conflitos. Em razão disso, frequentemente, a fase de negociação da recuperação judicial não era pensada dentro desse contexto, sendo afastada — quando não deveria — da mediação ou de outros meios alternativos que se revelariam adequados a cada caso concretamente analisado.[9]

Antes, de *lege lata*, o Brasil não contava com dispositivo que expressamente previsse a adoção da mediação em processos de recuperação judicial. Tanto a nº 11.101/2005 ("LRF") quanto a Lei de Mediação eram silentes neste ponto. A Lei nº 14.112/2020, portanto, veio para alterar a legislação anterior (Leis nº 11.101/2005, 10.522/2002, e 8.929/1994), de maneira a solidificar o desenvolvimento da mediação nos casos de recuperação judicial. A mera existência de previsão legal de mediação na recuperação judicial serve, à primeira vista, para evitar a recalcitrância de alguns sujeitos do processo que se sentem receosos em instaurar procedimento novo e incerto. De forma muito positiva, essa previsão legal confere maior autoridade e legitimidade pela busca da mediação — seja ela estimulada pelo administrador judicial ou por uma das partes em conflito.[10]

A reforma da LRF inovou ao regulamentar a ampla adequação da mediação para diversas etapas do processo. A nova sistemática prevê, expressamente, que a mediação deverá ser incentivada antes e durante a recuperação judicial, em qualquer grau de jurisdição. Ainda sob o novo panorama legislativo, a mediação deverá ser fomentada, durante a recuperação judicial, por todas as partes do processo, inclusive pelo próprio administrador judicial.

[9] CARNAÚBA, César Augusto Martins; HANESAKA, Thais D'Angelo da Silva; e VASCONCELOS, Ronaldo. "*Mediação na Recuperação Judicial: paralelos com a evolução estrangeira*". Op. cit., p. 51.

[10] Ibidem, pp. 51-52.

O presente artigo analisará a aplicação do instituto da mediação em processos de recuperação judicial, bem como a nova dinâmica e os seus reflexos para as partes (devedor e credores) do processo, considerando-se também a Recomendação nº 58, do CNJ. Também serão abordadas, pontualmente, em quais situações a mediação deve ser aplicada, em cotejo com o princípio da adequação. Por fim, serão pontuados o papel do mediador no curso do procedimento, sem ofuscar o protagonismo das partes, que, afinal, é o escopo deste método de resolução alternativo de controvérsias.

1. Mediação e o princípio da adequação: A Resolução nº 58, do CNJ, e a Lei nº 14.112/2020. Mediação e as situações adequadas

No modelo brasileiro, alinhado à tendência de que o Estado deve conduzir as partes a diferentes formas de resolução de conflitos[11], cabe ao Poder Judiciário indicar o meio mais adequado, ainda que se afastando da clássica prestação jurisdicional, encaminhando os contraditores aos mecanismos adequados para a composição daquela controvérsia em específico. Afinal, às partes devem ser disponibilizados todos os meios jurídicos para que possam defender seus interesses[12].

Deve ficar claro, nesse ponto, que o grande desafio da aplicação dos meios alternativos de resolução de controvérsias é responder as perguntas básicas, tais como *com quem*, *onde* e *quando* são aplicáveis. A preocupação passa a ser com o *melhor método* para abordar determinada questão para que os interesses pleiteados possam ser realizados de modo mais eficientes e no menor prazo. Sob o enfoque do meio mais eficiente de compor a disputa, o operador do Direito é visto como um pacificador[13]. Segundo Kazuo Watanabe, quando se trata de solução adequada de conflitos de interesses,

> "[...] o preceito constitucional que assegura o acesso à Justiça traz implicitamente o princípio da adequação; não se assegura apenas o acesso à justiça, mas se assegura o acesso para obter uma solução adequada aos conflitos,

[11] Ibidem, p. 74.

[12] TARTUCE, Fernanda. *"Mediação nos conflitos civis"*, op. cit., p. 75.

[13] AZEVEDO, André Gomma de. *"Desafios de Acesso à Justiça ante o Fortalecimento da Autocomposição como Política Pública Nacional."* In: Conciliação e mediação: estruturação da política judiciária nacional. RICHA, Morgana de Almeida; e PELUSO, Antônio Cezar (coord.); GRINOVER, Ada Pellegrini [et .al.] (colaboradores). 1ª ed., Rio de Janeiro: Forense, 2011, p. 17.

solução tempestiva, que esteja bem adequada ao tipo de conflito que está sendo levado ao Judiciário."[14]

Assim, antes de optar pelo método mais adequado, as partes devem considerar algumas questões, dentre as quais, segundo elencado por Marco Antônio Garcia Lopes Lorencini: **(i)** se o conflito tem vários focos (policêntrico) ou apenas um; **(ii)** se trata de uma relação continuada ou eventual; **(iii)** se esperam resolver a controvérsia de forma rápida ou não, assim como o valor a ser gasto com a resolução do conflito; **(iv)** se as partes pretendem resolver a controvérsia por método que preserve a confidencialidade; **(v)** ou, ainda, se elas pretendem, com a solução do conflito, gerar ou não um precedente[15].

A Recomendação nº 58 do CNJ, logo em seu artigo 1º, demonstra a importância da atenção ao princípio da adequação na utilização da mediação em casos de recuperação judicial. Nesse sentido, percebe-se que não são em todos os casos de recuperação judicial em que a mediação seria utilizada, mas sim *deve ser promovida quando cabível.*

Já nos incisos de seu artigo 2º, o CNJ contribui para a uniformização de critérios para utilização da mediação em casos de recuperação empresarial, mencionando um rol de hipóteses nas quais o método poderia ser empregado. De uma forma geral, torna-se o método de resolução de conflitos mais apropriado, quando presentes, na recuperação judicial, elementos de dissonância entre credores e/ou entre credores e devedores.

Passa-se, agora, à análise de cada uma das situações descritas pela Recomendação nº 58, do CNJ, que indica algumas das hipóteses adequadas para a mediação no âmbito de processos de recuperação judicial.

1.1. Incidentes de verificação de crédito

O artigo 2º, inciso I, da Resolução nº 58, do CNJ, afirma que a mediação poderá ser promovida para resolução de controvérsias em incidentes de verificação de crédito, de modo a permitir que o devedor e credores cheguem a um acordo quanto ao *valor* do crédito e escolha de um dos

[14] WATANABE, Kazuo. "*Modalidade de mediação*". In: DELGADO, José et al. (coord.). *Mediação: um projeto inovador.* Brasília: Centro de Estudos Judiciários – CJF, 2003, p. 56.

[15] LORENCINI, Marco Antônio Garcia Lopes. "*Sistema Multiportas: Opções para tratamento de conflitos de forma adequada*", op. cit., p. 90.

critérios legalmente aceitos para *atribuição de valores* aos bens gravados com direito real de garantia, otimizando o trabalho do Poder Judiciário e conferindo celeridade à elaboração do quadro geral de credores.

Ressalta-se que o artigo 2º, § 1º, da Recomendação nº 58, do CNJ registra a impossibilidade de realização de mediação sobre a natureza jurídica e a classificação dos créditos. Isso porque essas matérias transcendem o interesse individual das partes, podendo alterar substancialmente o equilíbrio de forças na recuperação judicial.

Tal recomendação coincide com a mudança legislativa da Lei nº 14.112/2020, que, em seu art. 20-B, § 2º, também veda a mediação sobre critérios de votação em assembleia geral de credores. Embora sejam instrumentos auxiliares à negociação coletiva, a reforma da LRF proibiu a utilização de mediação sobre disputas que envolvam a natureza jurídica e a classificação de créditos.

A bem da verdade, a composição entre as partes não pode onerar o patrimônio de determinado devedor a ponto de comprometer os interesses de todos as partes envolvidas no processo e gerar mais risco de inadimplemento dos respectivos créditos. Entretanto, isso não significa que a composição não possa ser feita em relação às matérias indicadas na Recomendação.

Isto é, ainda que verse sobre verificação de créditos, devedor e credor podem concordar com a existência, critérios de atualização e com o valor correto do crédito. Nada impede referida concordância, haja vista se tratar de direito pecuniário e disponível[16], mesmo porque o acordo deverá ser sempre submetido à homologação do Juízo, que exercerá um controle de legalidade dos termos pactuados entres as partes. O acordo deve vir acompanhado das provas que demonstrem efetivamente o seu montante, sua natureza de crédito sujeito aos efeitos da recuperação e sua classificação no quadro geral de credores.

Frise-se que, como há grande impacto no quadro geral dos credores, as partes devem se atentar para a redação dos termos do acordo proveniente da mediação, deixando-a mais clara possível e reduzindo qualquer dúvida quanto às suas premissas. Nessa linha, o magistrado, como dito acima, deverá exercer o seu juízo legalidade na homologação do acordo formulado

16 SACRAMONE, Marcelo Barbosa. "*Comentários à Lei de recuperação de empresas e falência*", 2ª ed. – e-book, São Paulo: Saraiva Educação, 2021, pp. 226/227.

pelas partes. Inclusive, a Recomendação do CNJ dispõe expressamente que o acordo obtido por meio de mediação não afasta o controle de legalidade a ser exercido pelo magistrado por ocasião da respectiva homologação (art. 2º, § 2º). Redação similar é apresentada pelo art. 20-C, da Nova Lei de Mediação, que também faz alusão ao poder-dever do juiz competente para homologar o acordo.

O juiz não poderá alterar o conteúdo da negociação das partes, desde que não haja violação de normas cogentes, que são de natureza indisponível e tratam do interesse da coletividade de credores, especialmente os credores da mesma classe. Nesse sentido, acordos que geram benefício a credor em detrimento dos demais credores da mesma classe, por exemplo, violariam o princípio da *pars conditio creditorum* que assegura o tratamento igualitário entre credores da mesma classe, o que, portanto, justificaria ajustes ou mesmo a não homologação do acordo[17]. Não há espaço para o intervencionismo judicial, sob pena de se desnaturar a essência deste método consensual de resolução de disputas, mas o controle de legalidade tem a relevante função de evitar desvirtuamentos do equilíbrio de forças do processo de recuperação judicial, que pode vir a comprometer o resultado do processo e os direitos das partes.

1.2. Negociação do plano de recuperação judicial

O artigo 2º, inciso II, da Resolução nº 58, do CNJ, estabelece que a mediação deve também ser empregada na recuperação judicial para auxiliar na negociação de um plano, aumentando suas chances de aprovação pela assembleia geral de credores. Esse dispositivo demonstra, de fato, a função desempenhada pelo mediador no processo de recuperação judicial: um papel não-decisório centrado na reconstrução da comunicação entre as partes, sendo elas próprias responsáveis pela obtenção de um eventual acordo.

Essa possibilidade se torna ainda mais relevante considerando novidade trazida pela reforma da LRF, qual seja, a possibilidade de os credores apresentarem plano de recuperação judicial alternativo. Essa inovação, ainda que acompanhada de algum ônus, representa importante equalizador de forças na recuperação judicial.

[17] SACRAMONE, Marcelo Barbosa. "*Comentários à Lei de recuperação de empresas e falência*", 2ª ed. – e-book, São Paulo: Saraiva Educação, 2021, p. 229.

Assim, o devedor que não buscar a comunicação e, caso necessário, a mediação junto aos seus credores, estará suscetível à apresentação de plano alternativo, que possivelmente atenderá mais os interesses dos credores do que os seus. A falta de diálogo entre credores e devedor tornou-se, portanto, arriscada para os interesses da recuperanda, o que se torna relevante estímulo para a mediação.

1.3. Casos de consolidação processual e substancial

O inciso III da Recomendação do CNJ demonstra que a mediação deve ser também incentivada na recuperação judicial quando devedor e credores visem pactuar, em conjunto, a possibilidade de consolidação processual e consolidação substancial. Isso significa dizer que, querendo o devedor buscar um litisconsórcio ativo e a unificação do passivo, o mediador terá papel importante.

Afinal, o litisconsórcio ativo já havia sido tratado para o pedido de falência no artigo 94, § 1º, da LRF. Porém, quanto à possibilidade de litisconsórcio ativo na recuperação judicial, a LRF era silente. Não havia disciplina específica sobre os pedidos de recuperação judicial formulados por empresários individuais ou pessoas jurídicas que, sendo requerentes em litisconsórcio ativo, integrassem em um mesmo grupo societário.

Dessa forma, à míngua de qualquer restrição legal, a lacuna foi suprimida pelo art. 189 da LRF, que determinava a aplicação subsidiária do CPC, e que, em sua disciplina, permitia que duas ou mais pessoas pudessem litigar, no mesmo processo, em conjunto, ativa ou passivamente (art. 113 do CPC). Na regulação processual, o litisconsórcio é admitido sempre que, entre as partes, houver comunhão de direitos ou obrigações relativamente à lide, entre as causas houver conexão pelo pedido ou pela causa de pedir ou ocorrerem questões por ponto comum de fato ou de direito.

Tal omissão legal foi suprida pela alteração legislativa com a inserção da Seção IV-B na LRF. Desse modo, o litisconsórcio ativo dos integrantes de grupos empresariais permite que os empresários possam litigar em conjunto, trazendo maior economia processual, além de evitar decisões contraditórias e permitir a reestruturação de todo o grupo econômico de forma harmônica[18].

18 SACRAMONE, Marcelo Barbosa. *"Comentários à Lei de recuperação de empresas e falência"*, 2ª ed. – e-book, São Paulo: Saraiva Educação, 2021, pp. 644/645.

Em relação à consolidação substancial, tema de maior complexidade e controvérsia, a lei estabeleceu como critérios (i) a existência de garantias cruzadas; (ii) a existência de controle ou dependência; (iii) a identidade total ou parcial do quadro societário; e (iv) a atuação conjunta no mercado entre os postulantes, para que se considere como um único devedor de toda a dívida existente, independentemente da empresa que originalmente assumiu a obrigação, na forma do art. 69-J da Lei nº 14.112/2020.

Nesse contexto, a Recomendação do CNJ inclui a mediação como uma das formas de se alcançar consenso sobre a consolidação substancial, ao prever que a mediação deverá ser estimulada "*para que o devedor e credores possam pactuar, em conjunto, nos casos de consolidação processual, se haverá também consolidação substancial*".

1.4. Disputas societárias

O inciso IV, por sua vez, afirma que a mediação é o método mais adequado para a solução de disputas entre sócios e acionistas do devedor. Como se sabe, as disputas societárias acabam por prejudicar e, em último caso, impedir o desenvolvimento da recuperação judicial e a apresentação de um plano consensual. Assim, quando identificado que há divergência entre os entendimentos dos acionistas, a mediação é o método de resolução de disputas mais indicado.

Esse foi o caso, por exemplo, envolvendo a recuperação judicial do Grupo Oi (processo nº 0203711-65.2016.8.19.0001), que foi o primeiro a utilizar método alternativo de resolução de conflitos em larga escala em processo de recuperação judicial. Esse caso, além de ter proporcionado a realização de mediação e conciliação entre os pequenos credores, também propiciou a mediação para dirimir impasses com a Societé Mondiale e a Bratel, principais acionistas do Grupo Oi, acerca da nomeação e destituição de membros do Conselho de Administração do Grupo Oi.

Também no caso da recuperação judicial do Grupo Oi, o Banco do Brasil colocou em xeque a eficácia da utilização da mediação em impugnações e verificações de crédito no âmbito da recuperação judicial, ao questionar o direito de voto de credores que já teriam recebido seus créditos de forma antecipada. Nessa oportunidade, o Superior Tribunal de Justiça ("STJ") reafirmou a aplicabilidade da mediação na recuperação judicial, principalmente pelo fato de que (i) a empresa recuperanda e os credores estavam abertos à utilização de métodos alternativos de resolução de controvérsias; (ii) a recuperação judicial do Grupo Oi era um procedimento complexo propício ao desenvolvimento da mediação; e (iii) existia uma multiplicidade de credores e interesses envolvidos no processo.

1.5. Concessionárias e/ou permissionárias de serviços públicos e órgãos reguladores

A mediação é recomendada também pela Resolução nº 58 do CNJ para casos envolvendo concessionárias e/ou permissionárias de serviços públicos e órgãos reguladores, para resolver questões relativas à participação dos entes reguladores no processo.

Isso porque nas relações entre entidades públicas e partes privadas é evidente a assimetria de informações, o que pode ser solucionado através de um mediador. Nesse caso, observado o princípio da confidencialidade, o mediador, munido de informações relevantes sobre as partes, pode auxiliá-las a alcançar solução satisfatória e muitas vezes criativa, que jamais poderia ser alcançada em virtude das limitações dos pleitos formulados judicialmente.[19]

Some-se a isso, nos órgãos públicos a dinâmica de aprovação e de tomada de decisões é normalmente muito mais complexa e burocrática, o que torna a mediação um instrumento eficaz para construção de consenso entre as partes. Elemento importante é que o mediador poderá funcionar como facilitador inclusive dentro do próprio ente público, como em uma agência reguladora, por exemplo, dando respaldo e segurança para uma tomada de decisão embasada e construída de modo a atender os anseios das partes.

Além disso, a flexibilidade da mediação, que não está adstrita a limites processuais para a formulação do acordo, ao contrário das disputas judiciais, torna mais eficaz a busca pela preservação do interesse público e, ainda, a verificação da compatibilidade das pretensões com a pretendida manutenção da atividade empresarial[20].

19 PAIVA, Luiz Fernando Valente de Paiva. JUNQUEIRA, Thiago Braga. *"A Efetividade da Mediação no Sistema Americano. Um Incentivo à Recente Experiência Brasileira"*. In: *"Recuperação Judicial: análise comparada Brasil – Estados Unidos"*, MARTINS, André Chateaubriand; e YAGUI, Márcia (coord.), 1ª ed., 2020.

20 SACRAMONE, Marcelo Barbosa. *"Comentários à Lei de recuperação de empresas e falência"*, 2ª ed. – e-book, São Paulo: Saraiva Educação, 2021, p. 225.

1.6. Credores não sujeitos à recuperação judicial e credores extraconcursais

O plano de recuperação judicial deve atender a todos os credores de uma mesma classe em igualdade de condições e, na medida do possível, contemplar de forma minimamente satisfatória a todos os credores. Os seus termos devem ser construídos e pensados para contemplar a dívida sujeita aos efeitos da recuperação judicial, mas também podem abranger créditos não sujeitos. Nesse contexto, uma das alternativas normalmente utilizadas é a criação da classe de credores aderentes ou a negociação direta com o credor que possui garantia fiduciária, de modo a permitir com que todos os interesses e ativos sejam contemplados para a comunidade de credores. Deixar em aberto disputas que podem gerar incertezas quanto ao resultado do processo de recuperação é uma estratégia arriscada e, portanto, deve ser sempre que possível evitada.

Nesse contexto, buscando contemplar também os credores não sujeitos aos efeitos da recuperação judicial, e reconhecendo a importância de resolver as disputas de uma forma ampla, a Segunda Seção do STJ decidiu que a anuência do titular da garantia real ou fidejussória é indispensável para que o plano de recuperação judicial possa estabelecer a sua supressão ou substituição.[21]

Assim, o mediador, como facilitador da comunicação e do diálogo entre centros de interesses antagônicos, permite que os credores não sujeitos aos efeitos da recuperação judicial participem do processo e da construção de um plano que atenda os interesses de todos os envolvidos.

2. O papel do mediador e o protagonismo das partes

A mediação é modelo que permite que as partes, por meio de um procedimento participativo, resolvam as suas disputas construtivamente ao fortalecer relações sociais, identificar interesses subjacentes ao conflito, promover relacionamentos cooperativos, explorar estratégias que venham prevenir ou resolver futuras controvérsias, e educar as partes para uma melhor compreensão recíproca.[22]

[21] STJ, REsp nº 1794209/SP, Segunda Seção, Min. Rel. Ricardo Villas Bôas Cueva, j. 12.5.2021, DJe 29.6.2021.

[22] BARUCH BUSH, Robert et. al. The promise of mediation: Reaponding to conflit through empowerment and recognition. São Francisco. Ed. Jossey-Bass, 1994, *apud* AZEVEDO, André

Para a função de mediador, salvo nos casos em que as partes concordarem com a dispensa dos requisitos, o profissional deverá ter qualificação para atuar como tal e experiência com negociações complexas, assim como com a condução de processos que envolvam múltiplas partes. Os mediadores não podem ter qualquer interesse direto ou indireto nos temas objeto da mediação e em relação às partes, eis que devem atuar como catalisadores de soluções para conduzir as partes ao acordo, sem propriamente interferir na substância da disputa.[23] O mediador não tem poder decisório sobre o desfecho do processo em que atua, não impondo decisões, mas, por outro lado, poderá decidir como conduzir o procedimento da forma que julgar mais adequada para alcançar os resultados esperados.

Isso porque a premissa da mediação é justamente o empoderamento das partes e a autodeterminação, isto é, *"as partes em disputa têm a faculdade, o direito e o poder de definir suas questões, necessidades e soluções e de determinar o resultado do processo da mediação"*.[24] Desse modo, em um ambiente de estímulo à comunicação (como deve ser a sessão de mediação), espera-se que as partes efetivamente restabeleçam sua comunicação e negociem. Por meio do diálogo e da negociação que se torna possível atingir a comunhão de interesses almejada pela recuperação judicial — materializada a partir de um plano de recuperação judicial que contemple todos os múltiplos interesses ali em jogo.[25]

Dito de forma objetiva, o pilar da mediação é a autonomia da vontade das partes. Nos métodos alternativos – sobretudo na mediação, na qual as partes são as protagonistas no desenho da solução do conflito – é possível, com maior ou menor grau de liberdade, escolher o método, seu funcionamento, a lei aplicável, o procedimento e até o terceiro encarregado

Gomma de. *"Desafios de Acesso à Justiça ante o Fortalecimento da Autocomposição como Política Pública Nacional."*, op. cit., p. 22.

23 SERPA, Maria de Nazareth. *"Teoria e Prática da Mediação de Conflitos"*. Rio de Janeiro: Lumen Juris, 1999, p. 90.

24 CALMON, Petrônio. *"Fundamentos da mediação e da conciliação"*. 4º ed. Brasília: Gazeta Jurídica, 2019. p. 123.

25 CARNAÚBA, César Augusto Martins; HANESAKA, Thais D'Angelo da Silva; e VASCONCELOS, Ronaldo. *"Mediação na Recuperação Judicial: paralelos com a evolução estrangeira"*, op. cit., p. 48.

de encaminhar ou solucionar o conflito, o que garante justamente a efetividade desse tipo de procedimento.[26]

Além de ajudar as partes a pensarem a controvérsia sob diferentes ângulos, tirando-as de posições preconcebidas e neutralizando as emoções, o mediador visa dar objetividade e incentivar os mediandos a exercitar o diálogo, guiando-os à formação de alternativas e à negociação de acordos. Cabe ao mediador, também, encontrar o local mais adequado para o desenvolvimento dos trabalhos e zelar por um clima acolhedor. É sua atribuição, ainda, definir o procedimento, as regras e combinações em que a mediação vai se desenrolar.[27]

O mediador deverá ser escolhido de comum acordo pelas partes, as quais poderão alternativamente escolher a câmara privada de mediação. Nos casos de recuperação judicial, a escolha do mediador pode ser dificultada, em razão das múltiplas partes e interesses, o que dificulta o consenso. A Recomendação nº 58 do CNJ apresenta um direcionamento para a escolha do mediador, sem que a autonomia das partes seja ofuscada, como se passa a explicitar.

2.1. A escolha do mediador nas recuperações judiciais

A Recomendação nº 58 do CNJ prevê que o autor do requerimento de mediação poderá indicar até três nomes para exercer a função de mediador, cabendo à contraparte, caso aceite, escolher um dos nomes sugeridos, sendo que o nome de consenso entre as partes deverá ser nomeado pelo magistrado. Na hipótese de múltiplas contrapartes, o magistrado deverá verificar se há consenso sobre um dos nomes indicados pelo requerente, e, caso exista, deverá realizar a respectiva nomeação, conforme indica o art. 3º, § 3º, da Recomendação nº 58, do CNJ.

Não havendo concordância entre as múltiplas partes na escolha ou não havendo aceitação do nome indicado, o magistrado deverá oficiar um Centro de Mediação ou Câmara especializada, que tenha lista de

[26] LORENCINI, Marco Antônio Garcia Lopes. "*Sistema Multiportas: Opções para tratamento de conflitos de forma adequada*". In: "*Negociação, mediação, conciliação e arbitragem: curso de métodos adequados de solução de controvérsias*". LORENCINI, Marco Antônio Garcia Lopes; SALLES, Carlos Alberto de; e SILVA, Paulo Eduardo Alves da., 3ª ed., Rio de Janeiro: Forense, 2020, p. 74.

[27] LORENCINI, Marco Antônio Garcia Lopes. "*Sistema Multiportas: Opções para tratamento de conflitos de forma adequada*", op. cit., p. 76.

profissionais habilitados a exercer a função em processos de insolvência, para que indique um mediador apto, nos termos do § 4º deste mesmo dispositivo. Percebe-se que, aqui, o CNJ apresenta como opção centros privados de mediação que se dedicam em selecionar e, mais do que isso, treinar pessoas para a função de mediador.

Nessa sequência, caso o mediador indicado pelo Centro ou Câmara aceite o encargo, o juiz o nomeará. Porém, caso não haja no Centro de Mediação ou Câmara profissionais habilitados ou caso o mediador indicado não aceite participar do caso ou, ainda, se feita a nomeação, ela for recusada por uma das partes (nas medições bilaterais) ou pelo devedor e/ou credores com volume de créditos relevantes (nas mediações plurilaterais), caberá ao magistrado fazer a nomeação à sua livre escolha, podendo acolher um daqueles nomes previamente indicados pela parte requerente.

As partes, contudo, não são obrigadas a aceitar a nomeação de ofício, embora prevista logo no § 1º do artigo 3º da Recomendação nº 58, do CNJ.

A nomeação do mediador pelo magistrado deve ser vista como residual e excepcional. Caso as partes manifestem interesse pela mediação e caso não haja consenso quanto ao nome do mediador após esgotadas todas as demais tentativas de nomeação, inclusive por meio de câmaras privadas, haverá a nomeação pelo Juízo, preenchidos os requisitos do art. 167, do CPC, como a prévia inscrição em cadastro nacional e em cadastro do CNJ. Isso porque o magistrado deve fomentar o protagonismo das partes até mesmo na escolha do profissional que conduzirá a mediação, sendo justamente o prestígio à vontade dos envolvidos que traz legitimidade e engajamento ao processo.

2.2. A confidencialidade e o papel do mediador

Quando as partes escolhem o mediador, assegura-se maior independência e distanciamento da figura do juiz da causa, conferindo-se maior legitimidade ao processo. Afinal, ao mediador, será permitido acesso às informações sensíveis a respeito da posição das partes e do conflito. Torna-se, portanto, essencial que as partes sintam que o contato com mediador seja salvaguardado pela confidencialidade, tanto em relação ao Juízo, quanto em relação ao administrador judicial.

Logicamente, os litigantes somente trocarão informações sigilosas com o mediador se confiarem que ele as usará em benefício de um acordo, sem o receio da exposição ao Juízo ou ao condutor da recuperação judicial (administrador judicial). Assim, a eventual ciência dos principais polos decisórios da recuperação judicial acerca das informações sigilosas trocadas no âmbito da mediação certamente desestimularia as partes à sua utilização.

Isso porque, sendo uma figura independente, o mediador não deverá se submeter a qualquer interferência do Juízo no procedimento, dado que o magistrado e o mediador possuem funções *próprias, autônomas* e *distintas* na condução da recuperação judicial. Sua fidúcia e o seu dever de zelar pela lisura do procedimento ocorre apenas e tão somente em relação às partes. Enquanto o mediador deve auxiliar as partes na construção de uma solução íntegra e autocompositiva, o papel do juiz na mediação é de *conduzir o processo de recuperação judicial promovendo, a qualquer tempo, a autocomposição, preferencialmente com auxílio de mediadores judiciais*, conforme o artigo 139, inciso V, do CPC.

No mesmo sentido, é evidente que os administradores judiciais, além de não poderem ser contaminados por informações confidenciais discutidas na mediação, não poderão cumular, em um mesmo caso, as funções de administrador judicial e mediador[28]. A Recomendação nº 58, do CNJ, sugere esse impedimento no seu art. 6º, eis que os dois cargos são absolutamente incompatíveis por suas naturezas e funções.

Isso porque há um aspecto subjetivo muito forte na mediação. Em casos em que a mediação é utilizada dentro de processos de recuperação judicial, seja ela na fase de negociação do plano de recuperação, seja tratando-se de algum episódio incidental entre credor e devedor, as partes expõem seus verdadeiros interesses e posições, no intuito de se buscar uma solução eficiente e realista para o caso. Como o administrador judicial é um profissional de confiança nomeado pelo magistrado, que deverá fiscalizar as atividades do devedor e reportar ao Juízo, não poderá ter acesso às informações sigilosas tratadas na mediação, por ser verdadeiro *longa manus* do Juízo.

Não há óbices, entretanto, para que o administrador judicial, nos limites da sua função, atue em conjunto com as partes na construção do procedimento adequado (*case management*). Não se trata de inserir o próprio juiz entre os sujeitos da mediação, nem de conjugar as funções

[28] PAIVA, Luiz Fernando Valente de Paiva. JUNQUEIRA, Thiago Braga. "*A Efetividade da Mediação no Sistema Americano. Um Incentivo à Recente Experiência Brasileira*", op. cit.

de mediador e administrador, mas sim de aproveitar que o auxiliar do juiz (o administrador judicial) pode – *e deve!* – exercer justamente uma função mais próxima das partes, operando para além da área de atuação do magistrado e, para aquele caso específico, sugerindo e implementando meios adequados para perseguir a melhor solução da crise da empresa, sendo esse meio, muitas vezes, a própria mediação.[29] Vale destacar, ainda neste ponto, que a Lei nº 14.112/2020, mais uma vez, inovou ao incluir no rol de deveres do administrador judicial *"estimular, sempre que possível, a conciliação, a mediação e outros métodos alternativos de solução de conflitos relacionados à recuperação judicial e à falência, respeitados os direitos de terceiros"*.

Conclusões

De forma geral, ao regulamentar a mediação na recuperação judicial, a Lei nº 14.112/2020, combinada com a Recomendação nº 58 do CNJ, regulou, com maior previsibilidade, procedimento alternativo que busca trazer celeridade e eficiência à resolução de disputas. A reforma da LRF e a Recomendação do CNJ, para além disso, indicam a superação do pernicioso obstáculo ao amplo crescimento da mediação na recuperação judicial: a descrença da própria comunidade jurídica.

A nova sistemática nada mais é do que um grande estímulo à mudança cultural de profissionais cuja formação sempre esteve fortemente enraizada em uma concepção adversarial do processo.

Some-se a isso o fato de que a recuperação judicial é um processo multilateral, o que torna a mediação ainda mais relevante para devolver às partes o protagonismo que vêm perdendo pela excessiva judicialização de matérias, justamente pela assimetria de informações, falta de diálogo e indesejável interferência do Poder Judiciário em questões que cabem às partes decidir.

A recente mudança legislativa que permite aos credores apresentarem plano de recuperação judicial alternativa é o maior exemplo de que, na recuperação judicial, deve prevalecer a vontade das partes através de um processo negocial transparente, de acordo com as regras estabelecidas pela LRF.

Quando as partes recorrem ao Poder Judiciário de forma excessiva, provocando decisões que retardam e deturpam a dinâmica negocial do

[29] Ibidem, p. 48.

processo, cria-se enorme desequilíbrio na relação de forças entre credores e devedor e, pior, ineficiências com o processo, como, por exemplo, com a perda do valor dos ativos, gerando insatisfação e descrença com a efetividade do processo. Todos perdem.

A mediação, por outro lado, busca aproximar as partes, reduzir ineficiências e superar os gargalos processuais e particulares de cada caso concreto, que podem ser absolutamente diferentes entre si, a depender do poder de determinados credores sujeitos e não-sujeitos aos efeitos da recuperação judicial, das garantias existentes e dos grupos formados em torno de determinados interesses e ativos da empresa em recuperação judicial em cada uma das classes previstas existentes no caso concreto.

A mudança legislativa tende a estimular a utilização da mediação, auxiliando as partes a superarem a descrença com o processo. Afinal, não se pode esquecer "*que parte da sociedade civil desconhece tal prática alternativa de resolução de conflitos, baseada principalmente nos princípios de comunicação.*"[30] Abre-se a oportunidade perfeita para que a mediação seja difundida, ante a sua maior visibilidade e concretude.

A mediação é adequada e compatível com a recuperação judicial não só para dirimir as controvérsias acerca das matérias de mérito, mas também sobre temas de ordem processual, que visam auxiliar na condução do processo. Em razão da existência de múltiplos interesses antagônicos e uma gama enorme de credores, fica claro que o meio mais efetivo é aquele que desafoga o Poder Judiciário, como também permite que as partes, em conjunto, construam uma solução que funcione para ambos os lados, colaborando, em último grau, com a reestruturação das empresas devedoras. Não há caminho mais eficaz e de maior satisfação com o resultado do processo do que o acordo das partes, que podem ser auxiliadas por um mediador, quando necessário.

Referências

AVILA, Eliedite Mattos. "*Mediação familiar: mitos, realidades e desafios*". Revista de Direito Privado, São Paulo, v. 35, jul.- set. 2008.

AZEVEDO, André Gomma de. "*Desafios de Acesso à Justiça ante o Fortalecimento da Autocomposição como Política Pública Nacional.*" In: Conciliação e mediação:

[30] AVILA, Eliedite Mattos. "*Mediação familiar: mitos, realidades e desafios*". Revista de Direito Privado, São Paulo, v. 35, jul.- set. 2008, pp. 97/114.

estruturação da política judiciária nacional. RICHA, Morgana de Almeida; e PELUSO, Antônio Cezar (coord.); GRINOVER, Ada Pellegrini [et. al.] (colaboradores). 1ª ed., Rio de Janeiro: Forense, 2011.

BACELLAR, Roberto Portugal. "*O Poder Judiciário e o Paradigma da Guerra na Solução de Conflitos*". In CEZAR PELUSO, Antônio; RICHA, Morgana de Almeida. (coord.). *Conciliação e mediação: estruturação da Política Judiciária Nacional.* Rio de Janeiro: Forense, 2011.

CARNAÚBA, César Augusto Martins; HANESAKA, Thais D'Angelo da Silva; e VASCONCELOS, Ronaldo. "*Mediação na Recuperação Judicial: paralelos com a evolução estrangeira*". Revista de Arbitragem e Mediação, vol. 62, julho-setembro, 2019.

CECY, Mateus. "*As inconfundíveis funções do mediador e do administrador judicial na recuperação de empresas*". Migalhas, 2020. Disponível em: https://www.migalhas.com.br/depeso/334566/as-inconfundiveis-funcoes-do-mediador-e-do-administrador-judicial-na-recuperacao-de-empresas. Acesso em: 06 de maio de 2021.

GRINOVER, Ada Pellegrini. "*Os fundamentos da justiça conciliativa*", Revista IOB de Direito Civil e Processual Civil, Porto Alegre, v. 9, n. 52, p. 72, 2008. Disponível em: https://www2.trf4.jus.br/trf4/upload/editor/rbb_ADA%20PELLE.pdf.

LONGO, Samantha Mendes. SALES, Gabriela de Barros. "*A Utilização da Mediação nas Reestruturações de Empresas*", Revista de Direito Recuperacional e Empresa, vol. 14, outubro-dezembro, DTR\2019\42474, 2019.

MENKEL-MEADOW, Carrie. "*Whose Dispute is it Anyway? A Philosophical and Democratic Defense of Settlement (in Some Cases)*". In: RISKIN, Leonard L.; WESTBROOK, James E. Dispute Resolution and Lawyers. 2. ed. Saint Paul: West Group, 2004, p. 30, *apud* TARTUCE, Fernanda. "*Mediação nos conflitos civis*", op. cit.

PAIVA, Luiz Fernando Valente de Paiva. JUNQUEIRA, Thiago Braga. "*A Efetividade da Mediação no Sistema Americano. Um Incentivo à Recente Experiência Brasileira*". In: "*Recuperação Judicial: análise comparada Brasil – Estados Unidos*", MARTINS, André Chateaubriand; e YAGUI, Márcia (coord.), 1ª ed., 2020.

ROCHA, Cármen Lúcia Antunes. "*O direito constitucional à jurisdição*", In: Teixeira, Sálvio de Figueiredo (coord.). *As garantias do cidadão na justiça.* São Paulo: Saraiva, 1993.

SACRAMONE, Marcelo Barbosa. "*Comentários à Lei de recuperação de empresas e falência*", 2ª ed. – e-book, São Paulo: Saraiva Educação, 2021.

SILVA, Paulo Eduardo Alves da. "*Resolução de Disputas: Métodos Adequados para Resultados Possíveis e Métodos Possíveis para Resultados Adequados*". In: "*Negociação, mediação, conciliação e arbitragem: curso de métodos adequados de solução de controvérsias*". LORENCINI, Marco Antônio Garcia Lopes; SALLES, Carlos Alberto de; e SILVA, Paulo Eduardo Alves da., 3ª ed., Rio de Janeiro: Forense, 2020.

SILVA, Paulo Eduardo Alves da. "*Resolução de disputas: métodos adequados para resultados possíveis e métodos possíveis para resultados adequados*". In: Salles, Carlos Alberto de et al. (Coord.). Negociação, mediação, conciliação e arbitragem: curso de métodos adequados de solução de controvérsias. 2. ed. Rio de Janeiro: Forense, 2019.

TARTUCE, Fernanda. "*Mediação nos conflitos civis*". 4ª ed., rev., atual. e ampl. – Rio de Janeiro: Forense; São Paulo, MÉTODO, 2018.

WALD FILHO, Arnoldo; LONGO, Samantha Mendes. "*Mediação no Âmbito do Processo de Recuperação Judicial e Falência de Empresas*", Caderno FGV Projetos – Recuperação de Empresas, Ano 13, Edição nº 13, setembro, 2018.

WATANABE, Kazuo. "*Cultura da sentença e cultura da pacificação*". In: YARSHELL, F. Luiz; MORAES, M. Z. (Coord.). "Estudos em homenagem à professora Ada Pellegrini Grinover". São Paulo: DPJ, 2005, *apud* SILVA, Paulo Eduardo Alves da. "*Resolução de Disputas: Métodos Adequados para Resultados Possíveis e Métodos Possíveis para Resultados Adequados*". In: "*Negociação, mediação, conciliação e arbitragem: curso de métodos adequados de solução de controvérsias*". LORENCINI, Marco Antônio Garcia Lopes; SALLES, Carlos Alberto de; e SILVA, Paulo Eduardo Alves da., 3ª ed., Rio de Janeiro: Forense, 2020.

3. Inovações no Instituto da Recuperação Extrajudicial

Frederico Kerr Bullamah
Marina Anselmo Schneider

Introdução

A Lei 11.101, de 09 de fevereiro de 2005, conforme aditada ("**LRF**"), prevê a possibilidade de a devedora propor e negociar diretamente com seus credores um plano de recuperação extrajudicial.

A recuperação extrajudicial é uma alternativa de renegociação de dívidas entre credores ou grupos de credores específicos e empresas em situação de crise não severa, com o intuito de atender necessidades pontuais, porém, fundamentais para a continuidade de suas atividades.

Em 2005, o instituto da recuperação extrajudicial foi anunciado pela LRF como uma novidade.[1] Com participação limitada do poder judiciário,

[1] Antes da promulgação da LRF estava em vigor o Decreto Lei 7.661/45, que proibia o acordo extrajudicial, ao dispor, no inciso III do art. 2º, que se presume insolvente o devedor que "convoca credores e lhes propõe dilação, remissão de créditos ou cessão de bens". O Decreto Lei proibia, portanto, expressamente o acordo extrajudicial, considerado como presunção de insolvência. Restava aos devedores em crise nestes casos apenas a hipótese da concordata preventiva, por meio da qual o devedor poderia oferecer aos seus credores quirografários –e apenas a estes – dilação ou remissão de seus créditos, sem qualquer interferência dos credores. A concordata preventiva se afastou, então, de sua natureza contratual para ser um mero favor legal concedido ao devedor de boa-fé. Sendo assim, de acordo com Paulo Penalva (vide nota de rodapé 27): "a lei distanciou-se dos fatos, pois na vigência do DL 7.661/1945 as partes continuaram buscando uma forma de solucionar a questão por meio de critérios que eram proibidos: devedor e credores continuaram a negociar, em um processo paralelo e informal. A concordata amigável, ou acordo extrajudicial, que a lei proibiu expressamente, foi considerada letra morta, pois foi praticada até os nossos dias". Portanto, quando em 2005 a

esse procedimento se demonstrava adequado para empresas com menores dificuldades econômico-financeiras, prometendo vantagens em relação às outras alternativas disponíveis na LRF, como, por exemplo, flexibilidade, celeridade, simplicidade e baixo custo.[2]

Mesmo com todas as vantagens, o reduzido número de recuperações extrajudiciais homologadas nos últimos 15 anos – algo em torno de uma centena em todo o território nacional[3] –, indica que esse instituto não era compatível com as demandas das partes envolvidas.

Neste artigo analisaremos as principais vantagens e desvantagens da recuperação extrajudicial, como essa foi moldada em 2005, e, principalmente, as alterações implementadas nesse instituto pela Lei 14.122, de 24 de dezembro de 2020 (“**Reforma da LRF**”). Demonstraremos que a Reforma da LRF introduziu em nosso ordenamento jurídico incentivos relevantes para a utilização da recuperação extrajudicial, atualmente, conforme mencionado acima, um instituto escasso no mercado brasileiro de reestruturação de dívidas e insolvência.

A recuperação extrajudicial brasileira: solução de crise viável e vantajosa para empresas em dificuldade econômico-financeira

A recuperação extrajudicial e a recuperação judicial são regimes jurídicos distintos, que devem ser aplicados em situações de adversidades próprias, com base nas condições econômico-financeiras da devedora.[4] Ao abordar

LRF foi finalmente promulgada, a criação do instituto da recuperação extrajudicial no Brasil se mostrou como uma de suas principais conquistas.

[2] TELLECHEA, Rodrigo. SPINELLI, Luis Felipe. SCALZILLI, João Pedro. Notas críticas ao Regime Jurídico da Recuperação Extrajudicial. *Revista de Direito Mercantil* nº 161/162, jan./ago. 2012.

[3] No passado, o Serasa Experian realizava controle sobre o número de pedidos de homologação de planos de recuperação extrajudicial. Entretanto, a entidade não mais disponibiliza tais informações em sua plataforma. Sheila Cerezetti, em artigo publicado em 2015, faz menção à plataforma do Serasa Experian, afirmando que, entre 2005 e novembro de 2014, foram apenas 69 homologações de planos de recuperação extrajudicial. CEREZETTI, Sheila C. Neder. Breves notas sobre a recuperação extrajudicial de empresas no Brasil. In: VASCONCELOS, Miguel Pestana de. (Coord.). *Falência, Insolvência e Recuperação de Empresas: I.º Congresso de Direito Comercial das Faculdades de Direito da Universidade do Porto, de S. Paulo e de Macau.* Porto/PT: Faculdade de Direito da Universidade do Porto, 2015, nota de rodapé 6.

[4] A recuperação extrajudicial brasileira se inspirou na “*prepackaged bankruptcy*” americana. Nessa modalidade, o plano de reorganização é acordado entre a recuperanda e seus credores

as vantagens da recuperação extrajudicial, nosso intuito é o de demonstrar os motivos pelos quais esse instituto deveria ser uma alternativa mais explorada pelas empresas em crise, como uma opção, muitas vezes, mais viável e vantajosa do que a recuperação judicial.

Na recuperação extrajudicial, por ser essencialmente de natureza contratual, as partes envolvidas possuem ampla liberdade para negociar soluções para viabilizar a superação da crise, estabelecendo, no plano, novas condições das obrigações a ele sujeitas.

A recuperação extrajudicial não abrange necessariamente todos os credores. Estão sujeitos a tal instituto os créditos existentes na data do pedido de homologação, exceto os créditos de natureza tributária e aqueles decorrentes das relações comerciais previstas no art. 49, §§ 3º e 4º, e art. 86, inciso II, da LRF – quais sejam, créditos garantidos por alienação ou cessão fiduciária sobre bens imóveis ou móveis ou decorrentes de contratos de arrendamento mercantil, adiantamento a contrato de câmbio para exportação e venda ou promessa de compra e venda de imóveis com cláusula de irrevogabilidade e irretratabilidade ou reserva de domínio (art. 161, § 1º, LRF).[5]

A este respeito, a LRF, em seu art. 163, §1º, prevê a possibilidade de dividir os credores em classes ou grupos, conforme ***(a)*** a espécie dos créditos por eles detida – assim classificadas com base no art. 83 da LRF, ou seja, os créditos com direito real de garantia, os quirografários e os subordinados, ou ***(b)*** a natureza – leia-se "espécie"[6] – do crédito e a sua sujeição a semelhantes condições de pagamento.

antes mesmo de se requerer ao judiciário o início do "reorganization plan" previsto no Chapter 11 do Bankrupcty Code (Section 1126). Após a homologação judicial, torna-se oponível em relação à minoria contrária, além de gerar os mesmos efeitos do "reorganization plan" previsto no *Chapter* 11. Em síntese, a equivalência entre o "*prepackaged bankruptcy*" e a recuperação extrajudicial brasileira é devida à antecipação da negociação do plano de reorganização, que é apresentado ao judiciário pré-finalizado, apenas para fins de homologação e extensão de efeitos.

5 A Reforma da LRF incluiu no rol de créditos abrangidos pela recuperação extrajudicial, os créditos trabalhistas. Mais à frente, iremos argumentar que essa foi uma alteração importante trazida pela nova lei, no sentido de modernizar a recuperação extrajudicial e torná-la mais atrativa para empresas em crise.

6 SALOMÃO, Luis Felipe. SANTOS, Paulo Penalva. Recuperação Judicial, Extrajudicial e Falência: Teoria e Prática. 5ª ed. Rio de Janeiro: Forense, 2020, p. 597 e 598. "*Percebe-se de pronto a falta de técnica legislativa quando o legislador abandona conceitos precisos para adotar palavras*

Nota-se que não há uma rigidez para a definição das classes ou grupos de credores a serem abrangidos pela recuperação extrajudicial, podendo, para tanto, a devedora e os credores adotar critérios diversos: "*a classe sempre deve ser relacionada a alguma característica original do crédito, sendo definida sob critérios objetivos e impessoais e voltada para contribuir com a finalidade da recuperação extrajudicial", qual seja, a preservação da empresa.*"[7]. Eventuais tratamentos distintos entre credores da mesma espécie ou grupos de credores deverão se basear em condições econômicas ou jurídicas de cada crédito ou credor, em respeito ao princípio da *par conditio creditorum.*[8]

Do ponto de vista prático, é possível verificar essa flexibilidade em alguns casos concretos e emblemáticos que tivemos no Brasil. Por exemplo, a recuperação extrajudicial de Restoque (Processo TJSP nº 1046426-49.2020.8.26.0100) englobou crédito exclusivamente com instituições financeiras. Já a recuperação extrajudicial do Grupo Colombo (Processo TJSP nº 2136938-12.2016.8.26.0000) abrangeu apenas crédito quirografário, enquanto a da Queiroz Galvão (Processo TJSP nº 2087983-42.2019.8.26.0000) restringiu-se aos créditos quirografários decorrentes de dívidas de contratos de prestação continuada essenciais para operação da empresa. Por fim, a recuperação extrajudicial da Odebrecht (Processo 0121854-60.2017.8.19.000) tratou unicamente de créditos de credores detentores de títulos de dívida (*bonds*) emitidos no mercado internacional por empresas do seu grupo econômico, distinguindo os credores em duas subclasses – "primeiro e segundo núcleo" – de acordo com o vencimento dos respectivos títulos.

Dessa forma, a devedora poderá concentrar os seus esforços em um universo restrito de credores, selecionando aquelas classes ou grupos que

ou expressões vagas, como é o caso da substituição desnecessária da palavra "classe" pelo vocábulo "espécie". [...] A outra empresa propriedade refere-se à expressão "credores da mesma natureza" contida no §1º do artigo 163. Também aí parece coerente concluir que credores da mesma natureza signifique credores da mesma classe" – conforme classificação prevista no artigo 83 da LRF. Por fim, conclui-se que "*apesar da falta de clareza do parágrafo primeiro do é razoável concluir que o legislador, ao referir-se a "grupo de credores", criou uma subdivisão dentro de uma mesma classe, exigindo que esses credores tivessem idênticas condições de pagamento.*"

[7] CARNIO, Daniel. MELO, Alexandre Correa Nasser de. Comentários à Lei de Recuperação de Empresas e Falência – Lei 11.101. Juruá Editora; 1ª edição, 2020, p. 308.

[8] SALOMÃO, Luis Felipe. SANTOS, Paulo Penalva. Recuperação Judicial, Extrajudicial e Falência: Teoria e Prática. 5ª ed. Rio de Janeiro: Forense, 2020, p. 600-601.

estão dispostos a participar e contribuir para a reversão do seu estado de crise. Não há a necessidade de verificação e habilitação de créditos, da realização de assembleia de credores, da nomeação de administrador judicial e, principalmente, do envolvimento direto do Estado – que é demandado em especial para fins da homologação do plano de recuperação extrajudicial, cujos termos e condições serão previamente acordados entre devedora e credores participantes.

A homologação do plano de recuperação extrajudicial[9] – aprovado pelo quórum mínimo previsto no LRF – faz com que os seus termos e condições sejam vinculantes em relação a todos os credores da classe ou grupo de credores sujeita a esse procedimento – *"apesar de o plano seguir o rito da homologação judicial, o procedimento, cujo caráter é meramente chancelatório, têm trâmite simplificado"*[10]. Em outras palavras, a homologação tem o condão de impor as condições pactuadas no plano de recuperação extrajudicial aos credores dissidentes, possibilidade essa que não existe em uma negociação bilateral entre devedora e credores, na qual não haja consenso entre as partes envolvidas.

[9] A LRF regula dois tipos de processo de recuperação extrajudicial. No primeiro deles, chamado de recuperação extrajudicial homologatória (Luiz Fernando Valente de Paiva), de convencional (Vera Helena de Mello Franco) ou de facultativa (Raquel Stajn), o devedor submete à homologação judicial um plano de recuperação extrajudicial assinado pelos credores que a ele aderiram (art. 162, LRF), sendo que, nestes casos, apenas os credores signatários são vinculados pelo plano, que se torna, com a homologação judicial, um título executivo extrajudicial (art. 161, §6º, LRF). Como afirmado por Thomas Benes Felsberg e Paulo Fernando Campana Filho, *"essa modalidade de recuperação extrajudicial foi praticamente ignorada dada a insuficiência de incentivos para que acordos privados entre credores e devedores fossem submetidos à chancela judicial"* ("A restruturação de dívidas por meio da recuperação extrajudicial" in *Aspectos polêmicos e atuais da lei de recuperação de empresas*. São Paulo: Editora D'Plácido, 2016, p.610). Por sua vez no segundo tipo de recuperação extrajudicial, chamada de impositiva (Paulo Penalva Paiva) ou de obrigatória (Raquel Stajn), o plano de recuperação extrajudicial pode vincular um ou mais grupos de credores, separados de acordo com critérios legais, relativamente aos créditos constituídos até a data do pedido (art. 163,§1º, LRF), desde que o quórum de aprovação seja obtido em cada um de tais grupos. Com a homologação, o plano se torna vinculante para todos os credores por ele compreendidos, ainda que não sejam signatários ou tenham se oposto ao plano. Essa é a categoria de recuperação extrajudicial mais utilizada e é a da qual tratamos neste artigo.

[10] TELLECHEA, Rodrigo. SPINELLI, Luis Felipe. SCALZILLI, João Pedro. Notas críticas ao Regime Jurídico da Recuperação Extrajudicial. *Revista de Direito Mercantil* nº 161/162, jan./ago. 2012, p. 52.

Ao contrário da recuperação judicial, que tem regras bastante complexas para definição de quórum, prevendo o chamado voto por crédito e o voto por cabeça (art. 45, LRF), na recuperação extrajudicial, o quórum de aprovação para homologação é mais simples e único. A Reforma da LRF passou a exigir, para aprovação do plano de recuperação extrajudicial (art. 163, *caput*, LRF), voto favorável dos credores representantes de mais da metade dos créditos de cada grupo abrangido pelo plano em questão, oferecendo ainda à devedora a vantagem de poder se beneficiar, em determinadas situações, das proteções do *stay period* ou período de suspensão a partir do pedido de homologação.[11]

Vale destacar que há limites para o plano de recuperação extrajudicial, sobretudo para evitar a concessão de privilégios aos credores participantes em detrimento daqueles dissidentes. O plano não poderá prever o pagamento antecipado de dívidas, nem tratamento desfavorável aos credores a ele não sujeitos (art. 161, § 2º, LRF). A alienação ou substituição de bem objeto de garantia real somente será admitida mediante a aprovação expressa do credor titular da respectiva garantia (art. 161, § 4º, LRF). Nos créditos em moeda estrangeira, a variação cambial poderá ser afastada apenas se o credor titular do respectivo crédito assim aprovar no plano de recuperação extrajudicial (art. 161, § 5º, LRF). Ainda, o plano de recuperação extrajudicial não poderá, sob pena de não ser homologado pelo juiz, prever ou ser instrumento para prática de atos fraudulentos ou com a finalidade de retardar o pagamento ou prejudicar credores, realizar negócio simulado ou alienar ou onerar ativos sem ficar com bens suficientes para saldar seu passivo (art. 94, inciso III, e art. 130, LRF).

A recuperação extrajudicial possui também um caráter significativamente menos interventivo que a recuperação judicial, pois naquela inexiste a possibilidade de perda da administração da sociedade pela nomeação de um gestor judicial, assim como também não há a intervenção de terceiros,

[11] Atualmente, a LRF estabelece que o pedido de homologação do plano de recuperação extrajudicial acarreta a suspensão de direitos, ações ou execuções, e a impossibilidade do pedido de decretação de falência pelos credores sujeitos ao plano de recuperação extrajudicial (art. 161, § 4º, da LRF). Conforme tratado adiante neste artigo, esse período de suspensão somente é concedido pelo judiciário quando o pedido de homologação do plano de recuperação extrajudicial conte com a concordância de, no mínimo, 1/3 dos credores sujeitos ao procedimento, sendo necessário para a devedora possua um ambiente seguro e previsível para as negociações com os credores.

como o administrador judicial, ou o acompanhamento do cumprimento do plano pelo Poder Judiciário (arts. 61, 64 e 65, LRF). Isso, todavia, não impede que as partes envolvidas na recuperação extrajudicial negociem uma forma de fiscalização e monitoramento da execução do plano ou, até mesmo, a participação – direta ou indireta – dos credores na gestão da empresa devedora.

Outro ponto ainda a ser considerado ao se avaliar as vantagens da recuperação extrajudicial é o risco de a empresa ser levada à bancarrota devido à não homologação do plano. Enquanto na recuperação judicial essa possibilidade é lícita e legítima (art. 73, incisos III e IV, LRF), na recuperação extrajudicial não há a possibilidade de convolação em falência. Caso o plano seja rejeitado pelo juiz, devolve-se aos credores signatários o direito de exigirem seus créditos nas condições originais, deduzidos os valores efetivamente pagos (art. 165, §2º, LRF). E, restado infrutíferas as negociações, a devedora permanece com o seu direito de recorrer ao instituto da recuperação judicial.

Recuperação extrajudicial brasileira: a difícil realidade antes da Reforma da LRF

A recuperação extrajudicial foi muito pouco utilizada no Brasil. A tendência, porém, é que esse instituto se torne cada vez mais frequente na prática, após a Reforma da LRF. Neste momento, focaremos nos principais aspectos – considerados como desvantagens quando comparados com os da recuperação judicial – que ainda não foram sanados pela Reforma da LRF, quais sejam: ***(a)*** sucessão do adquirente nas dívidas da recuperanda em caso de alienação de filiais ou unidades produtivas isoladas; ***(b)*** inexistência de créditos de natureza extraconcursal; ***(c)*** existência de limitações temporais para proposição de nova recuperação extrajudicial; e ***(d)*** a impossibilidade de parcelamento especial de débitos referentes às Fazendas Públicas e ao INSS.

Não se pretende afastar a relevância da Reforma da LRF. Pelo contrário, abordaremos no capítulo seguinte as alterações que refletem entendimentos doutrinários e jurisprudenciais consolidados sobre a recuperação extrajudicial, até então considerados como desvantagens, demonstrando os benefícios e contribuições da Reforma LRF para tornar esse instituto uma alternativa realmente viável para enfretamento de uma crise econômico-financeira.

Sucessão do adquirente nas dívidas da recuperanda em caso de alienação de filiais ou unidades produtivas isoladas

Em situações de crise, é comum que ocorra a alienação de filiais ou unidades produtivas isoladas em busca de equilíbrio do nível de endividamento da devedora ou realização de investimentos necessários. Na recuperação extrajudicial, diferentemente da recuperação judicial, não é permitido alienar ativos da devedora sem o risco de discussão sobre sucessão do adquirente – a chamada "limpeza de ativos" –, inclusive em relação aos passivos de natureza ambiental, regulatória, administrativa, penal, anticorrupção, tributária e trabalhista. A doutrina diverge sobre o reconhecimento de sucessão do adquirente de ativos alienados nos termos do plano de recuperação extrajudicial homologado[12], embora exista manifestação dos tribunais sobre o tema no sentido de que, em uma interpretação sistemática da lei, a limitação da sucessão do adquirente também se aplicaria no caso da alienação de bens e direitos extrajudicialmente[13].

A responsabilidade decorrente de sucessão é sempre um tema sensível para os investidores. Espera-se que os tribunais possam estabelecer as situações em que a ausência de sucessão prevaleça no âmbito de recuperação extrajudicial[14]. De toda forma, além de prevista no plano de recuperação extrajudicial, vale lembrar que a alienação desses ativos deve ser realizada em conformidade com as modalidades estabelecidas no art. 142 da LRF, quais sejam, leilão eletrônico, presencial ou híbrido, processo competitivo organizado promovido por agente especializado e de reputação ilibada ou qualquer outra modalidade, desde que aprovada nos termos desta Lei.

Inexistência de créditos de natureza extraconcursal

É sabido, também, que o suporte dos credores em um momento de crise é fundamental para o atingimento do objetivo final da recuperação extrajudicial: a preservação das atividades da empresa. E este suporte ocorre de

[12] CARNIO, Daniel. MELO, Alexandre Correa Nasser de. Comentários à Lei de Recuperação de Empresas e Falência – Lei 11.101. Juruá Editora; 1ª edição, 2020 + Novo manual de direito comercial [livro eletrônico]: direito de empresa / Fábio Ulhoa Coelho. -- 5. ed. -- São Paulo: Thomson Reuters Brasil, 2021, p. 498-499

[13] Supremo Tribunal Federal. ADI 3934, Relator: Ricardo Lewandowski, Tribunal Pleno, julgado em 27/05/2009.

[14] Novo manual de direito comercial [livro eletrônico]: direito de empresa / Fábio Ulhoa Coelho. -- 5. ed. -- São Paulo: Thomson Reuters Brasil, 2021, p 498 e 499.

diversas maneiras, seja com a manutenção do relacionamento comercial, seja com a concessão de novos créditos. Na recuperação extrajudicial, os créditos decorrentes de obrigações contraídas pela devedora após a homologação do plano, inclusive aqueles decorrentes de despesas com fornecedores e contratos de mútuo, não são considerados créditos extraconcursais ou não sujeitos[15] à recuperação judicial ou falência. Isso implica em que todas as obrigações contraídas após a homologação do plano de recuperação extrajudicial não terão qualquer tratamento diferenciado ou prioridade de pagamento em caso de recuperação judicial ou falência. Dessa forma, a recuperação extrajudicial se torna muito pouco atrativa para novos credores realizarem empréstimos e financiamentos à recuperanda, como ocorre com a recuperação judicial (*e.g, Debtor-in-Possession* ou *Exit Financing*), resultando em uma diminuição de fontes de liquidez disponíveis para a devedora, tornando ainda mais difícil a superação de sua situação de crise econômico-financeira.

Limitações temporais para proposição de nova recuperação extrajudicial

A recuperação extrajudicial pode ser reproposta com um menor lapso temporal que a recuperação judicial. Na recuperação extrajudicial, a devedora poderá requerer a homologação de outro plano após transcorridos dois anos a contar da obtenção da recuperação judicial ou da homologação de plano de recuperação extrajudicial anteriormente apresentado (art. 161, §3º, LRF). Na recuperação judicial, por sua vez, esse prazo é de cinco anos (art. 48, LRF).

Ainda, a necessidade de atender ao requisito temporal acima mencionado para ingressar no regime da recuperação extrajudicial é criticável e pode representar um sério empecilho à utilização do instituto. Como a recuperação extrajudicial, diferentemente da recuperação judicial, possui um forte caráter de acordo privado, somente sendo possível negociar com classes e subclasses específicas de credores, não faz sentido que a mesma empresa não possa protocolar a homologação de mais de um plano de

15 Na recuperação judicial, o crédito "extraconcursal" é aquele que decorre das obrigações contraídas depois que a empresa entrou em processo de recuperação. Para que continue ser atraente se emprestar para empresas em recuperação judicial, tais créditos devem ser pagos com maior prioridade caso seja decretada a falência (arts. 67, *caput*, e 84, LRF).

recuperação extrajudicial no mesmo período, de modo a englobar interesses de credores em momentos distintos, facilitando a sua recuperação e a administração do estado de crise. Deveria ser possível, por exemplo, que a empresa em crise protocolasse um pedido de homologação de plano de recuperação extrajudicial celebrado com credores com garantia real e outro com fornecedores de bens ou serviços regulares para a empresa, a fim de endereçar os interesses diversos e específicos de cada um desses credores, em seus respectivos planos, no momento mais adequado.

Parcelamento especial de débitos referentes às Fazendas Públicas e ao INSS

O "Parcelamento de Pessoa Jurídica em Recuperação Judicial", como chamado pela Fazenda Pública, é o serviço que permite à devedora em recuperação judicial solicitar o parcelamento, em condições diferenciadas – em até 120 prestações mensais e sucessivas –, os débitos elegíveis que estiverem inscritos em dívida ativa da União (DAU). Tal parcelamento abrange débitos devidos, que estejam ou não sendo discutidos judicialmente pelo contribuinte ou em fase de execução fiscal ajuizada pela Procuradoria Geral da Fazenda Nacional[16]. O novo diploma, infelizmente, não trouxe qualquer inovação no que diz respeito à extensão para recuperação extrajudicial da possibilidade de parcelamento especial de débitos referentes às Fazendas Públicas e ao INSS, a qual é prevista unicamente para recuperação judicial (art. 68, LRF). Esse fato poderá contribuir para que a recuperação extrajudicial permaneça como uma solução menos atrativa para empresas em crise com débitos fiscais elevados.

Há outros aspectos que podem ter contribuído para a pouca utilização da recuperação extrajudicial no país e que foram sanados pela Reforma da LRF, dentre eles, o alcance restrito da recuperação extrajudicial, abrangendo menos classes de credores que a recuperação judicial; a ausência de clareza quanto à aplicação do *stay period*; e o alto quórum de aprovação para homologação do plano. Diante dessas alterações e de outras novidades trazidas pela Reforma da LRF, a seguir abordadas, acredita-se que a recuperação extrajudicial brasileira se tornará mais atraente para

[16] https://www.gov.br/pgfn/pt-br/servicos/orientacoes-contribuintes/parcelamentos-1/parcelamento-de-debitos-de-pessoa-juridica-em-recuperacao-judicial-1. Acessado em 04/08/2021, às 15:45.

empresas em situação de crise econômico-financeira, assim como seus respectivos credores.

As inovações e modernizações trazidas pela Reforma da LRF

A Reforma da LRF alterou diversos dispositivos da LRF, eliminando arestas e aperfeiçoando algumas das características mais importantes da recuperação extrajudicial no Brasil. O objetivo principal da Reforma da LRF foi o de modernizar os institutos de falência e recuperação judicial e extrajudicial, sendo que no caso da recuperação extrajudicial houve uma tentativa de aprimorar a legislação vigente para tornar o instituto mais célere, eficiente, seguro e menos custoso para as partes envolvidas.

Dentre os principais aspectos que podiam ser apontados como desvantagens da recuperação extrajudicial que foram sanados pela Reforma da LRF, temos: ***(a)*** o risco de revogação de atos em caso de quebra da devedora e declaração de sua ineficácia; ***(b)*** o alcance restrito, abrangendo menos classes de credores que a recuperação judicial; ***(c)*** a ausência de clareza quanto à aplicação do *stay period*[17]; e ***(d)*** o alto quórum de aprovação para homologação do plano. Todos estes pontos serão explorados em maior detalhe a seguir.

Ampliação do rol de atos não sujeitos à ação revocatória

Como apontado por Paulo Penalva Santos et al.[18], "*apesar de o legislador ter dado ampla liberdade para as partes sobre o conteúdo do acordo extrajudicial, havia uma questão importantíssima no que dizia respeito à ineficácia dos atos elencados no art. 129 da lei 11.101/05*". Note-se que os incisos II e III do art. 129 – que trata dos atos ineficazes em relação à massa falida – abrigavam medidas e soluções comumente negociadas e utilizadas em planos de recuperação extrajudicial, isto é, o pagamento de dívidas de forma não prevista pelo contrato ou a constituição de direito real de garantia.

17 O *stay period* nada mais é do que a suspensão automática das ações e execuções de todos os credores em face do devedor pelo período de 180 dias contado do deferimento do processamento da recuperação (art. 6º, *caput* e §4º). Após o decurso deste prazo, restabelece-se o direito dos credores de iniciarem ou continuarem suas ações e execuções, independentemente de pronunciamento judicial.

18 SANTOS, Paulo Penalva. MOREIRA, Alberto Camiña. PEREIRA, Alexandre Demetrius. COSTA, Daniel Carnio. FILHO, João de Oliveira Rodrigues. DELLORE, Luiz. SACRAMONE, Marcelo. *A recuperação extrajudicial e as alterações da lei 14.122, de 24 de dezembro de 2020.*

Assim, antes da Reforma da LRF, os credores que se beneficiassem desses atos deveriam estar atentos e poderiam estar correndo riscos de reconhecimento de sua ineficácia em caso de falência da devedora. A redação anterior do art. 131 da LRF – que faz referência aos atos previstos no art. 129 acima mencionado – conferia proteção aos credores tão somente na hipótese em que tais atos eram realizados pela devedora em conforme aprovado no âmbito de sua recuperação judicial – não englobando a recuperação extrajudicial.

A Reforma da LRF alterou a redação do art. 131, para afastar a ação revocatória também dos atos realizados em conformidade com o previsto no plano de recuperação extrajudicial. Tal alteração trará maior segurança jurídica ao instituto da recuperação extrajudicial, visto que os atos previstos no art. 129 da LRF, realizados no contexto deste procedimento, não poderão mais ser declarados ineficazes ou revogados.

Credores não abrangidos pela Recuperação Extrajudicial: a nova possibilidade de inclusão dos credores trabalhistas

A LRF vedava expressamente a inclusão, no plano de recuperação extrajudicial, de determinados créditos, quais sejam: ***(a)*** créditos tributários e previdenciários; ***(b)*** créditos trabalhistas e por acidente de trabalho; ***(c)*** créditos decorrentes de contratos de arrendamento mercantil; ***(d)*** alienação fiduciária em garantia; ***(e)*** adiantamento a contrato de câmbio; ***(f)*** contrato de venda com reserva de domínio; e ***(g)*** promessa ou compra e venda de imóvel com cláusula de irrevogabilidade e irretratabilidade. Com exceção do crédito trabalhista e por acidente de trabalho, essa era a mesma relação de credores que não se sujeitam à recuperação judicial antes da Reforma da LRF.

Procurando atender as demandas dos empresários em estado de crise, a Reforma da LRF expandiu o rol dos créditos abrangidos pela recuperação extrajudicial, passando a permitir também a inclusão dos créditos trabalhistas e acidentários, após negociação coletiva com sindicato dos empregados da respectiva categoria profissional (art. 161, §1º, LRF). Em outras palavras, sob a égide do novo diploma legal, não há necessidade de aprovação majoritária dos trabalhadores titulares dos créditos dessa natureza, uma vez que o sindicato será o representante da maioria dos trabalhadores cujos direitos serão novados por meio do plano de recuperação extrajudicial.

Dessa forma, a Reforma da LRF inovou no tratamento dado aos créditos trabalhistas, antes considerados quirografários, atribuindo-lhes agora natureza e classificação originárias no âmbito da recuperação extrajudicial. A alteração é importante, pois faz com que a recuperação extrajudicial passe abranger exatamente as mesmas classes de credores abrangidas pela recuperação judicial. Ao incluir os créditos trabalhistas e provenientes de acidente de trabalho dentre as categorias sujeitas à recuperação extrajudicial, mesmo que com a exigência de participação do sindicato, o benefício decorrente da suspensão (*stay period*), muitas vezes necessária, das ações e execuções de créditos contra a devedora se torna disponível, também em relação a créditos dessa natureza, conforme a seguir abordado.

Suspensão das ações e execuções contra a devedora: reconhecimento sobre a aplicabilidade do *Stay Period*

O *stay period* ou período de suspensão é um benefício legal oferecido às empresas recuperandas que possibilita a continuação dos seus negócios e atividades com o objetivo de viabilizar a superação da crise econômico-financeira[19]. Promove-se, assim, um ambiente mais favorável à tentativa de preservar a sua função social e o estímulo à atividade econômica.

Esse benefício, desde a publicação da LRF, sempre foi aplicado sem qualquer discussão às recuperações judiciais; e, por muito tempo, o entendimento de que se aplicaria também à recuperação extrajudicial nem sempre foi unânime e não possuía amparo na legislação. Não era raro encontrar decisões em que em que não se considerava adequada a aplicação do *stay period* à recuperação extrajudicial.[20]

Mais recentemente, o entendimento jurisprudencial se consolidou no sentido de que os efeitos do art. 6º estendiam-se também à recuperação extrajudicial, determinando o juízo da recuperação a suspensão das

19 "*Stay period*" consiste no período, de, incialmente, 180 dias, em que ocorre a suspensão das ações e execuções de determinados credores contra a recuperando previsto no art. 6º, §4º, LRF.

20 Vide decisão no processo nº 2145792-24.2018.8.26.0000 (recuperação extrajudicial do Grupo Nutriplant).

ações ou execuções em curso, movidas por credores sujeitos ao plano de recuperação extrajudicial, mas que não o tenham assinado.[21]

Nessa linha, o Enunciado 106 da III Jornada de Direito Comercial do Conselho de Justiça de 2019 afirma que: "*O juízo da recuperação extrajudicial [poderia] determinar, no início do processo, a suspensão de ações ou execuções propostas por credores sujeitos ao plano de recuperação extrajudicial, com a finalidade de preservar a eficácia e a utilidade da decisão que vier a homologá-lo*". A justificativa para o Enunciado é decorre, acertadamente, do fato de que "*se não houver a suspensão das ações, considerando que a novação do crédito sujeito ao plano somente ocorre quando de sua homologação judicial, seria possível que, no interregno entre o protocolo da recuperação extrajudicial e a decisão de homologação, credores sujeitos ao plano lograssem excutir bens do devedor, frustrando, assim, a eficácia e a utilidade da recuperação extrajudicial a que deveriam estar sujeitos.*"

A antiga interpretação acerca da não aplicabilidade do instrumento à recuperação extrajudicial foi, entretanto, superada pela doutrina e jurisprudência e culminou na recente alteração da LRF para que os efeitos do art. 6º estendessem à recuperação extrajudicial. Essa a alteração introduzida pela Reforma da LRF é imprescindível para garantir a efetividade desse procedimento.

Quóruns para concessão do *stay period* e aprovação do plano de recuperação extrajudicial

Outra modificação importante trazida pela Reforma da LRF foi a do quórum mínimo de aprovação do plano de recuperação extrajudicial prevista no art. 163 da LRF, de 3/5 para mais da metade dos créditos de cada espécie por ele abrangidos. A redução desse quórum tem por objetivo principal estimular o uso da recuperação extrajudicial no cenário legal brasileiro.

Cumpre destacar que a alteração no art. 163 da LRF foi além, ao permitir, em seu §7º, que o pedido de homologação do plano de recuperação extrajudicial seja apresentado com a anuência de credores que representem apenas 1/3 de todos os créditos de cada espécie por ele abrangidos, tendo a devedora o prazo improrrogável de 90 dias para

[21] Vide decisões nos processos nº 2185323-88.2016.8.26.0000 (recuperação extrajudicial do Grupo Colombo), nº 2087983-42.2019.8.26.0000 (recuperação extrajudicial da Queiroz Galvão) e nº 2220342-87.2018.8.26.0000 (recuperação extrajudicial da Máquina de Vendas), todas do TJSP.

completar o quórum de "mais da metade" desses credores[22], por meio da adesão expressa ao plano, tendo a devedora, ao término desse prazo, a faculdade de converter o procedimento em recuperação judicial (art. 163, §7º, LRF). Não menos relevante, neste período, fica assegurado à devedora o direito de ter reconhecido a suspensão das ações e execuções contra si dos credores da classe sujeita à recuperação extrajudicial.

Ou seja, após a Reforma da LRF, o ajuizamento do pedido de homologação do plano de recuperação extrajudicial acarreta, obrigatoriamente, na suspensão das ações e execuções individuais da classe de credores sujeita ao acordo extrajudicial – inclusive em relação aqueles que não subscreverem o pedido inicial de recuperação judicial[23] –, por um prazo improrrogável de 90 dias, desde que conte com a anuência de, no mínimo, 1/3 (um terço) dos credores de determinada classe. É vedado, também, que esses credores apresentem, neste período, pedido de falência da devedora, com fulcro nesses créditos.

A este propósito, é importante lembrar que o *stay period* não acarreta a suspensão das ações e execuções individuais da classe de credores não sujeita ao acordo extrajudicial. Portanto, é crucial que a devedora permaneça adimplente com as suas obrigações assumidas perante tais credores, a fim de evitar qualquer tipo de discussões judiciais relacionadas a estes créditos.

O instituto da recuperação extrajudicial se tornou mais atrativo com a redução do quórum necessário para homologação do plano de recuperação

[22] A fim de evitar conflito de interesse, o art. 163, semelhante ao que ocorre com a recuperação judicial, estabelece que, para fins exclusivos de apuração deste percentual, "não serão computados os créditos detidos pelas pessoas relacionadas no art. 43 deste artigo", isto é, os sócios do devedor, as sociedades coligadas, controladoras, controladas ou as que tenham sócio ou acionista com participação superior a 10% (dez por cento) do capital social do devedor ou em que o devedor ou algum de seus sócios detenham participação superior a 10% (dez por cento) do capital social, ou ainda, aos seus cônjuges ou parentes, consanguíneos ou afim, colaterais até o 2º (segundo) grau, ascendentes ou descendentes do devedor, de administrador, do sócio controlador, de membro dos conselhos consultivo, fiscal ou semelhantes da sociedade devedora e à sociedade em que quaisquer dessas pessoas exerçam essas funções.

[23] PENALVA, Paulo. "A recuperação extrajudicial" in *Recuperação Judicial, Extrajudicial e Falência: Teoria e Prática*. 5. ed. Rio de Janeiro: Forense, 2020, Cáp. XIII, p. 515. – "*também os credores que não subscreveram o pedido inicial de recuperação extrajudicial, mas que estarão obrigados por força do art. 163, §1º, terão suspensas suas ações individuais ajuizadas, sem necessidade de aguardar a homologação do plano, na forma do art. 165*"

extrajudicial, que, com a anuência de apenas metade dos credores de uma determinada espécie, consegue obrigar os credores dissidentes abrangidos pelo plano de recuperação extrajudicial.

Simplificação do procedimento e prevenção do juízo

A Reforma da LRF trouxe também outras duas importantes alterações no que diz respeito a tornar o procedimento de recuperação extrajudicial ainda mais célere quando comparado à recuperação judicial: a simplificação do procedimento e a prevenção do juízo.

Quanto à simplificação do procedimento de pedido de homologação de plano de recuperação extrajudicial, pela redação do art. 164 da LRF, ajuizado o pedido de recuperação, o juiz deveria determinar a publicação do edital no diário oficial e em jornal de grande circulação nacional ou das localidades da sede e das filiais da devedora. A necessidade de publicar na sede e nas filiais da devedora representava um excesso de formalismo, que felizmente foi suprimida com a reforma da lei falimentar. Com a nova redação dada pela Reforma da LRF, basta a publicação de edital eletrônico para convocar credores para a apresentação de suas impugnações ao plano. Essa medida sem dúvida reduzirá os custos da recuperação extrajudicial.

Por sua vez, quanto à prevenção do juízo, a regra da competência do juízo, prevista na LRF, não abrangia pedidos de homologação de plano de recuperação extrajudicial previamente ajuizados, embora a jurisprudência já reconhecesse essa possibilidade com base em uma interpretação extensiva da norma. Com a redação dada pelo atual art. 6º, §8º, da Lei 14.122/20, a distribuição de pedido de homologação de plano de recuperação extrajudicial também passará a prevenir a competência do juízo para qualquer outro pedido de falência, recuperação judicial ou de homologação de recuperação extrajudicial relativo à mesma devedora, tornando mais claro o juízo competente para continuidade do processo.

Conclusões

A recuperação extrajudicial possui como principais vantagens: flexibilidade, celeridade, baixo custo, menor intervenção, baixo risco e maior segurança pela novação. Embora inovadora e progressista quando de seu surgimento, a recuperação extrajudicial foi pouco utilizada no Brasil até os dias atuais, tendo as empresas em crise, no geral, optado pela recuperação judicial ou por acordos privados celebrados individual e diretamente com seus credores, conforme permitido pelo art. 167 da LRF.

Dentre os principais motivos para baixa utilização do instituto, antes da entrada em vigor da Reforma da LRF, destacamos: *(i)* o risco de revogação de atos em caso de quebra da devedora e declaração de sua ineficácia; *(ii)* o alcance restrito da recuperação extrajudicial, abrangendo menos classes de credores que a recuperação judicial; *(iii)* a ausência de clareza quanto à aplicação do *stay period*; e *(iv)* o alto quórum de aprovação para homologação do plano. Todas essas questões foram resolvidas pela Reforma da LRF que, respectivamente: *(i)* afastou a ação revocatória também dos acordos celebrados no âmbito dos planos de recuperação extrajudicial; *(ii)* expandiu o rol dos créditos abrangidos pela recuperação extrajudicial, passando a incluir também os créditos trabalhistas e acidentários (o rol dos diferentes regimes agora é idêntico); *(iii)* consolidou a aplicação do *stay period* no âmbito da recuperação extrajudicial e *(iv)* reduziu o quórum de aprovação necessário para homologação do plano de recuperação extrajudicial de 3/5 para mais da metade dos credores a ele sujeitos.

Essas alterações vieram em bom momento e sem dúvida trazem esperanças à recuperação extrajudicial para que ela seja mais explorada no cenário brasileiro, principalmente no atual contexto de crise econômica global devido à pandemia da Covid-19. Há, entretanto, a nosso ver, alguns pontos que ficaram pendentes de reparo e que terão necessariamente de ser abordados em uma futura reforma do sistema falimentar brasileiro. A lei terá de ser explícita ao prever, também para recuperação extrajudicial: *(i)* a possibilidade de alienação de ativos da devedora sem o risco de sucessão do adquirente nas suas dívidas; *(ii)* a admissão, em caso de falência, dos créditos decorrentes de obrigações contraídas pela devedora durante a recuperação extrajudicial na classe extraconcursal ou não sujeita a recuperação judicial ou falência da devedora; e *(iii)* a possibilidade de parcelamento especial de débitos referentes às Fazendas Públicas e ao INSS. Ademais, a lei deverá prever também a inexistência de requisito temporal para ingressar no regime da recuperação extrajudicial – extinguindo o prazo de dois anos para protocolar novo pedido de homologação de plano de recuperação extrajudicial, a fim de estimular a negociação com múltiplos credores de diferentes classes em momento distintos. A recuperação extrajudicial se renova com a Reforma da LRF e, indiscutivelmente, continuará a evoluir nos próximos anos.

4. Arbitragem e Recuperação Judicial: Coexistência entre os Institutos e a Lei nº 14.112/2020

André Chateaubriand Martins
Flávio Spaccaquerche Barbosa
Danilo Haddad Jafet

Introdução

A Lei nº 14.112/2020 trouxe importantes novidades para a Lei nº 11.101/2005 ("LRF"), que regula os processos de recuperação judicial, extrajudicial e falência. Relativamente aos impactos que a recuperação judicial de uma das partes pode causar na arbitragem, a Lei nº 14.112/2020 assumiu o papel de encerrar de vez a discussão sobre a possibilidade de convivência harmônica entre recuperação judicial e arbitragens envolvendo a empresa recuperanda, bem como a necessidade de flexibilização da confidencialidade das arbitragens nesse contexto, em prol dos interesses dos credores e do próprio sucesso da recuperação judicial. É o que se abordará neste artigo.

1. Os efeitos da recuperação judicial sobre arbitragens envolvendo a recuperanda

A cláusula compromissória consiste em previsão contratual firmada pelas partes, segundo a qual as disputas relacionadas ou decorrentes do contrato serão resolvidas, em caráter final e definitivo, por um tribunal arbitral. Nesse contexto, os requisitos previstos no art. 1º da Lei nº 9.307/96 ("Lei de Arbitragem") para que as partes possam submeter seus conflitos à arbitragem são de duas naturezas.

A primeira, de caráter subjetivo, impõe que apenas os sujeitos capazes que consentiram com a via arbitral podem dela participar. Já a segunda, de caráter objetivo, estabelece que poderão ser arbitrados os litígios referentes a direitos patrimoniais disponíveis, assim compreendidos aqueles passíveis de conversão em pecúnia e de livre renúncia, disposição ou transação por seu titular.

Essa perspectiva de liberdade e autonomia inerente às disputas arbitrais, pode, contudo, ensejar certa dúvida quanto à sua aplicação aos casos que envolvem partes em recuperação judicial. Afinal, a empresa recuperanda encontra-se, por força de lei, sujeita a certas limitações em suas atividades financeiras e de gestão. Não só isso, sendo deflagrado o processo de recuperação, os contratos por ela firmados passam a ser do interesse, ainda que indireto, de um grupo mais amplo, composto por seus credores, os quais serão, por óbvio, impactados pelas decisões da recuperanda que representem alteração da sua saúde financeira.

A dúvida sobre a arbitrabilidade de litígios envolvendo empresas em crise, contudo, não subsiste após análise mais aprofundada do tema. Como regra geral, os já mencionados requisitos previstos no art. 1º da Lei de Arbitragem fazem-se presentes nos litígios envolvendo empresas em recuperação. A recuperação judicial não pode significar esvaziamento da competência do juízo arbitral ou deslocamento dessa competência para o juízo da recuperação, em respeito ao princípio fundamental da autonomia da vontade das partes, ressalvados casos excepcionais que serão analisados.

1.1. *Kompetenz-kompetenz*: a prerrogativa do tribunal arbitral de definir sua própria competência

O passo inicial a ser dado para a definição do juízo competente para a análise de disputas envolvendo empresas em recuperação judicial e cláusulas arbitrais diz respeito a quem — se o juiz estatal, ou o árbitro — será o responsável por decidir, primeiro, se determinada disputa está sujeita aos efeitos de uma cláusula compromissória e, uma vez existente a cláusula, se ela é válida e eficaz. Para essa pergunta, a resposta é simples e foi dada pelo próprio legislador, que previu, no art. 8º da Lei de Arbitragem que *"caberá ao árbitro decidir de ofício, ou por provocação das partes, as questões acerca da existência, validade e eficácia da convenção de arbitragem e do contrato que contenha a cláusula compromissória"*.

A Lei de Arbitragem adotou o princípio da *Kompetenz-kompetenz*, por meio do qual o árbitro detém a prerrogativa de decidir sobre a sua própria competência. No sistema brasileiro, o princípio possui duplo efeito sobre a disputa: o efeito positivo, pelo qual o tribunal arbitral é dotado de jurisdição para apreciar a matéria, e o efeito negativo, que retira do Judiciário competência para se manifestar antes dos árbitros.

Dessa forma, eventuais dúvidas relacionadas à validade da convenção de arbitragem, bem como à sua extensão subjetiva ou objetiva, deverão ser dirimidas, em um primeiro momento, pelo próprio tribunal arbitral. Note-se, aqui, que tal decisão não é de caráter inatacável, sendo possível, inclusive, a desconstituição da sentença arbitral por incompetência do Tribunal Arbitral, o que deve se dar pela via adequada, i.e., a ação anulatória de sentença arbitral, nos termos dos arts. 20, § 2º[1], 32 e 33 da Lei de Arbitragem.[2]

A regra geral instituída pela Lei de Arbitragem não se sujeita, em tese, a exceções decorrentes da existência de cláusula compromissória no contexto de recuperações judiciais. Nesse sentido, o Superior Tribunal de Justiça já se manifestou diversas vezes sobre o tema. Confira-se:

> "CONFLITO POSITIVO DE COMPETÊNCIA. JUÍZO ARBITRAL E JUÍZO DA RECUPERAÇÃO JUDICIAL. DISCUSSÃO ACERCA DA LEGALIDADE DE DISPOSIÇÕES INTEGRANTES DO PLANO DE SOERGUIMENTO. AUMENTO DE CAPITAL. ASSEMBLEIA DE ACIONISTAS. NÃO REALIZAÇÃO. CLÁUSULA COMPROMISSÓRIA PREVISTA NO ESTATUTO SOCIAL. QUESTÕES SOCIETÁRIAS. COMPETÊNCIA DO JUÍZO ARBITRAL. (...) Em procedimento arbitral, são os próprios árbitros que decidem, com prioridade ao juiz togado, a respeito

[1] "Art. 20. A parte que pretender arguir questões relativas à competência, suspeição ou impedimento do árbitro ou dos árbitros, bem como nulidade, invalidade ou ineficácia da convenção de arbitragem, deverá fazê-lo na primeira oportunidade que tiver de se manifestar, após a instituição da arbitragem.
§ 1º Acolhida a arguição de suspeição ou impedimento, será o árbitro substituído nos termos do art. 16 desta Lei, reconhecida a incompetência do árbitro ou do tribunal arbitral, bem como a nulidade, invalidade ou ineficácia da convenção de arbitragem, serão as partes remetidas ao órgão do Poder Judiciário competente para julgar a causa.
§ 2º Não sendo acolhida a arguição, terá normal prosseguimento a arbitragem, sem prejuízo de vir a ser examinada a decisão pelo órgão do Poder Judiciário competente, quando da eventual propositura da demanda de que trata o art. 33 desta Lei."

[2] CARMONA, Carlos Alberto. **Arbitragem e processo: um comentário à Lei nº 9.307/96.** São Paulo: Atlas, 2009, p. 175.

de sua competência para examinar as questões acerca da existência, validade e eficácia da convenção de arbitragem e do contrato que contenha cláusula compromissória – princípio da kompetenz-kompetenz".[3]

Portanto, havendo cláusula compromissória no contrato, ainda que uma das partes esteja em recuperação judicial, será do árbitro a decisão sobre quem será o juízo competente para processar e julgar o litígio. Respondida a pergunta sobre quem deve primeiro decidir sobre a existência, validade e eficácia da convenção de arbitragem, passa-se, então, à segunda pergunta que surge nesse contexto: há situações excepcionais em que o juízo da recuperação judicial pode avocar a matéria para decisão de mérito, a despeito da existência de cláusula compromissória no contrato?

1.2. Capacidade e arbitrabilidade

A celebração de uma cláusula compromissória é resultado da livre escolha das partes contratantes pela via arbitral para a solução de seus futuros impasses. Essa autonomia, entretanto, não é irrestrita, tendo a Lei de Arbitragem imposto limites quanto a quem poderá ter suas disputas resolvidas por meio da arbitragem e quais assuntos poderão ser levados ao juízo arbitral.

No que tange ao aspecto subjetivo, a celebração de cláusula compromissória dependerá da capacidade jurídica para contratar das partes envolvidas, ou *"na aptidão de tornar-se sujeito de direitos e de deveres"*. [4] Nesse sentido, aqueles que contam apenas com poderes de administração, ou aqueles reputados como incapazes, não poderão, em regra, celebrar cláusula compromissória.

[3] Superior Tribunal de Justiça. CC nº 157.099/RJ. Rel. p/Acórdão Ministra Nancy Andrighi. J. em 10.10.2018. Outros julgados sobre o princípio do *Kompetenz-Kompetenz* e a resultante competência do Juízo arbitral para decidir sobre sua própria competência: Recurso Especial 1.598.220/RN, Terceira Turma, Rel. Min. Paulo de Tarso Sanseverino, j. 25.06.2019; Agravo Interno no Agravo em Recurso Especial 425.931/MG, Terceira Turma, Rel. Min. Ricardo Villas Bôas Cueva, j. em 15.10.2018; Recurso Especial 1.550.260/RS, Terceira Turma, Rel. p/ Acórdão Min. Ricardo Villas Bôas Cueva, j. 12.12.2017; Recurso Especial 1.694.826/GO, Terceira Turma, Rel. Ministra Nancy Andrighi, j. 07.11.2017; e Conflito de Competência 166.681/PA, Segunda Seção, Rel. Min. Marco Aurélio Bellizze, j. 11.03.2020.

[4] FAVATA, Angelo. Dizionario dei termini giuridici. Piacenza: La Tribuna, 1979, p. 51. Apud. CARMONA, Carlos Alberto. **Arbitragem e processo: um comentário à Lei nº 9.307/96**. Op. Cit., p. 37.

Surge então a seguinte questão: ao ingressar no regime especial da recuperação judicial, a empresa em crise sofre alteração na sua capacidade jurídica? A resposta é negativa. Nos termos do art. 64, *caput*, da LRF, durante o processo de soerguimento, *"o devedor ou seus administradores serão mantidos na condução da atividade empresarial"*.[5] Dessa forma, a capacidade legal da empresa recuperanda se mantém inalterada. Nas palavras de Márcio Guimarães:

> "As aforementioned, the judicial restructuring proceeding has no effect on the debtor's legal capacity, which remains unaltered as the company will continue to be managed and represented by its administrators (debtor-in--possession proceedings). Their previously agreed contracts, likewise, are still considered legally effective and must be complied, which is why the validity of an arbitration agreement materialized before a reorganizational proceeding is undoubted. Therefore, an insolvent company with an ongoing judicial restructuring proceeding may take part on arbitration, being irrelevant if the latter was initiated before or after the insolvency proceeding."[6]

Assim sendo, quanto ao aspecto subjetivo, o processamento da recuperação judicial não pode ser considerado um entrave à instauração de uma arbitragem, menos ainda pode ser obstáculo ao prosseguimento de arbitragens já em curso, fundadas em cláusula compromissória firmada antes mesmo do pedido de recuperação judicial.

Aliás, como a capacidade jurídica da recuperanda permanece inalterada para a condução de suas atividades, inclusive com a manutenção de seus administradores, ainda que fiscalizados pelo administrador judicial, não há qualquer impedimento à celebração de cláusulas compromissórias depois do processamento da recuperação judicial.[7]

5 LRF, art. 64, *caput*: "Durante o procedimento de recuperação judicial, o devedor ou seus administradores serão mantidos na condução da atividade empresarial, sob fiscalização do Comitê, se houver, e do administrador judicial, salvo se qualquer deles (...)".

6 GUIMARÃES, Márcio. Insolvency and Arbitration in: SESTER, Peter (coord.). **International Arbitration – Law and Practice in Brazil.** Oxford: Oxford University Press, 2020, p. 499.

7 "Quanto às arbitragens instauradas com base em cláusula compromissória pactuada após o deferimento do processamento da recuperação judicial, a hipótese enseja poucos questionamentos. Isso porque, se de um lado é evidente que o estado de falência retira

Seja como for, ainda que se pudesse verificar limitação à capacidade jurídica de empresa em recuperação judicial, fato é que se a recuperanda, à época da celebração da cláusula compromissória, podia agir e dispor livremente, a convenção é válida e vinculante, pois a capacidade jurídica deve ser aferida no momento da pactuação da cláusula.

Entendimento diverso resultaria em grande incerteza, uma vez que a cláusula hoje celebrada por partes plenamente capazes se sujeitaria a possível (mas imprevisível) condição resolutiva — decorrente da eventual constatação da incapacidade jurídica de um dos contratantes por fato superveniente. Nessa perspectiva:

> "A convenção arbitral deverá ser considerada válida e eficaz se, no ato da contratação, havia capacidade plena da parte para a celebração de negócios jurídicos, e não no momento em que efetivamente surge o conflito a ser dirimido pela arbitragem. Ora, não fosse assim, estaria a validade da convenção arbitral sujeita, *ad aeternum*, a condições resolutivas, quais sejam, a eventual falta de capacidade contratual das partes envolvidas e a eventual indisponibilidade de seus respectivos direitos patrimoniais".[8]

Nesse contexto, logo se vê que não há obstáculos subjetivos à vinculação de empresa em recuperação judicial a determinada cláusula compromissória. Como bem colocado pela Ministra Nancy Andrighi:

da sociedade empresária a capacidade para firmar semelhante pacto, o mesmo não ocorre no estado de recuperação judicial, em que a empresa mantém o curso de seus negócios. Ora, uma sociedade em recuperação judicial prossegue suas atividades, sendo justamente a manutenção da empresa e de seus negócios o principal objetivo desse instituto jurídico. Tanto é assim que, embora seus atos passem a ser fiscalizados pelo administrador judicial, eventualmente por um comitê de credores (se constituído) e naturalmente pelo próprio juiz da causa, a sociedade mantém seus administradores na condução da atividade empresarial, salvo se verificada alguma das hipóteses indicadas nos incs. do art. 64 da Lei 11.101/2005". FARIA, Luis Cláudio Furtado; COZER, Felipe Rodrigues. **A arbitragem e a recuperação judicial um estudo sobre a convivência e possíveis conflitos entre os institutos.** Revista de Arbitragem e Mediação, São Paulo, ano 8, v. 31, p. 251-261, out./dez. 2011, p. 255.

[8] GRION, Renato Stephan; DE PAIVA, Luiz Fernando Valente; SILVA, Guilherme Piccardi de Andrade. A arbitragem no contexto das recuperações judiciais e extrajudiciais e das falências. In MELO, Leonardo de Campos; BENEDUZZI, Renato Rezende (Coords.). **A reforma da arbitragem.** Rio de Janeiro: Forense, 2016, p. 90.

> "O primeiro aspecto a ser ressaltado é que a cláusula compromissória foi firmada pelas partes antes da decretação da liquidação extrajudicial da INTERCLÍNICAS, oportunidade em que esta detinha capacidade plena para contratar, tendo então optado por sujeitar à arbitragem a resolução de direitos patrimoniais disponíveis, concernentes à transferência de sua carteira de clientes.
>
> Assim, no ato de celebração do compromisso arbitral estavam presentes tanto o seu requisito subjetivo, previsto na primeira parte do art. 1º da Lei nº 9.307/96, consistente na capacidade civil para contratar, quanto seu requisito objetivo, também contido no referido art. 1º, *in fine*, correspondente à disponibilidade do direito patrimonial. Não há, pois, dúvida alguma acerca da validade da cláusula compromissória na espécie".[9]

Dessa forma, resta claro o preenchimento do requisito subjetivo para a celebração ou execução de cláusulas compromissórias por empresas em recuperação judicial. No que diz respeito ao critério objetivo, a análise recai sobre a natureza dos direitos controvertidos. Como já antecipado, sob o ponto de vista objetivo, são arbitráveis apenas litígios que versam sobre direitos patrimoniais disponíveis. Nas palavras de Carlos Alberto Carmona:

> "As causas que tratem de matérias a respeito das quais o Estado não crie reserva específica por conta do resguardo dos interesses fundamentais da coletividade, e desde que as partes possam livremente dispor acerca do bem sobre que controvertem."[10]

A LRF estabelece critérios gerais, sem especificar situações ou interesses que não podem ser submetidos à arbitragem. O filtro para a identificação da matéria arbitrável é a ordem pública, conceito também vago e genérico.[11] O que se extrai da lei é a necessidade de se garantir

[9] Superior Tribunal de Justiça. MC nº 14.295/SP. Relatora Ministra Nancy Andrighi. Decisão monocrática. J. em 09.06.2008.

[10] CARMONA, Carlos Alberto. **Arbitragem e processo: um comentário à Lei nº 9.307/96**. Op. Cit., p. 39.

[11] Para Jacob Dolinger, a principal característica do conceito de ordem pública é sua indefinição. DOLINGER, Jacob. **Direito internacional privado: parte geral**. 7 ed. Rio de Janeiro: Renovar, 2003, p. 392. O autor aprofunda o conceito em sua tese de cátedra apresentada na

a competência dos árbitros sempre que o litígio versar sobre matérias decorrentes de relações contratuais disponíveis, que não afetam interesses da coletividade e não atraem o interesse do Estado para tutela de direitos que transcendem a vontade das partes.

No contexto da recuperação judicial, a regra geral é que as arbitragens envolvendo a empresa em crise sejam instauradas e que continuem prosseguindo normalmente. Discussões sobre, por exemplo, a aplicação de multas contratuais, inadimplemento de obrigações, vinculação das partes a determinado ajuste, ou, ainda, sobre a validade de previsões contratuais, incluindo cláusulas resolutivas expressas – que, comumente, preveem o vencimento antecipado de dívidas ou a extinção do contrato em virtude do início do processo de recuperação judicial de uma das partes contratantes (cláusula *ipso facto*) – poderão, sim, ser solucionadas pela via arbitral.

1.3. A validade da escolha das partes pela arbitragem: regra geral reforçada pela Lei nº 14.112/2020

Um dos princípios basilares do instituto da arbitragem consiste na autonomia da vontade das partes para definir quando, como e o que será submetido a essa via de resolução de disputas. E, uma vez celebrada a convenção, ela deve ser cumprida, com base na força obrigatória dos contratos *(pacta sunt servanda)*, que rege as avenças empresariais.

O ordenamento jurídico não permite que, no âmbito das relações empresariais, as partes se arrependam ou sejam dispensadas do que foi livremente acordado. A força cogente da vontade manifestada no âmbito do contrato é o outro lado da moeda da liberdade contratual: justamente porque é livre para contratar o que bem entender e com quem quiser, o agente econômico é obrigado a cumprir tudo o que foi pactuado.

Universidade do Estado do Rio de Janeiro: "A ordem pública é una, indivisível e indefinível, abstrata, espiritual e anônima, que flutua sobre o sistema jurídico nacional como um anjo protetor, que aplica critérios diferentes dentro de uma tolerância graduada, e que, apesar de toda esta incerteza é entendida pelos juristas e aplicada pelos julgadores como uma constância e uniformidade que supera, às vezes, a interpretação de normas jurídicas concretas, sujeitas à intermináveis divergências da doutrina e jurisprudência". DOLINGER, Jacob. **A evolução da ordem pública no direito internacional privado**. Tese apresentada à Faculdade de Direito da Universidade do Estado do Rio de Janeiro para o concurso à Cátedra de Direito Internacional Privado. Rio de Janeiro: Gráfica Luna, 1979, p. 42.

Esses preceitos foram reforçados na Lei nº 13.874/2019 ("Lei da Liberdade Econômica"), que deixou ainda mais clara a necessidade de se respeitar aquilo que é pactuado, com o fim de incentivar a atividade empresarial e preservar a liberdade como garantia ao exercício de atividades econômicas.[12] O recém acrescentado art. 421-A do Código Civil, pela Lei da Liberdade Econômica, dispõe que "nas relações contratuais privadas, prevalecerão o princípio da intervenção mínima e a excepcionalidade da revisão contratual", pois "os contratos presumem-se paritários e simétricos até a presença de elementos concretos que justifiquem o afastamento dessa presunção". Isso significa que a força vinculante dos contratos também deve ser observada pelo Estado, que deve intervir o mínimo possível e apenas muito excepcionalmente nas relações contratuais privadas, ressalvados os casos referentes a contratos administrativos, que estão submetidos a matérias e regime diferenciados.

Nesse contexto, reforça-se que, como regra geral, a LRF não veda a possibilidade de uma empresa recuperanda resolver seus impasses por meio da arbitragem. Pelo contrário, no intuito de dissipar dúvidas, a novel Lei nº 14.112/2020 reforçou essa perspectiva por meio da inserção do §9º no art. 6º da LRF, segundo o qual o "processamento da recuperação judicial ou a decretação da falência não autoriza o administrador judicial a recusar a eficácia da convenção de arbitragem, não impedindo ou suspendendo a instauração de procedimento arbitral".[13]

A Lei nº 14.112/2020 apenas positivou o que já era consolidado na doutrina e na jurisprudência, no sentido de que o mero fato de uma empresa entrar em recuperação judicial ou falência não invalida ou retira a eficácia das convenções arbitrais celebradas pela recuperanda, o que já havia inclusive sido objeto do Enunciado nº 6 da I Jornada de Prevenção e Solução Extrajudicial de Litígios, do Conselho da Justiça Federal: "o processamento da recuperação judicial ou a decretação da falência não

[12] Art. 2º, I, da Lei nº 13.874/2019.

[13] Note-se, aqui, que a mesma conclusão poderia ser alcançada por meio da incidência do art. 49, §2º, já contido na LRF, segundo o qual "As obrigações anteriores à recuperação judicial observarão as condições originalmente contratadas ou definidas em lei, inclusive no que diz respeito aos encargos, salvo se de modo diverso ficar estabelecido no plano de recuperação judicial". Assim, por esse racional, tendo as partes previsto, em determinado ajuste, a resolução de disputas pela via arbitral, essa condição contratual deveria ser preservada a despeito da instauração de procedimento de recuperação judicial de uma das contratantes.

autoriza o administrador judicial a recusar a eficácia da convenção de arbitragem, não impede a instauração do procedimento arbitral, nem o suspende".

A simples submissão da controvérsia à arbitragem não afeta, automaticamente, o patrimônio das empresas em recuperação judicial, que é uma das grandes preocupações da LRF. Como colocado por Donaldo Armelin no contexto de decretação de falência — ainda mais grave que o cenário de recuperação judicial:

> "A continuidade do processo arbitral, após a decretação da falência de uma das partes nele envolvidas, não viola a ordem pública interna, nem coloca em risco a regularidade da execução concursal. Não implica risco de tratamento discriminatório entre credores, até porque, como já acentuado supra, a arbitragem não vai além da declaração, em sentido lato, do direito das partes".[14]

A opção pela via arbitral não resulta em quaisquer impactos diretos ao patrimônio da empresa recuperanda. Isso porque o tribunal arbitral não é capaz de impor medidas constritivas às empresas em recuperação judicial, incumbindo à sua jurisdição, apenas, "a formação do título executivo, visto que a arbitragem não pode interferir no mundo fático".[15] Dito de outra forma, o procedimento arbitral possui natureza meramente cognitiva, até por força do art. 516, III, do Código de Processo Civil, que impõe de forma expressa que as sentenças arbitrais deverão ser executadas perante "*o juízo cível competente*".

Ainda assim é comum empresas em crise invocarem a incompetência do tribunal arbitral para decidir controvérsias de interesse da recuperanda pela simples existência da recuperação judicial. Tenta-se passar a ideia de que todo e qualquer interesse de empresas em recuperação judicial seria suficiente para atrair a competência do Juízo da recuperação judicial, como forma de preservar bem essencial para a recuperação da empresa. Se assim fosse, certamente a Lei nº 14.112/2020 teria incorporado na LRF dispositivos que autorizassem tal interpretação, mas as inovações legais foram em sentido inverso.

[14] ARMELIN, Donaldo. A arbitragem, a falência e a liquidação extrajudicial. In **Revista de Arbitragem e Mediação**, v. 13, 2017, pp. 16-29.

[15] Ibidem, pp. 16-29.

A LRF determina que o juízo da falência é indivisível e competente para conhecer todas as ações sobre bens, interesses e negócios do falido[16], mas não reserva disposição semelhante ao juízo da recuperação judicial para julgar os processos que envolvam os interesses da recuperanda, nem após ter sido alterada pela Lei nº 14.112/2020.[17] Assim sendo, ausente a *vis attractiva* do juízo da recuperação judicial, as demandas individuais devem tramitar perante os órgãos julgadores competentes, incluindo-se o juízo arbitral, se o caso.

Exatamente por isso, a possibilidade de o tribunal arbitral decidir acerca do mérito das disputas envolvendo empresas em recuperação judicial é amplamente confirmada pela jurisprudência pátria. A única ressalva feita pela jurisprudência para resguardar a competência do juízo da recuperação judicial diz respeito aos atos constritivos sobre bens de capital da empresa em recuperação judicial,[18] matéria que, no caso, não poderia de qualquer modo ser de competência dos árbitros, já que lhes falta a *coertio* e *executio*, atos privativos do Poder Judiciário:

16 "Art. 76. O juízo da falência é indivisível e competente para conhecer todas as ações sobre bens, interesses e negócios do falido, ressalvadas as causas trabalhistas, fiscais e aquelas não reguladas nesta Lei em que o falido figurar como autor ou litisconsorte ativo. / Parágrafo único. Todas as ações, inclusive as excetuadas no caput deste artigo, terão prosseguimento com o administrador judicial, que deverá ser intimado para representar a massa falida, sob pena de nulidade do processo."

17 TOMAZETTE, Marlon. Curso de Direito Empresarial, vol. 3, Atlas, 5ª ed., p. 158.
No mesmo sentido, já se posicionou o STJ: "4. Por outro lado, o julgamento de ações em que a recuperanda figure como autora ou litisconsorte ativa não compete ao juízo onde tramita a ação de soerguimento. Precedente da Terceira Turma. 5. Ainda que assim não fosse, a formação de um juízo universal e indivisível, dotado de competência para conhecer de todas as ações sobre bens, interesses e negócios do devedor, somente foi prevista na LFRE para as hipóteses de falência (art. 76), não havendo regra semelhante incidindo sobre os casos que envolvam processos de recuperação judicial". Superior Tribunal de Justiça. REsp nº 1.868.182/BA, Rel. Ministra Nancy Andrighi, Terceira Turma. J. em 26.05.2020.

18 "Com efeito, a jurisprudência do STJ afirma que, "com a edição da Lei n. 11.101, de 2005, respeitadas as especificidades da falência e da recuperação judicial, é competente o respectivo Juízo para prosseguimento dos atos de execução, tais como alienação de ativos e pagamento de credores, que envolvam créditos apurados em outros órgãos judiciais, ainda que tenha ocorrido a constrição de bens do devedor" Superior Tribunal de Justiça, Agravo Regimental no Conflito de Competência nº 127.629/MT, Rel. Ministro João Otávio de Noronha, J. em 23.04.2014.

> "Na hipótese dos autos, não há a realização de atos de constrição contra o patrimônio da suscitante. A discussão é restrita à validade e eficácia de contrato de comercialização de energia elétrica (...)".[19]

No que diz respeito às decisões de mérito de disputas envolvendo empresas em recuperação judicial, a jurisprudência é tranquila em reconhecer a competência do tribunal arbitral:

> "Havendo cláusula arbitral no contrato, é do tribunal arbitral a ser constituído a competência para decidir sobre quaisquer questões a ele relacionadas, inclusive sobre a validade ou não de cláusula resolutiva expressa nele prevista, tendo como fundamento o pedido de recuperação judicial de qualquer das partes. (...) Vale dizer, compete ao tribunal arbitral decidir sobre a pretensão resolutória das agravantes e suas consequências, sob a ótica de juízo de essencialidade do contrato, à luz do que dispõe a Lei n. 11.101/05, do princípio da liberdade de contratar, do risco gerado pela situação de crise econômico

[19] Superior Tribunal de Justiça. Conflito de Competência nº 164.118/DF. Rel. Ministro Antonio Carlos Ferreira. J. em 31.05.2019.
No mesmo sentido: "De outro lado, conforme mencionado linhas atrás, a jurisprudência do STJ vem entendendo, consistentemente, que a competência para decidir acerca do destino do acervo patrimonial – prática de atos executórios – de empresas em recuperação judicial é do juízo do soerguimento. Todavia, a presente hipótese não versa sobre a prática de atos constritivos, pelo juízo arbitral, sobre ativos da recuperanda, o que – com a devida vênia do e. Min. Relator – afasta a aplicabilidade dos precedentes deste Tribunal acerca da questão. O que se infere, na realidade dos autos, é que a instauração da arbitragem foi decorrência direta de previsão estatutária – livremente aceita pela vontade das partes – que obriga a adoção dessa via para a solução de litígios societários. Não se pode olvidar, ademais, que o processo que tramita em juízo arbitral possui natureza meramente cognitiva, uma vez que o ordenamento jurídico-processual impõe, com exclusividade, a órgãos integrantes da jurisdição estatal a prática de atos tendentes à execução de suas decisões (arts. 475-P, III, do CPC/73 e 516, III, do CPC/15). Ainda que, no particular, a decisão possa produzir efeitos sobre o plano de recuperação judicial, o que se infere é que a questão subjacente, a ser analisada pelo tribunal arbitral, diz respeito à invalidade da formação da vontade da devedora quanto às disposições nele expressas, circunstância que, caso verificada, pode macular as deliberações da assembleia de credores. A questão submetida ao juízo arbitral diz respeito à análise da higidez da formação da vontade da devedora quanto a disposições expressas no plano de soerguimento. As deliberações da assembleia de credores – apesar de sua soberania – estão sujeitas aos requisitos de validade dos atos jurídicos em geral". Superior Tribunal de Justiça. Conflito de Competência nº 157.099/RJ. Rel. p/ Acórdão Ministra Nancy Andrighi. J. em 10.10.2018.

financeira, bem como de quaisquer outras questões que possam, em tese, influenciar tal decisão".[20]

Ademais, o art. 6º, § 1º, da LRF, determina expressamente que "terá prosseguimento no juízo no qual estiver se processando a ação que demandar quantia ilíquida". Trata-se de mais um reforço no sentido de que a competência do juízo da recuperação judicial não é ampla, mas, pelo contrário, deve respeitar a competência dos juízos judiciais e arbitrais eleitos pelas partes contratualmente para constituição de títulos líquidos e certos, esses sim sujeitos ao quadro geral de credores, nos termos do art. 6º, § 3º, da LRF. Se o procedimento arbitral versar sobre quantias ilíquidas, portanto, tem-se aí mais uma razão para a discussão continuar sendo decidida pelo juízo arbitral.[21]

Dessa forma, o cumprimento da cláusula compromissória não apenas prestigia os princípios da liberdade contratual e do *pacta sunt servanda* como também contempla os interesses da recuperanda e de seus credores, na medida em que uma decisão técnica e adequada para resolver o conflito será proferida com maior celeridade e eficiência, trazendo maior previsibilidade para o processo de recuperação judicial.[22]

[20] Tribunal de Justiça do Estado de São Paulo. Agravo de Instrumento nº 2017701-76.2019.8.26.0000. 2ª Câmara de Direito Empresarial. Rel. Maurício Pessoa. J. 10.06.2019. No mesmo sentido, confira-se: "Existência de cláusula arbitral. Necessidade de sujeição da controvérsia perante o Juízo arbitral. Impossibilidade de análise pelo Judiciário. Aplicabilidade da cláusula arbitral convencionada, sendo irrelevante o estado de crise e o procedimento de recuperação judicial. Sendo necessária a confirmação da obrigação, diante da dúvida suscitada, bem como a definição de seu objeto, imperioso reconhecer que é imprescindível a análise do mérito do crédito suscetível de habilitação, o que não se admite diante da existência do compromisso arbitral." Tribunal de Justiça do Estado de São Paulo. Agravo de Instrumento nº 2200737-29.2016.8.26.0000. 1ª Câmara de Direito Empresarial. Rel. Hamid Bdine. J. 15.3.2017.

[21] Conforme já decidido pelo STJ: "A própria lei de recuperação, no § 1º do art. 6º, estabelece que "terá prosseguimento no juízo no qual estiver se processando a ação que demandar quantia ilíquida". Essa regra, por exemplo, é bastante clara no sentido de procurar restringir a competência do Juízo da recuperação. Encerrada a demanda no órgão definido como competente é que os valores líquidos serão encaminhados ao processo de recuperação para efeito de eventual cumprimento". Superior Tribunal de Justiça. Conflito de Competência nº 157.099/RJ. Rel. p/Acórdão Ministra Nancy Andrighi. J. em 10.10.2018.

[22] "Não há dúvida de que a arbitragem seria o mecanismo ideal para garantir a celeridade e eficiência, evitando-se o desgaste do devedor e dos credores com processos judiciais lentos

Conclui-se, portanto, que a escolha das partes pela jurisdição arbitral deve ser preservada, ressalvando-se, contudo, a incapacidade do juízo arbitral de impor medidas constritivas ao patrimônio da empresa recuperanda.

1.4. Casos em que a competência é exclusiva do juízo recuperacional

Como já antecipado, a regra geral prestigia a competência do juízo arbitral para processar e julgar todas as controvérsias oriundas de contratos que contêm cláusulas compromissórias, ainda que uma das partes esteja na condição de recuperanda. Contudo, a própria LRF traz hipóteses excepcionais, em que a competência para decidir será exclusiva do juízo da recuperação judicial.

O art. 6º, III, da LRF proíbe "qualquer forma de retenção, arresto, penhora, sequestro, busca e apreensão e constrição judicial ou extrajudicial sobre os bens do devedor, oriunda de demandas judiciais ou extrajudiciais cujos créditos ou obrigações sujeitem-se à recuperação judicial ou à falência". Eis aí a primeira limitação da competência dos demais juízos, que inclui o juízo arbitral.

Aqui é importante abrir breve parêntese para esclarecer que, muito embora o juízo arbitral não tenha competência para conduzir a prática de atos executórios, em regra, pode decretar a realização de medidas constritivas, que serão executadas pelo Poder Judiciário, nos termos do art. 22-C da Lei de Arbitragem, que autoriza o árbitro a "expedir carta arbitral para que o órgão jurisdicional nacional pratique ou determine o cumprimento, na área de sua competência territorial, de ato solicitado pelo árbitro".[23] Tal previsão definiu a forma de cooperação entre os

e possibilitando que eles se dedicassem integralmente à superação da crise econômico-financeira." CRIPPA, Carla de Vasconcellos. Recuperação judicial, falência e arbitragem. In **Revista de Arbitragem e Mediação**, v. 29, 2011, pp. 183-206.

[23] Conforme ensinamento didático de Carreira Alvim: "Podem também tornar-se necessárias, em sede arbitral, medidas cautelares (preparatórias ou incidentes), para garantir a eficácia da futura sentença arbitral, caso em que, não podendo o árbitro efetivá-las, deve pedir a colaboração do órgão do Poder Judiciário para este fim. Mas o fato de não poder o árbitro efetivar uma medida constritiva, porque lhe falta império, não significa não possa decretá-la, para o que basta a jurisdição, na qual se compreende o *cognitio*". CARREIRA ALVIM, José Eduardo. **Direito Arbitral**. Rio de Janeiro: Forense, 2002, p. 64.

juízos estatal e arbitral, em prol da efetividade dos procedimentos.[24] Nesse sentido:

> "Mesmo que admita, todavia, a possibilidade do conflito entre árbitro e juiz estatal, no caso ora em análise, cumpre ressaltar que o tribunal arbitral atuou estritamente dentro da competência, que lhe é pacificamente reconhecida, de decidir a respeito de medidas cautelares requeridas no curso de procedimento arbitral. Diante do conflito de interesses submetido a seu exame, apreciou a verossimilhança da pretensão e o perigo da demora, e considerando cabível o deferimento da cautela, proferiu a decisão expressa na Carta Arbitral e a sua execução foi submetida ao juiz estatal, dotado de poder de coerção".[25]

No caso de créditos sujeitos à recuperação judicial e falência, contudo, por força do art. 6º, III, da LRF, o tribunal arbitral ficará impedido de proferir decisões determinando a prática de atos de natureza constritiva para serem cumpridas por meio de cartas arbitrais enviadas ao Poder Judiciário. Assim, eventuais medidas liminares de caráter constritivo que recaiam sobre bens da recuperanda devem ser objeto de especial tratamento pelos tribunais arbitrais quando se tratar de empresa em recuperação judicial.

Se a tutela de urgência deferida por um tribunal arbitral envolver atos de constrição sobre ativos da empresa recuperanda, a competência para analisar a matéria é do juízo da recuperação judicial, que poderá suspender o cumprimento da medida enquanto perdurar o *stay period*. Nos termos do art. 6º, § 4º, da LRF, o *stay period* valerá "por 180 (cento e oitenta) dias,

24 A cooperação entre os órgãos do Poder Judiciário para a prática de qualquer ato processual é prevista nos arts. 67 a 69 do Código Civil. Nos termos do art. 69, § 1º: "Art. 69. O pedido de cooperação jurisdicional deve ser prontamente atendido, prescinde de forma específica e pode ser executado como: (...) § 1º As cartas de ordem, precatória e arbitral seguirão o regime previsto neste Código".

25 Voto vista da Ministra Maria Isabel Galloti em: Superior Tribunal de Justiça. Conflito de Competência nº 148.932/RJ. Rel. Ministro Ricardo Villas Bôas Cueva. J. 13.12.2017. No mesmo sentido: "Pois bem, a carta arbitral que veicula o deferimento de uma medida cautelar de arresto dará ensejo, na Jurisdição Estatal, a uma ação de efetivação de referida tutela provisória, que decorre diretamente do art. 22-C da Lei de Arbitragem". Tribunal de Justiça de São Paulo. Conflito de Competência nº 0042933-32.2016.8.26.0000. Câmara Especial. Rel. Renato Genzani Filho. J. 10.7.2017.

contado do deferimento do processamento da recuperação, prorrogável por igual período, uma única vez, em caráter excepcional, desde que o devedor não haja concorrido com a superação do lapso temporal".[26]

A própria LRF prevê exceções para a proibição de constrições de bens do patrimônio da recuperanda. Nos termos do art. 49, § 3º, os créditos dos credores fiduciários não se submetem aos efeitos da recuperação judicial. Exatamente por isso, a Lei nº 14.112/2020 acresceu ao art. 6º o § 7º-A, que dispõe que as determinações dos incisos I, II, e III do art. 6º não se aplicam aos créditos dos credores fiduciários, ou seja, não há vedação à constrição dos bens da empresa em recuperação judicial para satisfação desses créditos.

O § 7º-A determina que é "admitida, todavia, a competência do juízo da recuperação judicial para determinar a suspensão dos atos de constrição que recaiam sobre bens de capital essenciais à manutenção da atividade empresarial". O também recém incluído § 7º-B do art. 6º reproduz o mesmo texto do § 7º-A, mas relativamente às execuções fiscais que igualmente não se sujeitam à recuperação judicial.

Trocando em miúdos, a LRF permite, em demandas discutindo créditos fiduciários e créditos fiscais, a possibilidade de constrição de bens da empresa em recuperação judicial, mas o juízo recuperacional – e só ele – tem competência para suspender esses atos de constrição que recaírem sobre bens de capital essenciais à manutenção das atividades da recuperanda. Em última instância, portanto, o juízo da recuperação judicial tem a competência exclusiva para determinar quais bens de capital são essenciais ao soerguimento da empresa em crise.

Para compreender o alcance da norma, é preciso, antes de mais nada, buscar o conceito de *bens de capital*. Conforme lecionam Scalzilli, Spinelli e Tellechea:

> "Segundo a Ciência Econômica, bens de capital são bens utilizados na produção de outros bens, especialmente bens de consumo, embora não sejam

[26] "Referida proibição [de medidas constritivas], contudo, não é eterna. As medidas constritivas para a satisfação dos créditos sujeitos à recuperação judicial ficam obstadas apenas pelo período de suspensão, já anteriormente tratado". SACRAMONE, Barbosa Marcelo. **Comentários à Lei de Recuperação de Empresas e Falência.** 2. ed., São Paulo: Saraiva, Educação, 2021, p. 95.

diretamente incorporados ao produto final. São bens que atendem a uma necessidade humana de forma indireta, pois são empregados para gerarem aqueles bens que a isso se destinam (estes chamados bens de consumo; alimentos, vestuário, canetas, concertos musicais, veículos de passeio)".[27]

A definição coincide com a do Decreto nº 2.179/1997, que dispõe sobre a concessão de incentivos fiscais para o desenvolvimento regional para produtos nele especificados. Nos termos de seu art. 2º, I, considera-se bens de capital "máquinas, equipamentos, inclusive de testes, ferramental, moldes e modelos para moldes, instrumentos e aparelhos industriais e de controle de qualidade, novos, bem como os respectivos acessórios, sobressalentes e peças de reposição, utilizados no processo produtivo e incorporados ao ativo permanente".

Embora tal conceito não tenha sido expressamente incluído na LRF, a definição pode ser extraída do parecer da Comissão de Assuntos Econômicos do Senado Federal ao Projeto de Lei da Câmara (PLC) nº 71/2003, que resultou na LRF:

> "Em relação à **Emenda nº 107**, entendemos meritória a distinção que faz entre bens em geral e bens de capital. O objetivo da modificação do art. 48, § 3º, do texto aprovado na Câmara foi evitar que a venda das instalações ou a retirada de bens, máquinas ou equipamentos inviabilizasse a recuperação das empresas. Em nenhum momento se quis diminuir a garantia da alienação fiduciária de créditos, permitida pela Medida Provisória nº 2.160-25, de 23 de agosto de 2001, e já utilizada com frequência pelas instituições financeiras para concessão de crédito a empresas brasileiras. Dessa forma, a redação proposta pela referida emenda é mais adequada, pois mantém a proteção às instalações, máquinas e equipamentos do devedor em recuperação judicial, mas deixa claro que não há prejuízo à garantia desses contratos, o que contribui para a expansão do crédito e a redução de seu custo no Brasil".[28]

[27] SCALZILLI, João Pedro; SPINELLI, Luis Felipe; TELLECHEA, Rodrigo. **Recuperação de Empresas e Falência.** São Paulo: Almedina, 2016, p. 285 a 287, N.R. nº 874.

[28] Disponível em:
https://legis.senado.leg.br/sdleg-getter/documento?dm=3499286&ts=1593941463147&disposition=inline

É possível, portanto, traçar uma definição objetiva de *bens de capital*: bens corpóreos, móveis (maquinário, utensílios) ou imóveis (p.e. prédio da fábrica), que se encontram na posse da empresa recuperanda, que são utilizados no processo produtivo e que não são perecíveis ou consumíveis, conforme muito bem sintetizado no voto do Ministro Marco Aurélio Bellizze no julgamento do Conflito de Competência nº 153.473/PR pelo STJ, de 09.05.2018, cujo relator para o acórdão foi o Ministro Luis Felipe Salomão.[29]

Não se ignora discussões doutrinárias e jurisprudenciais sobre a possibilidade de dar maior elasticidade ao conceito de *bens de capital*, para incluir, eventualmente, bens de consumo, dinheiro, títulos de crédito, estoque e outros tipos de ativos que não são, tecnicamente, *bens de capital*.[30] Algumas decisões judiciais foram ainda mais além, sustentando o equivocado entendimento de que a competência do juízo recuperacional se estenderia para decidir sobre a essencialidade de todo e qualquer bem que compõe o patrimônio da recuperanda, ainda que não se trate de bem de capital, como é o caso, por exemplo, de contratos celebrados pela empresa:

> "Agravo de instrumento – Decisão de concessão de cautelar incidental nos autos do processo de recuperação judicial da agravada que vedou o vencimento antecipado dos contratos – Competência do Juízo recuperacional para deliberar sobre o patrimônio da recuperanda – Validade/invalidade da cláusula resolutória expressa que prevê o vencimento antecipado da obrigação (...) O patrimônio da empresa e a análise da essencialidade de determinado bem se sujeitam direta e exclusivamente ao Juízo recuperacional, tudo

[29] O voto vencedor foi no sentido de que a discussão sobre a natureza do crédito e se ele poderia ser considerado bem de capital não pode ser feita em sede do conflito de competência: "É inviável, na estreita sede do conflito de competência, a deliberação acerca da natureza extraconcursal do crédito, o que é da estrita competência do Juízo da recuperação, a partir daí cabendo, se for o caso, os recursos pertinentes".

[30] "Claro, a se prestigiar o critério da 'paralisação das atividades empresariais' como definidor dos bens de produção, como sugerido, poderá haver hipóteses em que o insumo, mesmo o incorporado aos produtos comercializados ou fabricados pela sociedade empresária em recuperação, se classifique nessa categoria de bens. Se todo o estoque de matéria-prima está alienado fiduciariamente e não há condições mercadológicas para sua reposição no caso de execução da garantia, pode esta acarretar a paralisação da atividade empresarial". COELHO, Fábio Ulhoa. **Comentários à lei de falências**. São Paulo: Saraiva, 2014, p. 181.

justificado pelos elevados interesses na conservação da empresa, razão pela qual o magistrado que preside a recuperação judicial tem competência para decidir sobre as questões tratadas nesses autos."[31]

Contudo, tal alargamento de conceito objetivo não pode prevalecer, sob pena de se deturpar o intuito da LRF, conforme bem consignado pela Ministra Maria Isabel Gallotti no já mencionado Conflito de Competência nº 153.473/PR, ao afastar a possibilidade de se considerar títulos de crédito como bens de capital:

> "Reafirmo o meu entendimento de que títulos de crédito dados em alienação fiduciária não podem ser enquadrados, sequer em tese, como bens de capital, por mais ampla que seja a interpretação dada à expressão.
>
> A interpretação da lei, qualquer que seja o método adotado, tem como limite a margem possível de significados dos termos nela expressos.
>
> Os títulos de crédito, transferidos ao titular da propriedade resolúvel, estão na posse direta e indireta do proprietário fiduciário, o que decorre de expressa previsão legal. Não se pode entender que estejam no "estabelecimento do devedor", sendo utilizados na atividade produtiva.
>
> Para que o bem se compreenda na ressalva contida no § 3º do art. 49, é imprescindível que se trate de bem corpóreo, na posse direta do devedor, e, sobretudo, que não seja perecível e nem consumível, de modo que possa ser entregue ao titular da propriedade fiduciária, caso persista a inadimplência, ao final do *stay period*".[32]

[31] Tribunal de Justiça do Estado de São Paulo. Agravo de Instrumento nº 2220888-79.2017.8.26.0000. 2ª Câmara de Direito Empresarial. Rel. Maurício Pessoa. J. 06.04.2018.

[32] No mesmo sentido, confira-se: "**1.** A Lei n. 11.101/2005, embora tenha excluído expressamente dos efeitos da recuperação judicial o crédito de titular da posição de proprietário fiduciário de bens imóveis ou móveis, acentuou que os "bens de capital", objeto de garantia fiduciária, essenciais ao desenvolvimento da atividade empresarial, permaneceriam na posse da recuperanda durante o *stay period.* **1.1** A conceituação de "bem de capital", referido na parte final do § 3º do art. 49 da LRF, inclusive como pressuposto lógico ao subsequente juízo de essencialidade, há de ser objetiva. Para esse propósito, deve-se inferir, de modo objetivo, a abrangência do termo "bem de capital", conferindo-se-lhe interpretação sistemática que, a um só tempo, atenda aos ditames da lei de regência e não descaracterize ou esvazie a garantia fiduciária que recai sobre o "bem de capital", que se encontra provisoriamente na posse da recuperanda. **2.** De seu teor infere-se que o bem, para se caracterizar como bem de capital, deve utilizado no processo produtivo da empresa, já que necessário ao exercício

Devidamente traçado o conceito de bem de capital, tem-se que, nos exatos termos da LRF, o juízo recuperacional será exclusivamente competente para decidir sobre a essencialidade dos bens em discussão para o sucesso da recuperação judicial, mas desde que se enquadrem na definição de bens de capital.[33] Dito de outra forma, se o bem não for de capital, não se estará diante da competência do juízo da recuperação judicial para aferir sua essencialidade para a recuperação judicial.

Nesse sentido, em arbitragens em que se discute, por exemplo, a manutenção de determinado contrato em que for parte a recuperanda, a competência para decidir acerca da validade do contrato será do tribunal arbitral, que terá ampla liberdade para julgar o mérito da discussão e decidir, ao final, com base nas particularidades do caso, se o contrato deve ou não ser mantido.[34]

da atividade econômica exercida pelo empresário. Constata-se, ainda, que o bem, para tal categorização, há de se encontrar na posse da recuperanda, porquanto, como visto, utilizado em seu processo produtivo. Do contrário, aliás, afigurar-se-ia de todo impróprio — e na lei não há dizeres inúteis — falar em "retenção" ou "proibição de retirada". Por fim, ainda para efeito de identificação do "bem de capital" referido no preceito legal, não se pode atribuir tal qualidade a um bem, cuja utilização signifique o próprio esvaziamento da garantia fiduciária. Isso porque, ao final do *stay period*, o bem deverá ser restituído ao proprietário, o credor fiduciário. **3.** A partir da própria natureza do direito creditício sobre o qual recai a garantia fiduciária – bem incorpóreo e fungível, por excelência –, não há como compreendê-lo como bem de capital, utilizado materialmente no processo produtivo da empresa". Superior Tribunal de Justiça. Recurso Especial nº 1.758.746/GO. Relator o Ministro Marco Aurélio Bellizze. J. em 25.09.2018.

[33] "Isso porque, se determinado bem, alienado fiduciariamente, não puder ser classificado como 'bem de capital', ao Juízo da recuperação não é dado fazer qualquer inferência quanto à sua essencialidade, já que nem sequer deterá, nesse caso, competência para tanto. Se o bem, dado em garantia fiduciária, não for de capital, sua essencialidade é matéria absolutamente estranha ao juízo da recuperação, hipótese em que o correlato credor fiduciário, além de não se submeter aos efeitos da recuperação judicial, não poderá ser impedido de vendê-lo ou de retirá-lo da posse da recuperanda, inclusive durante o *stay period*". Superior Tribunal de Justiça. Voto-vista do Ministro Marco Aurélio Bellizze no Conflito de Competência nº 153.473/PR. Rel. p/ Acórdão Ministro Luis Felipe Salomão. J. 09.05.2018.

[34] Nesses casos, é importante que durante todo o curso do procedimento, o tribunal arbitral esteja atento à relevância do contrato para a recuperação judicial e evite determinar medidas liminares, de cumprimento imediato, que suspendam sua execução, em prejuízo do bom andamento da recuperação judicial.

2. A mitigação da confidencialidade das disputas arbitrais envolvendo partes em recuperação judicial: transparência exigida pela Lei nº 14.112/2020

A Lei nº 14.112/2020 positivou mais uma prática já consolidada pela doutrina e pela jurisprudência dentro da temática envolvendo arbitragem e recuperação judicial, ao dar nova redação ao inciso IX do art. 51 da LRF, pelo qual a recuperanda passa a ser obrigada a incluir, na petição inicial de recuperação judicial, relação de todos os procedimentos arbitrais em que o devedor figure como parte, com a estimativa dos respectivos valores demandados. Também houve a inclusão de dever análogo imposto ao administrador judicial da falência, que, nos termos do art. 22, III, c), deve "*relacionar os processos e assumir a representação judicial e extrajudicial, incluídos os processos arbitrais, da massa falida*".

A novidade legislativa teve como finalidade o prestígio ao dever de informação da recuperanda perante a coletividade de credores, de modo que eles possam reunir todos os elementos necessários para avaliar a situação econômica e financeira da empresa em crise, o que é essencial para que o plano de recuperação judicial seja desenhado de modo a, efetivamente, contemplar de forma fidedigna e simétrica os interesses de todos os envolvidos no processo recuperacional.

É importante deixar claro que a confidencialidade na arbitragem não decorre de lei, mas da vontade das partes. Na verdade, a matéria sequer é expressamente regulada pela Lei de Arbitragem.[35] Dessa forma, a estipulação de confidencialidade é um ato de vontade das partes e não traduz um de seus fundamentos ou elementos essenciais e inafastáveis do instituto. Nesse aspecto, Rodrigo Garcia da Fonseca e André Correia apontam que uma das exceções previstas à confidencialidade dos procedimentos arbitrais surge em decorrência do dever legal de informar:

> "Uma outra situação em que a divulgação de informações inerentes a determinado procedimento arbitral é tolerada se faz presente quando há dever legal de informar.

[35] "Ao contrário da crença popular, a confidencialidade não é uma qualidade essencial da arbitragem – ela ocorre apenas quando uma lei, um regulamento arbitral escolhido pelas partes ou um acordo expresso das mesmas a impõe". BAPTISTA, Luiz Olavo. Confidencialidade na arbitragem. In: **V Congresso do Centro de Arbitragem Comercial**. Almedina, p. 197.

> O dever contratual de confidencialidade perde força todas as vezes em que a parte se vê compelida, por força de lei, a prestar determinadas informações sobre a existência da arbitragem, ou sobre dados, documentos informações e decisões inerentes ao procedimento arbitral.
>
> O dever legal de informar decorre de inúmeros dispositivos constantes de nosso ordenamento jurídico e pode se manifestar de diversas formas. A parte pode ter o dever legal de prestar espontaneamente determinadas informações, ou pode ser solicitada por determinada autoridade a fazê-lo, sob pena de se sujeitar às sanções cabíveis".[36]

É exatamente esse o motivo de a Lei nº 14.112/2020 ter incorporado na LRF o dever legal de informação dos procedimentos arbitrais em curso. Os credores têm o direito de conhecer o cenário completo da situação patrimonial presente e futura da recuperanda e isso inclui entender em que medida uma sentença arbitral poderá afetar o patrimônio sobre o qual será desenhado o plano de recuperação judicial. Com tais informações em mãos, os credores poderão, por exemplo, fazer projeções considerando os diferentes cenários de resultado do litígio, o que lhes trará maior grau de previsibilidade e uma melhor mensuração dos riscos envolvidos na negociação do plano.

Assim, como elucidam Emanuelle Maffioletti e Sheila Cerezetti, *"logo após os ativos, a informação pode ser considerada o bem de maior valor em situações de crise empresarial enfrentadas por meio da recuperação judicial"*.[37] A transparência do devedor para com os credores é um dos pilares da recuperação judicial a ponto de ser considerado um princípio da recuperação judicial pela doutrina.[38]

[36] DA FONSECA, Rodrigo Garcia; CORREIA, André de Luizi. A confidencialidade na arbitragem. Fundamentos e limites. In LEMES, Selma Ferreira; BALBINO, Inez (Coords.). **Arbitragem. Temas contemporâneos**. São Paulo: Quartier Latin, 2012, p. 426.

[37] MAFFIOLETTI, Emanuelle Urbano; CEREZETTI, Sheila Christina Neder. Transparência e divulgação de informações nos casos de recuperação judicial de empresas. In DE LUCCA, Newton e. al. Direito recuperacional II – Aspectos teóricos e práticos. São Paulo: Quartier Latin, 2012, p. 79. Apud. CABRAL, Thiago Dias Delfino. A mitigação da confidencialidade da arbitragem na recuperação judicial. In **Revista Brasileira de Arbitragem**, v. XV, nº 57, p. 57.

[38] "A transparência ser um princípio do processo de recuperação judicial que, embora não esteja disposta de forma explícita, tem fundamento no art. 51 da LRF". LAZZARINI, Alexandre Alves. Reflexões sobre a recuperação judicial de empresas. In: DE LUCCA,

Por isso, a confidencialidade que as partes estabelecerem para os procedimentos arbitrais, embora possa ser preservada, não poderá criar qualquer empecilho para que a existência da arbitragem, o status do processo, o objeto e pedidos sejam comunicados no âmbito do processo de recuperação judicial para ciência de todos, de modo a permitir aos credores da recuperanda uma melhor negociação dos termos do plano de recuperação judicial.

Cumpre ressalvar que não há necessidade (ou pertinência) de divulgação da integralidade dos atos praticados no âmbito do procedimento arbitral envolvendo a empresa recuperanda, muito menos deve-se admitir a intervenção dos credores e demais interessados na referida arbitragem. Para fins de informação ao mercado e às partes do plano de recuperação judicial, mostra-se suficiente a divulgação de informações como o objeto da disputa, o valor envolvido e, a depender do caso e do impacto para a recuperação judicial, a prolação de decisões de urgência e decisões de mérito, tarefa que pode ser desempenhada pelo Administrador Judicial por meio de relatórios a serem juntados aos autos.

Conclusões

As inovações trazidas pela Lei nº 14.112/2020 na LRF, relativamente à arbitragem envolvendo empresas em recuperação judicial, serviram para trazer maior segurança à validade e eficácia de cláusulas compromissórias em contratos envolvendo empresas em recuperação judicial e falência. Não pode haver dúvidas de que a cláusula compromissória é capaz, *per se*, de permitir ao Tribunal Arbitral declarar a validade e eficácia do pacto, a despeito das regras aplicáveis ao processo de recuperação judicial.

Relativamente ao aspecto subjetivo, a empresa em recuperação judicial não sofre abalos na sua capacidade jurídica, enquanto sob o ponto de vista do requisito objetivo, a LRF não afasta a arbitrabilidade dos temas que envolvem a empresa recuperanda. Pelo contrário, a reforma promovida pela Lei nº 14.112/2020 reforçou a possibilidade de utilização da arbitragem envolvendo empresas em recuperação judicial.

Newton; DOMINGUES, Alessandra de Azevedo (Coords.). Direito recuperacional – aspectos teóricos e práticos. São Paulo: Quartier Latin, 2009. Apud. CABRAL, Thiago Dias Delfino. A mitigação da confidencialidade da arbitragem na recuperação judicial. In **Revista Brasileira de Arbitragem**, v. XV, nº 57, p. 57.

Nesse aspecto, o tribunal arbitral poderá resolver, de maneira definitiva, o mérito dos litígios envolvendo a recuperanda, ficando obstado, contudo, de expedir cartas arbitrais determinando medidas constritivas ao seu patrimônio durante o *stay period*. Também será de competência exclusiva do juízo da recuperação judicial a definição sobre a essencialidade dos bens de capital da empresa em crise.

Por fim, sendo admitida a condução de procedimentos arbitrais envolvendo partes em recuperação judicial, faz-se relevante – e agora a medida é obrigatória – a divulgação parcial dos atos praticados no âmbito dessas disputas, em prestígio ao dever de informação que a recuperanda tem para com a coletividade de credores.

Referências

ARMELIN, Donaldo. A arbitragem, a falência e a liquidação extrajudicial. In **Revista de Arbitragem e Mediação**, v. 13, 2017.

BAPTISTA, Luiz Olavo. Confidencialidade na arbitragem. In: **V Congresso do Centro de Arbitragem Comercial**. Almedina.

CARMONA, Carlos Alberto. **Arbitragem e processo: um comentário à Lei nº 9.307/96**. São Paulo: Atlas, 2009.

CARREIRA ALVIM, José Eduardo. **Direito Arbitral**. Rio de Janeiro: Forense, 2002.

COELHO, Fábio Ulhoa. **Comentários à lei de falências**. São Paulo: Saraiva, 2014.

CRIPPA, Carla de Vasconcellos. Recuperação judicial, falência e arbitragem. In **Revista de Arbitragem e Mediação**, v. 29, 2011.

DA FONSECA, Rodrigo Garcia; CORREIA, André de Luizi. A confidencialidade na arbitragem. Fundamentos e limites. In LEMES, Selma Ferreira; BALBINO, Inez (Coords.). **Arbitragem. Temas contemporâneos**. São Paulo: Quartier Latin, 2012.

DOLINGER, Jacob. **A evolução da ordem pública no direito internacional privado**. Tese apresentada à Faculdade de Direito da Universidade do Estado do Rio de Janeiro para o concurso à Cátedra de Direito Internacional Privado. Rio de Janeiro: Gráfica Luna, 1979.

DOLINGER, Jacob. **Direito internacional privado: parte geral**. 7 ed. Rio de Janeiro: Renovar, 2003.

FARIA, Luis Cláudio Furtado; COZER, Felipe Rodrigues. **A arbitragem e a recuperação judicial um estudo sobre a convivência e possíveis conflitos entre os institutos.** Revista de Arbitragem e Mediação, São Paulo, ano 8, v. 31, p. 251-261, out./dez. 2011.

FAVATA, Angelo. Dizionario dei termini giuridici. Piacenza: La Tribuna, 1979, p. 51. Apud. CARMONA, Carlos Alberto. **Arbitragem e processo: um comentário à Lei nº 9.307/96**. São Paulo: Atlas, 2009.

GRION, Renato Stephan; DE PAIVA, Luiz Fernando Valente; SILVA, Guilherme Piccardi de Andrade. A arbitragem no contexto das recuperações judiciais e extrajudiciais e das falências. In MELO, Leonardo de Campos; BENEDUZZI, Renato Rezende (Coords.). **A reforma da arbitragem**. Rio de Janeiro: Forense, 2016.

GUIMARÃES, Márcio. Insolvency and Arbitration in: SESTER, Peter (coord.). **International Arbitration – Law and Practice in Brazil**. Oxford: Oxford University Press, 2020.

LAZZARINI, Alexandre Alves. Reflexões sobre a recuperação judicial de empresas. In: DE LUCCA, Newton; DOMINGUES, Alessandra de Azevedo (Coords.). Direito recuperacional – aspectos teóricos e práticos. São Paulo: Quartier Latin, 2009. Apud. CABRAL, Thiago Dias Delfino. A mitigação da confidencialidade da arbitragem na recuperação judicial. In **Revista Brasileira de Arbitragem**, v. XV, nº 57, p. 57.

MAFFIOLETTI, Emanuelle Urbano; CEREZETTI, Sheila Christina Neder. Transparência e divulgação de informações nos casos de recuperação judicial de empresas. In DE LUCCA, Newton e. al. Direito recuperacional II – Aspectos teóricos e práticos. São Paulo: Quartier Latin, 2012, p. 79. Apud. CABRAL, Thiago Dias Delfino. A mitigação da confidencialidade da arbitragem na recuperação judicial. In **Revista Brasileira de Arbitragem**, v. XV, nº 57, p. 57.

SACRAMONE, Barbosa Marcelo. **Comentários à Lei de Recuperação de Empresas e Falência.** 2. ed., São Paulo: Saraiva, Educação, 2021.

SCALZILLI, João Pedro; SPINELLI, Luis Felipe; TELLECHEA, Rodrigo. **Recuperação de Empresas e Falência.** São Paulo: Almedina, 2016, p. 285 a 287, N.R. nº 874.

TOMAZETTE, Marlon. **Curso de Direito Empresarial.** Vol. 3, Atlas, 5ª ed.

Superior Tribunal de Justiça. Conflito de Competência nº 157.099/RJ. Rel. p/Acórdão Ministra Nancy Andrighi. J. em 10.10.2018.

_______ Conflito de Competência nº 164.118/DF. Rel. Ministro Antonio Carlos Ferreira. J. em 31.05.2019.

_______ Conflito de Competência nº 153.473/PR. Rel. p/ Acórdão Ministro Luis Felipe Salomão. J. 09.05.2018.

_______ Conflito de Competência nº 148.932/RJ. Rel. Ministro Ricardo Villas Bôas Cueva. J. 13.12.2017.

_______ Agravo Interno no Agravo em Recurso Especial 425.931/MG, Terceira Turma, Rel. Min. Ricardo Villas Bôas Cueva, j. em 15.10.2018.

_______ Conflito de Competência 166.681/PA, Segunda Seção, Rel. Min. Marco Aurélio Bellizze, j. 11.03.2020.

_______ Medida Cautelar nº 14.295/SP. Relatora Ministra Nancy Andrighi. Decisão monocrática. J. em 09.06.2008.

_______ Recurso Especial 1.550.260/RS, Terceira Turma, Rel. p/ Acórdão Min. Ricardo Villas Bôas Cueva, j. 12.12.2017.

_______ Recurso Especial 1.598.220/RN, Terceira Turma, Rel. Min. Paulo de Tarso Sanseverino, j. 25.06.2019.

_______ Recurso Especial 1.694.826/GO, Terceira Turma, Rel. Ministra Nancy Andrighi, j. 07.11.2017.

_______ Recurso Especial nº 1.868.182/BA, Rel. Ministra Nancy Andrighi, Terceira Turma. J. em 26.05.2020.

_______ Recurso Especial nº 1.758.746/GO. Relator o Ministro Marco Aurélio Bellizze. J. em 25.09.2018.

Tribunal de Justiça do Estado de São Paulo. Agravo de Instrumento nº 2017701-76.2019.8.26.0000. 2ª Câmara de Direito Empresarial. Rel. Maurício Pessoa. J. 10.06.2019.

_______ Agravo de Instrumento nº 2220888-79.2017.8.26.0000. 2ª Câmara de Direito Empresarial. Rel. Maurício Pessoa. J. 06.04.2018.

_______ Agravo de Instrumento nº 2200737-29.2016.8.26.0000. 1ª Câmara de Direito Empresarial. Rel. Hamid Bdine. J. 15.3.2017.

_______ Conflito de Competência nº 0042933-32.2016.8.26.0000. Câmara Especial. Rel. Renato Genzani Filho. J. 10.7.2017.

5. A Apresentação de Plano de Recuperação Judicial Alternativo pelos Credores

Alex S. Hatanaka
Marcelo Sampaio Goés Ricupero
Renata Paiva Gonçalves Leal

Introdução

Em 24 de dezembro de 2020, foi sancionada a Lei n.º 14.112, que modificou a Lei n.º 11.101 de 9 de fevereiro de 2005 (Lei de Recuperação Judicial e Falências)[1] para atualizar a legislação referente à recuperação judicial, à recuperação extrajudicial e à falência.

Essa reforma busca modernizar os processos de recuperação judicial, recuperação extrajudicial e falência, e consolidar entendimentos que já vinham sendo adotados pelos tribunais brasileiros. A reforma é sancionada em momento oportuno, já que, com a drástica queda do nível da atividade econômica diante das medidas adotadas para conter a disseminação do Coronavírus (Covid-19), há uma expectativa de crescimento no número de pedidos de recuperações judiciais e falências nos anos de 2021 e 2022.

A ideia de atualizar a Lei de Recuperação Judicial e Falências ganhou força em agosto de 2016, com a formação de grupo de trabalho no âmbito do antigo Ministério da Fazenda com participação de advogados, administradores, acadêmicos e juízes especialistas em direito falimentar.

[1] A reforma da Lei de Recuperação Judicial e Falências também alterou dispositivos das Leis n.º 10.522 de 19 de julho de 2002 e 8.929 de 22 de agosto de 1994, que regulam, respectivamente, o cadastro informativo de créditos não quitados de órgãos e entidades federais e a cédula de produto rural.

Em 2019, com apoio do deputado federal Hugo Leal (PSD/RJ), a proposta original foi transformada em projeto substitutivo ao PL 6229/2005, e, em 2020, com apoio do senador Rodrigo Pacheco (DEM/MG), relator do projeto no Senado Federal, deu-se origem à Lei n.º 14.112/2020, em vigor desde 23 de janeiro de 2021.

Dentre as diversas modificações trazidas pela lei, destacam-se incentivos para a concessão de crédito para as empresas em recuperação judicial (*DIP Financing*), um tratamento para consolidação substancial, flexibilização das regras para venda de ativos e ampliação da proteção à venda de ativos, adoção de regras para processos de insolvência transnacionais e a apresentação de plano de recuperação judicial alternativo pelos credores. É sobre essa última e importante alteração legislativa que discutiremos no presente artigo.

Vale mencionar que a ausência da possibilidade de os credores apresentarem um plano de recuperação alternativo era uma das principais críticas que a Lei de Recuperação Judicial e Falências sofria, especialmente por parte de credores estrangeiros, que estavam habituados a essa possibilidade em outras jurisdições, notadamente a norte-americana. Com esta alteração, a reforma procura, portanto, endereçar tais críticas.

Os artigos 6º, § 4º-A, e 56, §§4º a 8º[2] acrescidos à Lei de Recuperação Judicial e Falências pela reforma preveem, respectivamente, que os

[2] §4º-A do art. 6º da Lei de Recuperação Judicial e Falências: "4º-A. O decurso do prazo previsto no § 4º deste artigo sem a deliberação a respeito do plano de recuperação judicial proposto pelo devedor faculta aos credores a propositura de plano alternativo, na forma dos §§ 4º, 5º, 6º e 7º do art. 56 desta Lei, observado o seguinte: I – as suspensões e a proibição de que tratam os incisos I, II e III do caput deste artigo não serão aplicáveis caso os credores não apresentem plano alternativo no prazo de 30 (trinta) dias, contado do final do prazo referido no § 4º deste artigo ou no § 4º do art. 56 desta Lei; II – as suspensões e a proibição de que tratam os incisos I, II e III do caput deste artigo perdurarão por 180 (cento e oitenta) dias contados do final do prazo referido no § 4º deste artigo, ou da realização da assembleia-geral de credores referida no § 4º do art. 56 desta Lei, caso os credores apresentem plano alternativo no prazo referido no inciso I deste parágrafo ou no prazo referido no § 4º do art. 56 desta Lei". §§ 4º a 8º do art. 56 da Lei de Recuperação Judicial e Falências: "§ 4º Rejeitado o plano de recuperação judicial, o administrador judicial submeterá, no ato, à votação da assembleia-geral de credores a concessão de prazo de 30 (trinta) dias para que seja apresentado plano de recuperação judicial pelos credores. § 5º A concessão do prazo a que se refere o § 4º deste artigo deverá ser aprovada por credores que representem mais da metade dos créditos presentes à assembleia-geral de credores. § 6º O plano de recuperação judicial proposto

credores podem apresentar plano de recuperação judicial na hipótese de se esgotar o prazo para votação do plano proposto pelo devedor ou na hipótese de rejeição do plano apresentado pelo devedor.

Esse direito agora assegurado aos credores tem como finalidade reduzir o desequilíbrio das forças presentes nas recuperações judiciais, que acabaram pendendo para o lado do devedor.

Sem uma previsão legal que os autorizassem a apresentar um plano de recuperação judicial alternativo, os credores tinham interferência limitada na negociação dos termos e condições do plano de recuperação judicial e se viam, no mais das vezes, diante de uma decisão binária entre aceitar o plano proposto pelo devedor, ainda que desvantajoso, ou de rejeitá-lo, o que significa, na prática, propugnar pela falência, o que potencialmente poderia lhes acarretar prejuízo ainda maior. Como se tornou visível, as recuperações judiciais foram se tornando um mecanismo para viabilizar a superação da crise econômico-financeira do devedor, com a manutenção da fonte produtora e dos empregos, mas, no mais das vezes, mediante o sacrifício dos interesses dos credores.

Se, por um lado, a alteração traz um respiro ao devedor, que não terá sua recuperação judicial imediatamente convolada em falência caso o plano de recuperação judicial apresentado não seja aprovado pelos credores,

pelos credores somente será posto em votação caso satisfeitas, cumulativamente, as seguintes condições: I – não preenchimento dos requisitos previstos no § 1º do art. 58 desta Lei; II – preenchimento dos requisitos previstos nos incisos I, II e III do caput do art. 53 desta Lei; III – apoio por escrito de credores que representem, alternativamente: a) mais de 25% (vinte e cinco por cento) dos créditos totais sujeitos à recuperação judicial; ou b) mais de 35% (trinta e cinco por cento) dos créditos dos credores presentes à assembleia-geral a que se refere o § 4º deste artigo; IV – não imputação de obrigações novas, não previstas em lei ou em contratos anteriormente celebrados, aos sócios do devedor; V – previsão de isenção das garantias pessoais prestadas por pessoas naturais em relação aos créditos a serem novados e que sejam de titularidade dos credores mencionados no inciso III deste parágrafo ou daqueles que votarem favoravelmente ao plano de recuperação judicial apresentado pelos credores, não permitidas ressalvas de voto; e VI – não imposição ao devedor ou aos seus sócios de sacrifício maior do que aquele que decorreria da liquidação na falência. § 7º O plano de recuperação judicial apresentado pelos credores poderá prever a capitalização dos créditos, inclusive com a consequente alteração do controle da sociedade devedora, permitido o exercício do direito de retirada pelo sócio do devedor. § 8º Não aplicado o disposto nos §§ 4º, 5º e 6º deste artigo, ou rejeitado o plano de recuperação judicial proposto pelos credores, o juiz convolará a recuperação judicial em falência".

por outro é possível que dificulte a aprovação do plano apresentado pelo devedor, uma vez que a decretação da falência, que, como é sabido, não é uma alternativa boa nem para devedora tampouco para os credores, passa a não ser mais a única alternativa dos credores a um plano que, na sua visão, não reúne condições aceitáveis.

Ainda, há quem duvide que tal medida tenha algum efeito prático, principalmente em razão da falta de informações dos credores sobre a situação econômica e financeira do devedor, do alto custo da elaboração de planos alternativos e dos diversos ônus agora impostos pela própria Lei de Recuperação Judicial e Falências aos credores para que possam ver seu plano aprovado. Essas e outras questões relevantes relacionadas aos novos dispositivos acrescidos à Lei de Recuperação Judicial e Falências serão abordadas nos capítulos a seguir.

1. Os casos precursores

Muito embora ainda não houvesse na Lei de Recuperação Judicial e Falências qualquer previsão para a apresentação de plano de recuperação judicial por credores antes da reforma, na prática, a questão não era desconhecida por credores de recuperações judiciais processadas no Brasil.

A negociação dos termos e condições de planos de recuperação judicial sempre ocorreu, em maior ou menor medida, mas sempre influenciada pelo fato de que a palavra final era do devedor. Era ele que, ao fim e ao cabo, detinha o poder de definir o que estaria no plano de recuperação judicial a ser posto em votação.

Inspirados pela prática americana, na qual há previsão de apresentação de plano concorrente pelos credores[3], alguns credores de recuperações judiciais processadas no Brasil conseguiram alterar de forma substancial o plano de recuperação judicial apresentado pela devedora, por meio de intensas negociações, sem que fosse necessária a convolação da recuperação judicial em falência, tendo alguns deles até mesmo apresentado seus próprios planos de recuperação judicial alternativos, não como um plano oficial que fosse votado, mas como uma forma de apresentar as pretensões

[3] Nos Estados Unidos, o procedimento disciplinado pelo *Chapter 11* do *Bankruptcy Code* permite que o Plano de Recuperação Judicial seja apresentado pelos credores, ressalvado o período de exclusividade de 120 dias no qual apenas o devedor é legitimado a apresentá-lo (*section 1121, b*).

dos credores e sua visão de como poderia se dar a reestruturação das dívidas da devedora.

Dentre os processos de recuperação judicial em que houve participação intensa dos credores que, ao final, conseguiram modificar de forma significativa o projeto inicial da devedora, é possível citar a recuperação judicial da Oi S.A., na qual houve apresentação de plano alternativo por credores internacionais, e a recuperação judicial do Grupo Moreno, em que os credores negociaram a inclusão de disposição prevendo a venda de três usinas de propriedade da devedora para pagamento de seu crédito no plano.

1.1. Recuperação judicial do Grupo Moreno[4]

O Grupo Moreno é um dos maiores grupos do setor sucroenergético do país. A Companhia detém três usinas no interior de São Paulo, a Central Energética Moreno Açúcar e Álcool Ltda. (CEM), a Central Energética Moreno de Monte Aprazível Açúcar e Álcool Ltda. (CEMMA) e a Coplasa – Açúcar e Álcool Ltda. (COPLASA), emprega mais de cinco mil pessoas e influencia a economia de 52 municípios brasileiros.

Nos últimos anos, contudo, o Grupo Moreno não conseguiu gerar caixa na proporção necessária para fazer frente às suas obrigações financeiras, dado o prolongamento do ciclo de baixa dos preços internacionais do açúcar, pelo que, no segundo semestre de 2019, se viu obrigado a requerer sua recuperação judicial.

O processamento da recuperação judicial foi deferido e, em seguida, a Companhia apresentou seu plano de recuperação judicial. O plano inicialmente apresentado pela Companhia, previa a venda de ativos, que se iniciava com a venda do projeto de cogeração, a ser seguida, posteriormente, pela venda de outros ativos, que poderia até ser uma unidade produtiva isolada, no caso a CEM, mas isso, só no caso de o Grupo não honrar com as previsões do plano.

Essa proposta inicial da Companhia, não agradou os credores que, desde então, manifestaram sua contrariedade à proposta. Um dos principais credores do Grupo Moreno apresentou, então, um plano de recuperação judicial alternativo àquele inicialmente apresentado pela recuperanda,

[4] Proc. nº 1001008-13.2019.8.26.0589, em trâmite perante a Vara Única do Foro da Comarca de São Simão, Tribunal de Justiça do Estado de São Paulo.

propondo a venda das unidades de duas das três usinas da Companhia em até dois anos da homologação do plano.

Assim, após intensas negociações com os bancos, amplamente noticiadas nos autos da recuperação judicial, e diante da iminente possibilidade de convolação da recuperação judicial em falência, em razão da sinalização de votação pela rejeição de um grupo significativo de credores, o Grupo Moreno apresentou nova versão do Plano, na qual incluiu previsão para "venda de 3 (três) UPIs a serem compostas com os ativos CEM, CEMMA e COPLASA, com a obrigação de venda de até 2 (duas) UPIs, em até 2 (dois) anos subsequentes à Homologação Judicial do Plano (...) de modo a compor necessariamente o Valor Compromissado, que será exclusivamente destinado ao pagamento dos Credores Afetados".

O plano com a previsão de venda das usinas foi aprovado pela grande maioria dos credores, tendo contado com 97,66% de aprovação por credores trabalhistas, 100% por credores com garantia real, 95% dos credores quirografários e mais de 83% das micro e pequenas empresas que detêm créditos contra o Grupo[5].

1.2. Recuperação Judicial da Oi S.A.[6]

Maior operadora de telefonia fixa do país e quarta maior de telefonia móvel, junto com suas seis subsidiárias, a Oi S.A. apresentou o que, à época[7], foi o maior pedido de recuperação judicial da história do Brasil, com uma dívida estimada em R$ 65,4 bilhões[8].

O plano de recuperação que apresentou à Justiça do Rio de Janeiro, contudo, não foi bem recebido pelos seus credores, que viram ali uma pretensão de favorecer acionistas da Companhia, os quais, segundo

[5] Disponível em http://www.canaonline.com.br/conteudo/mesmo-com-plano-de-recuperacao-judicial-considerado-viavel-bancos-forcam-venda-das-unidades-do-grupo-moreno.html. Acessado em 10.05.2021.

[6] Processo nº 0203711-65.2016.8.19.0001, em trâmite perante a 7ª Vara Empresarial da Comarca da Capital, Tribunal de Justiça do Estado do Rio de Janeiro.

[7] Com o pedido de recuperação judicial do Grupo Odebrecht, a Oi S.A. perdeu o seu posto de empresa brasileira com a dívida mais alta já submetida à recuperação judicial. A dívida do Grupo Odebrecht foi avaliada em mais de R$83 bilhões no momento da homologação do plano de recuperação judicial.

[8] Disponível em: https://www.tmabrasil.org/blog-tma-brasil/noticias-em-geral/credores-liderados-por-moelis-defendem-plano-alternativo-de. Acessado em 10.05.2021.

alegaram, buscavam apenas atender ao seu próprio interesse em detrimento dos melhores interesses da Companhia.

A partir daí credores internacionais da Oi se organizaram para questionar nos autos o plano proposto pela Oi S.A. e formular uma proposta alternativa para a recuperação judicial.

Após intensas discussões e análises da documentação da Companhia, tais credores internacionais deram publicidade e apresentaram nos autos um plano de recuperação judicial alternativo àquele inicialmente apresentado pela Recuperanda.

Pela nova proposta, haveria a possibilidade dos *bondholders* – credores de uma dívida de R$ 32,2 bilhões – converterem seus créditos em capital e, por meio da diluição dos atuais acionistas, assumirem o controle da operadora, com uma participação que poderia chegar a até 75% após a conclusão de todas as etapas e capitalização prevista. A versão anterior do documento, limitava a troca de dívida a 25% e foi fortemente criticada pelos detentores de títulos.

Muito embora o plano aprovado não tenha sido exatamente aquele publicizado pelos credores internacionais, até mesmo porque a legislação brasileira não autorizava a apresentação de plano alternativo, o plano levado à votação e aprovado pela maioria dos credores, incorporou previsões relevantes contidas no plano alternativo, como a reestruturação de crédito dos *bondholders* por meio da conversão do crédito em ações da Companhia (por meio de emissão de "Novas *Notes*", aumento de capital e emissão de bônus de subscrição), com relação de troca aceitável, bem como manteve disposições importantes para os demais credores internacionais.

2. As alterações trazidas pela Lei n.º 14.112/2020 aos artigos 6º e 56 da Lei n.º 11.101/05

O plano de recuperação judicial é o documento mais importante de todo o processo de recuperação. Ele é o instrumento pelo qual o devedor, após avaliar a sua situação e identificar os seus problemas, propõe medidas para sair da crise. A viabilidade da recuperação é aferida não a partir da situação do devedor antes da apresentação do pedido de recuperação judicial, mas sim da factibilidade das circunstâncias que projeta em seu plano[9].

[9] SOUZA JUNIOR, Francisco Satiro. Autonomia dos Credores na Aprovação do Plano de Recuperação Judicial. In CASTRO, Rodrigo R. Monteiro de; WARDE JUNIOR, Walfrido

O plano é, portanto, a corporificação das medidas que serão adotadas pelo empresário ou sociedade empresária devedora, para o soerguimento da empresa. Nesse sentido, a realização dos objetivos associados ao instituto, *i.e.* a preservação da atividade econômica e cumprimento de sua função social, depende exclusivamente do plano de recuperação judicial.

Até a vigência da reforma não havia previsão legal que autorizasse a apresentação do plano de recuperação judicial pelos credores, muito embora, conforme demonstrado no capítulo anterior, a proposição de planos alternativos ou de alterações substanciais no plano apresentado pelo devedor já ocorressem na prática.

A reforma incluiu na Lei de Recuperação Judicial e Falências duas hipóteses em que o credor terá o direito de apresentar plano alternativo de recuperação. A primeira, prevista no §4-A do art. 6º da Lei de Recuperação Judicial e Falências, está relacionada ao transcurso do prazo ordinário de suspensão da exigibilidade das obrigações sujeitas à recuperação judicial sem deliberação da Assembleia Geral de Credores a respeito do plano. A segunda está ligada à rejeição do plano do devedor pela Assembleia Geral de Credores (art. 56, §§4º e seguintes).

2.1. A apresentação de plano de recuperação judicial por credores em caso de decurso do prazo previsto no artigo 6º, §4º, sem deliberação a respeito do plano (art. 6º, § 4º-A)

A nova redação do § 4º do art. 6º da Lei de Recuperação Judicial e Falências[10] solucionou uma das principais discussões no âmbito da

Jorge; GUERREIRO, Carolina Tavares, organizadores. Direito Empresarial e Outros Estudos de Direito em Homenagem ao Professor José Alexandre Tavares Guerreiro. 1ª Ed. São Paulo: Quartier Latin, 2013. p. 350. Em sentido semelhante, Fábio Ulhôa Coelho afirma que "um bom plano de recuperação não é, por si só, garantia absoluta de reerguimento da empresa em crise. Fatores macroeconômicos globais ou nacionais, acirramento da concorrência no segmento de mercado em causa ou mesmo imperícia na sua execução podem comprometer a reorganização pretendida. Mas um plano ruim é garantia absoluta de fracasso da recuperação judicial". (COELHO, Fábio Ulhôa. Comentários à Lei de Falências e Recuperação de Empresas. 4ª Ed. e-book baseada na 14ª Ed. impressa. São Paulo: Thomson Reuters, 2021. p. RB-65.1)

[10] §4º da Lei de Recuperação Judicial e Falências: "§4º Na recuperação judicial, as suspensões e a proibição de que tratam os incisos I, II e III do caput deste artigo perdurarão pelo prazo de 180 (cento e oitenta) dias, contado do deferimento do processamento da recuperação,

recuperação judicial: o tempo máximo de duração do *stay period*, período de 180 (cento e oitenta) dias – agora prorrogáveis por mais 180 (cento e oitenta) dias – no qual ficarão suspensas (i) a prescrição das obrigações do devedor sujeitas à recuperação judicial; (ii) as execuções ajuizadas contra o devedor relativas a créditos ou obrigações sujeitas à recuperação judicial; e (iii) a proibição de qualquer forma de retenção, arresto, penhora, e outras contrições judiciais e extrajudiciais sobre os bens do devedor (incisos I, II e III do art. 6º).

A redação anterior do referido parágrafo era a seguinte: "a suspensão de que trata o caput deste artigo em hipótese nenhuma excederá o prazo improrrogável de 180 (cento e oitenta) dias contado do deferimento do processamento da recuperação". Esse dispositivo, no entanto, raramente era respeitado na prática, o que acarretava grande alongamento dos processos de recuperação judicial, desrespeitando o princípio da celeridade[11].

Isso porque, a despeito da clara determinação legal de improrrogabilidade do prazo de suspensão, a jurisprudência consolidou entendimento de que a prorrogação do prazo deveria ocorrer sempre que a Assembleia Geral de Credores não tenha ocorrido até o término do prazo, e desde que essa demora não pudesse ser imputável ao devedor[12].

prorrogável por igual período, uma única vez, em caráter excepcional, desde que o devedor não haja concorrido com a superação do lapso temporal".

[11] Na opinião de Daniel Carnio e Alexandre Correa Nasser, o legislador encontrou uma solução adequada para a questão, uma vez que (i) a inexistência de previsão de qualquer prorrogação acabou tendo como consequência uma autorização desenfreada de prorrogações, o que atrasou (e muito) algumas recuperações judiciais; e (ii) a impossibilidade de qualquer prorrogação também não seria uma solução viável, pois as empresas acabariam apresentando um plano reduzido, apenas para cumprir o caso. Seria necessária a apresentação de uma alteração ao plano e, consequentemente, agendamento de uma nova Assembleia de Credores para deliberação, o que acabaria por prolongar essa etapa processual. (COSTA e MELO, Daniel Carnio e Alexandre Correa Nasser. Comentários à Lei de Recuperação de Empresas e Falência. Curitíba: Juruá Editora, 2021. pp 69-70.)

[12] STJ, 4ª Turma, AgInt no Agravo em Resp nº 443.665/RS, Rel. Min. Marco Buzzi, p. 15.9.2016; STJ, 4ª Turma, AgInt no Agravo em REsp nº 887.860/SE, Rel. Min. Raul Araújo, p. 23.8.2016; TJSP, 2ª Câmara Reservada de Direito Empresarial, Agravo de Instrumento nº 2129996-22.2020.8.26.0000, Rel. Des. Sérgio Shimura, p. 22.1.2021; TJSP, 1ª Câmara Reservada de Direito Empresarial, EDs no Agravo de Instrumento nº 2081895-51.2020.8.26.0000, Rel.

Para além da questão da prorrogação do *stay period*, o artigo 6º da Lei de Recuperação Judicial e Falências prevê que decorrido o prazo de 180 (cento e oitenta) dias previsto pela lei (prorrogáveis por igual período uma única vez), sem a deliberação a respeito do plano de recuperação judicial proposto pelo devedor, os credores poderão, no prazo de 30 (trinta) dias, propor plano de recuperação judicial alternativo, na forma da Lei de Recuperação Judicial e Falências, art. 6º, §4º-A e conforme procedimento previsto no referido art. 56.

Na opinião de Fábio Ulhôa Coelho, a aparente intenção do legislador era a de incentivar o devedor a se apressar para obter a aprovação do próprio plano no prazo do art. 6º, § 4º, de modo que não fique exposto ao risco de os credores apresentarem um plano alternativo[13].

Ainda neste tópico, cumpre ressaltar que o mesmo parágrafo do art. 6º da Lei de Recuperação Judicial e Falências determina que caso seja apresentado tempestivamente plano alternativo pelos credores, haverá uma segunda prorrogação do *stay period*, por mais 180 (cento e oitenta) dias. Essa prorrogação independe de despacho judicial e decorre diretamente de previsão legal (art. 6º, § 4º, II).

Quanto à segunda prorrogação do *stay period*, há uma divergência sobre o seu marco inicial. Enquanto Sacramone[14] entende que "o prazo não conta do término do período de apresentação do plano alternativo, mas sim do término do prazo de 180 (cento e oitenta) dias iniciais ou de sua prorrogação, caso não tenha ocorrido deliberação pela AGC", a interpretação de Daniel Carnio Costa e Alexandre Correa Nasser é no sentido de que "a proibição de que tratam os incs. I, II e III do *caput* do art. 6º serão renovadas por mais 180 (cento e oitenta) dias, contados do decurso do prazo previsto no § 4º deste artigo"[15].

Des. Azuma Nishi, p. 3.12.2020; TJSP, 2ª Câmara Reservada de Direito Empresarial, Agravo Regimental nº 2165078-56.2016.8.26.0000, Rel. Des. Fábio Tabosa, p. 28.11.2016.

[13] COELHO, Fábio Ulhôa. Comentários à Lei de Falência e de Recuperação de Empresas, Lei 14.112/20, NOVA Lei de Falências. 14ª Ed. São Paulo: Thomson Reuters, 2021. p. 71.

[14] SACRAMONE, Marcelo Barbosa. Comentários à Lei de Recuperação de Empresas e Falência. 2ª Ed. São Paulo: Editora Saraiva Jur., 2021. p. 94.

[15] COSTA e MELO, Daniel Carnio e Alexandre Correa Nasser. Op. Cit. p. 70.

2.2. O procedimento de apresentação do plano de recuperação judicial pelos credores quando houver rejeição do plano apresentado pelo devedor (art. 56, §§ 4º a 9º)

A segunda hipótese em que os credores poderão apresentar um plano de recuperação judicial alternativo se dá no caso de o plano original, proposto pelo devedor, ser rejeitado pela Assembleia Geral de Credores. Essa nova previsão está insculpida no § 4º do art. 56 da Lei de Recuperação Judicial e Falências, que antes previa a imediata decretação de falência do devedor em caso de rejeição do plano de recuperação judicial apresentado pelo devedor[16].

A nova redação do referido parágrafo prevê que, rejeitado o plano de recuperação judicial, o administrador judicial deverá submeter, no ato, à votação da Assembleia Geral de Credores a concessão de prazo de 30 (trinta) dias para que seja apresentado o plano alternativo pelos credores.

O quórum de aprovação nesse caso, como não versa sobre a aprovação do plano em si, é o ordinário, ou seja, a possibilidade de apresentação do plano alternativo em 30 (trinta) dias deverá ser aprovada por votos favoráveis de credores que representem mais da metade do valor total dos créditos presentes na Assembleia Geral de Credores, independentemente de suas classes, nos termos do art. 56, § 5º.

Além de ser mais uma alternativa para a preservação da empresa, evitando-se a convolação da recuperação judicial em falência, essa previsão reafirma o princípio da participação ativa dos credores que, considerando o plano apresentado pelo devedor inaceitável, têm a faculdade de apresentar um novo plano que melhor atenda aos seus interesses.

Por fim, importante ressaltar que o plano alternativo deverá ser juntado aos autos no prazo de 30 (trinta) dias, sob pena de convolação imediata da recuperação judicial em falência. O prazo em questão é decadencial e não prorrogável.

16 O §8º do art. 6º, com redação semelhante à do antigo §4º, prevê que não atingido o quórum para concessão de prazo de apresentação de plano por credores ou não atingidos os requisitos para sujeição do plano a votação em Assembleia Geral de Credores, a recuperação judicial será convolada em falência: "§ 8º Não aplicado o disposto nos §§ 4º, 5º e 6º deste artigo, ou rejeitado o plano de recuperação judicial proposto pelos credores, o juiz convolará a recuperação judicial em falência".

2.3. Os requisitos para a submissão do plano de recuperação judicial proposto pelos credores à votação (art. 56, § 6º)

O §6º do art. 56, que também foi introduzido pela reforma, prevê que o plano de recuperação judicial alternativo apresentado pelos credores deverá preencher alguns requisitos para que possa ser admitido e, assim, submetido à votação pelos credores[17].

A primeira exigência do referido parágrafo (inciso I), é que não tenham sido preenchidos os requisitos previstos no §1º do art. 58 da Lei de Recuperação Judicial e Falências[18]. Ou seja, que o plano de recuperação

[17] Nesse sentido, Fábio Ulhoa Coelho afirma que a lei fixou dois requisitos para a admissibilidade do plano alternativo apresentado pelos credores, um temporal e outro material. O requisito temporal seria a apresentação do plano dentro do prazo legal de 30 (trinta) dias. No caso do art. 6º, § 4º-A, esses 30 (trinta) dias contam-se do término do prazo ordinário de 180 (cento e oitenta) dias de suspensão da exigibilidade das obrigações sujeitas à recuperação judicial – ou 360 (trezentos e sessenta) dias, caso haja prorrogação. Já no caso da apresentação de plano alternativo por credores após a rejeição do plano original do devedor (art. 56, § 4º), o prazo deveria ser contado da Assembleia Geral de Credores que aprovou a abertura de oportunidade para os planos alternativos. Os requisitos materiais, por sua vez, seriam (i) a impossibilidade de aprovação do plano por *cram down*; (ii) ter conteúdo idêntico àquele exigido pelo plano do devedor, nos termos do art. 53 da Lei de Recuperação Judicial e Falências; (iii) o apoio de credores, manifestado por escrito, que sejam titulares de 25% de todos os créditos sujeitos ou 35% dos crédito dos credores presentes na Assembleia Geral de Credores que que rejeitou o plano do devedor; (iv) a inexistência de novas obrigações aos sócios da devedora; (v) a inexistência de garantias a serem prestadas por pessoas naturais em favor de crédito titulado por credor que aprovou o plano alternativo; e (vi) a não imposição de sacrifício maior do que aquele que adviria da falência. (COELHO, Fábio Ulhoa. Op. Cit. pp. 230-231)

[18] Art. 58 da Lei de Recuperação Judicial e Falências: "Art. 58. Cumpridas as exigências desta Lei, o juiz concederá a recuperação judicial do devedor cujo plano não tenha sofrido objeção de credor nos termos do art. 55 desta Lei ou tenha sido aprovado pela assembleia-geral de credores na forma dos arts. 45 ou 56-A desta Lei.

§ 1º O juiz poderá conceder a recuperação judicial com base em plano que não obteve aprovação na forma do art. 45 desta Lei, desde que, na mesma assembléia, tenha obtido, de forma cumulativa: I – o voto favorável de credores que representem mais da metade do valor de todos os créditos presentes à assembléia, independentemente de classes; II – a aprovação de 3 (três) das classes de credores ou, caso haja somente 3 (três) classes com credores votantes, a aprovação de pelo menos 2 (duas) das classes ou, caso haja somente 2 (duas) classes com credores votantes, a aprovação de pelo menos 1 (uma) delas, sempre nos termos do art. 45 desta Lei; III – na classe que o houver rejeitado, o voto favorável de mais de 1/3 (um terço) dos credores, computados na forma dos §§ 1º e 2º do art. 45 desta Lei".

judicial original, apresentado pelo devedor, não possa ser aprovado pelo juiz, caso tenha obtido, de forma cumulativa (i) o voto favorável de credores que representem mais da metade do valor de todos os créditos presentes à assembleia, independentemente de classes; (ii) o voto favorável de credores que representem mais da metade do valor de todos os créditos presentes à assembleia, independentemente de classes; e (iii) na classe que o houver rejeitado, o voto favorável de mais de 1/3 (um terço) dos credores. Em outros termos, o plano de recuperação judicial apresentado pelos credores só será admitido, caso o plano apresentado pelo devedor não preencha os requisitos para ser aprovado por *cram down*[19].

O inciso II do § 6º do art. 56, prevê que, para que seja colocado em votação, o plano de recuperação judicial alternativo apresentado pelos credores deverá preencher os requisitos previstos no art. 53 da Lei de Recuperação Judicial e Falências[20]. Isso significa que o plano alternativo, assim como o plano original apresentado pelo devedor, deverá conter (i) a discriminação pormenorizada dos meios de recuperação a serem

[19] Manoel Justino Bezerra Filho explica o significado do termo *cram down*: "Configura-se aqui o chamado *cram down*, termo importado do direito norte americano e sem possibilidade de tradução literal. Com certa jocosidade, poder-se-ia dizer que a tradução livre redundaria em "goela abaixo", ou seja: mesmo com a discordância da AGC, ainda assim, o plano será aprovado e irá "goela abaixo" dos credores". (BEZERRA FILHO, Manoel Justino. Lei de Recuperação de Empresas e Falências: Lei 11.101/2005: comentada artigo por artigo (e-book). 5ª. Ed. São Paulo: Thomson Reuters Brasil, 2019.) Ainda sobre o *cram down*, Sheila Cerezetti e outros esclarecem o seguinte: "Além disso, a LRE permite que o magistrado, em algumas circunstâncias, conceda a recuperação mesmo quando uma das classes rejeita o plano. Esse mecanismo, denominado *cram down* pelos norte-americanos, destina-se a permitir que o juiz interfira no processo de avaliação do plano de reorganização, desde que observados os requisitos e critérios estabelecidos na lei". (JOÃO BATISTA, BATISTA, Carolina Soares João; CAMPANA FILHO, Paulo Fernando; MIYAZAKI, Renata Yumi; CEREZETTI, Sheila Christina Neder. A Prevalência da Vontade da Assembléia-Geral de Credores em Questão: o *Cram Down* e a Apreciação Judicial no Plano Aprovado por Todas as Classes. Revista de Direito Mercantil, Industrial, Econômico e Financeiro, São Paulo, jul/set. 2006. V.143. p. 203)

[20] Art. 53 da Lei de Recuperação Judicial e Falências: "Art. 53. O plano de recuperação será apresentado pelo devedor em juízo no prazo improrrogável de 60 (sessenta) dias da publicação da decisão que deferir o processamento da recuperação judicial, sob pena de convolação em falência, e deverá conter: I – discriminação pormenorizada dos meios de recuperação a ser empregados, conforme o art. 50 desta Lei, e seu resumo; II – demonstração de sua viabilidade econômica; e III – laudo econômico-financeiro e de avaliação dos bens e ativos do devedor, subscrito por profissional legalmente habilitado ou empresa especializada".

empregados; (ii) a demonstração da sua viabilidade econômica; e (iii) o laudo econômico-financeiro e de avaliações de bens e ativos do devedor, subscrito por profissional legalmente habilitado ou empresa especializada.

O requisito seguinte (inciso III) está ligado ao quórum de credores favoráveis ao plano alternativo. Com efeito, para que possa ser votado, o plano deverá contar com apoio por escrito de credores que representem, alternativamente (a) mais de 25% (vinte e cinco por cento) dos créditos totais sujeitos à recuperação judicial; ou (b) mais de 35% (trinta e cinco por cento) dos créditos dos credores presentes à assembleia-geral a que se refere o § 4º deste artigo.

Por fim, a Lei de Recuperação Judicial e Falências prevê ainda, nos incisos IV, V e VI do §6º do art. 56, que, para ser levado à votação, o plano de recuperação judicial apresentado pelos credores (i) não poderá criar novas obrigações para os sócios da sociedade devedora, (ii) deverá conter previsão de isenção das garantias pessoais prestadas por pessoas naturais em relação aos créditos a serem novados e que sejam de titularidade dos credores que votarem favoravelmente ao plano de recuperação; e (iii) não poderá impor ao devedor ou aos seus sócios sacrifício maior do que aquele que adviria da falência.

Preenchidos todos os requisitos acima elencados, o plano de recuperação judicial alternativo apresentado pelos credores poderá ser votado na Assembleia Geral de Credores e, atingidos os quóruns legais, deverá ser executado pelo devedor.

3. Breve análise dos novos artigos da Lei nº 11.101/05 sobre a apresentação do plano pelos credores

Assim como toda inovação legislativa relevante, as novas disposições causaram rebuliço entre os estudiosos do direito da insolvência. Se por um lado há doutrinadores cuja opinião é no sentido de que a possibilidade de apresentação do plano por credores irá equilibrar os poderes de credores e devedores, por outro, há quem entenda que as novas provisões relativas à apresentação de planos alternativos por credores serão demasiadamente gravosas ao devedor. Existe ainda um terceiro grupo considerando que os artigos 6º, §4º-A e 56, §4º não são inovadores e não terão aplicabilidade prática.

A introdução da possibilidade de proposição de plano alternativo pelos credores no caso de não apresentação do plano pelo devedor no prazo do *stay period* (art. 6º, §4º-A da Lei de Recuperação Judicial e Falências), parece ter como objetivo estimular os devedores a apresentarem seus planos de recuperação judicial dentro do prazo legal e garantir uma maior celeridade aos processos de recuperação judicial.

Essa hipótese, no entanto, parece funcionar apenas na teoria. Isso porque é muito difícil, na prática, que credores apresentem planos de recuperação judicial sem ter acesso à documentação da recuperanda, principalmente considerando que, nos termos dos artigos 56, § 6º, II e 53 da Lei de Recuperação Judicial e Falências, o plano apresentado deverá ser acompanhado da demonstração de sua viabilidade econômica e laudo econômico-financeiro e de avaliação dos bens e ativos da devedora. Assim, a carência de informações suficientes para a elaboração de uma alternativa consistente para a superação da crise e o custo da sua elaboração, inviabilizariam a apresentação do plano alternativo nessa fase do processo de recuperação judicial.

O § 6º do art. 56 da Lei de Recuperação Judicial e Falências, por sua vez, parece ter como objetivo criar um incentivo ao próprio devedor para que proponha a melhor solução possível ao seu soerguimento e não apenas aquela que seria menos gravosa do que a falência. A ideia aqui é que o devedor elabore um plano de recuperação factível, em torno do qual se consiga construir mais facilmente o consenso entre os credores, de modo que eles não tenham que rejeitar o plano apresentado para proporem eles mesmos um plano de recuperação judicial.

Além de configurar mais uma alternativa para a preservação da empresa e reafirmar o princípio da participação dos credores no processo de recuperação judicial, a inclusão do direito de apresentação de plano alternativo pelos credores na hipótese de rejeição do plano original tem como objetivo reestabelecer o equilíbrio de forças entre credores e devedores, que até então pendia para o lado do devedor, único legitimado para propor um plano de recuperação judicial.

A exclusividade na apresentação do plano pelo devedor tinha como resultado a aprovação de planos de recuperação judicial pelos credores, ainda que desfavoráveis, apenas para que o processo de soerguimento não fosse convolado em falência. Isso porque, na falência, os credores são, em regra, ainda mais prejudicados, recebendo parcela inferior ao valor total do seu crédito ou até mesmo não recebendo parcela alguma.

Os resultados encontrados pelo Observatório da Insolvência[21], deixam evidente que, ao menos para os credores com garantias reais e quirografários, os planos de recuperação judicial que vêm sendo aprovados nos últimos anos são, de fato, duros com os credores. O estudo apresentado no âmbito do referido projeto analisou 388 recuperações judiciais do Estado de São Paulo entre 2014 e 2019 e, entre outros pontos, concluiu que (i) em 44,3% dos casos, os créditos com garantia foram pagos com deságio, sendo a taxa de deságio média de 47,2%; e (ii) em 82,7% das recuperações judiciais, os créditos quirografários foram pagos com deságio, sendo a média desse deságio de 70,8%.

Além de incentivar os devedores a proporem um plano que configure uma solução mais equilibrada para a situação de crise, a ampliação do rol dos legitimados para apresentar o plano de recuperação judicial também garantirá aos credores um maior poder de barganha nas negociações com o devedor ao longo do processo de recuperação judicial.

Por outro lado, há quem entenda que a possibilidade de apresentação do plano de recuperação judicial alternativo pelos credores será prejudicial ao devedor, uma vez que ele estaria automaticamente vinculado a esse plano, não podendo sequer se manifestar acerca do documento elaborado pelos credores.

Há, ainda, parte da doutrina que acredita que, na prática, os credores não irão propor planos de recuperação judicial alternativos, uma vez que a Lei de Recuperação Judicial e Falências, como alterada, impôs condições excessivamente rigorosas para a sua admissão.

Quem compartilha dessa opinião é Marcelo Barbosa Sacramone, que, ao tratar da apresentação de plano alternativo pelos credores, afirma o seguinte:

> Poderia se tratar de importante passo em direção ao restabelecimento do equilíbrio de forças entre devedor e credores – hoje prejudicado, dentre outras razões, pela legitimidade exclusiva do devedor para propor os termos da reestruturação da empresa, combinada com (i) o restrito controle de

[21] Projeto criado pelo Núcleo de Estudos de Processos de Insolvência – NEPI e pela Associação Brasileira de Jurimetria – ABJ que tem como objetivo levantar e analisar dados a respeito das empresas em crise ou que se dirigem ao Poder Judiciário para viabilizar meios de recuperação ou, em último caso, para serem liquidadas.

legalidade exercido pelo poder judiciário quanto ao plano e (ii) a grande perda de valor experimentada pelos credores no cenário falimentar. Contudo, o projeto impõe aos credores que pretendam apresentar proposta alternativa de reestruturação uma série de condições – uma delas, como se verá a seguir, especialmente desarrazoada[22].

A primeira condição de difícil cumprimento estabelecida pela lei é o improrrogável prazo de 30 (trinta) dias para apresentação do plano alternativo. O devedor tem todas as informações sobre seus próprios negócios e conta um prazo inicial de 60 (sessenta) dias para apresentar seu plano, dispondo, ainda, do prazo de 180 (cento e oitenta) dias, prorrogáveis por mais 180 (cento e oitenta) dias, para negocia-lo, altera-lo e angariar apoio para sua aprovação. Por sua vez, os credores, cujo acesso à documentação necessária para a elaboração do plano é escasso, têm um prazo de apenas 30 (trinta) dias para propor o plano alternativo.

Não fosse o tempo curto para a elaboração de um plano de recuperação judicial, a Lei ainda impõe ao credor a obrigação de apresentar laudo-econômico financeiro e avaliação dos bens e ativos do devedor. Considerando o curto lapso temporal entre a rejeição do plano do devedor e a apresentação do plano dos credores, os ativos do devedor e sua situação econômica possivelmente não terão se alterado substancialmente, mas, de todo modo, considerando o acesso limitado a informações, os credores, no mais das vezes, devem acabar por se amparar nos documentos que já constarão no processo diante de sua apresentação obrigatória para o próprio devedor.

Talvez a mais ilógica e onerosa condição para que o plano possa ser submetido à votação seja a de que deverá prever a liberação das garantias pessoais prestadas por pessoas naturais. Nos termos do inciso V, §5º, do art. 56 da Lei de Recuperação Judicial e Falências, a cláusula de liberação das garantias pessoais será oponível apenas aos credores que apoiarem por escrito o plano alternativo ou que aprovarem o plano em Assembleia Geral de Credores.

22 SACRAMONE, Marcelo Barbosa, PIVA, Fernanda Neves. O projeto de reforma da lei 11.101/05 e o plano alternativo. Disponível em: https://www.migalhas.com.br/coluna/insolvencia-em-foco/335854/o-projeto-de-reforma-da-lei-11-101-05-e-o-plano-alternativo. Acessado em: 07.04.2021.

A exigência contraria disposições da própria Lei de Recuperação Judicial e Falências, especificamente o art. 49, §1º, que dispõe que a novação decorrente do plano de recuperação judicial não atingirá coobrigados[23], fiadores e obrigados de regresso, e o art. 59, segundo o qual o plano de recuperação judicial implica a novação dos créditos anteriores ao pedido, sem prejuízo das garantias prestadas[24]. Ou seja, o plano, se apresentado pela devedora, não libera as garantias prestadas por terceiros, mesmo que aprovado. Já o plano apresentado pelos credores deve obrigatoriamente conter tal exoneração.

Não fosse suficiente, essa previsão também vai de encontro ao entendimento consolidado no Superior Tribunal de Justiça em sede de recurso repetitivo[25], na Súmula 581 do mesmo tribunal[26] e, inclusive, em julgado recente da Segunda Seção do Superior Tribunal de Justiça, no qual a Corte definiu que é possível a inclusão de cláusulas prevendo a supressão de garantias em plano de recuperação judicial, sendo seus efeitos, contudo, limitados àqueles credores que concordarem expressamente com sua inclusão[27].

[23] Art. 49, §1º da Lei de Recuperação Judicial e Falências: "Art. 49. Estão sujeitos à recuperação judicial todos os créditos existentes na data do pedido, ainda que não vencidos. § 1º Os credores do devedor em recuperação judicial conservam seus direitos e privilégios contra os coobrigados, fiadores e obrigados de regresso".

[24] Art. 59 da Lei de Recuperação Judicial e Falências: "Art. 59. O plano de recuperação judicial implica novação dos créditos anteriores ao pedido, e obriga o devedor e todos os credores a ele sujeitos, sem prejuízo das garantias, observado o disposto no § 1º do art. 50 desta Lei".

[25] Faz-se referência ao RESP nº 1.333.349-SP, destacado na sistemática dos recursos repetitivos, no qual a Segunda Seção do STJ fixou a seguinte tese: "A recuperação judicial do devedor principal não impede o prosseguimento das execuções nem tampouco induz suspensão ou extinção de ações ajuizadas contra terceiros, devedores solidários ou coobrigados em geral, por garantia cambial, real ou fidejussória, pois não se lhes aplicam a suspensão prevista nos arts. 6º, caput, e 52, inciso III, ou a novação a que se refere o art. 59, caput, por força do que dispõe o art. 49, § 1º, todos da Lei n. 11.101/2005".

[26] A referida Súmula, teve origem na tese fixada durante o julgamento do REsp nº 1.333.349-SP, nos seguintes termos: "A recuperação judicial do devedor principal não impede o prosseguimento das ações e execuções ajuizadas contra terceiros devedores solidários ou coobrigados em geral, por garantia cambial, real ou fidejussória".

[27] STJ. Segunda Seção, REsp nº 1.794.209-SP, Rel. Min. Ricardo Villas Bôas Cueva, j. em 29.06.2021.

Além de inexistir justificativa para a imposição de tal ônus aos credores, a liberação das garantias exigida pelo inciso V, §5º, do art. 56, da Lei de Recuperação Judicial e Falências sequer proporciona benefício econômico à empresa em recuperação judicial, na medida em que liberará garantias prestadas por terceiros alheios ao processo, muitas vezes os sócios da devedora.

De acordo com Marcelo Sacramone, a exigência em questão consiste em

> verdadeira penalidade que, em última análise, desestimulará por completo o exercício de um importante direito pelos credores. Direito esse que, como indicado, se bem regulado e realmente utilizado, poderia contribuir para o restabelecimento do equilíbrio de forças entre devedor e credores e, consequentemente, para uma negociação mais equânime dos termos da reestruturação da empresa em crise[28].

Diante do exposto, conclui-se que ainda há muitas incertezas sobre como o plano de recuperação judicial alternativo será usado na prática e sobre quais serão os seus efeitos para o instituto da recuperação judicial. A resposta correta, apenas o tempo e a experiência dirão.

4. A responsabilidade dos credores pelo plano apresentado

Uma das principais dúvidas que surgem com a possibilidade de apresentação do plano pelos credores é a da responsabilidade desses credores por eventuais prejuízos causados à Recuperanda e/ou a demais credores da recuperação judicial em razão do cumprimento do plano que apresentaram.

Como qualquer outro direito civil, o direito à apresentação de plano de recuperação judicial alternativo também pode ser exercido de forma abusiva. Assim, para que haja responsabilização dos credores que apresentaram o plano por eventuais prejuízos causados a demais credores e/ou à Recuperanda será imprescindível a existência de exercício abusivo do direito por parte de tais credores. Enquanto esse direito for exercido de forma regular, não há que se falar em responsabilização dos credores que elaboraram o plano aprovado.

[28] SACRAMONE, Marcelo Barbosa, PIVA, Fernanda Neves. Op. Cit.

De acordo com o art. 187 do Código Civil, "comete ato ilícito o titular de direito que, ao exercê-lo, excede manifestamente os limites impostos pelo seu fim econômico e social, pela boa-fé ou pelos bons costumes". Da aplicação deste dispositivo à situação que ora se discute, é possível assimilar que, se o plano apresentado por credores extrapolar a finalidade econômica e social do seu direito, neste caso, a preservação da empresa e a manutenção do interesse dos credores, ou violar a boa-fé e os bons costumes, esse ato consistirá em exercício abusivo de direito.

Essa interpretação poderia, em certa medida, ser comparada ao exercício abusivo do voto por parte de determinados credores, que só restará configurado caso as maiorias necessárias para aprovação do plano sejam obtidas mediante alguma vantagem a determinado credor ou grupo de credores, à margem das condições do plano fixadas para os demais credores no âmbito da recuperação[29].

No que toca à questão do voto abusivo, cumpre esclarecer que o exercício do direito de voto, pelo credor, será regular quando corresponder à busca da melhor satisfação do seu interesse, desde que essa satisfação não esteja condicionada a um benefício pessoal que prejudicará os demais credores[30]. Em sentido análogo, não podem ser os credores responsabilizados por simplesmente apresentarem um plano com melhores condições para o pagamento de seu crédito. A bem da verdade, é difícil imaginar qualquer hipótese em que um credor ou grupo de credores pudesse abusar do seu direito legalmente assegurado de apresentar um plano alternativo, que ainda será votado em Assembleia Geral de Credores e deverá ser aceito, mesmo que tacitamente, pelo devedor. O plano alternativo, após aprovado em assembleia, também passa por revisão pelo juízo competente para efeitos de exame de legalidade.

Não nos parece possível, também, cogitar da responsabilidade dos credores por eventuais prejuízos decorrentes do cumprimento do plano que apresentaram, com base na disposição aplicável ao Comitê de Credores, nos termos do art. 32 da Lei de Recuperação Judicial e Falências. Isso porque o Comitê de Credores é um órgão cuja principal função é

[29] PUGLIESI, Adriana Valéria. Limites da autonomia privada nos planos de reorganização das empresas. Revista do Advogado, AASP, n. 131, out. 2016.

[30] PUGLIESI, Adriana Valéria. Assembleia Geral de credores e o abuso do voto na recuperação judicial. Revista de Direito Recuperacional e Empresa, vol. 5/2017. jul. a set. 2017.

fiscalizar, durante o curso do processo de recuperação judicial, as atividades do devedor no interesse da comunidade de credores. Com isso, ao contrário dos credores que apresentam um plano de recuperação judicial alternativo, o Comitê de Credores tem a obrigação de ouvir e atender ao interesse de todos os credores.

No caso dos credores que apresentam o plano, trata-se apenas de uma proposta alternativa à da devedora, a qual ainda passará por votação e, portanto, pelo crivo de todos os credores da recuperação judicial que desejarem participar da Assembleia Geral de Credores. Como frisado, a consequência da rejeição do plano alternativo ou da sua não apresentação pelos credores é a falência da empresa.

Conclusões

Conforme demonstrado, a reforma trouxe aos credores a possibilidade de apresentarem um plano alternativo de recuperação judicial nos casos de (i) transcurso do prazo ordinário de suspensão da exigibilidade das obrigações sujeitas à recuperação judicial sem deliberação da Assembleia Geral de Credores a respeito do plano (§4-A do art. 6º da Lei de Recuperação Judicial e Falências) e (ii) rejeição do plano do devedor pela Assembleia Geral de Credores (art. 56, §§4º e seguintes da Lei de Recuperação Judicial e Falências).

No caso da apresentação do plano após o transcurso do prazo de suspensão das obrigações, há quem afirme que o dispositivo foi inserido na Lei de Recuperação Judicial e Falências com o objetivo de pressionar o devedor a aprovar com presteza o próprio plano. Já no segundo caso, de rejeição do plano apresentado pelo devedor, a intenção parece ter sido a de dar mais poderes aos credores e impedir que sejam compelidos a aprovar um plano ruim, apenas para evitar a falência da empresa.

Independentemente da intenção dos legisladores, resta saber se os dispositivos terão efeitos práticos, considerando as dificuldades para submissão do plano proposto pelos credores à votação. Além disso, será necessário verificar se os planos alternativos realmente ensejarão um maior equilíbrio na relação entre credores e devedores e assim permitirão aos credores que aprovem planos menos desvantajosos.

Ainda que que os dispositivos venham a ter aplicação limitada na prática, em razão de suas dificuldades, sua inclusão denota uma maior preocupação com a participação dos credores na superação da crise da devedora[31]. A alteração é promissora em fomentar uma participação mais ativa dos credores, ao impor ao devedor que os inclua na formulação do plano original e, enfim, torne o processo de recuperação mais democrático e coletivo, como deveria ser, privilegiando todos os interesses encartados no art. 47 da Lei de Recuperação Judicial e Falências.

Por fim, há, ainda, dúvida quanto à responsabilidade dos credores que apresentam o plano de recuperação judicial diante de eventuais prejuízos gerados à Recuperanda e/ou demais credores. Embora a nosso ver não pareça existir qualquer hipótese de responsabilização dos credores, ainda não se sabe ao certo como a doutrina e a jurisprudência irão perceber essa questão.

Referências

AYOUB, Luiz Fernando; CAVALLI, Cássio. A Construção Jurisprudencial da Recuperação Judicial de Empresas. 1ª Ed. Rio de Janeiro: Forense, 2013.

BEZERRA FILHO, Manoel Justino. Lei de Recuperação de Empresas e Falências: Lei 11.101/2005: comentada artigo por artigo (e-book). 5ª. Ed. São Paulo: Thomson Reuters Brasil, 2019.

COELHO, Fábio Ulhôa. Comentários à Lei de Falência e de Recuperação de Empresas (e-book). 4ª. Ed. e-book baseada na 14ª Ed. impressa. São Paulo: Thomson Reuters Brasil, 2021.

_____. _____. Lei 14.112/20, NOVA Lei de Falências. 14ª Ed. São Paulo: Thomson Reuters, 2021.

CORREA NASSER DE MELO, Alexandre; CARNIO COSTA, Daniel. Comentários à Lei de Recuperação de Empresas e Falências. 1ª Ed. Curitiba: Juruá Editora, 2021.

GEN Jurídico: DE ALMEIDA, Diogo Rezende; CARIELLO, Bettina Wermelinger S. A Reforma da Lei de Recuperação Judicial e Falência (Parte III). Disponível em: http://genjuridico.com.br/2021/01/20/reforma-lei-recuperacao-judicial-3/. Acessado em 06.04.2021.

BATISTA, Carolina Soares João; CAMPANA FILHO, Paulo Fernando; MIYAZAKI, Renata Yumi; CEREZETTI, Sheila Christina Neder. A Prevalência da Vontade da Assembléia-Geral de Credores em Questão: o Cram Down e a Apreciação Judicial no Plano Aprovado por Todas as Classes. Revista de Direito Mercantil, Industrial, Econômico e Financeiro, São Paulo, jul/set. 2006. v.143.

[31] Sacramone, Marcelo Barbosa. Webinar "O Plano do Credor à luz das mudanças na Lei de Falências", realizado em 11.05.2021 pelo Instituto Brasileiro de Direito Empresarial e disponível em: http://www.ibrademp.org.br/2021/04/26/o-plano-do-credor-a-luz-das-mudancas-na-lei-de-falencias/

NEPI da PUCSP e Associação Brasileira de Jurimetria. Observatório da Insolvência, 2021.

PUGLIESI, Adriana Valéria. Limites da autonomia privada nos planos de reorganização das empresas, Direito das Empresas em Crise. Revista do Advogado, AASP, n. 131, out. 2016.

______; Assembleia Geral de credores e o abuso do voto na recuperação judicial. Revista de Direito Recuperacional e Empresa, vol 5/2017. jul. a set. 2017.

SACRAMONE, Marcelo Barbosa. Comentários à Lei de Recuperação de Empresas e Falência. 2ª Ed. São Paulo: Saraiva Jur, 2021. p. 94 e 325-327.

SACRAMONE, Marcelo Barbosa, PIVA, Fernanda Neves. O projeto de reforma da lei 11.101/05 e o plano alternativo. Disponível em: https://www.migalhas.com.br/coluna/insolvencia-em-foco/335854/o-projeto-de-reforma-da-lei-11-101-05-e-o-plano-alternativo. Acessado em: 07.04.2021.

SOUZA JUNIOR, Francisco Satiro. Autonomia dos Credores na Aprovação do Plano de Recuperação Judicial. In CASTRO, Rodrigo R. Monteiro de; WARDE JUNIOR, Walfrido Jorge; GUERREIRO, Carolina Tavares, organizadores. Direito Empresarial e Outros Estudos de Direito em Homenagem ao Professor José Alexandre Tavares Guerreiro. 1ª Ed. São Paulo: Quartier Latin, 2013.

______; Aspectos Gerais do Plano de Recuperação Judicial. In. JORGE, André Lemos; CALÇAS, Manoel De Queiroz Pereira; DE LUCCA, Newton; CUEVA, Ricardo Villas Bôas; MACIEL, Renata Mota, organizadores. 1ª Ed. Coletânea da Atividade Negocial. São Paulo: Universidade Nove de Julho – UNINOVE, 2019.

6. O Papel do Acionista na Recuperação Judicial

João Ricardo de Azevedo Ribeiro
Marcelo Sampaio Góes Ricupero
Caio Rigon Ortega
Giovanna Campedelli

Introdução

A Lei 14.112, de 24 de dezembro de 2020 ("**Lei 14.112/2020**"), estabeleceu alterações relacionadas ao papel do acionista nos procedimentos regulados pela Lei 11.101, de 9 de fevereiro de 2005 ("**LRF**"), especialmente na recuperação judicial.

Algumas das mudanças tiveram por objetivo apenas o preenchimento de lacunas legais ou positivação de práticas já adotadas. Em relação à inclusão do artigo 6º-A[1] à LRF, por exemplo, já era bastante comum os planos de recuperação judicial conterem disposições vedando a distribuição de lucros ou dividendos a partir da aprovação do plano de recuperação judicial até seu efetivo cumprimento. Porém, os credores comumente pressionavam para que fosse proibida a distribuição de lucros ou dividendos no período compreendido entre o deferimento do processamento da recuperação judicial e a aprovação do plano de recuperação judicial. Referida inclusão veio atender essa demanda.

Foram também introduzidas outras alterações à LRF ainda pouco testadas em casos concretos e que não esgotaram os temas ligados aos

[1] Art. 6º-A. É vedado ao devedor, até a aprovação do plano de recuperação judicial, distribuir lucros ou dividendos a sócios e acionistas, sujeitando-se o infrator ao disposto no art. 168 desta Lei.

acionistas, que têm sido objeto de constante discussão entre os agentes de mercado.

Neste artigo, abordaremos as mais relevantes alterações da LRF introduzidas pela Lei 14.112/2020 em relação ao papel do acionista na recuperação judicial. Trataremos das aprovações de competência exclusiva do acionista, do direito de voto do acionista e, por fim, do direito de retirada do acionista de empresa em recuperação judicial.

1. Deliberações dos acionistas na recuperação judicial

Nos termos do inciso IX[2] do artigo 122 da Lei 6.404, de 15 de dezembro de 1976 ("**LSA**"), cuja redação foi recentemente alterada pela Medida Provisória 1.040, de 29 de março de 2021, a assembleia geral tem competência privativa para autorizar os administradores a ingressarem com pedido de recuperação judicial.

Entretanto, considerando eventual urgência quanto às proteções garantidas pela LRF ao devedor, como a suspensão das ações e execuções contra o devedor pelo prazo de 180 dias, não é incomum que os protocolos de pedidos de recuperação judicial ocorram sem a prévia aprovação da assembleia geral. Esse cenário tem respaldo legal no parágrafo único[3] do artigo 122 da LSA, que estabelece a convocação imediata da assembleia geral para confirmar o ingresso do pedido de recuperação judicial, desde que os administradores tenham obtido o consentimento do acionista controlador.

Não há previsão na LSA ou na LRF, contudo, que determine a aprovação dos acionistas do plano de recuperação judicial que será apresentado pela recuperanda para aprovação dos credores. E tampouco há previsão expressa da competência dos acionistas para aprovação de medidas necessárias à implementação do plano de recuperação judicial após homologação judicial. Essas situações frequentemente geram atritos entre os acionistas da empresa em recuperação judicial e os credores (e entre os acionistas controladores e minoritários).

[2] Art. 122. Compete privativamente à assembleia geral: (...) IX – autorizar os administradores a confessar falência e a pedir recuperação judicial;

[3] Parágrafo único. Em caso de urgência, a confissão de falência ou o pedido de recuperação judicial poderá ser formulado pelos administradores, com a concordância do acionista controlador, se houver, hipótese em que a assembleia geral será convocada imediatamente para deliberar sobre a matéria.

De um lado há o interesse dos acionistas proprietários das ações de uma companhia em recuperação judicial participarem das negociações para seu soerguimento. De outro lado, os credores criticam a interferência dos acionistas e defendem que a administração da recuperanda deveria ter independência para elaborar o plano no melhor interesse da companhia e que qualquer valor do patrimônio existente na recuperanda (o chamado valor de *equity*) deveria pertencer aos credores.

Ademais, não é raro que as negociações de planos de recuperação judicial entre credores e devedor tenham como resultado a conversão da dívida em capital como um dos meios de recuperação. No cenário ideal, o aumento de capital deveria ser aprovado em assembleia geral extraordinária, mas, como mencionado, não é sempre que existe um alinhamento entre os objetivos dos acionistas e dos credores de uma empresa em recuperação judicial, o que acaba por gerar discussões a respeito da possibilidade de uma previsão de aumento de capital no plano prescindir de aprovações societárias e em que medida um acionista, que não participou necessariamente da elaboração e negociação do plano, estar vinculado às suas disposições.

Um dos casos relevantes em que houve essa discussão foi a recuperação judicial do Grupo Oi, cujo plano de recuperação judicial previa a conversão de parte das dívidas em capital.

Toda a negociação entre credores e o Grupo Oi foi marcada por debates acerca da influência dos acionistas na elaboração e negociação do plano. Isso porque os principais credores do Grupo Oi exigiram, entre outras medidas, que dívidas fossem convertidas em 88% do capital e que fosse feita uma reforma na governança da empresa.

Em contrapartida, alguns dos acionistas manifestaram-se contra a diluição do capital que sofreriam com a conversão da dívida em capital, argumentando que os subscritores não aportariam qualquer quantia para se tornarem acionistas do Grupo Oi, bem como que o aumento de capital deveria ser aprovado em assembleia geral. Em relação à proposta de alteração da governança, os acionistas alegavam que a reforma interna poderia ser prejudicial ao Grupo Oi, pois aumentaria as chances de intervenção da Anatel na companhia.

Após a concessão da recuperação judicial, um grupo de acionistas insurgiu-se contra o plano de recuperação judicial apresentado pela administração da Oi e aprovado pelos credores, com base nos argumentos mencionados acima. Esse grupo de acionistas então convocou assembleia geral extraordinária, na qual foi aprovado o ingresso de ação de responsabilidade contra dois diretores da Oi S.A.

A Oi, por meio de seus administradores, requereu a suspensão do resultado da assembleia geral extraordinária, o que foi deferido pelo juízo recuperacional. Paralelamente, uma das acionistas minoritárias, a Bratel B.V., instaurou procedimento arbitral contra o plano de recuperação judicial. E diante de decisão favorável à Bratel B.V. proferida pelo Tribunal Arbitral, suspendendo provisoriamente os efeitos da aprovação das condições do aumento de capital pelo Conselho de Administração da Oi, o Grupo Oi suscitou conflito positivo de competência[4], requerendo a suspensão de tal decisão arbitral e o reconhecimento do juízo recuperacional como competente para dirimir todas as questões relacionadas ao plano de recuperação judicial.

O Ministro Marco Buzzi, relator desse conflito de competência, suspendeu liminarmente os efeitos da decisão do Tribunal Arbitral e fixou a competência ao juízo recuperacional, em caráter provisório, com base no seguinte fundamento[5]:

> (...) o juízo onde se processa a recuperação judicial é o competente para examinar e julgar as causas em que estejam envolvidos interesses e bens da empresa recuperanda, a teor do art. 47, da Lei de Recuperação Judicial, de modo que, sobressai, ao menos nesse juízo de cognição sumária, a probabilidade do direito invocado, revelando-se prudente e necessário à preservação da competência do r. juízo da recuperação, o provimento liminar, a fim de suspender, por ora e nesse momento, os efeitos da decisão proferida pelo do r. juízo arbitral.[6]

Adicionalmente, em decisão inédita, após pedido de alguns dos *bondholders*, o juízo da recuperação do Grupo Oi determinou que dois novos membros da diretoria não interferissem na elaboração do plano,

[4] Conflito de Competência 157.099/RJ, em trâmite perante o Superior Tribunal de Justiça.

[5] O conflito de competência não teve julgamento definitivo, tendo em vista o acordo firmado pelas partes, que colocou fim à discussão.

[6] Superior Tribunal de Justiça, Conflito de Competência 157.099/RJ. Min. Rel. Marco Buzzi, julgado em 15 de março de 2018.

pontuando que quaisquer questões relacionadas à recuperação judicial e ao plano continuariam na competência exclusiva da diretoria anteriormente nomeada, pois os novos diretores também faziam parte do Conselho de Administração.

E, de fato, com base nessa decisão, o plano acabou por ser aprovado em assembleia de credores e o aumento de capital nele previsto (por capitalização de créditos) foi implementado por decisão do Conselho de Administração (eis que o aumento foi dentro do capital autorizado). No entanto, vale mencionar que o plano continha cláusulas que previam a possibilidade de uma decisão judicial suprir a aprovação dos acionistas, caso esta fosse um entrave à implementação do plano aprovado[7]. Entretanto, como explicado acima, tal decisão judicial não foi necessária.

Outros dois importantes processos foram afetados pelas discussões entre acionistas e empresas em recuperação judicial: os casos do Grupo Renuka e do Grupo Daslu.

Na recuperação judicial do Grupo Renuka, as recuperandas requereram ao juízo recuperacional a declaração de dispensa do voto afirmativo do acionista minoritário, "*para implementar qualquer medida de reorganização, devendo-se considerar aprovados, sob a perspectiva societária (Conselho de Administração e/ou Assembleia Geral Ordinária ou Extraordinária), todos os atos exigidos para o cumprimento do PRJ*"[8], alegando que o acionista minoritário estava agindo contra os melhores interesses da recuperação judicial.

Diante do apoio ao plano de recuperação judicial pelo acionista majoritário, o juízo recuperacional não acolheu a tese do acionista minoritário no sentido de que deveria deliberar sobre o aumento de capital previsto como meio de recuperação no plano de recuperação judicial aprovado pelos credores e homologado pelo juízo.

[7] A título de exemplo, a cláusula 10.3 do Plano de Recuperação Judicial do Grupo Oi previa: "10.3. Aumento do Capital Autorizado. Como forma de possibilitar a aprovação das emissões de ações e bônus de subscrição previstas neste Plano independentemente de reforma estatutária, a Oi se compromete a convocar, assim que possível após a Homologação Judicial do Plano, assembleia geral de acionistas para deliberar sobre o aumento do limite do seu capital autorizado em quantidade suficiente para fazer frente a tais emissões, se necessário for. **Se houver qualquer empecilho a essa aprovação, ele poderá ser suprido por decisão do Juízo da Recuperação Judicial.**"

[8] Fls. 31.247/31.256 do Processo nº 1099671-48.2015.8.26.0100.

O Tribunal de Justiça do Estado de São Paulo, por sua vez, confirmou a decisão da primeira instância, sob o argumento de que a crise econômica do Grupo Renuka justificaria a medida proposta, afastando a tese de diluição injustificada[9]. Infelizmente, a questão não foi definitivamente elucidada, eis que o aumento de capital não chegou a ser implementado, tendo a Renuka incorrido em descumprimentos ao plano aprovado e apresentado aditamentos para lidar com tais fatos.

No mesmo sentido, os acionistas minoritários do Grupo Daslu interpuseram agravo de instrumento[10] contra a decisão que homologou o plano de recuperação judicial aprovado, alegando que (i) a eficácia do plano estaria diretamente vinculada à aprovação dos acionistas, nos termos de um memorando de entendimentos firmado entre eles; e (ii) o acordo de acionistas vigente permitiria que os minoritários participassem dos novos negócios do Grupo Daslu, como a criação de nova sociedade para a qual seriam vertidos ativos do grupo, nos termos do plano.

Os acionistas minoritários foram vencidos no Tribunal de Justiça de São Paulo e no Superior Tribunal de Justiça[11], em razão do princípio da preservação da empresa e de sua função social.

Antes da reforma da LRF, a jurisprudência já entendia que o plano de recuperação judicial não precisa ser aprovado pelos acionistas e, apesar de não ser o cenário ideal, a homologação do plano poderia ser suficiente para autorizar a conversão da dívida em capital do devedor, por meio de aumento de capital, dispensando-se a aprovação societária estabelecida na LSA, especialmente em casos em que o acionista se insurgia a tal.

Ao ser promulgada, a Lei 14.112/2020 inseriu o inciso XVII no artigo 50 da LRF, que prevê a conversão de dívida em capital social como um dos meios de recuperação expressamente permitidos. Com isso, pode-se defender que há um argumento adicional no sentido de afastar a necessidade de aprovações societárias para planos de recuperação judicial que prevejam a conversão da dívida em capital do devedor.

[9] Tribunal de Justiça do Estado de São Paulo, Agravo de Instrumento 2257715-26.2016.8.26.0000.

[10] Tribunal de Justiça do Estado de São Paulo, Agravo de Instrumento 0154311-66.2011.8.26.0000.

[11] Superior Tribunal de Justiça, Recurso Especial 1.539.445/SP.

Isso porque, ao aprovar o pedido de recuperação judicial, o acionista tem pleno conhecimento de que a devedora passará a ser sujeita a todas as disposições da LRF. Além disso, assumindo que o plano é elaborado pela administração indicada pelos acionistas ou, ainda que não seja esse o caso, que a administração elaborou o plano no melhor interesse da companhia, deveria ser também do interesse do devedor que, uma vez aprovado pelos credores e homologado pelo juízo recuperacional, o plano de recuperação judicial seja integralmente cumprido, para que cenários mais drásticos, como o de falência, sejam evitados. Portanto, ao apoiar um plano de recuperação judicial homologado, estará também o acionista agindo no melhor interesse da companhia da qual é sócio.

De toda forma, considerando que a Lei 14.112/2010 não foi expressa quanto à dispensa das aprovações societárias mencionadas, pode haver quem entenda que as aprovações societárias em planos que preveem medidas que demandem tal aprovação nos termos da LSA são necessárias, de forma que cabe ao acionista ponderar que o não cumprimento do plano pode levar a companhia à falência – podendo ter repercussões para o próprio acionista – e aos credores, se for o caso, demandarem intervenção judicial para implementação do plano aprovado.

Soma-se a isso o fato de que a Lei 14.112/2010 permite a apresentação de um plano de recuperação judicial alternativo pelos credores. Esse plano, como se verá adiante, poderá prever a *"capitalização dos créditos, inclusive com a consequente alteração do controle da sociedade devedora"*[12]. A experiência com os casos mencionados acima permite antecipar que, caso isso ocorra, os acionistas diluídos possivelmente questionarão o plano e sua implementação, de forma que esta alteração especificamente poderá ter o efeito de aumentar as discussões entre credores e acionistas.

Portanto, ausente o endereçamento legal pretendido de forma expressa, a discussão entre acionistas e empresas em recuperação judicial poderá continuar a ter espaço nos processos recuperacionais, especialmente em planos que contenham meios de recuperação que demandam aprovação

[12] § 7º O plano de recuperação judicial apresentado pelos credores poderá prever a capitalização dos créditos, inclusive com a consequente alteração do controle da sociedade devedora, permitido o exercício do direito de retirada pelo sócio do devedor.

pelos acionistas, nos termos da LSA, como é o caso de aumento de capital por capitalização de crédito, tendo em vista a ambivalência entre o soerguimento da empresa em recuperação e o direito do acionista em deliberar, no âmbito recuperacional, sobre questões que o afetem.

De toda forma, ainda que de forma implícita, parece-nos que a reforma da LRF buscou tratar da dispensa das aprovações societárias exigidas pela LSA nos planos alternativos que preverem a capitalização de créditos, pois, conforme trataremos adiante, foi implementado na LRF o direito de retirada do acionista, nos termos do parágrafo 7º do artigo 56. Ou seja, a LRF criou uma hipótese de possibilidade de imposição de diluição aos acionistas imposta por plano alternativo de credores e deu como remédio a todos os acionistas do devedor a possibilidade de retirada.

2. O direito do acionista de votar como credor na recuperação judicial

O artigo 43 da LRF dispõe que:

> Art. 43. Os sócios do devedor, bem como as sociedades coligadas, controladoras, controladas ou as que tenham sócio ou acionista com participação superior a 10% (dez por cento) do capital social do devedor ou em que o devedor ou algum de seus sócios detenham participação superior a 10% (dez por cento) do capital social, poderão participar da assembleia-geral de credores, sem ter direito a voto e não serão considerados para fins de verificação do quórum de instalação e de deliberação.

A intenção do legislador ao propor a redação do mencionado artigo foi evitar possíveis conflitos de interesses entre partes relacionadas à empresa em recuperação judicial e seus credores. Nas palavras do Professor Marcelo Sacramone:

> A razão para a limitação ao direito de voto foi justamente a possibilidade de o credor, em razão de sua relação com o devedor, decidir priorizar em seu voto essa relação em detrimento do interesse da comunhão de credores[13].

[13] SACRAMONE, Marcelo Barbosa. *Comentários à Lei de Recuperação de Empresas e Falência*. São Paulo: Saraiva Educação, 2018, p. 180.

Ocorre que, como mencionado, a Lei 14.112/2020 inovou ao permitir a apresentação de um plano de recuperação judicial alternativo pelos credores, nos termos do parágrafo 4º[14] do artigo 56.

Para que os credores possam apresentar um plano de recuperação judicial alternativo, é necessário o preenchimento de dois requisitos: (i) rejeição do plano de recuperação judicial proposto pelo devedor em assembleia geral de credores; e (ii) credores que representem mais da metade dos créditos presentes à assembleia geral de credores devem aprovar a concessão de prazo de 30 dias para a elaboração do plano de recuperação judicial alternativo.

O plano de recuperação judicial alternativo, por sua vez, deverá satisfazer, cumulativamente, as condições estabelecidas no parágrafo 6º[15] do artigo 56, como a não imposição ao devedor ou aos seus sócios de sacrifício maior do que aquele que decorreria da liquidação na falência.

Apesar de possibilitar aos credores a apresentação de um plano de recuperação judicial alternativo, a reforma da LRF não alterou o disposto no artigo 43. Portanto, estritamente pela leitura da lei, a vedação legal ao

[14] Art. 56. Havendo objeção de qualquer credor ao plano de recuperação judicial, o juiz convocará a assembleia-geral de credores para deliberar sobre o plano de recuperação. (...) § 4º Rejeitado o plano de recuperação judicial, o administrador judicial submeterá, no ato, à votação da assembleia-geral de credores a concessão de prazo de 30 (trinta) dias para que seja apresentado plano de recuperação judicial pelos credores.

[15] § 6º O plano de recuperação judicial proposto pelos credores somente será posto em votação caso satisfeitas, cumulativamente, as seguintes condições:
I – não preenchimento dos requisitos previstos no § 1º do art. 58 desta Lei;
II – preenchimento dos requisitos previstos nos incisos I, II e III do caput do art. 53 desta Lei;
III – apoio por escrito de credores que representem, alternativamente:
a) mais de 25% (vinte e cinco por cento) dos créditos totais sujeitos à recuperação judicial; ou
b) mais de 35% (trinta e cinco por cento) dos créditos dos credores presentes à assembleia-geral a que se refere o § 4º deste artigo;
IV – não imputação de obrigações novas, não previstas em lei ou em contratos anteriormente celebrados, aos sócios do devedor;
V – previsão de isenção das garantias pessoais prestadas por pessoas naturais em relação aos créditos a serem novados e que sejam de titularidade dos credores mencionados no inciso III deste parágrafo ou daqueles que votarem favoravelmente ao plano de recuperação judicial apresentado pelos credores, não permitidas ressalvas de voto; e
VI – não imposição ao devedor ou aos seus sócios de sacrifício maior do que aquele que decorreria da liquidação na falência.

direito de voto do sócio, na qualidade de credor, continua vigente, inclusive, se o plano de recuperação judicial for apresentado pelos credores.

Como se sabe, a regra estabelecida pela reforma da LRF que permite a apresentação de um plano de recuperação judicial alternativo pelos credores tem como referência o disposto no *U.S. Bankruptcy Code*, que regula os procedimentos de insolvência norte-americanos. De acordo com o *Chapter 11* do *U.S. Bankruptcy Code*, expirado o prazo para que os devedores apresentem um plano de recuperação judicial, os credores ou o administrador judicial podem fazê-lo[16].

Entretanto, nos Estados Unidos da América, os acionistas estão aptos a votar o plano de recuperação judicial, inclusive aquele proposto pela administração – no entanto, as diferentes realidades brasileira e norte-americana, especialmente com relação a companhias com capital pulverizado e o tema de deveres fiduciários dos administradores, nos impedem de fazermos um paralelo perfeito entre os cenários.

De todo modo, a partir da comparação acima entre os direitos de propor o plano de recuperação judicial e de votá-lo, o mercado brasileiro demonstrou resistência, desde a promulgação da Lei 14.112/2020, quanto à manutenção da redação do artigo 43 da LRF, inclusive no cenário de propositura de plano de recuperação judicial alternativo pelos credores.

Parte dos agentes de mercado alega que, se a intenção do legislador ao propor o artigo 43 foi a de evitar conflito de interesses, nada mais justo do que permitir aos acionistas o direito de voz e voto em relação ao plano de recuperação judicial alternativo proposto pelos credores, principalmente pelo fato de que tal plano poderá conter previsões que afetem diretamente o direito dos acionistas na empresa em recuperação judicial.

Por outro lado, outros defendem que a apresentação de plano de recuperação judicial alternativo pelos credores acontece em um cenário extraordinário, ou seja, após o devedor ter tido a oportunidade de apresentar um plano de recuperação judicial viável e não o fez. Assim, permitir o voto dos acionistas – que normalmente, na experiência brasileira, representam valor bastante relevante das dívidas sujeitas ao processo recuperacional –, significaria conceder novamente o "comando" do processo

[16] Chapter 11 – Bankruptcy Basics <https://www.uscourts.gov/services-forms/bankruptcy/bankruptcy-basics/chapter-11-bankruptcy-basics>. Acesso em 28 de julho de 2021.

ao devedor que não teve sucesso anteriormente, que é justamente o que a reforma da LRF buscou evitar.

Além disso, frisa-se que o plano de recuperação judicial proposto pelos credores terá aplicação e efeitos sobre os devedores em recuperação judicial, de forma que a concessão do direito de voz e voto a partes relacionadas continuaria configurando conflito de interesses.

Portanto, ainda que parte do mercado entenda que a Lei 14.112/2020 deixou uma lacuna quanto ao direito de voz e voto dos acionistas em relação ao plano de recuperação judicial alternativo proposto pelos credores, o cenário mais provável é que a intenção do legislador foi, de fato, a manutenção da redação do artigo 43 para essa situação específica. Isso porque, como dito, a apresentação de plano de recuperação judicial pelos credores não evita ou reduz o conflito de interesses existente na deliberação de um plano de recuperação judicial por partes relacionadas ao devedor. Além disso, a proteção conferida pelo legislador ao acionista para essas situações parece ter sido outra: o direito de retirada, tema que passaremos a tratar no item abaixo.

3. Direito de retirada do acionista em caso de conversão de dívida em capital prevista em plano alternativo de credores

Como mencionado, outra inovação trazida pela Lei 14.112/2020 foi a inclusão do parágrafo 7º no artigo 56 da LRF que prevê:

> "Art. 56 (...)
> Parágrafo 7º – O plano de recuperação judicial apresentado pelos credores poderá prever a capitalização dos créditos, inclusive com a consequente alteração do controle da sociedade devedora, permitido o exercício de retirada pelo sócio do devedor."

Esse dispositivo foi incluído pela Emenda Substitutiva Global 17 ("Emenda"), de iniciativa do Deputado Luiz Philippe de Orleans e Bragança, porém sem exposição dos motivos que levaram a essa inserção.

As alterações no artigo 56 da LRF foram objeto de relatório apresentado pelo Deputado Hugo Leal quanto às emendas propostas ao Projeto de Lei 6.229/2005, mas o parágrafo 7º, especificamente, tampouco foi objeto de explicações detalhadas. Segundo esse relatório, a alteração redacional do artigo 56 da LRF teria o seguinte escopo:

Adequar para facilitar o entendimento a aplicação prática do instituto já devidamente debatido, esclarecido e objeto de consenso em relação à possibilidade de apresentação de plano alternativo pelos credores, objetivando se extrair a melhor eficiência econômico-financeira para todos os agentes envolvido[s] nos processos de recuperação judicial.

No mesmo sentido, o parecer de relatoria do Senador Rodrigo Pacheco sobre o Projeto de Lei 4.458/2020 tampouco elucida a inclusão do parágrafo 7º desse dispositivo. O texto menciona que as alterações propostas auxiliam as empresas em crise, pois ampliam "*os meios de recuperação judicial para permitir a capitalização de créditos, a troca de administradores e a venda integral da empresa sem assunção de dívidas pelo comprador, se os credores forem atendidos com as mesmas condições que teriam em caso de falência*".

A parte final do parágrafo 7º do art. 56 traz a inevitável remissão ao artigo 137 da LSA, que trata do direito de retirada do acionista de sociedades por ações, nas hipóteses previstas no artigo 136, incisos I a VI e IX.[17] Trata-se de hipóteses em que a assembleia geral de acionistas pode aprovar matérias que alterem as bases do contrato associativo da companhia (*e.g.* mudança do objeto social da companhia) ou que impactem direitos dos acionistas como a redução do dividendo obrigatório. Nesses casos, o acionista pode exercer o direito de retirar-se da companhia, "*mediante reembolso do valor de suas ações*".

Como explicam Alfredo Lamy Filho e José Luiz Bulhões Pedreira, o direito de retirada é o "*poder do acionista de, nos casos previstos na LSA, deixar de ser sócio da companhia mediante formação, por ato unilateral, de negócio jurídico de reembolso, pelo qual aliena suas ações à companhia e dela recebe o valor*

[17] Art. 136. É necessária a aprovação de acionistas que representem metade, no mínimo, das ações com direito a voto, se maior quorum não for exigido pelo estatuto da companhia cujas ações não estejam admitidas à negociação em bolsa ou no mercado de balcão, para deliberação sobre: I – criação de ações preferenciais ou aumento de classe de ações preferenciais existentes, sem guardar proporção com as demais classes de ações preferenciais, salvo se já previstos ou autorizados pelo estatuto; II – alteração nas preferências, vantagens e condições de resgate ou amortização de uma ou mais classes de ações preferenciais, ou criação de nova classe mais favorecida; III – redução do dividendo obrigatório; IV – fusão da companhia, ou sua incorporação em outra; V – participação em grupo de sociedades (art. 265); VI – mudança do objeto da companhia; [...] IX – cisão da companhia.

de reembolso".[18] Ainda segundo esses autores, o direito de retirada tem a função de compensar a competência da assembleia geral de modificar as bases essenciais do contrato de companhia, com a "*faculdade do acionista de optar por não continuar a ser sócio de uma sociedade essencialmente diferente daquela que existia ao subscrever ou adquirir suas ações*".[19]

Apesar de o acionista poder alienar suas ações a terceiros, desligando-se da companhia, nem sempre é possível encontrar um adquirente. Ou ainda, no caso de sociedades anônimas fechadas, o estatuto social pode prever limitações à circulação de ações da companhia, dificultando sua venda pelo acionista a terceiros. Dessa forma, o direito de retirada consiste em uma proteção concedida pela LSA ao acionista, que poderá exigir da companhia o pagamento do reembolso de suas ações nas hipóteses elencadas acima.

O racional da LSA ao prever o direito de retirada do acionista parece ter sido replicado na Lei 14.112/2020 ao autorizar que o acionista da companhia se retire caso ele divirja em relação à aprovação de um plano de recuperação judicial elaborado pelos credores da sociedade recuperanda, como alternativa ao plano de recuperação judicial apresentado pela própria devedora, e pelo qual os credores tornar-se-iam acionistas da companhia devedora.

Como explica Fábio Ulhoa Coelho:

> O § 7º do art. 56 da LF criou uma nova hipótese de direito de retirada para os sócios da sociedade em recuperação judicial. O pressuposto é a divergência do sócio em relação à aprovação de plano alternativo ao de recuperação apresentado pelo credor, em que se converte crédito em participação societária. A lei fala em "capitalização de crédito", mas isso é uma impropriedade técnica. O que se verifica é o aumento do capital social da sociedade devedora, com a emissão de novas ações integralizáveis por lançamentos contábeis, a débito de rubrica do passivo e a crédito da rubrica do capital social.[20]

18 LAMY FILHO, Alfredo; PEDREIRA, José Luiz Bulhões. *Direito das companhias*. 2. Ed. Rio de Janeiro: Forense, 2017, p. 240.

19 LAMY FILHO, Alfredo; PEDREIRA, José Luiz Bulhões. *Direito das companhias*. 2. Ed. Rio de Janeiro: Forense, 2017, p. 241.

20 COELHO, Fábio Ulhôa. *Comentários à Lei de Falências e de Recuperação de Empresas [livro eletrônico]*. 5. ed. São Paulo: Thomson Reuters Brasil, 2021, RL-1.11.

É curioso notar que o direito de retirada estará disponível apenas na capitalização de crédito prevista em plano de recuperação alternativo, apresentado pelos credores. Isso porque a conversão de dívidas em capital já era prevista na LSA[21], mas apenas ressalvava que o direito de preferência aos acionistas deverá ser observado, não prevendo o direito de recesso aos dissidentes.

Trata-se, a toda evidência, de um mecanismo de freio aos credores da empresa recuperanda que, sem essa previsão, poderiam (i) rejeitar a aprovação do plano de recuperação judicial proposto pela devedora com o intuito exclusivo de aprovarem um plano de recuperação judicial próprio prevendo a conversão da dívida em capital; e, assim, (ii) tornar-se acionistas controladores da companhia, mediante a diluição da participação societária dos acionistas remanescentes. Esse entendimento está em linha, ainda, com o parecer do Deputado Hugo Leal, que explica que o intuito das inclusões no artigo 56 da LRF visa a extrair *"a melhor eficiência econômico-financeira para todos os agentes envolvido[s] nos processos de recuperação judicial"*.

A Lei 14.112/2020, no entanto, foi omissa quanto à manutenção da competência da LSA para deliberações de aumento de capital para a capitalização de créditos e aos trâmites que esse direito de retirada deve observar, tais como a forma de pagamento do reembolso das ações ou o método de cálculo para a apuração do valor devido pela companhia em recuperação judicial. A se considerar que a LRF dispensou a deliberação dos acionistas para a aprovação da capitalização de créditos prevista em plano alternativo de credores, não faria sentido se aplicar as regras de procedimento da LSA que são baseadas na deliberação em assembleia geral de acionistas[22].

[21] Art. 171. [...]
§ 2º **No aumento mediante capitalização de créditos** ou subscrição em bens, **será sempre assegurado aos acionistas o direito de preferência** e, se for o caso, as importâncias por eles pagas serão entregues ao titular do crédito a ser capitalizado ou do bem a ser incorporado.

[22] Em se tratando de sociedade por ações, o artigo 137 da LSA prevê que (i) o acionista deverá reclamar o reembolso das ações à companhia no prazo de 30 (trinta) dias da publicação da ata da assembleia geral; e (ii) o pagamento somente poderá ser exigido após a confirmação da deliberação assemblear. Como explica Modesto Carvalhosa, *"[...] a lei faculta aos órgãos da administração a convocar a assembleia geral para reconsiderar ou então ratificar a deliberação, anteriormente tomada, que dera ensejo ao exercício do recesso. Essa convocação será feita se a administração*

Além do fato gerador do direito de recesso (seja a aprovação do plano alternativo de credores ou a assembleia geral que aprova o aumento de capital previsto no plano alternativo de credores), também há dúvida quanto ao cálculo do valor de reembolso das ações e se essa nova hipótese de direito de retirada deve seguir a previsão do artigo 45 da LSA.

Quanto ao valor, como se sabe, o artigo 45, §1º, da LSA prevê que o valor que deverá ser pago a título de reembolso pelo exercício do direito de retirada deverá ser o previsto no estatuto social e respeitar um piso representado pelo patrimônio líquido constante do último balanço da companhia aprovado pela assembleia geral. Caso o ato societário que enseje o exercício do direito de retirada ocorra mais de 60 (sessenta) dias depois da data do último balanço aprovado, o acionista poderá pedir levantamento de balanço especial para a apuração do valor de suas ações.

Contudo, como é comum acontecer em casos envolvendo companhias em recuperação judicial, é possível que o patrimônio líquido constante do último balanço da companhia (ou do balanço especialmente levantado para a apuração do valor de reembolso das ações do acionista retirante) seja negativo. Nesse cenário, vislumbra-se duas linhas de argumentação, a princípio.

Primeiro, poder-se-ia alegar que, tendo em vista que a Lei 14.112/2020 previu uma proteção ao acionista que não concorda com a aprovação de um plano de recuperação judicial que acarrete a sua diluição (mediante a conversão de dívida em capital), não faria sentido que ele não recebesse nenhum valor com significado econômico pelo reembolso de suas ações. Nesse caso, o acionista dissidente poderia defender a aplicação de outros critérios – como, por exemplo, o preço de subscrição das novas ações pelos credores ou o levantamento de um balanço de determinação – para o cálculo de seu reembolso, afastando a regra de reembolso da LSA justamente por ser uma deliberação decorrente da aprovação judicial do plano alternativo dos credores.

da companhia entender que o pagamento do preço de reembolso das ações aos acionistas que exerceram o direito de retirada porá em risco a estabilidade financeira da companhia (art. 137, §2º). Essa convocação pode ter ainda por fundamento a situação de liquidez da companhia, se for considerada pela administração como insuficiente para fazer frente ao reembolso do elevado número de ações apresentadas para esse fim". CARVALHOSA, Modesto. *Comentários à Lei de Sociedades Anônimas.* 7. Ed. Rev. e Atual. São Paulo: Saraiva, 2013, v. 1. p. 547.

Por outro lado, seria possível argumentar que, ao exercer a retirada para não comungar dos riscos de continuar sendo acionista de uma companhia em recuperação judicial, seria um ônus do acionista receber valor de participação igual a zero. Nesse caso, os credores já estariam suportando perdas com a conversão de seu crédito em capital da companhia, mas renunciaram a parte desse valor por entenderem que a companhia tem possibilidade de se soerguer e gerar valor no futuro. Naturalmente, caberia também ao acionista o direito de permanecer na companhia e apostar no soerguimento.

Para as sociedades limitadas, a questão parece ter um encaminhamento mais previsível. O mais recente precedente do Superior Tribunal de Justiça indica que o valor do reembolso em caso de retirada deve ser aquele obtido em um balanço de determinação.[23] No julgamento do Recurso Especial 1.877.331, em abril de 2021, o Superior Tribunal de Justiça interpretou os artigos 1.031 do Código Civil e 606 do Código de Processo Civil e entendeu que, em caso de omissão do contrato social quanto ao critério de apuração de haveres do sócio retirante, o valor da quota deve ser avaliado pelo critério patrimonial mediante balanço de determinação (e não pelo método do fluxo de caixa descontado e tampouco pelo valor patrimonial do balanço ordinário) e pago nos termos do artigo 1.031, §2º, do Código Civil.[24]

O balanço de determinação apurará o valor do patrimônio líquido da sociedade na data do exercício da retirada pelo sócio. Como ensina Fábio Ulhôa Coelho:

> O BPD [Balanço Patrimonial de Determinação], em suma, é o instrumento de uma simulação, de uma projeção, de uma estimativa. Ele simula, projeta, estima como seria a liquidação da sociedade, caso se tratasse de dissolução total, e não parcial. Na liquidação, todos os bens do ativo seriam vendidos e,

[23] Superior Tribunal de Justiça, Recurso Especial 1.877.331, Rel. Min. Nancy Andrighi, julgado em 13 de abril de 2021.

[24] Art. 1.031. Nos casos em que a sociedade se resolver em relação a um sócio, o valor da sua quota, considerada pelo montante efetivamente realizado, liquidar-se-á, salvo disposição contratual em contrário, com base na situação patrimonial da sociedade, à data da resolução, verificada em balanço especialmente levantado. (...) §2º A quota liquidada será paga em dinheiro, no prazo de noventa dias, a partir da liquidação, salvo acordo, ou estipulação contratual em contrário.

após a cobrança de todos os devedores da sociedade, seriam pagos os credores, partilhando-se, então, entre os sócios, o acervo remanescente. O BPD mensura quanto seria esse acervo remanescente (patrimônio líquido), caso acontecesse, naquele momento, a dissolução total da sociedade. O BPD não interfere na contabilidade regular da sociedade; quando chegar o momento de levantar-se o BPO [Balanço Patrimonial Ordinário] seguinte, o contador deve simplesmente ignorar o BPD.[25]

Fica claro, portanto, que o mecanismo de retirada previsto na reforma da LRF é uma proteção ao acionista/sócio da companhia recuperanda em caso de aprovação de plano de recuperação judicial proposto pelos credores, mediante o qual a dívida será convertida em capital com a possibilidade de mudança de controle da empresa devedora. Como tal, o acionista deve ter o direito ao reembolso de sua participação, mas a Lei 14.112/2020 é omissa quanto à forma de cálculo desse valor.

A utilização dos critérios da LSA (especialmente do artigo 45, §1º, que faz referência ao valor patrimonial contábil), pode fazer com que o acionista retirante receba um valor de participação igual a zero, caso o patrimônio líquido da companhia recuperanda seja negativo. Isso poderia representar uma contradição com o intuito de protegê-lo de uma diluição e da transferência de controle aos credores da empresa em recuperação, dando argumentos para a ideia de que outros critérios devem fazer mais sentido.

Essa questão da apuração do valor do reembolso das ações/quotas do sócio retirante poderia ter sido resolvida pela Lei 14.112/2020, mas dependerá da análise casuística de nossos Tribunais, a quem competirá definir quais os critérios mais adequados para esse cálculo. Permanece, portanto, a dúvida sobre a aplicação das normas sobre valor de reembolso previstas no Código Civil e na LSA.

Conclusões

Assim, a Lei 14.112/2020 buscou positivar algumas práticas de mercado e entendimentos construídos na jurisprudência pátria sobre o papel dos acionistas da empresa devedora no processo de recuperação judicial.

25 COELHO, Fábio Ulhôa. *A ação de dissolução parcial de sociedade*. Disponível em: [www2.senado.leg.br/bdsf/bitstream/handle/id/242887/000923100.pdf]. Acesso em 28.07.2021.

Apesar disso, algumas questões fundamentais ainda permaneceram abertas mesmo após a reforma da LRF e dependerão de uma análise casuística pelos tribunais brasileiros, o que pode trazer atrasos nos processos de recuperação judicial e um indesejável grau de insegurança jurídica aos agentes envolvidos na reestruturação de empresas em crise.

Mesmo com a promulgação da Lei 14.112/2020, ainda pairam dúvidas sobre (i) a forma de resolução de controvérsias entre acionistas e empresas em recuperação judicial, especialmente em casos em que o plano de recuperação prevê, entre os meios de recuperação, matérias que exigem aprovação pelos acionistas, nos termos da LSA, (ii) o direito de voz e voto dos acionistas da recuperanda em casos de plano de recuperação judicial proposto pelos credores e, em última análise, (iii) a maneira como será efetivado o direito de retirada dos acionistas que porventura divirjam da conversão das dívidas da companhia em capital, nos casos em que os credores da empresa em crise proponham um plano nesse sentido.

Apenas a prática revelará, portanto, se os dispositivos introduzidos pela lei que reformou a LRF contribuirão para uma maior celeridade e efetividade dos processos de recuperação judicial, e para a preservação da empresa e de sua função social.

Em que pese a persistência dessas dúvidas, no geral a reforma da LRF parece ter avançado neste tema.

Referências

BEZERRA FILHO, Manoel Justino. Lei de Recuperação de Empresas e Falência. 14. ed. São Paulo: Thomson Reuters Brasil, 2019.

CARVALHOSA, Modesto. Comentários à Lei de Sociedades Anônimas. 7. Ed. Rev. e Atual. São Paulo: Saraiva, 2013, v. 1.

Chapter 11 – Bankruptcy Basics <https://www.uscourts.gov/services-forms/bankruptcy/bankruptcy-basics/chapter-11-bankruptcy-basics>. Acesso em 28.07.2021.

COELHO, Fábio Ulhôa. A ação de dissolução parcial de sociedade. Disponível em: [www2.senado.leg.br/bdsf/bitstream/handle/id/242887/000923100.pdf]. Acesso em 28.07.2021.

COELHO, Fábio Ulhôa. Comentários à Lei de Falências e de Recuperação de Empresas [livro eletrônico]. 5. ed. São Paulo: Thomson Reuters Brasil, 2021.

LAMY FILHO, Alfredo; PEDREIRA, José Luiz Bulhões. Direito das companhias. 2. Ed. Rio de Janeiro: Forense, 2017.

Tribunal de Justiça do Estado de São Paulo, Agravo de Instrumento 0154311-66. 2011.8.26.0000.

Tribunal de Justiça do Estado de São Paulo, Agravo de Instrumento 2257715-26. 2016.8.26.0000.

SACRAMONE, Marcelo Barbosa. Comentários à Lei de Recuperação de Empresas e Falência. São Paulo: Saraiva Educação, 2018.

Superior Tribunal de Justiça, Conflito de Competência 157.099/RJ. Min. Rel. Marco Buzzi, julgado em 15 de março de 2018.

Superior Tribunal de Justiça, Recurso Especial 1.539.445/SP.

7. Venda de Ativos: Aperfeiçoamento dos Mecanismos de Venda de Ativos para Empresas em Crise

Marcelo Sampaio Góes Ricupero
Giovanna Campedelli

Introdução

Assim que promulgada, a Lei 11.101[1], de 9 de fevereiro de 2005 ("**LRF**"), foi amplamente apoiada, pois significou um avanço em relação ao Decreto-Lei 7.661[2], de 21 de junho de 1945, que regia o sistema falimentar brasileiro até então.

Um dos principais avanços foi prever a possibilidade de venda de ativos por sociedades em recuperação judicial sem sucessão ao adquirente das obrigações do devedor. Tal previsão foi fundamental para diversos processos de recuperação judicial, pois a venda de ativos tornou-se uma das principais – senão a principal – formas de aporte de dinheiro novo em empresas em recuperação judicial, o que é fundamental para o soerguimento da empresa em tal situação, e acabou por criar um mercado até então praticamente inexistente: o de compra e venda de ativos em *distress*.

Entretanto, não demorou para que a LRF começasse a sofrer críticas, tendo em vista a percepção do mercado de que referida lei continha lacunas e omissões em relação a diversas situações práticas. Com isso, já em 23 de novembro do ano de promulgação da LRF, foi apresentado o Projeto

[1] http://www.planalto.gov.br/ccivil_03/_ato2004-2006/2005/lei/l11101.htm – acesso em 25.07.2021.

[2] http://www.planalto.gov.br/ccivil_03/decreto-lei/del7661.htm – acesso em 25.07.2021.

de Lei 6.229[3] (“**PL 6.229/2005**”), com o objetivo de atualizar e aprimorar o texto legal. Desde então, diversos outros projetos foram apensados ao PL 6.229/2005.

Contudo, somente após quinze anos de sua promulgação, a LRF, que regula a recuperação judicial, a recuperação extrajudicial e a falência do empresário e da sociedade empresária, foi reformada pela Lei 14.112[4], de 24 de dezembro de 2020 (“**Lei 14.112/2020**”).

Importante destacar que a Lei 14.112/2020 foi sancionada em um contexto bastante particular: além da crise financeira que atingia o Brasil, o mundo enfrentava uma grave crise sanitária e humanitária – a pandemia do COVID-19. Em meio a esse cenário, os trâmites de promulgação foram relativamente céleres, após a aprovação de medidas emergenciais, com o objetivo de conceder alternativas aos empresários para evitar a falência, bem como de manter os empregos e o funcionamento das empresas.

Considerando o contexto acima, a reforma da LRF trouxe relevantes mudanças, principalmente em relação aos seguintes temas: financiamentos pós-concursais, insolvências transnacionais, apresentação de plano alternativo pelos credores, *stay period* e venda de ativos.

O presente artigo analisará as inovações trazidas pela Lei 14.112/2020 quanto à venda de ativos. Inicialmente, abordaremos as discussões travadas no Congresso Nacional em relação à eventual sucessão de obrigações nas alienações de ativos realizadas no contexto recuperacional. Em seguida, teceremos comentários quanto às alterações aplicáveis à venda de ativos realizadas nos processos de recuperação judicial e de falência.

1. Ausência de sucessão de obrigações do devedor pelo adquirente na Lei 14.112/2020

No que tange à venda de ativos, uma das maiores inovações foi a inserção de previsão expressa no sentido de o adquirente não deveria suceder quaisquer obrigações do devedor. Para assegurar a não sucessão, o PL 4.458/2020 (identificação que o PL original – o PL 6.229/2005 – recebeu no Senado Federal) dispunha que as vendas deveriam ser realizadas

[3] https://www.camara.leg.br/proposicoesWeb/fichadetramitacao?idProposicao=307272 – acesso em 25.07.2021.

[4] http://www.planalto.gov.br/ccivil_03/_ato2019-2022/2020/lei/L14112.htm – acesso em 25.07.2021.

por leilão, propostas fechadas ou pregão, que é uma combinação entre as duas primeiras modalidades, bem como ser supervisionada pelo juiz responsável pela condução do processo recuperacional.

Apesar de a ausência de sucessão já estar regulada na LRF desde 2005 em relação à venda de unidades produtivas isoladas ("UPIs"), a redação do parágrafo único do artigo 60 causava dúvidas e insegurança aos adquirentes, pois não previa expressamente as naturezas das obrigações que não seriam sucedidas, com exceção das tributárias.

> Art. 60. (...)
> Parágrafo único. O objeto da alienação estará livre de qualquer ônus e não haverá sucessão do arrematante nas obrigações do devedor, inclusive as de natureza tributária, observado o disposto no § 1º do art. 141 desta Lei.

Para o Prof. Manoel Justino, por exemplo, "*o adquirente deve atentar para o fato de que esta blindagem não o protegerá de sucessão nos créditos derivados da legislação do trabalho e nos decorrentes de acidentes do trabalho;*"[5].

Quanto às vendas diretas, que são aquelas em que a venda é autorizada pelo juízo, na forma do artigo 66[6] da LRF, a LRF era silente no tocante à sucessão do adquirente. Todavia, a construção da doutrina e da jurisprudência era no sentido de ausência de sucessão, desde que a alienação fosse realizada por processo competitivo.

Portanto, não havia clareza sobre a possibilidade de sucessão do adquirente em relação às duas formas de venda na recuperação judicial, já que (i) a LRF era silente quanto à sucessão nas vendas diretas; e (ii) o artigo que regulava as vendas via UPI não previa expressamente a ausência de sucessão de determinadas obrigações.

A solução do PL 4.458/2020 foi deixar claro na nova redação do dispositivo acima que o adquirente, no contexto recuperacional, não sucederia as obrigações de qualquer natureza, incluindo, exemplificativamente, as

[5] BEZERRA FILHO, Manoel Justino. *Lei de Recuperação de Empresas e Falência*. 14. ed. São Paulo: Thomson Reuters Brasil, 2019, p. 235.

[6] Antiga redação do art. 66 da LRF: "*Após a distribuição do pedido de recuperação judicial, o devedor não poderá alienar ou onerar bens ou direitos de seu ativo permanente, salvo evidente utilidade reconhecida pelo juiz, depois de ouvido o Comitê, com exceção daqueles previamente relacionados no plano de recuperação judicial.*"

de natureza regulatória, administrativa, penal, anticorrupção, tributária, ambiental e trabalhista, garantindo o que se conhece por *clean sale*.

Ocorre que, ao sancionar a Lei 14.112/2020, o Presidente da República vetou a alteração ao parágrafo único do artigo 60, que regula as vendas via UPI, e ao parágrafo 3º do artigo 66, que regula as vendas diretas, ambos da LRF. Na justificativa de veto, o Presidente defendeu que a responsabilidade pela reparação de eventual dano ambiental seria *propter rem*, ou seja, acompanharia o bem alienado, e que a não sucessão por obrigações de natureza de anticorrupção violaria direitos fundamentais à probidade e à boa administração pública, além de causar prejuízos ao erário e em ações de combate à corrupção. Quanto às obrigações das demais naturezas, o veto foi silente.

Na época, o mercado recuperacional foi reativo aos vetos mencionados, porque, se antes havia incerteza sobre a sucessão de obrigações de natureza não expressamente mencionadas pela LRF (naquela época, apenas as de natureza tributária) – incerteza esta que a jurisprudência procurou afastar no sentido de dar segurança ao adquirente, a partir dos vetos a dúvida acerca da sucessão das obrigações não previstas expressamente na LRF seria ainda maior e no caso daquelas de natureza ambiental e de anticorrupção poderia ser dada como certa.

A Lei 14.112/2020 entrou em vigor em 23 de janeiro de 2021, mas os dispositivos vetados pelo Presidente somente foram analisados pelo Congresso Nacional em 17 de março de 2021.

Apesar de já ser o entendimento majoritário da doutrina[7] e da jurisprudência[8], o Congresso Nacional derrubou o veto ao parágrafo único do artigo 60 e ao parágrafo 3º do artigo 66 da LRF, de forma que a reforma prevê expressamente que o adquirente de ativos no cenário recuperacional não sucede as obrigações do devedor, sejam elas de qualquer natureza, inclusive ambiental, regulatória, administrativa, penal, anticorrupção, tributária e trabalhista, conferindo-se maior segurança jurídica aos negócios realizados neste contexto.

[7] *"As obrigações do devedor e os ônus que recaiam sobre os bens arrematados deverão ser de responsabilidade exclusiva do devedor"*.
SACRAMONE, Marcelo Barbosa. *Comentários à Lei de Recuperação de Empresas e Falência*. São Paulo: Saraiva Educação, 2018, p. 271.

[8] STF, ADI 3.934-2, rel. Min. Ricardo Lewandowski, DJE em 06.11.2009.

Art. 60. (...)

Parágrafo único. O objeto da alienação estará livre de qualquer ônus e não haverá sucessão do arrematante nas obrigações do devedor de qualquer natureza, incluídas, mas não exclusivamente, as de natureza ambiental, regulatória, administrativa, penal, anticorrupção, tributária e trabalhista, observado o disposto no § 1º do art. 141 desta Lei.

Art. 66. (...)

§ 3º Desde que a alienação seja realizada com observância do disposto no § 1º do art. 141 e no art. 142 desta Lei, o objeto da alienação estará livre de qualquer ônus e não haverá sucessão do adquirente nas obrigações do devedor, incluídas, mas não exclusivamente, as de natureza ambiental, regulatória, administrativa, penal, anticorrupção, tributária e trabalhista.

Para afastar a sucessão do adquirente nas vendas de ativos realizadas mediante autorização judicial, mas sem a criação de uma UPI, conhecidas como vendas diretas, a redação proposta pela reforma da LRF ao parágrafo 3º do artigo 66 exige que o procedimento seja realizado por um dos procedimentos elencados no artigo 142[9] da LRF: leilão (eletrônico, presencial ou híbrido), processo competitivo realizado por agente especializado ou qualquer outra modalidade aprovada pelo juízo recuperacional.

É importante mencionar que a sucessão ocorrerá quando o adquirente for, nos termos do artigo 141, parágrafo §1º[10], da LRF, (i) sócio ou sociedade

[9] Art. 142. A alienação de bens dar-se-á por uma das seguintes modalidades:(...)
I – leilão eletrônico, presencial ou híbrido; (...) IV – processo competitivo organizado promovido por agente especializado e de reputação ilibada, cujo procedimento deverá ser detalhado em relatório anexo ao plano de realização do ativo ou ao plano de recuperação judicial, conforme o caso; V – qualquer outra modalidade, desde que aprovada nos termos desta Lei.

[10] Art. 141. Na alienação conjunta ou separada de ativos, inclusive da empresa ou de suas filiais, promovida sob qualquer das modalidades de que trata o art. 142: (...)
II – o objeto da alienação estará livre de qualquer ônus e não haverá sucessão do arrematante nas obrigações do devedor, inclusive as de natureza tributária, as derivadas da legislação do trabalho e as decorrentes de acidentes de trabalho.
§ 1º O disposto no inciso II do caput deste artigo não se aplica quando o arrematante for:
I – sócio da sociedade falida, ou sociedade controlada pelo falido;
II – parente, em linha reta ou colateral até o 4º (quarto) grau, consanguíneo ou afim, do falido ou de sócio da sociedade falida; ou
III – identificado como agente do falido com o objetivo de fraudar a sucessão.
(...)

controlada pelo devedor; (ii) parente, em linha reta ou colateral até o quarto grau, consanguíneo ou afim, do devedor; ou (iii) identificado como agente do devedor com o objetivo de fraudar a sucessão.

Portanto, a alteração ao parágrafo único do artigo 60 da LRF pode ser considerada uma das principais da reforma, pois garantiu maior segurança jurídica às vendas realizadas no contexto recuperacional, o que certamente atrairá mais investidores, uma vez que é sabido que investidores buscam, sobretudo, segurança jurídica em suas operações.

Nos capítulos seguintes, trataremos de outras alterações trazidas pela reforma da LRF aos procedimentos de venda na recuperação judicial e na falência.

2. Venda de ativos na recuperação judicial

A LRF, conforme originalmente promulgada, já dispunha sobre a venda de ativos por devedores em recuperação judicial e alguns dos dispositivos que regulam a venda desde então não foram alterados.

É o caso do parágrafo 3º[11] do artigo 49 que estabelece que, durante o período de suspensão das ações contra o devedor, não é permitida a venda dos bens de capital essenciais à atividade do devedor, bem como do parágrafo 1º[12] do artigo 50 que determina que os bens objeto de garantia real somente podem ser vendidos se o credor titular da garantia aprovar expressamente a alienação.

Entretanto, outros dispositivos já existentes sofreram alterações com a reforma da LRF. Antes da promulgação da Lei 14.112/2020, o artigo 50, que estabelece os meios de recuperação que podem ser utilizados pelos

[11] Art. 49 (...) § 3º Tratando-se de credor titular da posição de proprietário fiduciário de bens móveis ou imóveis, de arrendador mercantil, de proprietário ou promitente vendedor de imóvel cujos respectivos contratos contenham cláusula de irrevogabilidade ou irretratabilidade, inclusive em incorporações imobiliárias, ou de proprietário em contrato de venda com reserva de domínio, seu crédito não se submeterá aos efeitos da recuperação judicial e prevalecerão os direitos de propriedade sobre a coisa e as condições contratuais, observada a legislação respectiva, não se permitindo, contudo, durante o prazo de suspensão a que se refere o § 4º do art. 6º desta Lei, a venda ou a retirada do estabelecimento do devedor dos bens de capital essenciais a sua atividade empresarial.

[12] Art. 50. (...) § 1º Na alienação de bem objeto de garantia real, a supressão da garantia ou sua substituição somente serão admitidas mediante aprovação expressa do credor titular da respectiva garantia.

devedores, previa apenas a venda parcial dos bens das recuperandas, nos termos do inciso XI[13]. A reforma inseriu a possibilidade de venda integral da devedora, conforme inciso XVIII[14], desde que sejam garantidas aos credores não sujeitos ao plano de recuperação judicial condições, no mínimo, equivalentes àquelas que teriam na falência.

Em relação aos bens passíveis de alienação, a antiga redação do artigo 66 da LRF previa que, após a distribuição do pedido de recuperação judicial, o devedor não poderia alienar ou onerar bens ou direitos de seu ativo permanente. Com a reforma da legislação, a redação do artigo mencionado foi alterada para constar que não podem ser onerados os bens do ativo não-circulante – e não mais do ativo permanente.

Ao utilizar o termo "ativo permanente", a antiga redação abrangia especificamente as subcontas próprias do ativo permanente, como investimentos, imobilizado e intangível. A nova redação, por sua vez, tem abrangência mais ampla, como precatórios, créditos detidos pela recuperanda contra terceiros em ações judiciais e devolução de tributos, que já eram bens objeto de alienação antes da promulgação da Lei 14.112/2020, ainda que sem respaldo legal expresso.

Além disso, antes da reforma, a LRF exigia apenas que a utilidade da venda dos bens ou direitos do ativo permanente do devedor fosse reconhecida pelo juiz. A partir da reforma, passou a se exigir a autorização judicial prévia à alienação.

Quanto aos dispositivos incluídos na LRF pela reforma, destacamos o artigo 60-A[15], o artigo 35, inciso I, letra "g"[16], e o parágrafo 1º[17] do artigo 66.

[13] Art. 50. Constituem meios de recuperação judicial, observada a legislação pertinente a cada caso, dentre outros: (...) XI – venda parcial dos bens;

[14] XVIII – venda integral da devedora, desde que garantidas aos credores não submetidos ou não aderentes condições, no mínimo, equivalentes àquelas que teriam na falência, hipótese em que será, para todos os fins, considerada unidade produtiva isolada.

[15] Art. 60-A. A unidade produtiva isolada de que trata o art. 60 desta Lei poderá abranger bens, direitos ou ativos de qualquer natureza, tangíveis ou intangíveis, isolados ou em conjunto, incluídas participações dos sócios.

[16] Art. 35. A assembléia-geral de credores terá por atribuições deliberar sobre: I – na recuperação judicial: (...) g) alienação de bens ou direitos do ativo não circulante do devedor, não prevista no plano de recuperação judicial;

[17] Art. 66. (...) § 1º Autorizada a alienação de que trata o **caput** deste artigo pelo juiz, observar-se-á o seguinte:

O primeiro positivou de maneira expressa os itens que poderão ser vertidos para as unidades produtivas isoladas, são eles "*bens, direitos ou ativos de qualquer natureza, tangíveis ou intangíveis, isolados ou em conjunto, incluídas participações dos sócios*". Na prática, não há mudanças, mas o mercado enxergou a inclusão como positiva, com o fim de sanar omissões na LRF.

No artigo 35 da LRF, que trata das atribuições da assembleia geral, foi incluída a possibilidade de o conclave deliberar sobre alienação de bens ou direitos do ativo não-circulante do devedor não previstos no plano de recuperação judicial. Além de garantir aos credores maior participação nos procedimentos de venda, a alteração proposta tem por objetivo garantir maior segurança jurídica à venda, pois, na prática, a aprovação em assembleia geral de credores deveria minimizar a interposição posterior de recursos contra a alienação.

Ainda em relação à deliberação da venda em assembleia geral de credores, o parágrafo 1º do artigo 66 estabelece que, uma vez autorizada a venda de bens ou direitos do ativo não-circulante do devedor pelo juiz, os credores que representarem mais de 15% do valor total dos créditos sujeitos à recuperação judicial podem manifestar intenção fundamentada ao administrador judicial quanto à realização de assembleia geral para deliberar sobre a venda, em até 5 dias contados da autorização judicial.

Nas 48 horas seguintes ao término desse prazo, o administrador judicial apresentará relatório das manifestações recebidas ao juiz e, caso os requisitos sejam preenchidos, requererá a convocação de assembleia geral de credores, que poderá ser realizada por termo de adesão, votação por sistema eletrônico ou qualquer outro meio autorizado pelo juiz que garanta celeridade ao processo, nos termos do parágrafo 4º do artigo 39.

I – nos 5 (cinco) dias subsequentes à data da publicação da decisão, credores que corresponderem a mais de 15% (quinze por cento) do valor total de créditos sujeitos à recuperação judicial, comprovada a prestação da caução equivalente ao valor total da alienação, poderão manifestar ao administrador judicial, fundamentadamente, o interesse na realização da assembleia-geral de credores para deliberar sobre a realização da venda;
II – nas 48 (quarenta e oito) horas posteriores ao final do prazo previsto no inciso I deste parágrafo, o administrador judicial apresentará ao juiz relatório das manifestações recebidas e, somente na hipótese de cumpridos os requisitos estabelecidos, requererá a convocação de assembleia-geral de credores, que será realizada da forma mais célere, eficiente e menos onerosa, preferencialmente por intermédio dos instrumentos referidos no § 4º do art. 39 desta Lei.

Ocorre que a redação dos dispositivos mencionados exige que a solicitação dos credores seja acompanhada da prestação de caução equivalente ao valor total da alienação, bem como dispõe que as despesas[18] com a convocação e realização da assembleia geral de credores serão arcadas pelos solicitantes, proporcionalmente ao valor total de seus créditos.

Apesar da boa intenção do legislador, que é a de evitar questionamentos meramente protelatórios, acredita-se que a convocação de assembleia geral por credores que queiram discutir a venda será um recurso pouco utilizado. Isso porque ao exigir dos credores o pagamento dos custos da assembleia, bem como o caucionamento, a reforma da LRF criou um requisito que desincentiva o uso do próprio dispositivo, cuja intenção era permitir a oitiva prévia do credor. É possível que referidos obstáculos ocasionem um efeito contrário ao pretendido, isto é, interposição de maior número de recursos contra as decisões que autorizarem as alienações.

Quanto ao tema de esvaziamento patrimonial decorrente da venda de ativos na recuperação judicial, a LRF reformada estabelece[19] que, ainda que autorizada pelo juízo recuperacional, a alienação de ativos não pode significar esvaziamento patrimonial da devedora a fim de causar sua liquidação substancial em prejuízo de credores não sujeitos à recuperação judicial. Caso isso aconteça, deverá ser decretada a falência da devedora nos termos do artigo 73, inciso VI[20].

Na hipótese de convolação da recuperação judicial em falência por esvaziamento patrimonial da devedora, a redação dada pela Lei

[18] § 2º As despesas com a convocação e a realização da assembleia-geral correrão por conta dos credores referidos no inciso I do § 1º deste artigo, proporcionalmente ao valor total de seus créditos.

[19] Art. 66. Após a distribuição do pedido de recuperação judicial, o devedor não poderá alienar ou onerar bens ou direitos de seu ativo não circulante, inclusive para os fins previstos no art. 67 desta Lei, salvo mediante autorização do juiz, depois de ouvido o Comitê de Credores, se houver, com exceção daqueles previamente autorizados no plano de recuperação judicial.
(...)
§ 4º O disposto no caput deste artigo não afasta a incidência do inciso VI do caput e do § 2º do art. 73 desta Lei.

[20] Art. 73. O juiz decretará a falência durante o processo de recuperação judicial: (...) VI – quando identificado o esvaziamento patrimonial da devedora que implique liquidação substancial da empresa, em prejuízo de credores não sujeitos à recuperação judicial, inclusive as Fazendas Públicas.

14.112/2020 ao parágrafo 2º do artigo 73 da LRF refletiu a Teoria do Fato Consumado[21], dispondo que a quebra não implicará a invalidade ou a ineficácia dos atos praticados, bem como que o juiz determinará o bloqueio do produto de eventuais alienações e a devolução ao devedor dos valores já distribuídos.

No mesmo sentido, o recém incluído artigo 66-A[22] garante segurança jurídica às alienações de ativos realizadas pelo devedor a adquirente de boa-fé, tendo em vista que essas operações não poderão ser anuladas ou tornadas ineficazes após a consumação do negócio jurídico com o recebimento dos recursos correspondentes pelo devedor, desde que realizada mediante autorização judicial expressa ou prevista em plano de recuperação judicial aprovado.

Importante ressaltar que, para a hipótese acima, o legislador não exigiu que o plano de recuperação judicial tenha sido homologado pelo juiz ou, ainda, a inexistência de recursos contra sua homologação. Portanto, basta que o plano tenha sido aprovado pela maioria dos credores reunidos em assembleia geral.

Essa alteração legal também tem sido encarada com otimismo pelo mercado, pois, na antiga redação da LRF, havia omissão sobre a reversibilidade ou anulação da venda. A partir da reforma, o adquirente terá maior proteção e segurança, o que pode gerar celeridade às operações, aumentando as chances de sucesso dos processos de recuperação judicial.

Nas palavras do Prof. Marcelo Sacramone:

> Para assegurar o adquirente ou o financiador garantido a respeito do risco do negócio, o que impactará no preço e na disponibilização do mercado para contratar, a Lei garantiu a consumação do negócio jurídico, a partir do recebimento do preço ou dos recursos pelo devedor, gera ato jurídico perfeito

[21] A Teoria do Fato Consumado tem por objetivo garantir segurança jurídica às situações fáticas consolidadas pelo decurso do tempo, sob pena de causar prejuízos desnecessários às partes envolvidas.

[22] Art. 66-A. A alienação de bens ou a garantia outorgada pelo devedor a adquirente ou a financiador de boa-fé, desde que realizada mediante autorização judicial expressa ou prevista em plano de recuperação judicial ou extrajudicial aprovado, não poderá ser anulada ou tornada ineficaz após a consumação do negócio jurídico com o recebimento dos recursos correspondentes pelo devedor.

que não poderá ter seus efeitos alterados, a menos que por vontade expressa das partes.[23]

3. Venda de ativos na falência

As regras de realização do ativo na falência estão positivadas nos artigos 139 a 148 da LRF. De forma geral, após a arrecadação dos bens, a alienação deverá ocorrer por meio de uma das formas estabelecidas no artigo 140[24] da LRF, observando a ordem de preferência.

Em outras palavras, a prioridade é que ocorra a alienação da empresa falida para um mesmo adquirente, com a venda de seus estabelecimentos em bloco. A última alternativa – e a mais comum – é a alienação individual dos bens.

As alterações propostas pelo legislador quanto à alienação de bens na falência têm o claro objetivo de dar celeridade e eficiência ao processo, evitando-se o alongamento dos procedimentos falimentares quando já não há perspectiva de obtenção de recursos com a venda de ativos da massa falida.

Ademais, o contexto pandêmico, alinhado com a globalização, impulsionaram a reforma das modalidades de venda, tendo em vista a necessidade de positivar procedimentos eletrônicos à distância.

Nesse sentido, o artigo 142[25] da LRF foi alterado para prever a possibilidade de alienação por uma das seguintes modalidades: (i) leilão eletrônico, presencial ou híbrido; (ii) processo competitivo organizado promovido por agente especializado e de reputação ilibada;

[23] SACRAMONE, Marcelo Barbosa. Comentários à Lei de Recuperação de Empresas e Falência. 2 ed. São Paulo: Saraiva JUR, 2021, pág. 365.

[24] Art. 140. A alienação dos bens será realizada de uma das seguintes formas, observada a seguinte ordem de preferência:
I – alienação da empresa, com a venda de seus estabelecimentos em bloco;
II – alienação da empresa, com a venda de suas filiais ou unidades produtivas isoladamente;
III – alienação em bloco dos bens que integram cada um dos estabelecimentos do devedor;
IV – alienação dos bens individualmente considerados.

[25] Art. 142. A alienação de bens dar-se-á por uma das seguintes modalidades:
I – leilão eletrônico, presencial ou híbrido (...)
IV – processo competitivo organizado promovido por agente especializado e de reputação ilibada, cujo procedimento deverá ser detalhado em relatório anexo ao plano de realização do ativo ou ao plano de recuperação judicial, conforme o caso; (...)
V – qualquer outra modalidade, desde que aprovada nos termos desta Lei.

ou (iii) qualquer outra modalidade, desde que aprovada nos termos da LRF, sendo que as modalidades previstas nos itens (ii) e (iii) devem ser aprovadas pela assembleia geral de credores ou pelo juízo falimentar, ou, ainda, decorrer de disposição de plano de recuperação judicial aprovado[26].

Essa alteração é de fundamental importância, não só pela sua aplicação nos processos de falência, mas também – e principalmente, pela sua aplicação aos processos de recuperação judicial. Isso porque o artigo 60 da LRF, ao tratar da venda de UPI, determina que a alienação deverá observar "o disposto no art. 142 desta Lei", ou seja, a venda de UPI será feita por uma das modalidades previstas no artigo 142. Isso não é novidade, pois já era assim mesmo antes da reforma. A novidade, porém, é que além da venda em leilão (que já era prevista), há agora a possibilidade de um processo competitivo organizado promovido por agente especializado e de reputação ilibada ou qualquer outra modalidade, desde que aprovada pelos credores ou pelo juízo falimentar.

A flexibilização quanto a forma de alienação de ativos (incluindo UPI), especialmente pela possibilidade de um processo competitivo organizado por agente especializado, nos parece que será amplamente utilizada e poderá fomentar processos de venda de ativos, em falência e recuperação judicial, mais eficientes.

A necessidade de aprovação pelos credores de qualquer outra modalidade diversa daquelas previstas no artigo 142 da LRF é também alteração extremamente relevante. Isso porque os credores certamente envidarão os melhores esforços para que o procedimento empregado seja aquele que confira maior rapidez ao processo de venda, bem como que permita atrair o maior número de interessados nos ativos. Por outro lado, o poder conferido ao juízo falimentar de poder aprovar outra modalidade de venda pode trazer maior lentidão ao processo e, caso os credores não concordem com a opção escolhida pelo Poder Judiciário, o aumento de recursos.

[26] § 3º-B. A alienação prevista nos incisos IV e V do caput deste artigo, conforme disposições específicas desta Lei, observará o seguinte: I – será aprovada pela assembleia-geral de credores; II – decorrerá de disposição de plano de recuperação judicial aprovado; ou III – deverá ser aprovada pelo juiz, considerada a manifestação do administrador judicial e do Comitê de Credores, se existente.

Nos termos do artigo 142, parágrafo 3º, a alienação por leilão será realizada, no mínimo, pelo valor de avaliação do bem, em primeira chamada. Dentro de 15 dias contados da primeira chamada, a alienação poderá ocorrer, em segunda chamada, por, no mínimo, 50% do valor de avaliação. Em terceira chamada, realizada dentro de 15 dias contados da segunda chamada, a venda poderá ser realizada a qualquer preço.

Antes da reforma da LRF, o artigo 22, inciso III, letra "j", da LRF, determinava que o administrador judicial poderia requerer ao juiz a venda antecipada de bens perecíveis, deterioráveis ou sujeitos a considerável desvalorização ou de conservação arriscada ou dispendiosa. A redação[27] introduzida pela Lei 14.112/2020 ao mencionado artigo estabeleceu uma postura mais ativa ao administrador judicial, que deve vender todos os bens da massa falida no prazo máximo de 180 dias, contado da data da juntada do auto de arrecadação. O inciso IV do parágrafo 2º-A do artigo 142 dispõe no mesmo sentido.

Outra inovação da reforma foi a redação ao artigo 142, parágrafo 2º-A[28], que, entre outras determinações, sanou omissão da LRF ao dispor que a alienação de ativos da massa falida não estará sujeita à aplicação do conceito de preço vil. Assim, se o procedimento de alienação foi competitivo e transparente, não há a possibilidade de alegação de preço vil.

No tocante à possibilidade de impugnar o procedimento de venda, a Lei 14.112/2020 trouxe duas alterações relevantes. Em primeiro lugar, o parágrafo 7º[29] do artigo 142 determina a intimação do Ministério Público e das Fazendas Públicas para apresentarem manifestação sobre

[27] Art. 22. Ao administrador judicial compete, sob a fiscalização do juiz e do Comitê, além de outros deveres que esta Lei lhe impõe: (...) III – na falência: (...) j) proceder à venda de todos os bens da massa falida no prazo máximo de 180 (cento e oitenta) dias, contado da data da juntada do auto de arrecadação, sob pena de destituição, salvo por impossibilidade fundamentada, reconhecida por decisão judicial;

[28] § 2º-A. A alienação de que trata o caput deste artigo: I – dar-se-á independentemente de a conjuntura do mercado no momento da venda ser favorável ou desfavorável, dado o caráter forçado da venda; II – independerá da consolidação do quadro-geral de credores; III – poderá contar com serviços de terceiros como consultores, corretores e leiloeiros; IV – deverá ocorrer no prazo máximo de 180 (cento e oitenta) dias, contado da data da lavratura do auto de arrecadação, no caso de falência; V – não estará sujeita à aplicação do conceito de preço vil.

[29] § 7º Em qualquer modalidade de alienação, o Ministério Público e as Fazendas Públicas serão intimados por meio eletrônico, nos termos da legislação vigente e respeitadas as respectivas prerrogativas funcionais, sob pena de nulidade.

qualquer uma das modalidades de alienação utilizadas. Apesar de ter sido uma inclusão encarada por muitos como excesso de formalidade, é importante mencionar que a transparência do processo, desde logo, pode significar proteção ao adquirente contra futuras alegações de fraude contra execução fiscal.

A segunda modificação diz respeito ao procedimento de impugnação da venda. Antes da reforma da LRF, os credores, o devedor e o Ministério Público podiam impugnar a alienação de maneira ampla, sem indicação dos critérios. A redação dos parágrafos 1º a 4º[30] ao artigo 143, contudo, criou restrições com o objetivo de diminuir as objeções à venda.

As impugnações que tiverem como base apenas o valor de venda do ativo serão recebidas somente se acompanhadas de oferta firme e vinculante para aquisição do bem cuja venda foi impugnada, em valor superior ao valor da venda, e de depósito caução equivalente a 10% do valor proposto.

A reforma da LRF regulou, ainda, o cenário de inexistência de interessados nos bens da massa falida. Frustradas as tentativas de alienação dos bens e caso os credores não apresentem proposta concreta para assumi-los, os ativos da massa falida poderão ser considerados sem valor de mercado e destinados à doação, nos termos do artigo 144-A[31] da LRF.

Por fim, importante mencionar a inclusão do artigo 114-A[32] pela reforma da LRF que dispõe que, caso não sejam encontrados bens passíveis

[30] § 1º Impugnações baseadas no valor de venda do bem somente serão recebidas se acompanhadas de oferta firme do impugnante ou de terceiro para a aquisição do bem, respeitados os termos do edital, por valor presente superior ao valor de venda, e de depósito caucionário equivalente a 10% (dez por cento) do valor oferecido. § 2º A oferta de que trata o § 1º deste artigo vincula o impugnante e o terceiro ofertante como se arrematantes fossem. § 3º Se houver mais de uma impugnação baseada no valor de venda do bem, somente terá seguimento aquela que tiver o maior valor presente entre elas. § 4º A suscitação infundada de vício na alienação pelo impugnante será considerada ato atentatório à dignidade da justiça e sujeitará o suscitante à reparação dos prejuízos causados e às penas previstas na Lei nº 13.105, de 16 de março de 2015 (Código de Processo Civil), para comportamentos análogos.

[31] Art. 144-A. Frustrada a tentativa de venda dos bens da massa falida e não havendo proposta concreta dos credores para assumi-los, os bens.

[32] Art. 114-A. Se não forem encontrados bens para serem arrecadados, ou se os arrecadados forem insuficientes para as despesas do processo, o administrador judicial informará imediatamente esse fato ao juiz, que, ouvido o representante do Ministério Público, fixará, por meio de edital, o prazo de 10 (dez) dias para os interessados se manifestarem.

de arrecadação ou se os arrecadados forem insuficientes para as despesas da falência, o administrador judicial deve informar o juiz, que fixará edital concedendo prazo de 10 dias para os interessados apresentarem manifestação.

Essa alteração decorre das situações enfrentadas pelos administradores judiciais e credores de falências sem qualquer valor. O que se pretende evitar é o alongamento de um processo falimentar sem que haja qualquer perspectiva de recebimento dos créditos (ou parte deles) pelos credores, sobrecarregando o judiciário, além de forçar os credores a dispenderem recursos com a contratação de advogados, bem como o custeio dos honorários do administrador judicial.

Conclusões

Quanto às disposições relacionadas à venda de ativos, a reforma da LRF foi bastante positiva, ainda que nem todas as lacunas legais tenham sido preenchidas.

Sem dúvidas, a principal alteração à LRF diz respeito ao tema da ausência de sucessão das obrigações (de diversas naturezas) do devedor pelo adquirente, pois a reforma positivou entendimento já praticado, garantindo maior segurança jurídica as operações de venda no contexto recuperacional.

Destacamos também a flexibilização na forma de alienação de venda de ativos de forma direta e de UPIs, tanto na recuperação judicial como na falência, ao permitir a venda por processo competitivo organizado promovido por agente especializado ou qualquer outra modalidade, desde que aprovada pelos credores ou pelo juízo falimentar.

Não se discute que algumas das alterações deverão ser testadas na prática para que o mercado se posicione, como é o caso da possibilidade de os credores solicitarem a realização de assembleia geral para discutir a venda. Apesar da boa intenção do legislador, os obstáculos criados para a realização de tal assembleia, como o caucionamento e pagamento de custos pelos credores, pode evitar o uso do instituto na prática.

Por fim, destacamos, como um todo, as alterações feitas à venda de ativos na falência, que têm como intuito dar maior celeridade ao pagamento de credores, bem como reduzir os questionamentos e possibilidades de impugnação da venda de ativos na falência. Certamente, é uma medida necessária e que colaborará para maior eficiência dos processos falimentares.

Referências

BEZERRA FILHO, Manoel Justino. *Lei de Recuperação de Empresas e Falência*. 14. ed. São Paulo: Thomson Reuters Brasil, 2019.

COELHO, Fábio Ulhôa. *Comentários à Lei de Falências e de Recuperação de Empresas: Lei 14.112/2020 – Nova Lei de Falências*. 14. ed. São Paulo: Ed. Revista dos Tribunais, 2021.

SACRAMONE, Marcelo Barbosa. Comentários à Lei de Recuperação de Empresas e Falência. São Paulo: Saraiva Educação, 2018.

SACRAMONE, Marcelo Barbosa. Comentários à Lei de Recuperação de Empresas e Falência. 2 ed. São Paulo: Saraiva JUR, 2021.

STF, ADI 3.934-2, rel. Min. Ricardo Lewandowski, DJE em 06.11.2009.

https://www.camara.leg.br/proposicoesWeb/fichadetramitacao?idProposicao=2174927 – acesso em 25.07.2021.

https://www.camara.leg.br/proposicoesWeb/fichadetramitacao?idProposicao=307272 – acesso em 25.07.2021.

http://www.planalto.gov.br/ccivil_03/_ato2004-2006/2005/lei/l11101.htm – acesso em 25.07.2021.

http://www.planalto.gov.br/ccivil_03/_ato2019-2022/2020/lei/L14112.htm – acesso em 25.07.2021.

http://www.planalto.gov.br/ccivil_03/decreto-lei/del7661.htm – acesso em 25.07.2021.

https://www25.senado.leg.br/web/atividade/materias/-/materia/144510 – acesso em 25.07.2021.

8. Financiamento (*Debtor-in-Possession ou Exiting Financing*) e a Reforma da Lei de Recuperação Judicial e Falências

Frederico Kerr Bullamah
Marina Anselmo Schneider*

Introdução

A Lei nº 14.112, de 24 de dezembro de 2020 ("**Lei 14.112/2020**" ou "**Reforma da LRF**"), introduziu a seção IV-A no capítulo III da Lei nº 11.101, de 9 de fevereiro de 2005 ("**LRF**"), com o objetivo de regular o financiamento do empresário individual e da sociedade empresária durante a recuperação judicial. As alterações sobre a matéria – embora tímidas – se justificam pelos inúmeros desafios práticos que vêm sendo enfrentados para viabilizar soluções adequadas para assegurar a preservação e continuidade de suas atividades.

Como a composição dos diversos interesses a serem sedimentados no plano de recuperação judicial não é instantânea, a LRF permite a adoção de mecanismos para conferir a necessária liquidez à devedora até que o plano de recuperação judicial seja elaborado, analisado, debatido, votado[1] e, após a sua aprovação pelos credores, devidamente cumprido pela recuperanda.

Na ausência de geração de caixa suficiente ou de ativos disponíveis, as empresas em recuperação judicial se veem, muitas vezes, obrigadas

* Contribuição de César Matteus Rizzo da Silva e Arthur Tomaz de Oliveira.

[1] DIAS, Leonardo Adriano. *Financiamento das Empresas em Crise*. 2012. 337 f. Dissertação (Mestrado) – Faculdade de Direito, Universidade de São Paulo, São Paulo, 2012. f. 65.

a recorrer a terceiros, sejam eles acionistas, fornecedores, bancos ou investidores[2]. E as soluções para empresa em situação de crise são variadas. É possível estruturar operações de venda de bens ou direitos (*e.g.*, imóvel, direitos creditórios, *legal claims* ou unidade de negócios), receber aporte de capital (*e.g.*, emissão de ações ou títulos conversíveis) (*equity*)[3], ou, ainda, contratar financiamentos (*e.g.*, empréstimo ou emissão de títulos de dívida – debêntures, notas promissórias, dentre outros) (*debt*).

O escopo deste artigo abrange as seguintes modalidades específicas de financiamento para empresas em recuperação judicial: (i) "*DIP (debtor-in-possession) Financing*", caso o financiamento seja concedido entre o ingresso do pedido de recuperação judicial e a aprovação do plano de recuperação pelos credores; e (ii) "*Exit Financing*", caso o financiamento seja previamente aprovado pelos credores por meio do plano de recuperação judicial.[4] Destaca-se, ainda, que a Reforma da LRF não faz qualquer distinção entre o *DIP Financing* e o *Exit Financing*.[5] Portanto, para fins meramente didáticos, ambas as modalidades serão referidas conjuntamente como "*DIP/Exit Financing*" ao longo deste artigo.

[2] Em sentido análogo, a UNCITRAL (Comissão das Nações Unidas para o Direito do Comércio Internacional) em um guia destinado a informar e auxiliar a reforma da lei de insolvência propõe que: "*Voluntary restructuring negotiations depend for their effectiveness on a number of well-defined initial premises. These may include: (d) The use of relatively sophisticated refinancing, security and other commercial techniques that might be employed to alter, rearrange or restructure the debts of the debtor or the debtor itself*". In UNCITRAL. Legislative Guide on Insolvency Law. New York: United Nations Publication, 2012. p. 144.

[3] "*O ingresso de novos recursos via equity poderia, em tese, ser o melhor modelo de financiamento de empresas em crise, pois traria consigo o comprometimento de novos sócios que, buscando o retorno do capital investido, propõem novas soluções estratégicas. Além disso, sobre tais recursos, como regra, não incidiriam juros, ao contrário das captações junto a instituições financeiras, às quais são inerentes.*" DIAS, Leonardo Adriano. Op. cit. pp. 70-71.

[4] MUNHOZ, Eduardo Secchi. Financiamento e Investimento na Recuperação Judicial. *In*: CEREZETTI, Sheila Christina Neder; MAFFIOLETTI, Emanuelle Urbano *Dez anos da Lei nº 11.101/2005: estudos sobre a lei de recuperação e falência*. São Paulo: Almedina, 2015. p. 280.

[5] MALAQUIAS, Michel. O DIP financing na perspectiva da primeira grande reforma da Lei de Falência e Recuperação de Empresas. *In*: LUCCAS, Fernando Pompeu (Coord.). *Reforma da Lei de Falências*: reflexões sobre direito recuperacional, falimentar e empresarial moderno. São Paulo: Revista dos Tribunais, 2021. Cap. 7. *E-book*.

A exposição deste artigo será dividida em cinco capítulos, a saber: (i) o primeiro capítulo fará uma introdução do tema; (ii) o segundo capítulo relatará a experiência brasileira em financiamento à empresa em recuperação judicial; (iii) o terceiro capítulo abordará os principais desafios para estruturação de *DIP/Exit Financing* no Brasil; (iv) o quarto capítulo fará a exposição das principais alterações e críticas à Reforma da LRF em matéria de financiamento durante a recuperação judicial; e, por fim, (v) o quinto e último capítulo trará a conclusão dos temas abordados neste artigo.

1. A experiência brasileira em financiamento à empresa em recuperação judicial

O financiamento durante a recuperação judicial tem como principal finalidade suprir a falta de liquidez ou caixa disponível da empresa em crise, de modo a financiar as despesas operacionais necessárias à sua sobrevivência, até a aprovação do plano de recuperação judicial e, posteriormente, para viabilizar seu cumprimento (art. 69-A da LRF).[6]

Antes do advento da Lei 14.112/2020, a LRF não previa regras específicas sobre a possibilidade de a empresa em recuperação judicial contratar financiamento, mas apenas consignava benefícios superficiais ao financiador. Na prática, não era possível estruturar um financiamento dessa modalidade com a proteção e a prioridade usualmente exigidas pelos credores nesse tipo de operação.[7]

Não obstante os poucos incentivos legislativos existentes até a Reforma da LRF, o *DIP/Exit Financing* se desenvolveu, em alguma medida, no mercado brasileiro. Há registros de amplo conhecimento público de oito operações de *DIP/Exit Financing* no Brasil[8], das quais apenas seis

[6] SACRAMONE, Marcelo Barbosa. *Comentários à Lei de Recuperação de Empresas e Falência*. 2. ed. São Paulo: Saraiva, 2021. p. 373

[7] FERREIRA, Marcio Vieira Souto Costa; MARTINS, André Chateaubriand; SÁ, Thaís Vasconcellos de. Os (Des)Incentivos do DIP Financing no Sistema Brasileiro. *In*: CELIDONIO, Luciana Sandos; BACELAR, Luiz Gustavo; AMADO, Renata Martins de Oliveira. (Org.). Direito Empresarial Estudos Jurídicos em Homenagem à Maria Salgado. São Paulo: Lumen Juris, 2019, v. 1, p. 1-29.

[8] Em ordem cronológica, as operações de DIP Financing noticiadas são: Frigorífico Independência (2008), Infinity Bioenergy (2009), OGX (2013), OSX (2015), OAS (2015), Aralco (2018), Viver (2018) e Oi (2020).

operações foram efetivadas. Dentre as operações não concretizadas, uma se tornou inviável diante da convolação da recuperação judicial em falência decorrente do descumprimento, pela recuperanda, de obrigações previstas no plano de recuperação judicial[9], e outra contou com a desistência espontânea dos financiadores motivada por uma batalha judicial impulsionada pelos credores da recuperanda.[10]

Mesmo com o relativo sucesso de algumas operações de *DIP/Exit Financing*, a realidade brasileira mostra que a maioria desses financiamentos foi realizada após a superação de diversos desafios, com riscos e particularidades próprios de cada operação. Decorrente deste contexto, os desafios para implementação do *DIP/Exit Financing* também configuram um tema relevante para fins deste artigo, conforme será abordado adiante.

2. Principais desafios para estruturação de *DIP/Exit Financing* no Brasil

Antes do advento da Lei 14.112/2020, a LRF não se preocupou em criar estímulos diretos ao financiamento de empresas em recuperação judicial. Até recentemente, os credores eram obrigados a buscar mecanismos criativos que oferecessem maior proteção aos elevados riscos típicos deste tipo de operação. Como consequência, o financiamento se sujeitava a inúmeras condições, precedentes ou subsequentes, de difícil implementação pela recuperanda.

[9] Trata-se do DIP Financing da Infinity Bio-Energy (US$350 milhões), que tramitou na 2ª Vara de Falências e Recuperações Judiciais do Tribunal de Justiça do Estado de São Paulo sob o nº 0151873-29.2009.8.26.0100. Nesse caso, a maior particularidade se deu pelo fato de que os bancos financiadores, que já figuravam como credores na recuperação judicial, renunciaram à senioridade de suas garantias sobre essas unidades em favor da realização da operação. Entretanto, mesmo com a renúncia de senioridade nas garantias, houve a convolação em falência.

[10] Trata-se do DIP Financing da OAS Infra (R$800 milhões), que tramitou na 1ª Vara de Falências e Recuperações Judiciais do Tribunal de Justiça do Estado de São Paulo sob o nº1030812-77.2015.8.26.0100. Nesse caso, os credores da recuperanda tiveram sucesso em suspender a operação por completo ao afirmar que a empreiteira franqueou vantagens indevidas para um financiador em potencial, na qualidade de credor, ao negociar a estrutura financiamento. Diante dos acontecimentos, a OAS Infra ingressou com recurso no TJSP, que levou um ano, até lhe dar provimento parcial. Porém, em decorrência da disputa judicial, o financiador em potencial desistiu da operação.

Os riscos mais comuns enfrentados pelos credores eram os de inadimplemento eminente, pecuniário ou não, da devedora e dos garantidores, questionamentos diversos de terceiros sobre os termos e condições da operação e/ou alegações de invalidade ou ineficácia do negócio jurídico por fraude contra credores ou fraude à execução. Em contrapartida, os credores, além de incluir incontáveis obrigações restritivas (*negative covenants*) nos instrumentos da dívida, exigiam a outorga de garantias, a obtenção de autorização do juízo recuperacional – independentemente de sua necessidade – e/ou condicionavam o desembolso dos recursos à inexistência de quaisquer discussões judiciais.[11]

Não há dúvida de que o negócio jurídico validamente firmado pela devedora antes e durante a recuperação judicial deve ser respeitado, a fim de que os novos financiadores e investidores tenham as proteções e a segurança jurídica adequadas. Essa premissa é fundamental para o desenvolvimento e fomento das operações de dívida no mercado brasileiro, inclusive, para empresas em crise, e estaria em última análise em consonância com o princípio da preservação da empresa previsto no art. 47 da LRF.

2.1. Ausência de tratamento diferenciado aos credores de *DIP/Exit Financing*

Anteriormente à Reforma da LRF, o financiamento concedido às empresas em recuperação judicial era classificado, dentro do universo de créditos extraconcursais, como quaisquer outros créditos extraconcursais decorrentes de "*obrigações resultantes de atos jurídicos válidos praticados durante a recuperação judicial*", o que lhe conferia o direito de ser pago em caso de falência da devedora de forma *pro rata* e na mesma ordem de prioridade com os demais créditos assim classificados.

Logo, a LRF não atribuía um tratamento ou condições diferenciadas a este tipo de operação. Pelo contrário, os credores de *DIP/Exit Financing* ficavam subordinados a diversos créditos, também considerados

11 MUNHOZ, Eduardo Secchi. Financiamento e Investimento da Empresa em Crise. *In*: SANTOS, Assione; FLORENTIN, Luis Miguel Roa; SALMAZO, Rodolfo. (Org.). *Transformações no Direito de Insolvência*: Estudos sob a Perspectiva da Reforma da Lei 11.101/2005. São Paulo: Quartier Latin, 2021, v. 1, pp. 486-488.

extraconcursais[12], em caso de convolação da recuperação judicial em falência. Por isso, a prioridade atribuída pela LRF aos financiadores deste tipo de operação – limitada à hipótese de convolação em falência e subordinado a outros créditos extraconcursais – mostra-se, na maioria das vezes, insuficiente, situação essa que poderia ser agravada com o risco de a garantia ser questionada judicialmente por terceiros, sujeitos ou não à recuperação judicial, com a reversão ou anulação do negócio jurídico.[13]

Como veremos a seguir, a Reforma da LRF criou mecanismos legais para assegurar maior segurança jurídica aos financiadores de empresas em recuperação judicial. Nesse sentido, o atual art. 84 da LRF manteve o tratamento extraconcursal dos valores efetivamente entregues ao devedor pelos financiadores, estabelecendo, no entanto, preferência – não absoluta – na ordem de pagamento em caso de convolação em falência.

2.2. Garantias no âmbito de *DIP/Exit Financing*: a complexa realidade brasileira

Como resultado da ausência de tratamento diferenciado aos credores de *DIP/Exit Financing*, a outorga de garantia por uma empresa em recuperação judicial tornou-se um dos principais desafios – senão o principal – a ser superado pelas partes.

A este propósito, o art. 66 da LRF estabelece que a empresa em recuperação judicial deve pedir autorização judicial e de seus credores para onerar bens ou direitos de seu "ativo não circulante" (anteriormente,

[12] O art. 84 da LRF previa que os créditos extraconcursais seriam pagos na seguinte ordem: "*(i) remunerações devidas ao administrador judicial e seus auxiliares, e créditos derivados da legislação do trabalho ou decorrentes de acidentes de trabalho relativos a serviços prestados após a decretação da falência; (ii) quantias fornecidas à massa pelos credores; (iii) despesas com arrecadação, administração, realização do ativo e distribuição do seu produto, bem como custas do processo de falência; (iv) custas judiciais relativas às ações e execuções em que a massa falida tenha sido vencida;* ***(v) obrigações resultantes de atos jurídicos válidos praticados durante a recuperação judicial****; e [...].*" (grifos nossos)

[13] Na perspectiva norte-americana, nota-se o contrário, sendo que: "*The near-risk-free status of DIP loans is, of course, a direct consequence of their super-priority status in Chapter 11, coupled with the extraordinarily strong collateral and covenant protection.*". *In:* ECKBO, B. Espen; LI, Kai and Wang, Wei, Rent Extraction by Super-Priority Lenders (December 18, 2020). Tuck School of Business Working Paper No. 3384389 (2019), Available at SSRN: https://ssrn.com/abstract=3384389.

"ativo permanente"[14]), com exceção daqueles previamente relacionados no plano de recuperação judicial.

Verifica-se, portanto, que a dispensa da necessidade de autorização judicial para constituição de garantias em geral ocorre em duas situações específicas: (i) quando a garantia for constituída sobre "ativos circulantes"[15]; e (ii) quando estiver expressamente autorizada no plano de recuperação judicial aprovado pelos credores – neste último caso, embora a estruturação do financiamento possa ser mais célere, pressupõe-se que a recuperanda tenha geração de caixa ou recursos disponíveis suficientes para percorrer o longo caminho de intensas negociações e restrições de créditos até a aprovação do plano de recuperação judicial.

Vale destacar que, mesmo com previsão no plano de recuperação judicial, os desafios em matéria de outorga e constituição de garantias permaneceram na prática. Por exemplo, em situações em que a previsão no plano de recuperação judicial não é específica em relação ao bem ou ativo a ser onerado. Nessa hipótese, embora a interpretação no sentido de que não deveria haver óbice para a prestação de garantias em geral pareça

[14] Art. 179 da Lei 6.404/1976, conforme alterada: "*As contas serão classificadas do seguinte modo: I – no ativo circulante: as disponibilidades, os direitos realizáveis no curso do exercício social subsequente e as aplicações de recursos em despesas do exercício seguinte*". Quando da edição da LRF, a redação da Lei 6.404/1976 previa que o *"ativo permanente" era dividido entre "investimentos", "ativo imobilizado" e "ativo diferido"*. Por fim, o Superior Tribunal de Justiça já decidiu no sentido de que ativos não-circulantes são apenas as contas contábeis "investimentos", "ativo imobilizado" e "ativo deferido" (REsp 1783068/SP, Rel. Ministra Nancy Andrighi, Terceira Turma, J. 5.2.2019.

[15] TRIBUNAL DE JUSTIÇA DE SÃO PAULO. Conselho Superior de Magistratura. *Apelação 1003406-95.2018.8.26.0223*. Registro de imóveis. Dúvida julgada improcedente. Escritura pública de compra e venda de imóvel. Vendedora em regime de recuperação judicial. Declaração pela vendedora, na escritura pública, de que o imóvel integra seu ativo circulante Relator: Des. Pinheiro Franco, 14 de mar. de 2019; e TRIBUNAL DE JUSTIÇA DE SÃO PAULO. 1ª Câmara de Direito Empresarial. *Agravo de Instrumento 2016305-98.2018.8.26.0000*. Recuperação judicial. Alienação de imóveis pertencentes ao ativo circulante. Comunicação de vendas realizadas e prestação de contas na origem. Recurso provido. Relator: Des. Alexandre Lazzarini. 23 de maio de 2018; TRIBUNAL DE JUSTIÇA DE SÃO PAULO. 1ª Câmara de Direito Empresarial. *Agravo de Instrumento 2076684-05.2018.8.26.0000*. Recuperação judicial Exigência da expedição de alvarás para a negociação de lotes integrantes do ativo circulante da recuperanda. Desnecessidade Interpretação do art. 66 da Lei 11.101/2005. Potencial prejuízo às atividades desenvolvidas pelas agravantes. Ausência de ressalva no plano de recuperação já aprovado – Agravo de instrumento provido, prejudicado o agravo regimental. Relator: Des. Fortes Barbosa. 4 de jun. de 2018.

ser a correta, uma interpretação mais criteriosa e sistemática do plano de recuperação judicial e do teor da LRF, muitas vezes, pode ser necessária.

Ainda que relevante a interferência do juízo e dos credores no direito da empresa em recuperação judicial de onerar bens ou direitos do ativo não circulante, visto que evita que ocorra a diminuição ou desvio de recursos necessários para manutenção das atividades da devedora e pagamento de diversos interesses envolvidos na recuperação judicial[16], deve-se sempre ponderar que a situação de crise da empresa exige maior agilidade, sob pena de inviabilização de sua recuperação e de deterioração do valor dos seus ativos.[17]

Como veremos a seguir, a Reforma da LRF, ao estabelecer de forma expressa as regras para a contratação de financiamento durante a recuperação judicial, espera-se que a estruturação dessa modalidade de financiamento ocorra de modo mais ágil e célere do que víamos anteriormente na prática. Defende-se, portanto, que, partindo do pressuposto de que a operação atenda quaisquer dos elementos acima, não se exija qualquer autorização ou manifestação do juízo recuperacional ou dos credores para a oneração de tais ativos, nos termos do art. 66 da LRF.

2.3. Existência de mecanismos de proteção a credores não sujeitos à recuperação judicial

Nos termos do art. 49 da LRF, a recuperação judicial produz efeitos somente sobre determinados tipos de créditos. Isso significa que os credores não sujeitos a recuperação judicial, além de continuarem com suas ações e execuções contra devedora – inclusive durante o período de suspensão (*stay period*)[18] –, podem buscar restringir ou frustrar a alienação a terceiros, ou oneração em favor de financiadores, de bens e direitos da

[16] SACRAMONE, Marcelo Barbosa. *Comentários à Lei de Recuperação de Empresas e Falência.* 2. ed. São Paulo: Saraiva, 2021. p. 374

[17] No DIP Financing do Frigorífico Independência (US$165 milhões) – recuperação judicial: 1ª Vara Judicial do Foro de Cajamar/SP sob o nº 0000928-06.2009.8.26.0108, um dos principais motivos do sucesso da operação foi a facilidade encontrada na disponibilidade de ativos desonerados e pela adesão de um percentual mínimo de credores extraconcursais ao plano de recuperação. Diante do sucesso da operação e outros fatores econômicos, o Frigorífico Independência acabou sendo adquirido pela JBS por R$ 268 milhões.

[18] Art. 6, § 4º, LRF.

devedora mediante alegação de "fraude contra credores"[19] e "fraude à execução"[20].

Não há na legislação brasileira mecanismos de proteção aos financiadores de empresas em recuperação judicial contra os institutos acima mencionados, quando alegados por credores não sujeitos a esse procedimento, transferindo, assim, ao juízo da recuperação judicial a responsabilidade de aplicar, no caso concreto, a interpretação mais adequada frente aos objetivos e diversos interesses envolvidos no processo de recuperação judicial, resultando em desgastes e prejuízos à recuperanda e, consequentemente, aos próprios credores.

2.3.1. Fraude contra credores e fraude à execução: visão prática de sua aplicação no âmbito da recuperação judicial

É plausível argumentar que o simples fato de os recursos de um financiamento – contratado em condições de mercado e em observância ao

[19] Arts. 158 e 159 do Código Civil: "*Os negócios de transmissão gratuita de bens ou remissão de dívida, se os praticar o devedor já insolvente, ou por eles reduzido à insolvência, ainda quando o ignore, poderão ser anulados pelos credores quirografários, como lesivos dos seus direitos*" e "*Serão igualmente anuláveis os* ***contratos onerosos*** *do devedor insolvente,* ***quando a insolvência for notória****, ou houver motivo para ser conhecida do outro contratante*" (grifos nossos).

[20] Na esfera cível, a oneração de bens é considerada "fraude à execução", nos termos do art. 792 do Código de Processo Civil, quando "*(i) sobre o bem pender ação fundada em direito real ou com pretensão reipersecutória, desde que a pendência do processo tenha sido averbada no respectivo registro público, se houver; (ii) tiver sido averbada, no registro do bem, a pendência do processo de execução; (iii) tiver sido averbado, no registro do bem, hipoteca judiciária ou outro ato de constrição judicial originário do processo onde foi arguida a fraude; (iv) ao tempo da alienação ou da* ***oneração****, tramitava contra o devedor* ***ação capaz de reduzi-lo à insolvência****; e (v) nos demais casos expressos em lei*". Por oportuno, a fraude à execução fiscal é regulada pelo art. 185 do Código Tributário Nacional, segundo o qual "*[p]resume-se fraudulenta a alienação ou* ***oneração*** *de bens ou rendas, ou seu começo, por* ***sujeito passivo em débito para com a Fazenda Pública****, por crédito tributário regularmente inscrito como dívida ativa.*". O dispositivo também prevê em seu parágrafo único que a fraude à execução fiscal não se configura quando foram reservados pelo devedor "*bens ou rendas suficientes ao total pagamento da dívida inscrita*". Embora a legislação e a jurisprudência não esclareçam o que se deve entender por "bens ou rendas", a intepretação razoável é a de que devem ser considerados os bens passíveis de penhora previstos no artigo 11 da Lei 6.830/1980. Vide art. 11: "*A penhora ou arresto de bens obedecerá à seguinte ordem: I – dinheiro; II – título da dívida pública, bem como título de crédito, que tenham cotação em bolsa; III – pedras e metais preciosos; IV – imóveis; V – navios e aeronaves; VI – veículos; VII – móveis ou semoventes; e VIII – direitos e ações*".

disposto no art. 69-A da LRF – serem destinados exclusivamente para a sobrevivência da devedora durante a recuperação judicial, deveria ser suficiente para afastar de imediato as alegações de fraude, má-fé ou intenção de prejudicar os demais credores.[21]

Especificamente no que diz respeito à oneração de bens ou direitos da devedora em favor dos financiadores, embora seja permitido por disposição legal expressa, a existência de execução em andamento decorrente de créditos não sujeitos à recuperação judicial pode trazer maior complexidade e incertezas à operação.[22] Isso porque a legislação não faz nenhuma ressalva quanto à configuração ou não de fraude à execução na hipótese de a devedora estar em recuperação judicial, sendo possível, portanto, argumentar que esse mecanismo de proteção permanece aplicável.

Não se pretende defender a validade de atos praticados com fraude, má-fé ou intenção de prejudicar os demais credores, os quais devem sempre ser revogados. Pelo contrário, defende-se que os direitos dos credores não sujeitos à recuperação judicial sejam, da mesma forma, preservados mediante a construção de jurisprudência uniforme e previsível sobre a matéria, fundamentados em critérios objetivos que possam posteriormente ser adotados em operações futuras. Dessa forma, sob pena de inviabilizar por completo todos os avanços conquistados na Reforma da LRF, é possível criar um ambiente negocial saudável e incentivar a realização de financiamentos a empresas em recuperação judicial, como meio cada fez mais fundamental de superação da crise e manutenção das atividades da devedora.

Destaca-se que há precedentes das cortes judiciais brasileiras em que se afasta a acusação de fraude à execução em casos em que a alienação do bem ocorre mediante autorização do juiz ou no âmbito da recuperação judicial,

[21] O art. 129 da LRF estabelece, dentre as hipóteses taxativas em que negócios jurídicos poderiam ser anulados, a "*constituição de direito real de garantia dentro do termo legal*". Por sua vez, o art. 130 da LRF prevê que são revogáveis os atos praticados com a intenção de prejudicar credores, desde que provado o conluio fraudulento entre o devedor e o terceiro e o efetivo prejuízo sofrido pela massa falida.

[22] Especificamente em relação à alegação de fraude à execução por credores de créditos sujeitos à recuperação judicial, estando em vigor o período de suspensão (*stay period*) – e, em razão desses créditos serem novados com a aprovação do plano de recuperação judicial –, o acolhimento de alegação nesse sentido pelo judiciário poderia ser prejudicado.

com a finalidade de assegurar o pagamento aos seus credores.[23] Deve-se avaliar se a mesma interpretação não seria adequada para os casos de oneração de ativos em favor de financiadores que suportam a recuperação da empresa em crise.[24] Ainda que realizada em um contexto de insolvência da devedora, real ou eminente, o reconhecimento do seu direito de onerar ativos, uma vez realizado nos termos da LRF – com autorização judicial, se aplicável – e do Plano de Recuperação Judicial, seria a alternativa mais acertada para estimular esse tipo de operação e proporcionar meios para o atingimento do principal objetivo da LRF, que é a preservação da empresa.

Vale lembrar que a oneração, por si só, não tem o condão imediato de reduzir a devedora insolvente ou agravar sua situação financeira – permanecendo os ativos onerados, inclusive, na posse da devedora –, e, em caso de excussão da garantia, os ativos serão alienados a terceiros de boa-fé, após avaliação dos ativos conforme princípios e regras existentes na legislação aplicável e a prática de mercado.[25]

A dificuldade em fazer prevalecer a validade e a eficácia das garantias em relação aos credores não sujeitos à recuperação judicial acarreta, naturalmente, em insegurança jurídica, ainda mais em um cenário em que a existência de patrimônio disponível ou suficiente da devedora para honrar com suas obrigações perante esses credores é bastante rara. Nestes casos,

[23] Agravo de Instrumento nº 5002831-47.2019.4.03.0000, Agravo de Instrumento nº 5003441-15.2019.4.03.0000, Agravo de Instrumento nº 5028100-25.2018.4.03.0000, e Agravo de Instrumento nº 0026018-19.2012.4.03.0000, Agravo de Instrumento nº 5024955-65.2017.4.04.0000.

[24] No DIP Financing da OGX, que tramitou na 4ª Vara Empresarial da Comarca do Rio de Janeiro/RJ sob o nº 0377620- 56.2013.8.19.0001, o Ministério Público e a administradora judicial se manifestaram favoráveis à oneração de bens diante da necessidade de novos recursos para transpor o período de reestruturação, além de prover meios de subsistência da atividade financeira do grupo e implementar sua produção econômica. O DIP Financing da OGX foi reconhecido como uma das transações mais emblemáticas no Brasil, bem sucedida a uma série de fatores como: (i) consenso do grupo de credores na aprovação do financiamento; (ii) familiaridade do grupo de credores com este tipo de operação no exterior; (iii) estrutura de capital aberto, oferecendo clareza quanto ao potencial de saída dos investidores que optassem pela conversão da dívida em *equity* (reduzindo exponencialmente a assimetria de informações), e por fim; (iv) convergência de interesses entre a recuperanda e as partes envolvidas.

[25] Art. 891 do Código de Processo Civil: em caso de um leilão judicial para venda de bens objeto de garantia, "*não será aceito lance que ofereça preço vil*".

uma análise patrimonial (ativos e passivos) da devedora é recomendável, assim como, em último caso, como solução amenizadora, a exigência de autorização do juiz do processo da recuperação judicial.

3. Análise das principais alterações da reforma da LRF: avanços e críticas

Muito se comenta que, no que diz respeito ao *DIP/Exit Financing*, a Reforma da LRF se inspirou na legislação norte-americana, mais especificamente, na *Section 364* do *U.S. Bankrupcty Code*, que regula e promove o acesso de crédito por empresas sob pedido de intervenção do *Chapter 11*.[26] Sob a perspectiva norte-americana, ao analisar este tipo de financiamento, George Tirantis[27] esclarece que:

> Under Section 364 of the Code, a firm in bankruptcy (the debtor in possession) can finance its ongoing operations and investments by issuing new debt that enjoys any one of various levels of priority, all of which rank higher than the firm's prepetition unsecured debt. The debtor's financing arrangements under this section are subject to the oversight of the bankruptcy court; in fact, most arrangements require prior judicial authorization.

Embora represente um avanço em relação ao modelo anterior, em diversos aspectos, a Reforma da LRF poderia ter proporcionado mudanças mais profundas como estímulo ao financiamento a empresas em recuperações judicial, de modo a torná-lo mais atrativo, conforme a seguir demonstrado.

O juiz poderá, depois de ouvido o Comitê de Credores, autorizar o financiamento com garantia que envolve bens e direitos pertencentes ao ativo não circulante da devedora para financiar as suas atividades e as despesas de reestruturação ou de preservação do valor de ativos.

[26] BHARATH, Sreedhar; PANCHAPAGESAN, Venkatesh; WERNER, Ingrid. The Changing Nature of Chapter 11. *Fisher College of Business Working Paper.* Arizona, US: Athens Meetings Paper, n. 2008-03-003; Charles A. Dice Center WP, 2008-4, 2008. Disponível em: https://ssrn.com/abstract=1102366. Acesso em: 27 ago. 2021

[27] TRIANTIS, George G. Theory of the Regulation of Debtor-in-Possession Financing. *Vanderbilt Law Review.* n. 46, p. 902, 1993. Disponível em: https://scholarship.law.vanderbilt.edu/vlr/vol46/iss4/4. Acesso em: 27 ago. 2021

Em linhas gerais, após a Reforma da LRF, a LRF passou a prever expressamente a possibilidade de "celebração de contratos de financiamento" pela recuperanda – o qual poderá ser concedido por qualquer pessoa, inclusive credores, sujeitos ou não à recuperação judicial, familiares, sócios e integrantes do grupo da recuperanda[28] –, "garantidos pela oneração ou pela alienação fiduciária de bens e direitos, seus ou de terceiros" – inclusive demais integrantes do seu grupo econômico, estejam ou não em recuperação judicial[29] –, "pertencentes ao ativo não circulante", cujos recursos sejam destinados a "financiar as suas atividades e as despesas de reestruturação ou de preservação do valor de ativos".

Nota-se que esse novo dispositivo legal não altera de forma relevante o regime vigente antes da Reforma da LRF. O principal benefício se resume ao esclarecimento de alguns aspectos fundamentais do *DIP/Exit Financing*.

A LRF é expressa no sentido de que o financiamento poderá – e não deverá – ser apreciado pelo magistrado. Diante disso, é factível que parte dos magistrados sustentem o entendimento que a aprovação desse financiamento é apenas uma prerrogativa legislativa, e não necessariamente uma obrigação inserida no exercício jurisdicional. Neste contexto, é esperado que essa autorização seja exigida pelos credores em operações garantidas com bens ou direitos do ativo não circulante da recuperanda. De toda forma, nesse contexto, caberá ao juiz da recuperação judicial estabelecer procedimentos pertinentes e ágeis, nos estritos limites do disposto na LRF, para a manifestação do Comitê de Credores, se instalado, e, mais importante, definir aquelas operações para as quais a sua autorização será necessária.[30]

Natureza extraconcursal e ordem de prioridade diferenciada: antes da Reforma da LRF, a LRF estabelecia que os créditos decorrentes de obrigações contraídas pelo devedor durante a recuperação judicial seriam considerados extraconcursais e, em caso de decretação de

28 O art. 69-F da LRF confirma a intenção do legislador estimular o financiamento de empresas em recuperação judicial, visto que permite o envolvimento de terceiros nessa operação, sejam familiares, sócios ou integrantes do grupo do devedor.

29 Art. 69-F da LRF.

30 BEZERRA FILHO, Manoel Justino. Lei de recuperação de empresas e falência: Lei 11.101/2005 comentada artigo por artigo. 15. ed. São Paulo: Revista dos Tribunais, 2021. *E-book*.

falência, seria invocada a antiga regra estabelecida no art. 84 da LRF.[31] No entanto, ao redesenhar o referido artigo, os legisladores atribuíram um tratamento diferenciado aos créditos oriundos de financiamento obtido pela recuperanda durante a recuperação judicial, privilegiando-os em relação a maioria dos demais créditos extraconcursais.[32]

Trata-se de um avanço em relação ao antigo regime, em que pese o fato de que os créditos decorrentes de financiamentos contratados pela recuperanda continuarem não tendo preferência absoluta sobre os créditos sujeitos à recuperação judicial[33] e à falência, ocasião em que são pagos, de forma *pro rata*, juntamente e na mesma ordem de prioridade dos demais créditos da mesma categoria (*i.e.*, "valor efetivamente entregue ao devedor em recuperação judicial pelo financiador" – art. 84, inciso II, LRF). Por isso, considera-se, sendo essa a nossa visão, que o legislador deixou de aprove*itar a oportunidade para eliminar de vez qualquer discussão sobre a* preferência dos credores do *DIP/Exit Financing.*

A MODIFICAÇÃO EM GRAU DE RECURSO DA DECISÃO AUTORIZATIVA DA CONTRATAÇÃO DO FINANCIAMENTO NÃO PODE ALTERAR A NATUREZA EXTRACONCURSAL DO CRÉDITO NEM AS GARANTIAS OUTORGADAS PELO DEVEDOR EM FAVOR DO FINANCIADOR DE BOA-FÉ, CASO O DESEMBOLSO DOS RECURSOS JÁ TENHA SIDO EFETIVADO: pela relevância do tema, a Reforma da LRF estabeleceu que as garantias constituídas em benefício de financiadores de empresas em recuperação judicial serão conservadas até o limite dos valores efetivamente desembolsados antes da data da sentença que convolar a recuperação judicial em falência (art. 69-B, LRF). Isto é, nem mesmo a decisão de um recurso que eventualmente modifique a decisão judicial que autorizou a contratação do financiamento

[31] Vide item 3.1. deste artigo.

[32] O valor efetivamente entregue ao devedor em recuperação judicial pelo financiador, no âmbito de *DIP/Exit Financing*, subordina-se apenas aos créditos extraconcursais previstos nos arts. 150 e 151 da LRF (*i.e.*, despesas da falência e créditos trabalhistas, respectivamente). Vide art. 84, LRF: "*serão considerados créditos extraconcursais e serão pagos com precedência sobre os mencionados no art. 83 desta Lei, na ordem a seguir, aqueles relativos: I – (revogado); I-A – às quantias referidas nos arts. 150 e 151 desta Lei; I-B – ao valor efetivamente entregue ao devedor em recuperação judicial pelo financiador, em conformidade com o disposto na Seção IV-A do Capítulo III desta Lei; [...]*".

[33] DIAS, Leonardo Adriano. Op. cit. p. 163.

poderá alterar a sua natureza extraconcursal, e, também, a validade das garantias outorgadas pela recuperanda, em favor do financiador de boa-fé.

Antes da Reforma da LRF, devido ao ambiente de incertezas, tornou-se cada vez mais comum a inclusão de cláusulas nos contratos de financiamento que estabeleciam, como condição para o desembolso, a inexistência de questionamentos judiciais ou trânsito em julgado da decisão que aprovou a operação – o que era, na prática, muitas vezes, inalcançáveis pela devedora.

A reversão ou alteração da decisão de primeiro grau autorizativa do financiamento e da respectiva garantia que venha a ser objeto de recurso[34] tornou-se, teoricamente, inadmissível com a Reforma da LRF[35], que preservou a natureza extraconcursal e a validade da respectiva garantia deste tipo de operação, em caso de falência da devedora, auferindo maior segurança jurídica aos financiadores de boa-fé, em relação aos valores efetivamente desembolsados.[36]

Trata-se, portanto, de uma alteração relevante e benéfica introduzida pela Reforma da LRF, contribuindo para a evolução da prática do *DIP/Exit Financing* no mercado brasileiro.

O JUIZ PODERÁ AUTORIZAR A CONSTITUIÇÃO DE GARANTIA SUBORDINADA, DISPENSANDO A ANUÊNCIA DO DETENTOR DA GARANTIA ORIGINAL: a Reforma da LRF conferiu, ainda, ao juiz a prerrogativa de autorizar a constituição de uma garantia subordinada sobre um ou mais ativos da recuperanda, em favor do financiador, dispensando a anuência do detentor da garantia original (art. 69-C, LRF).[37] O novo dispositivo pouco acrescenta para realidade atual de financiamento de empresas em

34 COELHO, Fábio Ulhoa. Op. cit. RB-86.1-91.1.

35 *"Para que o Poder Judiciário, em segundo grau de jurisdição, possa conhecer do recurso relativamente a esses aspectos da decisão de primeiro grau (extraconcursalidade no caso de falência e validade da garantia), os Desembargadores precisam inicialmente decidir que o financiador não estava em boa-fé ou que ele ainda não havia entregue ao financiado a integralidade dos recursos do financiamento"*. In COELHO, Fábio Ulhoa. Op. cit. RB-86.1-91.1.

36 SACRAMONE, Marcelo Barbosa. Op. cit. pp. 376-377; COSTA, Daniel Carnio; MELO, Alexandre Nasser. Comentários à Lei de Recuperação de Empresas e Falência, Editora Juruá, Curitiba, 2021. p. 193.

37 COSTA, Daniel Carnio; MELO, Alexandre Nasser. Op Cit. p. 194.

recuperação judicial, tendo em vista que reflete a prática anterior prevista na antiga LRF.[38]

Ao analisar esse tema, é possível concluir que, pelas características do mercado brasileiro, dependente muitas vezes da existência de garantias, como discutido acima, a Reforma da LRF mostrou-se deficiente. A inspiração na prática e regras americanas poderiam ter sido um ótimo ponto de partida[39]. Lá, por exemplo, nos termos do art. 364 do *Bankrupcty Code*, o juiz pode autorizar que *DIP/Exit Financing* seja garantido por bens onerados para outros credores, com prioridade igual ou superior a do crédito original (*priming lien*).[40]

De todo modo, o respeito à prioridade em relação à garantia dos credores que financiaram a empresa antes da recuperação judicial – ao permitir a constituição de garantias sem autorização do credor pré-existente apenas em relação ao valor que sobejar ou excedente e, ainda, quando a propriedade resolúvel não tenha sido transferida a tal credor, como ocorre com as garantias fiduciárias – é fundamental para o regular funcionamento e desenvolvimento do mercado de dívida.[41] Assim, prevalece o princípio previsto no art. 50, § 1º, da LRF, tão essencial para o mercado de dívida, pelo qual o plano de recuperação somente pode prever alienação de bem objeto de garantia real, com a concordância individual do credor titular da respectiva garantia.

[38] Tal afirmação se aplica na hipótese em que é permitido a criação de garantia subordinada sobre ativo objeto de garantias reais, como hipoteca e penhor, assim como naquela em que não é permitido fazê-lo sobre ativo objeto de garantias fiduciárias, como alienação ou cessão fiduciária. SACRAMONE, Marcelo Barbosa. Op. cit. p. 375.

[39] Estudos empíricos demonstram que a contribuição do DIP Financing pode ser exponencialmente reduzida quando os empréstimos possuem garantias sobre ativos já onerados com maior prioridade em relação aos credores existentes, especialmente quando a classificação dos créditos preexistentes dos financiadores é elevada. Nesse sentido: CARAPETO, Maria. Debtor-in-possession financing: Size does matter. PhD Programme, London Business School, Nov. 1998. Disponível em: http://citeseerx.ist.psu.edu/viewdoc/summary?doi=10.1.1.22.4904.

[40] Leonardo Adriano. Op. cit. p. 121.

[41] "*É uma regra adequada para fomentar o financiamento na medida em que não afeta os direitos do credor anterior cuja prioridade em relação à garantia é plenamente assegurada*". MUNHOZ, Eduardo Secchi. Financiamento e Investimento da Empresa em Crise. *In*: SANTOS, Assione; FLORENTIN, Luis Miguel Roa; SALMAZO, Rodolfo. (Org.). *Transformações no direito de insolvência*: estudos sob a perspectiva da reforma da Lei 11.101/2005. São Paulo: Quartier Latin, 2021, v. 1, p. 488.

Caso a recuperação judicial seja convolada em falência, o contrato de financiamento será considerado automaticamente rescindido: o financiador fica liberado de entregar as parcelas do financiamento e, para fins de classificação como extraconcursal ou na classe da garantia real, será considerado o valor do seu crédito pelas parcelas entregues, proporcionalmente ao total dos recursos mutuados. Este tratamento é justificado pelo fato de o contrato de financiamento ser aperfeiçoado somente quando há o efetivo desembolso dos valores correspondentes pelo financiador.[42]

Avaliação do risco e provisionamento bancário: devido ao risco de crédito expressivo que compõe a estrutura de *DIP/Exit Financing*, há normas do sistema financeiro[43] que podem exigir a realização de provisionamento por parte da instituição financeira, equivalente a até a totalidade do valor do crédito[44], conforme *rating* a ser atribuído a devedora com base em critérios legais e contábeis.[45]

Regras mais flexíveis para a determinação do *rating* das empresas em recuperação judicial, com ou sem plano aprovado, é medida importantíssima para aquecer o mercado de *DIP/Exit Financing* e dar mais acesso a dinheiro novo às empresas que procuram se recuperar, dando concretude ao princípio da preservação da empresa.[46] Em breve tom de mudança, o CMN editou a Resolução CMN nº 2.682, de 21 de dezembro de 1999, permitindo que as instituições reclassifiquem o nível de risco de operações de financiamento renegociadas de março até setembro de 2020, impedindo com isso a necessidade de aumento nas provisões para perdas

[42] In COELHO, Fábio Ulhoa. Op. cit. RB-86.1-91.1.

[43] Resolução CMN nº 2.682/1999 e a Circular BACEN nº 3.648/2013.

[44] CHALHUB, Melhim Namen; ASSUMPÇÃO, Marcio Calil de. Dip Financing – Inovações no financiamento às empresas em recuperação judicial (Lei 14.112/20). Coluna – novos horizontes do direito privado. *Migalhas*. São Paulo, 27 jan. 2021. Disponível em: https://www.migalhas.com.br/coluna/novos-horizontes-do-direito-privado/339476/inovacoes-no-financiamento-as-empresas-em-recuperacao-judicial. Acesso em: 04 jun. 2021.

[45] Para o crédito classificado como AA o depósito compulsório é zero. Entretanto, para o crédito classificado como H o percentual é correspondente a totalidade do valor.

[46] WAISBERG, Ivo; FRANCO, João Roberto F. Provisão bancária e recuperação judicial. ***Valor Econômico.*** São Paulo, 24 jun. 2013. Disponível em: https://valor.globo.com/legislacao/noticia/2016/06/24/provisao-bancaria-e-recuperacao-judicial.ghtml. Acesso em: 05 jun. 2021.

com créditos. Entretanto, até a data da publicação deste artigo, não houve qualquer pronunciamento do CMN sobre o tema.

Conclusões

Em decorrência da experiência embrionária brasileira em operações de *DIP/Exit Financing*, a Reforma da LRF optou por inserir um conjunto de regras específicas na LRF a fim de promover maior segurança jurídica aos financiadores. É inegável que a reformulação da estrutura de capital da empresa em crise, com a injeção de novos recursos, é uma forma eficaz de promover a sua subsistência e viabilizar a superação da crise, evitando, assim, o procedimento falimentar e a liquidação de seus ativos.

Em linhas gerais, a Reforma da LRF estabelece uma estrutura jurídica benéfica e cria estímulos adequados, visto que a LRF passa a dispor com mais clareza sobre o *DIP/Exit Financing*, sem desrespeitar a prática consolidada das operações de financiamento dessa natureza no mercado de dívida brasileiro. Nota-se, portanto, uma melhora significativa no tratamento da matéria.

Em termos de estrutura jurídica do *DIP/Exit Financing*, um dos maiores avanços é, sem dúvidas, a tentativa de esclarecer as situações em que há a dispensa de aprovação do juízo para contratação do financiamento e constituição de garantias. Igualmente importante foi a criação da regra prevista no art. 69-B pela qual a modificação em grau de recurso da decisão autorizativa da realização do financiamento não pode afetar a natureza extraconcursal do crédito nem as garantias outorgadas pela recuperanda em favor do financiador de boa-fé. Tais inovações conferem segurança jurídica das partes envolvidas durante a operação.

Em que pese as alterações legislativas em favor da segurança jurídica, que, na nossa visão, tendem a estimular a realização de *DIP/Exit Financing*, espera-se que, na prática, haja também o comprometimento do judiciário brasileiro para que as críticas elaboradas neste artigo impeçam os avanços tão almejados pela Reforma da LRF.

Com a consolidação da prática de *DIP/Exit Financing*, a criação de uma rede de estímulos e proteção em favor da oferta de crédito para as empresas em crise fica mais evidente, e por consequência, torna-se uma alternativa mais viável e realista para viabilizar a implementação de soluções mais concretas e definitivas para situação de crise representada pela recuperação judicial.

9. Garantias Fiduciárias e o *Stay Period* na Recuperação Judicial

André Chateaubriand Martins
Frederico Kerr Bullamah
Antonio Oliveira

Introdução

A Lei nº 11.101, de 9 de fevereiro de 2005, conforme alterada ("**LRF**"), assegura às sociedades empresárias que apresentem condições de superar eventual crise econômico-financeira a alternativa de recorrerem ao instituto da recuperação judicial.

Com o fim de criar ambiente propício entre devedor e credores para composição dos diversos interesses e negociação de meios adequados para manutenção e continuidade de suas atividades, a LRF estabelece o *stay period*, ou período de suspensão, de, inicialmente, 180 dias[1], no qual todas as ações e execuções ajuizadas contra o devedor ficam suspensas. O *stay period* serve para dar fôlego à empresa em situação de estresse financeiro e insolvência e, assim, permitir que sua existência e atividades sejam preservadas.[2]

[1] Art. 6ª, § 4º, da LRF. O prazo é contado do deferimento do processamento da recuperação judicial, podendo o juiz antecipar, total ou parcialmente, nos termos do § 7º do mesmo dispositivo legal, os efeitos do deferimento do processamento da recuperação judicial.

[2] O instituto tem como uma de suas origens o chamado *automatic stay* norte-americano, previsto no capítulo 3, subcapítulo IV, seção 362 do *Bankruptcy Code*. Difere do instituto brasileiro, pois reconhece a suspensão automática das ações de cobrança em face do devedor que se submete voluntária ou involuntariamente a um pedido de reorganização nos termos do capítulo 11 do referido código. Nos termos da LRF, tal proteção ao devedor apenas se

Durante o prazo de suspensão, os credores não sujeitos à recuperação judicial, como, por exemplo, aqueles titulares de garantias fiduciárias, poderão prosseguir com suas execuções contra o devedor, ressalvada, todavia, a competência do juiz da recuperação judicial de determinar a suspensão de atos de constrição sobre "bens de capital essenciais" às atividades do devedor (art. 6º, § 7-A, e art. 49, §3, LRF).

A recuperação judicial interfere, portanto, em diversas relações existentes e futuras do devedor com os seus credores, com vistas a viabilizar a "*superação da situação de crise econômico-financeira do devedor, a fim de permitir a manutenção da fonte produtora, do emprego dos trabalhadores e dos interesses dos credores, promovendo, assim, a preservação da empresa, sua função social e o estímulo à atividade econômica.*" (art. 47, LRF).

Por outro lado, os propósitos da recuperação judicial de proporcionar recursos para a superação da crise econômico-financeira e a preservação das atividades do devedor, conforme previsto na LRF, não deveriam ser conflitantes e colidirem com os direitos dos credores existentes, também assegurados pela legislação pátria. Nesse sentido, a intervenção do poder judiciário deveria sempre se pautar no respeito aos negócios jurídicos firmados anteriormente à recuperação judicial, a fim de proporcionar um ambiente seguro e propício ao desenvolvimento econômico sustentável do Brasil, com a realização de investimentos e fomento ao mercado de dívida.

Incertezas e desconfianças quanto ao recebimento do crédito em caso de recuperação judicial devido ao enfraquecimento de direitos dos credores, em especial em relação às garantias prestadas, seja pelo devedor ou por terceiros, reflete diretamente na percepção de risco de crédito, resultando no seu encarecimento e, consequentemente, na redução da circulação de riquezas.

O presente artigo tem como objetivo explorar o tratamento da garantia fiduciária e as principais interfaces com o *stay period*, além da relevância do conceito de "bens de capital essenciais".

Para tanto, dedica-se, em um primeiro momento, à finalidade e ao conceito do *stay period* e das garantias fiduciárias, a fim de esclarecer as

inicia com a decisão do juiz nesse sentido. Outra diferença do instrumento americano seria o fato deste não prever um limite exato em que perdurará a suspensão, mas sim circunstâncias dentro das quais ela poderá ser interrompida, concedendo aos credores instrumentos de controle e mecanismos que afastem o abuso de direito por parte dos devedores.

consequências práticas e proteções a elas asseguradas em um cenário de recuperação judicial. Posteriormente, trataremos da importância do conceito de "bens de capital essencial", conforme doutrina e jurisprudência mais recentes, tendo em vista a ausência de uma definição legal.

Por fim, serão abordadas neste artigo as hipóteses em que o credor titular de propriedade fiduciária se submete à recuperação judicial e a sua relação direta ao conceito de "bens de capital essenciais", bem como as novidades trazidas sobre esses temas pela reforma introduzida pela Lei nº 14.112, de 24 de dezembro de 2020 (**"Reforma da LRF"**).

Stay Period: Aplicação Prática do Conceito e Impactos nos Direitos dos Credores

Preliminarmente, cumpre lembrar que a finalidade do *stay period* é suspender temporariamente as execuções que tramitam contra o devedor que se encontra em processo de recuperação judicial, incluindo a vedação da realização de atos de constrição patrimonial durante esse período. Isso porque, caso as execuções continuassem, o devedor poderia ver o principal objetivo da recuperação judicial – *i.e.*, a preservação da empresa – frustrado, em prejuízo, em última análise, da comunhão dos credores.

Até o advento da Reforma da LRF, a LRF contava com previsão específica no sentido de que o *stay period* seria válido pelo prazo improrrogável de 180 dias. No entanto, apesar da referida limitação temporal, a prática demonstrava de maneira reiterada que esse prazo era insuficiente para a recuperanda alcançar o consenso necessário para a aprovação do seu plano de recuperação judicial.

Assim foi o caso da concessionária do Aeroporto de Viracopos no AI nº 2201544-44.2019.8.26.0000[3], em que a 1ª Câmara de Direito Empresarial do Tribunal de Justiça de São Paulo (TJSP), por não vislumbrar atuação negligente das recuperandas no cumprimento de suas diligências, deferiu a prorrogação do *stay period* até a realização de nova assembleia geral de credores. A jurisprudência se pacificou nesse sentido, inclusive em linha com o entendimento do Superior Tribunal de Justiça (STJ) no REsp

[3] TJ-SP – AI: 22015444420198260000 SP 2201544-44.2019.8.26.0000, Relator: Alexandre Lazzarini, Data de Julgamento: 27/11/2019, 1ª Câmara Reservada de Direito Empresarial, Data de Publicação: 28/11/2019.

1.193.480-SP[4] e no CC 112.799-DF[5], cujos respectivos trechos seguem abaixo transcritos:

> *"(...) o deferimento da recuperação judicial suspende as execuções, ainda que elas sejam iniciadas anteriormente ao pedido de recuperação, em homenagem ao princípio que privilegia a continuidade da sociedade empresária. Ressalta, também, que, no STJ, em razão do citado princípio, a jurisprudência tem interpretado a Lei n. 11.101/2005 sistematicamente, e não pela mera literalidade da norma invocada, por entender que, no estágio de recuperação judicial, não é razoável a retomada das execuções individuais após o simples decurso do prazo legal de 180 dias, conforme previsto no art. 6º, § 4º, da citada lei, sobretudo se a empresa em recuperação não tem qualquer culpa na demora da aprovação do referido plano."*[6]
>
> *"Destarte, deferido o processamento da recuperação, quanto mais se aprovado o plano de recuperação judicial, não há como dar prosseguimento automático às execuções individuais, mesmo que decorrido o prazo do art. 6º, § 4º, da Lei n. 11.101/2005, de suspensão das ações e execuções (180 dias). Anote-se que esse prazo tem sua razão de ser no fato de a sociedade necessitar de um período de defesa para reorganizar-se sem ataques a seu patrimônio com o fim de apresentar o plano de recuperação, nada vedando sua ampliação pelo juízo diante das especificidades de cada caso."*[7]

Embora os julgados sejam em sua maioria na linha de que o adiamento do prazo de 180 dias ocorre desde que a extensão se faça por prazo determinado, há decisões em que os juízes não determinam um prazo ou data específica. Da mesma forma, a fim de evitar qualquer tentativa do

[4] STJ – REsp 1.193.480-SP 2010/0085399-1, Relator Ministro Aldir Passarinho Junior, Data de Julgamento: 5/10/2010, T4 – Quarta Turma, Data de Publicação: DJe 18/10/2010.

[5] STJ – CC 112.799-DF 2010/0117928-8, Relator Ministro Luis Felipe Salomão, Data de Julgamento: 14/3/2011, S2 – Segunda Seção, Data de Publicação: DJe 22/03/2011.

[6] STJ – REsp 1.193.480-SP 2010/0085399-1, Relator Ministro Aldir Passarinho Junior, Data de Julgamento: 5/10/2010, T4 – Quarta Turma, Data de Publicação: DJe 18/10/2010, conforme o Informativo STJ nº 450, disponível em https://ww2.stj.jus.br/docs_internet/informativos/RTF/Inf0450.rtf.

[7] STJ – CC 112.799-DF 2010/0117928-8, Relator Ministro Luis Felipe Salomão, Data de Julgamento: 14/3/2011, S2 – Segunda Seção, Data de Publicação: DJe 22/03/201, conforme o Informativo STJ nº 466, disponível em http://www.stj.jus.br/SCON/infojur/doc.jsp?op=imprimir&livre=%40cod%3D%27466%27&&b=INFJ&p=true&t=JURIDICO&l=10&i=1.

uso indevido da ferramenta pela recuperanda em benefício próprio, os julgados avaliam o caso concreto de modo a verificar a ausência de culpa por parte da recuperanda.

Por exemplo, já em 2019, como resultado da recuperação judicial da Abengoa Bioenergia[8], no qual o TJSP entendeu que não houve qualquer esforço das recuperandas para deliberação e aprovação do plano de recuperação judicial, que já superava mais de 600 dias corridos, o Grupo de Câmaras Reservadas de Direito Empresarial do TJSP aprovou o Enunciado nº 9, que estabelecia que *"a flexibilização do prazo do 'stay period' pode ser admitida, em caráter excepcional, desde que a recuperanda não haja concorrido com a superação do lapso temporal e a dilação se faça por prazo determinado"*.

Nesse contexto, recentemente, com todas as consequências sociais e econômicas oriundas da pandemia do novo coronavírus, o Conselho Nacional de Justiça (CNJ) aprovou, em sua 307ª Sessão Ordinária, orientações a favor da prorrogação dos prazos de duração da suspensão do *stay period* nos casos em que houver a necessidade de adiar a assembleia geral de credores.[9]

O entendimento foi inclusive refletido em decisão judicial da 1ª Vara de Falência e Recuperação Judicial de São Paulo, quando foi autorizada a prorrogação do *stay period* de uma empresa de engenharia. A empresa havia argumentado que cumpriu regularmente os prazos processuais e que a pandemia da Covid-19 a impedia, até o momento, de convocar assembleia geral de credores para a votação do plano de recuperação judicial. Na decisão, o magistrado pontuou que:

> *"Reputo, neste aspecto, razoável a prorrogação do stay period pelo período de suspensão da AGC, valendo o registro, uma vez mais, que a recuperanda não deu causa ao retardamento da marcha processual e de que se está diante de um evento externo e imprevisível, cujo impacto econômico, sobretudo para as empresas em processo de reestruturação de seu endividamento, dispensa maiores considerações. A prorrogação, neste aspecto, responde a uma necessidade de se garantir à recuperanda a possibilidade de que seu patrimônio não seja objeto de constrições até que haja possibilidade de segura votação do plano de recuperação judicial pelos credores. Necessário, contudo, que a AGC*

[8] TJSP nº 1001163-43.2017.8.26.0538.

[9] Disponível em https://www.cnj.jus.br/recomendacao-trata-de-acoes-de-falencia-durante--pandemia/

se realize tão logo haja o levantamento das medidas que por ora impedem a realização de eventos que impliquem aglomeração de pessoas. Neste aspecto, findo o prazo de suspensão dos processos (30.04.2020), deverá a recuperanda indicar as datas para a realização do conclave, ocasião em que será apreciada a matéria à luz da evolução da epidemia e das reais possibilidades de realização de eventos desta natureza."[10]

Diante do entendimento prevalecente nos tribunais estaduais e superiores, a Reforma da LRF trouxe maior previsibilidade ao modificar o § 4º do art. 6º, pois estabeleceu de maneira expressa a possibilidade de prorrogação do *stay period,* sem as incertezas de decisões que iam claramente de encontro ao texto expresso da lei. Permitiu, assim, a renovação, em caráter excepcional, do prazo por um limite máximo adicional de 180 dias[11]. Vale ressaltar, também, a alternativa de os credores sujeitos à recuperação judicial apresentarem plano alternativo nos casos em que, superado o *stay period* – com ou sem determinação de prorrogação – não houver deliberação do plano proposto pela recuperanda. A apresentação do plano alternativo, nos termos da LRF, resultaria na prorrogação do prazo do *stay period* por mais 180 dias.[12]

A Reforma da LRF incluiu também outras condições para o melhor funcionamento do instituto, quais sejam, (i) permissão a apenas uma renovação; (ii) indicação expressa do caráter de excepcionalidade do instrumento; e (iii) determinação de não contribuição do devedor com a superação do lapso temporal como requisito para aprovação da prorrogação, isto é, a ausência de qualquer conduta do devedor que possa ter obstruído ou dificultado o andamento do processo.[13]

[10] Tribunal de Justiça do Estado de São Paulo Foro Central Cível 1ª Vara de Falências e Recuperações Judiciais; Processo Digital nº: 0035171-19.2017.8.26.0100; Data do julgamento: 30/03/2020.

[11] Ainda, apesar das inovações, a lei segue silente sobre se o referido prazo deve ser contado em dias úteis ou corridos. Muito embora tenha sido incluída previsão no parágrafo único do art. 219 do Código de Processo Civil (CPC), no sentido de que prazos processuais devam ser contados em dias úteis e prazos materiais em dias corridos, em atenção ao art. 132 do CC, ainda há discussões tanto sobre o significado de prazo processual e prazo material, quanto em relação a qual legislação a previsão do CPC se aplicaria.

[12] Art. 6º, § 4-A, combinado com o ar, 56, §§ 4º, 5º e 6º, LRF.

[13] Art. 6º, *caput* e § 4º, LRF.

A definição de tais condições pela Reforma da LRF traz maior segurança ao processo de recuperação judicial e, consequentemente, aos credores fiduciários. Para se ter uma ideia, estudo feito pela Associação Brasileira de Jurimetria para a 2ª fase do Observatório da Insolvência, baseado na análise de processos de recuperação judicial distribuídos nas Comarcas do Estado de São Paulo entre janeiro de 2010 e julho de 2017, concluiu que o tempo médio até a aprovação de um plano de recuperação judicial é de 407 dias nas varas especializadas e 567 nas varas comuns. Ambos, portanto, bastante superiores aos 360 dias definidos pela Reforma da LRF.[14]

A insegurança sobre a possibilidade de prorrogação do *stay period* acaba por prejudicar, em alguma medida, todas as partes envolvidas no processo de recuperação judicial, sendo a reforma, nesse aspecto, benéfica por assegurar maior previsibilidade para o processo. Isso não significa, contudo, que o devedor deva utilizar todo o prazo de suspensão para negociação do plano de recuperação judicial. Quanto mais célebre a construção de um plano, maior a eficiência, maior o retorno aos credores e, consequentemente, a satisfação com o processo de recuperação judicial.

Assumindo-se que o limite estabelecido pela nova redação do art. 6º da LRF seja respeitado pelos tribunais, muito possivelmente a dinâmica da recuperação judicial será afetada positivamente.

A LRF expressamente exclui determinados créditos da abrangência do *stay period* pela sua natureza.[15] Porém, embora o trâmite das ações e execuções de tais créditos possam prosseguir durante esse período até o limite das garantias excluídas dos efeitos da recuperação judicial, cabe ao juízo determinar a suspensão dos atos de constrição que recaiam sobre bens de capital essenciais à manutenção da atividade empresarial. A atribuição de competência do juiz para determinar atos de constrição de bens que sejam considerados essenciais foi reconhecida pela Reforma da LRF e está em linha com a jurisprudência consolidada do STJ.

Cumpre destacar que a Reforma da LRF não trouxe qualquer alteração ao regime vigente do *stay period* previsto no art. 49, §3º, que trata especificamente dos créditos não sujeitos à recuperação judicial, em nada afetando, portanto, a condição jurídica do credor fiduciário, exceto no que

14 Disponível em https://abj.org.br/cases/2a-fase-observatorio-da-insolvencia/

15 Art. 6º, § 7-A, e 49, *caput* e § 3º, da LRF.

diz respeito à possibilidade de prorrogação do período acima mencionado, em que tais credores poderão estar impedidos de vender ou retirar do estabelecimento da devedora bens de capital, objeto de suas garantias, quando tais bens forem considerados essenciais para o exercício de suas atividades.

Desse modo, muito embora a extensão do prazo de prorrogação, de um lado, seja benéfica à classe de credores não sujeitos aos efeitos da recuperação judicial, uma vez que oferece previsibilidade – anteriormente, não lhes restava outra alternativa a não ser esperar muitas vezes até a aprovação do plano de recuperação judicial, em razão das diversas renovações do *stay period* –, de outro, a possibilidade de prorrogação desse prazo por período superior a 180 dias impacta de forma direta a expectativa de retorno do credor fiduciário.

Por esse motivo, a definição do conceito de "*bens de capital essenciais*" é relevante para os titulares de garantias fiduciárias, visto que eventual enquadramento do objeto de suas garantias nessa categoria faz com que os credores fiduciários estejam sujeitos, mesmo que temporariamente, durante o *stay period*, aos efeitos da recuperação judicial.

Garantias Fiduciárias: a intrínseca relação com o conceito de "Bens de Capital Essenciais"

É evidente que a segurança jurídica que as garantias (reais ou fidejussórias) proporcionam aos investidores e credores impacta direta e favoravelmente a sua disposição de realizar investimentos e operações de financiamento em geral, contribuindo para o fortalecimento do setor econômico do país.

Nesse contexto, a garantia fiduciária, ou o negócio fiduciário, é uma das principais garantias reais previstas no direito brasileiro[16], com vantagens

[16] Atualmente, há três regimes legais aplicáveis às garantias fiduciárias (cessão e à alienação fiduciárias): (i) o art. 1.361 do Código Civil disciplina a propriedade fiduciária sobre coisas móveis infungíveis, sendo o credor fiduciário qualquer pessoa natural ou jurídica; (ii) art. 66-B da Lei nº 4.728/65, acrescentado pela Lei nº 10.931/2004, e o Decreto Lei nº 911/69, disciplinam a propriedade fiduciária sobre coisas móveis fungíveis e infungíveis quando o credor fiduciário for instituição financeira; (iii) a Lei nº 9.514/97, também modificada pela Lei nº 10.931/2004, disciplina a propriedade fiduciária sobre bens imóveis, quando os credores forem ou não instituições financeiras, além da titularidade fiduciária dos créditos como lastro de operação de securitização de dívidas do Sistema Financeiro Imobiliário; e (iv) o art. 113, parágrafo único, da Lei nº 6.404/76 disciplina a propriedade fiduciária de ações.

exclusivas e próprias, especialmente quando comparadas com as demais espécies de garantias reais.[17]

Por meio da garantia fiduciária, há a transferência da propriedade fiduciária de um bem móvel (incluindo créditos) ou imóvel da devedora ao credor para assegurar o cumprimento de uma obrigação, resolvendo-se com o seu pagamento integral.[18]

Essa característica permite que essa espécie de garantia não fique sujeita à recuperação judicial. O credor se torna proprietário, mesmo que de forma resolúvel, do bem alienado fiduciariamente, o que faz com que deixe de integrar momentaneamente o patrimônio da devedora.[19] Neste ponto, inclusive, muito se aumentou a utilidade e a importância desse instrumento, que, com todas as suas especificidades e complexidades, tornou-se a primeira opção de diversos credores em operações de financiamento dos mais diversos tipos.

Porém, a proteção contra a recuperação judicial da devedora é relativizada na prática na medida em que o bem dado em garantia, por alienação ou cessão fiduciária, seja considerado um "*bem de capital essencial*". Nesse sentido, eventuais discussões e controvérsias quanto ao conceito de "*bens de capital essenciais*" podem gerar insegurança jurídica para as partes envolvidas, em especial, aos credores.

Embora o texto legal esclareça a clara impossibilidade de venda ou retirada do estabelecimento da devedora dos bens de capital essenciais até o encerramento do *stay period*, a LRF permanece silente em relação à definição do que são os bens de capital essenciais ou de quais critérios devem ser adotados para a sua determinação. A Reforma da LRF atribuiu

17 Art. 1.225 do Código Civil.

18 Em outras palavras, o credor fiduciário se torna titular da propriedade resolúvel do bem e seu possuidor *indireto*, enquanto s devedora fiduciante fica na condição de possuidora *direta* e depositária. Na hipótese de cumprimento da obrigação que essa tem perante aquele, haverá a chamada resolução da propriedade, na qual o sujeito que era devedora passa a ser a proprietária plena e única possuidora do bem, enquanto o que era credor deixa de ser titular de direito real sobre ele.

19 "*Difere-se esse direito de propriedade fiduciária sobre a coisa dos direitos reais de garantia, como a hipoteca, o penhor e a anticrese. Nestes, o credor tem um direito real sobre o bem do devedor, enquanto na propriedade fiduciária o credor tem um direito real sobre bem próprio, de sua propriedade, ainda que resolúvel.*" SACRAMONE, Marcelo Barbosa. Comentários à Lei de Recuperação de Empresas e Falência. São Paulo: Saraiva, 2018, p. 254.

essa tarefa para o juízo recuperacional, o que levará em consideração as características de cada caso concreto (art. 6º, §7º-A, LRF).

"Bens de Capital Essenciais": o impacto prático da ausência de definição legal

Não há um padrão definido sobre o significado dos *bens de capital* e, mais ainda, dos *bens de capital essenciais*, sendo a análise muito discricionária do juízo da recuperação judicial, o que não é positivo. Idealmente, deve-se buscar um consenso jurisprudencial sobre os limites da abrangência do conceito de bens essenciais, de modo que possa haver maior previsibilidade, como, por exemplo, nas operações de financiamento garantidas por ativos da companhia.

A doutrina consolidou o entendimento de que apenas os bens usados na cadeia produtiva da empresa, que estão na sua posse, como "*maquinários ou as instalações para a produção da atividade*"[20], são considerados essenciais para a manutenção de suas atividades. E, na mesma linha, o STJ se posicionou no sentido de que apenas bens corpóreos utilizados na cadeia produtiva da empresa são considerados bens de capital, tendo em vista serem absolutamente necessários ao exercício da sua atividade econômica:

> *"Para efeito de aplicação do § 3º do art. 49, "bem de capital", ali referido, há de ser compreendido como o bem, utilizado no processo produtivo da empresa recuperanda, cujas características essenciais são:* ***bem corpóreo (móvel ou imóvel), que se encontra na posse direta do devedor, e, sobretudo, que não seja perecível nem consumível, de modo que possa ser entregue ao titular da propriedade fiduciária, caso persista a inadimplência****, ao final do stay period. (...) A exigência legal de restituição do bem ao credor fiduciário, ao final do stay period, encontrar-se-ia absolutamente frustrada, caso se pudesse conceber o crédito, cedido fiduciariamente, como sendo "bem de capital."*[21] *(g.n.)*

Porém, nem sempre esses julgados optam pela busca de um conceito objetivo do termo, preferindo tratar da questão de maneira mais abstrata

[20] SACRAMONE, Marcelo Barbosa. Comentários à Lei de Recuperação de Empresas e Falência. São Paulo: Saraiva, 2018, p. 249.

[21] STJ, RESP nº 1.758.746/GO, Rel. Min. Marco Aurélio Bellizze, j. 1.10.2018

e principiológica. Esse é o caso do Recurso Especial (REsp.) 1.263.500[22], no qual, diante de reclamação do banco credor fiduciário pela execução de duplicatas dadas a uma recuperanda em forma de cessão fiduciária, o Ministro Luis Felipe Salomão defendeu relativizar o conceito de bens de capital essenciais previsto no art. 49 da LRF com fundamento no princípio da *preservação da empresa*, assegurado no art. 47 do mesmo disposto legal:

> *"(...) a satisfação do próprio crédito fiduciário está limitada pelo imperativo maior de preservação da empresa, contido na parte final do § 3º do art. 49 e no caput do art. 47, de modo que é o Juízo da recuperação que vai ponderar, em cada caso, os interesses em conflito, o de preservar a empresa, mediante a retenção de bens essenciais ao seu funcionamento, e o de satisfação do crédito tido pela Lei como de especialíssima importância. (...) Com efeito, a solução que se me afigura correta é a que harmoniza a situação da empresa em crise e as garantias do credor fiduciário, de modo que os valores recebíveis mediante o instrumento de cessão fiduciária não sejam simplesmente diluídos para o pagamento dos outros credores submetidos ao Plano, tampouco liquidados extrajudicialmente pelo credor fiduciário na satisfação do próprio crédito, sem a interferência judicial."*[23]

A conclusão a que chegou o Ministro Luis Felipe Salomão foi de que os bens dados em garantia, mesmo não sujeitos à recuperação judicial, devem ser mantidos em conta vinculada até que confirmada sua essencialidade. De forma similar, entende Eduardo Secchi Munhoz[24] que a expressão não deve ser interpretada de forma literal, sendo necessária a "*manutenção dos recursos obtidos com o recebimento dos créditos cedidos fiduciariamente em conta vinculada à recuperação*".

[22] STJ – REsp: 1263500 ES 2011/0151185-8, Relator: Ministra MARIA ISABEL GALLOTTI, Data de Julgamento: 05/02/2013, T4 – QUARTA TURMA, Data de Publicação: DJe 12/04/2013.

[23] STJ REsp: 1263500 ES 2011/0151185-8, Relator: Ministra MARIA ISABEL GALLOTTI, Data de Julgamento: 05/02/2013, T4 – QUARTA TURMA, Data de Publicação: DJe 12/04/2013.

[24] MUNHOZ, Eduardo Secchi. Cessão fiduciária de direitos de crédito e recuperação judicial de empresa. Revista do Advogado 105/44; Data de Publicação: set.,2009. Disponível em: https://aplicacao.aasp.org.br/aasp/servicos/revista_advogado/paginaveis/105/3/index.html#zoom=z

Por meio de acórdão proferido nos autos do agravo interno (AI) 2236949-78.2018.8.26.0000[25] referente ao caso da Livraria Cultura — em recuperação judicial, o TJSP decidiu em favor da recuperanda que apenas o volume de recebíveis necessário para a manutenção das atividades da recuperanda, comprovado pelo administrador judicial, seria considerado bem de capital essencial e, portanto, sujeito aos efeitos da recuperação judicial. O cálculo do valor "essencial" seria definido mensalmente, destinando apenas o saldo remanescente ao titular da garantia fiduciária.

> *"Por outro lado, admitindo-se como extraconcursal o crédito, por força da cessão fiduciária de recebíveis, também não é possível concluir pela possibilidade de amortização durante o stay period dada a essencialidade do bem, como passará a se expor, razão pela qual a decisão deve ser mantida. Por oportuno, registre-se que a essencialidade do dinheiro é evidente, pois o Juízo recorrido prudentemente requereu diligências acolhidas pelo administrador no sentido de verificar tão somente o montante indispensável à continuidade da atividade empresarial".*[26]

Como se pode perceber, as decisões analisadas enfrentam a discussão sobre a interpretação mais adequada e a abrangência das expressões "bem de capital" e "essencial" previstas no art. 49, §3º, da LRF. Defende-se que ambas expressões sejam definidas com base em critérios objetivos, a fim de que os direitos dos credores não sujeitos à recuperação judicial sejam preservados. A crise da devedora não deveria ser utilizada como instrumento para a criação de um ambiente de insegurança jurídica, inclusive sob a justificativa e aplicação do princípio da preservação da empresa previsto no art. 47 da LRF, mesmo que implique na decretação da falência da devedora.

Adoção de critérios objetivos para definição de "Bens de Capital Essenciais": um tema relevante não solucionado pela Reforma da LRF

A definição de um conceito e, consequentemente, da abrangência da expressão "bens de capital" e "essencial" representa elemento de extrema relevância para o desenvolvimento do mercado de dívida no Brasil, por

[25] TJSP, 1ª Câm. Res. Dir. Empr., AI n. 2236949-78.2018.8.26.0000, Des. Rel. Hamid Bdine, j. 17.12.18.

[26] TJSP, 1ª Câm. Res. Dir. Empr., AI n. 2236949-78.2018.8.26.0000, Des. Rel. Hamid Bdine, j. 17.12.18.

estar diretamente relacionada à principal modalidade de garantia exigida pelos credores neste tipo de operação.

O acordão do Ministro Marco Aurélio Bellizze relatado no âmbito do Resp. 1.758.746/GO, mencionado acima, sugere uma solução à questão, e tem sido utilizado como precedente para fixar entendimento sobre o conceito de essencialidade, estabelecendo critérios objetivos para a definição da expressão "bem de capital", quais sejam: que o bem objeto da garantia seja bem corpóreo (móvel ou imóvel), se encontre na posse direta da devedora, e que não seja perecível nem consumível, de modo que o direito do titular da propriedade fiduciária não seja prejudicado ao final do *stay period.*

Esse entendimento não é isolado. Em 2008, por exemplo, o Tribunal de Justiça do Paraná entendeu que os recebíveis de cartão de crédito cedidos fiduciariamente não são bens de capital essenciais.[27]

O tema se torna ainda mais relevante em relação ao tipo de garantia utilizado em operações de financiamento, qual seja, a cessão fiduciária de recebíveis, também conhecida como "trava bancária". Embora seja ainda assunto controverso, cumpre destacar que a garantia analisada pelo STJ nos casos acima comentados consistia justamente na "trava bancária", tendo o STJ se posicionado sobre a não essencialidade desse bem.

No julgamento de outro caso relevante, da Saraiva S.A. — Livreiros - em recuperação judicial, o TJSP reconheceu que recebíveis não são "bens de capital", porém, entendeu que *"a cessão fiduciária de créditos futuros se sujeita a regime jurídico análogo ao da compra e venda de coisa futura. Não existe propriedade sobre algo que ainda não existe. A propriedade somente se constitui a partir do momento em que seu objeto passa a existir".*[28] A jurisprudência

[27] Revista de Direito Bancário e do Mercado de Capitais; vol. 66/2014; p. 157 – 181; Out-Dez / 2014; DTR\2015\388.

[28] "Sendo assim, a cessão fiduciária em garantia de crédito futuro não transfere, desde logo, a propriedade (*rectius,* titularidade) do crédito ainda não existente (ainda não constituído) ao credor fiduciário. No caso de crédito futuros, embora válida a cessão, a constituição da propriedade fiduciária (e fala-se, aqui, em propriedade, ontologicamente, dada sua natureza de bem móvel) fica sujeita ao implemento de condição suspensiva: a constituição do crédito cedido em garantia. Enquanto isso não ocorre, a eficácia da cessão resta suspensa, inexistindo propriedade fiduciária (cf. art. 125, do CC), porque inexistente seu objeto." TJSP, Agravo de Instrumento nº 2274677-56.2018.8.26.0000, 2ª Câmara Reservada de Direito Empresarial, Rel. Des. Grava Brazil, j. 13.05.2019.

reconhece que somente bens de capital podem ser considerados essenciais para as empresas em recuperação judicial, mas não contratos, muito menos aqueles em que a recuperanda é a parte obrigada a cumprir prestações.

Mais recentemente, o TJSP analisou a essencialidade das ações da Braskem S.A. no contexto da recuperação judicial do Grupo Odebrecht e entendeu que "*não se pode admitir que as recuperandas, ou qualquer outra empresa, tenham seus interesses atendidos em detrimento dos credores fiduciários (que cumpriram as obrigações contratuais), em nítida violação à lei e ao contrato*".[29] O relator do caso, o Desembargador Alexandre Lazzarini, fez distinção fundamental entre bens essenciais e ativos que, embora importantes, não chegam ao patamar da essencialidade:

> *"**Embora as ações da Braskem representem um ativo importante e necessário, tanto que oferecidos em garantia aos maiores financiadores do Grupo, não podem ser classificados como bens de capital essenciais** (...). A essencialidade do bem pode ser melhor compreendida se tomada em termos mais simples. Imagine, por exemplo, uma gráfica (microempresa) que possui uma única máquina de impressão. A fim de obter capital para aquisição de matéria prima, o administrador oferece a impressora em garantia do empréstimo contraído junto ao banco. Ora, não resta dúvida de que sua alienação inviabilizaria a continuidade das atividades da gráfica, razão pela qual deve ser mantida na empresa em caso de recuperação judicial, pois essencial"*

Em parecer elaborado por Haroldo Verçosa à época, o parecerista argumenta que as ações da Braskem S.A., tidas como essenciais para as recuperandas, são apenas um investimento e, em não configurando controle do grupo, podem ser negociadas livremente, bem como substituídas:

> *"As recuperandas são titulares de um patrimônio formado pelas participações societárias que dele constam. Tais participações geram lucro (ou, ao menos, devem gerar). Mas não há relação de pessoalidade (clientela) que esteja ligada aos centros correspondentes de interesses econômicos e jurídicos. Esse patrimônio não forma um estabelecimento, sendo a sua natureza tão somente a de um investimento. E como investimento ele não está sujeito às restrições do art. 49, § 3º, da Lei 11.101/2005. (...) E as razões precisas para se qualificar tais participações como neutras ou indiferentes estão*

[29] TJSP, Agravo de Instrumento nº 2150017-53.2019.8.26.0000, 1ª Câmara Reservada de Direito Empresarial, Rel. Des. Alexandre Lazzarini, j. 5/02/2020.

no fato de que, não sendo formadoras do controle do grupo de fato de que participam as Recuperandas, elas poderiam ser livremente alienadas ou trocadas por outras. Como já se disse, essas participações se consubstanciaram somente como investimento, simples geradoras de receitas."[30]

Verçosa esclarece, ainda, que a companhia holding não possui objeto social próprio, vez que figura apenas como veículo para centralizar o controle sobre entidades operacionais para que essas desenvolvam atividades empresariais. Dessa forma, o seu capital "*não tem função de produção de bens ou de serviços, mas tão somente a de investimento objetivando ou não o controle de terceiras sociedades*"[31]. Portanto, as participações societárias integrantes de seu capital social são neutras do ponto de vista de sua utilização e, assim, podem ser alienadas a qualquer momento, sem com isso afetar a vida das sociedades participadas, já que "*tão somente mudará o dono, a quem deverão ser pagos os lucros, como se operou no momento em que foi celebrada a alienação fiduciária em garantia em benefício dos credores*".[32] Com isso, conclui:

> *"Essas características ligam-se ao problema da essencialidade. Se essas participações não apresentam função diretamente ligada ao objeto das sociedades participadas, não se pode falar que sejam essenciais para esta finalidade. E no caso concreto há notícias, públicas e notórias, de ter havido intenção e negociação de sua venda para terceiros, o que desmente a afirmação de sua essencialidade seja para as sociedades participadas, seja para o grupo como um todo (...). Nesse sentido, um determinado bem à disposição da empresa não será essencial se ele puder ser substituído por outro. (...) Ora, se tais ativos têm elevado potencial de negociação no mercado e se houve intenção na sua venda, absolutamente não se pode falar que são essenciais para os fins de afastar a sua excussão. Seriam essenciais se não pudessem ser vendidos sem prejuízo para a empresa, o que não é verdade no caso concreto. Tais bens são neutros do ponto de vista econômico/financeiro. Assim mantidos, substituídos por dinheiro mediante sua venda e/ou utilizados para*

[30] VERSOÇA, Haroldo Malheiros Duclerc. Revista de Direito Bancário e do Mercado de Capitais; vol. 88/2020. p. 237 – 279; Abr-Jun, 2020; DTR,2020\7390; p.12.

[31] VERSOÇA, Haroldo Malheiros Duclerc. Revista de Direito Bancário e do Mercado de Capitais; vol. 88/2020. p. 237-279; Abr-Jun, 2020; DTR,2020\7390; p. 06.

[32] Ibid.; p. 20.

a aquisição de outras participações não haveria prejuízo para a continuidade dos negócios."[33]

Por fim, é importante destacar que a LRF, em nenhum momento, estabelece que o credor não sujeito à recuperação judicial terá a sua garantia suprimida. Em outras palavras, mantém-se a sua classificação de crédito não sujeito aos efeitos da recuperação judicial, independentemente do caráter de essencialidade do bem objeto da garantia, estando vedada apenas a sua venda ou a retirada do estabelecimento do devedor durante o *stay period*. Portanto, da mesma forma que se busca preservar as atividades da empresa em recuperação judicial ao estabelecer tais vedações — princípio este defendido pela LRF —, a sua aplicação no caso concreto não deveria resultar em prejuízo ou se sobrepor aos direito dos credores que financiaram a empresa com base na premissa de que sua garantia seria honrada em caso de inadimplemento.

Conclusões

A Reforma da LRF foi positiva ao modificar o § 4º do art. 6º, pois afastou a incerteza sobre a possibilidade de prorrogação do *stay period*. Além de permitir a renovação do prazo por um limite máximo adicional de 180 dias, também foram incluídas outras condições para a concessão do benefício, quais sejam, (i) permissão de apenas uma renovação; (ii) indicação expressa do caráter de excepcionalidade do instrumento; e (iii) determinação de não concorrência com a superação do lapso temporal por parte do devedor como requisito para a aprovação da prorrogação. A definição de tais condições traz maior segurança aos credores fiduciários, não sujeitos, em regra, aos efeitos da recuperação judicial e do *stay period*.

A Reforma da LRF poderia ter fixado de forma mais objetiva os limites com base no que parte da jurisprudência e doutrina já parecem ter consentido para a expressão "bens de capital essenciais". No entanto, optou por deixar a cargo do juiz essa análise.

O STJ se posicionou no sentido de que apenas bens corpóreos utilizados na cadeia produtiva da empresa são considerados bens de capital, tendo

[33] VERSOÇA, Haroldo Malheiros Duclerc. Revista de Direito Bancário e do Mercado de Capitais; vol. 88/2020. p. 237-279; Abr-Jun, 2020; DTR,2020\7390; págs. 20-23.

em vista serem absolutamente necessários ao exercício da sua atividade econômica. Trata-se de precedente relevante, pois sugere solução clara à questão, qual seja, a definição objetiva do termo bem de capital adotado por lei, além de fixar entendimento sobre o conceito de sua essencialidade.

Este artigo demonstra a relevância de se buscar definição objetiva e clara para a expressão "bens de capital essenciais", especialmente para os credores fiduciários que, ao estruturarem suas operações, assumem, muitas vezes, que contarão com a vantagem de suas garantias fiduciárias (cessão fiduciária ou alienação fiduciária) estarem protegidas dos efeitos de uma falência ou recuperação judicial — ou, caso o bem dado em garantia seja "bem de capital essencial", que a sua sujeição aos efeitos da recuperação judicial esteja limitada à observância do *stay period*.

Referências

BEZERRA FILHO, Manoel Justino. Lei de recuperação de empresas e falência: Lei 11.101/2005: comentada artigo por artigo / Manoel Justino Bezerra Filho; Eronides A. Rodrigues dos Santos, coautoria especial. – 15. ed. ver., atual. e ampl. – São Paulo: Thomson Reuters Brasil, 2021.

COELHO, Fábio Ulhoa. Comentários à Lei de Falências e de recuperação de empresas [livro eletrônico] / Fábio Ulhoa Coelho. – 5. ed. – São Paulo: Thomson Reuters Brasil, 2021.

COELHO, Fábio Ulhoa. Direito das Coisas, Direito Autoral, Volume 4 [livro eletrônico] / Fábio Ulhoa Coelho. – 2. ed. – São Paulo: Thomson Reuters Brasil, 2020.

Comentários à Lei de recuperação de empresas e falência: Lei 11.101/2005 / coordenação Francisco Satiro de Souza Junior, Antônio Sérgio A. de Moraes Pitombo. – São Paulo: Editora Revista dos Tribunais, 2007.

COSTA, Daniel Carnio. Comentários à lei de recuperação de empresas e falência: Lei 11.101, de 09 de fevereiro de 2005 / Daniel Carnio Costa, Alexandre Correa Nasser de Melo – Curitiba: Juruá, 2021.

ENEI, José Virgílio Lopes. Project Finance: Financiamento com foco em Empreendimentos (Parcerias Público Privadas, Leveraged, Buy-outs e Outras Figuras Afins). – 1ª ed. – São Paulo: Saraiva; 2007

MARQUES, Pedro Gil. Auxílios de Estado e setor bancário em tempos de crise. São Paulo: Almedina, 2020.

MUNHOZ, Eduardo Secchi. Cessão fiduciária de direitos de crédito e recuperação judicial de empresa. Revista do Advogado 105/44; Data de Publicação: set., 2009.

PEREIRA, Caio Mário da Silva, Instituições de direito civil – Vol. IV / Atual. Carlos Edison do Rêgo Monteiro Filho. – 25. ed. – Rio de Janeiro: Forense, 2017.

Recuperação Judicial: análise comparada Brasil – Estados Unidos / edição CHATEAUBRIAND, André Martins. e YAGUI, Márcia. 1ª ed. São Paulo: Almedina. 2020.

SACRAMONE, Marcelo Barbosa. Comentários à Lei de recuperação de empresas e falência / Marcelo Barbosa Sacramone. – 2. ed. – São Paulo: Saraiva Educação, 2021.

SALOMÃO, Luís Felipe. Recuperação judicial, extrajudicial e falência: teoria e prática / Luis Felipe Salomão, Paulo Penalva Santos. – 6. ed. – Rio de Janeiro: Forense, 2021.

TARTUCE, Flávio. Direito civil, v.4: Direito das Coisas. 9. ed. rev., atual. e ampl. – Rio de Janeiro: Forense, 2017.

VERSOÇA, Haroldo Malheiros Duclerc. Revista de Direito Bancário e do Mercado de Capitais; vol. 88/2020. p. 237 – 279; Abr- Jun, 2020; DTR,2020\7390.

Jurisprudência

STJ – REsp: 1101375 RS 2008/0240416-2, Relator: Ministro LUIS FELIPE SALOMÃO, Data de Julgamento: 04/06/2013, T4 – QUARTA TURMA, Data de Publicação: DJe 01/07/2013.

STJ – REsp: 1263500 ES 2011/0151185-8, Relator: Ministra MARIA ISABEL GALLOTTI, Data de Julgamento: 05/02/2013, T4 – QUARTA TURMA, Data de Publicação: DJe 12/04/2013.

STJ – Resp: 1758746 GO 2018/0140869-2, Relator: Ministro MARCO AURÉLIO BELLIZZE, Data de Julgamento: 25/09/2018, T3 – TERCEIRA TURMA, Data de Publicação: DJe 01/10/2018.

STJ – REsp 1.193.480-SP 2010/0085399-1, Relator Ministro Aldir Passarinho Junior, Data de Julgamento: 5/10/2010, T4 – Quarta Turma, Data de Publicação: DJe 18/10/2010.

STJ – CC 112.799-DF 2010/0117928-8, Relator Ministro Luis Felipe Salomão, Data de Julgamento: 14/3/2011, S2 – Segunda Seção, Data de Publicação: DJe 22/03/2011

STJ – CC: 153473 PR 2017/0179976-7, Relator: Ministra MARIA ISABEL GALLOTTI, Data de Julgamento: 09/05/2018, S2 – SEGUNDA SEÇÃO, Data de Publicação: DJe 26/06/2018.

TJSP 20789059220178260000 SP 2078905-92.2017.8.26.0000, Relator: Hamid Bdine, Data de Julgamento: 04/10/2017, 1ª Câmara Reservada de Direito Empresarial, Data de Publicação: 05/10/2017.

TJSP, 1ª Câm. Res. Dir. Empr., AI n. 2236949-78.2018.8.26.0000, Des. Rel. Hamid Bdine, j. 17.12.18.

TJSP, AI 2274677-56.2018.8.26.0000, Des. Rel. Grava Brazil, 2ª Câm. Res. Dir. Empr., J. 13.5.2019.

TJSP, AI 2145603-12.2019.8.26.0000. Des. Rel. Alexandre Lazzarini, 2ª Câm. Res. de Dir. Empr. Decisão: 10.7.2019.

TJSP – AI: 22015444420198260000 SP 2201544-44.2019.8.26.0000, Relator: Alexandre Lazzarini, Data de Julgamento: 27/11/2019, 1ª Câmara Reservada de Direito Empresarial, Data de Publicação: 28/11/2019

TJSP, AgIn 0084680-64.2013.8.26.0000, 24.ª Câmara de Direito Privado; relator Des. Plinio Novaes de Andrade Júnior. Data de julgamento: 27/06/2013.

Demais fontes

https://www.cnj.jus.br/recomendacao-trata-de-acoes-de-falencia-durante-pandemia/

https://abj.org.br/cases/2a-fase-observatorio-da-insolvencia/

10. Insolvência Transnacional e "*Cross-Border Reorganization*": Cooperação entre Jurisdições

Alex Hatanaka
André Chateaubriand Martins
Murilo Castineira Brunner
Lucas Henrique De Lucia Gaspar

Introdução: a empresa transnacional

É inegável que, hoje, todas as pessoas - sejam elas físicas ou jurídicas - estão inseridas em uma sociedade globalizada, marcada por uma teia complexa de comunicações que, muito em função dos avanços tecnológicos, desprenderam-se da esfera territorial-material, e, por consequência, atingiram escala internacional. Trata-se, pois, de uma revolução na forma de viver e, por consequência, de fazer comércio, proporcionada pela internacionalização e pelos avanços tecnológicos e científicos, que acabaram por romper as barreiras físicas e geográficas da comunidade mundial[1].

Felizmente, tais inovações geraram diversos benefícios às empresas que, desde o século XX, devido às referidas transformações nas relações econômicas, jurídicas, políticas, culturais e sociais, podem mais facilmente ser classificadas como empresas transnacionais[2].

Os negócios dessas empresas agora permeiam relações para além do âmbito nacional, o que, inequivocamente, proporciona uma expansão das atividades econômicas dos grupos de sociedades empresárias e, também,

[1] GUIMARÃES, Antônio Márcio. *Tratados internacionais.* São Paulo: Aduaneiras, 2009.

[2] BAPTISTA, Luiz Olavo. *Empresa transnacional e direito.* São Paulo: Revista dos Tribunais, 1987, p. 01-15.

de seus capitais sociais, de forma a serem inseridas como peças-chave em cadeias de produções nos mais diversos Estados, devido a um nítido fomento político e econômico por parte da criação de organizações mundiais (como, por exemplo, em 1945, a Organização das Nações Unidas – ONU e, em 1995, a Organização Mundial do Comércio – OMC).

Nas palavras de Luiz Olavo Baptista, entende-se por empresa transnacional[3]:

> [...] um grupo de sociedades empresárias composto por sede, subsidiárias e filiais domiciliadas em países diferentes e constituídas sob as leis do estado nacional no qual exerçam suas respectivas atividades, dotadas de relativa autonomia, com o objetivo da geração de benefícios econômicos conjuntos.

E é claro que não são só as pessoas jurídicas – e seus sócios – que foram beneficiados com esses avanços, mas toda a sociedade internacional, haja vista a possibilidade de criação de novas oportunidades de emprego pela prestação de serviços e a produção de bens e, também, devido ao crescimento e desenvolvimento econômico dos Estados, pela via do livre comércio em escala mundial[4] – o que, inclusive, levou à criação de políticas fiscais por determinados países para atrair empresas ao seu território, dada a capacidade desse tipo de sociedade (empresas transnacionais) em aportar investimentos financeiros nos mais diversos nichos[5].

Todavia, devido ao ineditismo e à agilidade com que as mudanças se desenvolveram, é nítido que as empresas estão diante de novos desafios que demandam soluções complexas e criativas, o que as levam a se adequarem, por exemplo, às práticas tidas como habituais e corriqueiras na esfera do comércio internacional, ainda que parte delas não esteja prevista em dispositivos internacionais, mas sim em usos e costumes[6].

[3] BAPTISTA, Luiz Olavo. *Empresa transnacional e direito*. São Paulo: Revista dos Tribunais, 1987, p. 17-20.

[4] IMMERMAN, Richard H. GOEDDE, Petra (Editores). *The Oxford handbook of the Cold War*. Oxford: Oxford University Press, 2013, p. 19-20.

[5] COMPARATO, Fábio Konder. *Aspectos jurídicos da macro-emprêsa*. São Paulo: Revista dos Tribunais, 1970, p. 01-94.

[6] FORGIONI, Paula A. *Teoria geral dos contratos comerciais*. São Paulo: Revista dos Tribunais, 2009, p. 23- 55; 114-118; 131-134.

Dentre os desafios enfrentados por empresas transnacionais, destaca-se a situação do inadimplemento de deveres internacionais e as dificuldades para a sua solução, sobretudo quando esse inadimplemento deriva do fato de que a empresa transnacional se encontra em grave crise financeira ou, ainda, em estado falimentar.

Neste artigo, será feita uma análise do instituto da insolvência transnacional, trazida à legislação brasileira por meio das alterações promovidas pela Lei nº 14.112/20 à Lei nº 11.101/05, com especial enfoque para a cooperação internacional à luz do novo arcabouço legislativo.

1. A crise na empresa no âmbito internacional e a insolvência transnacional

Apesar do conceito atinente à empresa transnacional estar muito vinculado, atualmente, à utilização de instrumentos tecnológicos desenvolvidos em tempos modernos, que facilitam a comunicação e negociação comercial em escala global, por outro lado, as empresas transnacionais sempre existiram, ainda que com as devidas limitações da época e contexto no qual estavam inseridas. E, se existiam empresas transnacionais, também existiram crises e insolvências transnacionais.

Nesse sentido, discute-se qual teria sido a primeira insolvência transnacional de que se tem conhecimento. De um lado, especula-se que a primeira insolvência teria ocorrido na República de Pistoia (Itália), quando do reconhecimento da falência do banco *Ammanati* em 1302[7-8]. De outro lado, entende-se que as falências do banco *Buosingnori de Sienne* e do banco *Riciiardi de Lucques* – também localizados na região atualmente compreendida como a Itália – em 1298 e 1300, respectivamente, teriam sido os marcos iniciais do fenômeno da insolvência transnacional[9].

Por consequência, a insolvência transnacional estará materializada quando a situação de insolvência aplicar-se a empresas transnacionais – ou seja, a grupos de sociedades empresárias com atuação para além do âmbito

7 CALDERON, Silvio Xavier Botello. *Falência internacional no Mercosul*: proposta para uma solução regional. Curitiba: Juruá, 2011, p. 32-33.

8 ISRAEL, Jona. *European Cross-Border Insolvency Regulation. A study of regulation on insolvency proceedings in the light of a paradigm of co-operation and a comitas europaea*. Antuérpia: Itersentia, 2005, p. 01-02.

9 BERGLUND, Mikael. *Cross-border enforcement of claims in the EU: history, present and future.* Alphen aan den Rijn: Kluwer Law International, 2009, p. 58-61.

nacional e com produção de bens e prestação de serviços em escala global –, de forma a propagar efeitos jurídico-patrimoniais que ultrapassam a zona do domicílio da sede da empresa, haja vista que seus negócios, credores, acionistas e patrimônios estarão espalhados por múltiplas jurisdições[10]. Nas palavras de Marcelo Barbosa Sacramone[11]:

> [...] insolvência transnacional consiste nos procedimentos coletivos, quer sejam administrativos ou judiciais, que disciplinam a crise econômico-financeira do devedor com bens, créditos ou atividades em mais de um país. Tais procedimentos coletivos pressupõem a insolvabilidade do devedor ou crise econômico-financeira severa e poderão ser tanto de liquidação como de restruturação do devedor para a melhor satisfação dos créditos de toda a coletividade de credores.

A crise das empresas transnacionais, uma vez comparada com as nacionais, é, de longe, muito mais complexa. E isso se deve à imensa gama de normas que regulam os procedimentos falimentares e recuperacionais em todos os países, as quais, muitas vezes, não convergem entre si, o que impõe o reconhecimento da existência de uma zona cinzenta sobre a temática, ainda que, hoje em dia, existam regramentos para reestruturação de empresas desenvolvidos em conjunto por certos grupos de países, com a finalidade de harmonizar o procedimento vigente em suas jurisdições e de fazer valer a cooperação jurídica internacional, de forma a desenvolver um plano de insolvência transnacional que envolva as mais diversas jurisdições (*cross-border insolvency*)[12-13].

Dentre os regramentos de maior relevância, destaca-se a Lei Modelo da UNCITRAL sobre Insolvência Transfronteiriça ("Lei Modelo da UNCITRAL"), datada de 1997 e desenvolvida pelas Nações Unidas, que, na realidade, respaldou-se na antiga *Section 304* do *Bankruptcy Code* dos

[10] FLETCHER, Ian F. Insolvency in Private International Law. 2nd edition. Oxford: Oxford Private International Law Series, 2007, p. 5.

[11] SACRAMONE, Marcelo Barbosa. Comentários à Lei de Recuperação de Empresas e Falência. 2 ed. São Paulo: Saraiva, 2021. p. 626.

[12] FINCH, Vanessa. MILMAN, David. *Corporate insolvency law*. Cambridge: Cambridge University Press, 2017, p. 669-687.

[13] FLETCHER, Ian F. Insolvency in Private International Law. 2nd edition. Oxford: Oxford Private International Law Series, 2007, p. 7-17.

Estados Unidos da América. Trata-se de lei-modelo passível de incorporação, pelos países, aos seus ordenamentos jurídicos internos, a fim de se criar regime uniforme para tratar das insolvências internacionais.

Nos Estados Unidos da América, a Lei Modelo da UNCITRAL foi incorporada, em 2005, por meio da introdução do *Chapter 15* (Capítulo Quinze) ao *Bankruptcy Code*. Assim, o *Chapter 15* incorporou ao ordenamento dos Estados Unidos da América as regras dispostas na Lei Modelo da UNCITRAL, estabelecendo instrumentos que visam a assegurar a cooperação entre juízos falimentares e/ou recuperacionais entre Estados[14], em especial para viabilizar o reconhecimento de processos estrangeiros como principais[15] e, por consequência, determinar medidas, como, por exemplo, a suspensão de processos em que a empresa transnacional figure no polo passivo[16] e a autorização de que representante estrangeiro administre a empresa situada nos Estados Unidos da América[17]. Outra questão de notória relevância é o fato de que ambos os textos normativos asseguram a possibilidade de se pleitear o afastamento de sua aplicação, caso isso culmine em violação de alguma questão de ordem pública[18].

Nas palavras de Ian Fletcher, foram criadas legislações com o propósito de se estabelecer um procedimento que tornasse:

> [...] possível uma intervenção tempestiva em problemas atinentes a débitos financeiros, de forma a trazer a restauração do equilíbrio e uma governança

14 BIERY, Evelyn H., BOLAND, Jason L. & CORNWELL, John D., "A Look at Transnational Insolvencies and Chapter 15 of the Bankruptcy Abuse Prevention and Consumer Protection Act of 2005". Boston College Law Review, Vol. 47, 23, 31–32 (2005) p. 25; SATIRO, Francisco e CAMPANA FILHO, Paulo Fernando. "A Insolvência Transnacional: Para Além da Regulação Estatal e na Direção Dos Acordos de Cooperação". In: Paulo Fernando Campos Salles de Toledo; Francisco Satiro. (Org.). Direito Das Empresas Em Crise: Problemas E Soluções. São Paulo: Quartier Latin, 2012, p. 125-127.

15 CHUNG, John J. "The Retrogressive Flaw of Chapter 15 of the Bankruptcy Code: A Lesson from Maritime Law". Duke Journal of Comparative & International Law, Vol. 17, 253-304 (2007), p. 258.

16 11 U.S.C. § 362 e 11 U.S,C,A § 1.520 (a) (1). Disponível em <https://www.law.cornell.edu/uscode/text/11/chapter-15>. Acesso em 13 abr. 2020.

17 11 U.S.C § 1.520 (a) (3). Disponível em <https://www.law.cornell.edu/uscode/text/11/chapter-15>. Acesso em 13 abr. 2020.

18 11 U.S.C. § 1.506. Disponível em <https://www.law.cornell.edu/uscode/text/11/chapter-15>. Acesso em 13 abr. 2020.

> prudente à situação, para, quiçá, evitar o destino final que resulte em um balanço de insolvência ou, ao menos, diminuir a dimensão do problema em questão, para que se possa alcançar resultados valiosos [...] procedimentos complementares que pretendem facilitar a reorganização dos negócios empresariais da sociedade insolvente ou sanar, de forma integral, a situação de insolvência[19].

Tornou-se cada vez mais nítida a inegável realidade de que credores e ativos ultrapassavam, em um número crescente de casos, as fronteiras territoriais dos Estados. E isso foi constatado já na década de 1980, quando da ocorrência do embargo na distribuição do petróleo, que levou diversos bancos europeus à ruína – como o *Banque de Financement – Finabank* (Suíça), o *Israel-British Bank* (Reino Unido) e o *Herstatt* (Alemanha) –, o que, por conseguinte, causou diversos impactos nos Estados Unidos da América, de modo a evidenciar a necessidade da regulamentação de como se proceder frente a uma insolvência transnacional[20].

Por isso, o tratamento da insolvência transnacional no Brasil, advindo da reforma da Lei nº 11.101/05, é um relevante marco para o sistema de insolvência brasileiro, que passará a cooperar internacionalmente por meio de normas já consolidadas e aplicadas mundo afora, o que traz maior segurança jurídica, previsibilidade e, principalmente, opções para atender às empresas que buscam a proteção judicial da recuperação, bem como os seus credores.

[19] FLETCHER, Ian F. Insolvency in Private International Law. 2nd edition. Oxford: Oxford Private International Law Series, 2007, p. 4. Texto original: "be possible by timely intervention in a debtor's financially troubled affairs to bring about a restoration of equilibrium and prudent governance that may either avert the ultimate fate of balance sheet insolvency altogether, or at least diminish the scale on which it takes place, thereby accomplishing worthwhile results [...] complementary procedures whose purpose is to facilitate the reorganization of the business and affairs of a debtor at or close to the point of insolvency".

[20] NADELMANN, Kurt Hans. Israel-British Bank (London) Ltd.: Yet Another Trans-Atlantic Crossing. American Bankruptcy Law Journal, v. 52, p. 369-381, 1978; BECKERING, Kevin J. United States Cross-Border Corporate Insolvency: the impact of chapter 15 on Comity and the New Legal Environment. Law & Business Review of the Americas, v. 14, 2008. p. 289-291; MORALES, Stacy Allen; DEUTCSH, Barbara Ann. Bankruptcy code section 304 and U.S. recognition of foreign bankruptcies: the tyranny of comity. The Business Lawyer, v. 39, p. 1573-1597, 1984. p. 1575-1583; BECKER, Joseph D. International insolvency: the case of herstatt. American Bar Association Journal, v. 62, p. 1290-1295, 1976.

2. Competência em caso de insolvência transnacional

2.1. Critérios para definição da competência

Sendo a insolvência transnacional um fenômeno que abarca diferentes Estados nacionais, em razão da abrangência internacional das atividades da empresa transnacional, uma das principais questões que se colocam consiste na definição de qual seria o juízo competente para a condução do processo de recuperação e falência da sociedade em crise.

Três critérios, basicamente, foram desenvolvidos para essa definição. O primeiro deles, denominado **critério universal**, estabelece a existência de apenas um juízo competente para decidir todas as matérias afeitas à recuperação e insolvência, abrangendo o patrimônio da empresa e seus credores ainda que localizados em outros Estados nacionais. Pelo segundo critério, denominado **critério territorial**, a competência do órgão jurisdicional restringe-se aos limites territoriais do local em que houver bens ou credores da empresa insolvente, admitindo-se, pois, mais de um órgão competente, para cada localidade em que se encontrar patrimônio e credores. Por fim, tem-se o **critério misto**, que congrega os dois critérios mencionados, atribuindo-se maior preponderância a um ou a outro. Preponderando o critério territorial, ter-se-á que, já existindo um processo de recuperação ou insolvência em trâmite em um determinado Estado nacional, a abertura de outro processo em outro Estado dependerá da existência de um segundo estabelecimento da empresa em crise nesse outro Estado nacional. Por outro lado, preponderando o critério da universalidade, abrir-se-á um processo principal de insolvência no Estado em que estiver o principal centro de interesses da empresa insolvente, possibilitando-se, porém, a abertura de processos secundários de acordo com os interesses dos credores localizados em locais distintos do centro principal de interesses da empresa[21].

Os diferentes critérios de definição da competência jurisdicional para os casos de insolvência transnacional apresentam, cada qual, prós e contras. A adoção do **critério universal** permite a centralização do centro de tomadas de decisões, permitindo maior uniformização de tais decisões

[21] MENDONÇA, Vinícius de Carvalho P. Insolvência transnacional: critérios de fixação de competência. In: Revista de Direito Internacional e Globalização Econômica. São Paulo, Ano 2, nº 3, 2018, pp. 150-174.

e, consequentemente, maior previsibilidade quanto aos rumos do processo recuperacional ou falimentar da empresa transnacional.

Por outro lado, o **critério territorial**, além de conferir maior respeito à soberania de cada Estado nacional, resguardando a observância das leis aplicáveis ao processo de insolvência elaboradas por cada um, também facilita a defesa dos interesses dos credores, sem exigir-lhes a necessidade de defenderem-se em território estrangeiro, com todas as dificuldades inerentes.

Assim, haja vista que, de um lado, poder-se-ia considerar a primazia do conceito de soberania estatal e, de outro, a consagração da efetividade e harmonização das condutas, a fim de propiciar condições para uma reestruturação mais frutífera da empresa transnacional por meio de uma colaboração internacional, há grande debate sobre qual critério é mais apropriado e deveria ser adotado.

2.2. Lei Modelo da UNCITRAL e o *Chapter 15*

A Lei Modelo da UNCITRAL consagrou o critério do universalismo mitigado[22], em que pese a relevância dos argumentos das diferentes posições sobre os critérios de competência das insolvências transnacionais.

O principal motivo para a adoção da corrente do universalismo mitigado decorre da necessidade de viabilização de uma cooperação efetiva entre Estados nos processos de insolvência de uma mesma empresa transnacional, de forma harmônica e na mesma direção — em todos os países —, sob pena de se inutilizar o real objetivo do processo falimentar e/ou recuperacional: satisfazer, dentro do possível, a vontade de todos os credores e viabilizar a recuperação da pessoa jurídica.

Assim, com o modelo do universalismo mitigado, a legislação pode garantir a:

> [...] cooperação entre os Juízes e autoridades das diversas jurisdições para a uniformidade de aplicação de tratamento à empresa insolvente, respeitada a soberania do país para reconhecer-se como juiz principal ou auxiliar em face de processos instaurado em outra jurisdição. Por essa corrente intermediária,

[22] WESTBROOK, Jay Lawrence. The lessons of Maxwell communication. Fordham Law Review, v. 64, p. 2531-2701, 1996; WESTBROOK, Jay Lawrence. Developments in transnational bankruptcy. Saint Louis University Law Journal, v. 39, 1995. p. 746.

> o processo de insolvência estrangeiro poderá ser reconhecido como principal ou não acessória, caso tenha ou não sido instaurado em país em que o devedor possua seus principais interesses. Caso o processo estrangeiro seja reconhecido como principal, o juiz local poderá colaborar com a jurisdição estrangeira e, para tanto, inclusive atribuir poderes ao representante estrangeiro para liquidar os ativos e satisfazer os credores, desde que os interesses dos credores locais estejam protegidos e não se fira a ordem pública, sem prejuízo de determinar a suspensão de ações e execuções em face do devedor ou de qualquer medida de assistência adicional ao representante estrangeiro [...] Para tanto, reconhece-se o processo principal no local em que identificado o centro dos principais interesses do devedor e a possibilidade de processos não principais nas demais jurisdições em que se encontrarem bens ou credores do devedor. Enquanto os processos principais coordenariam os atos conforme a respectiva legislação, os processos não auxiliares não permitiriam uma competência plena para administrar os bens e os credores locais, mas apenas prestariam assistência ao processo principal e restringiriam a submissão aos seus atos caso houvesse violação à ordem pública[23].

Tanto o teor da Lei Modelo UNCITRAL quanto o *Chapter 15* refletem as regras construídas jurisprudencialmente e aplicadas há um certo tempo nos Estados Unidos da América, sobretudo quando foi regulamentada a situação da insolvência transnacional com o julgamento do caso *Maxwell*, sociedade transnacional que possuía bens tanto nos EUA, quanto em Londres, Inglaterra[24].

Foi nesse contexto que se entendeu pela imperiosidade da aplicação de medidas que se vinculassem ao critério da universalidade. Assim, o *Chapter 15* veio a consagrar o dever de *(i)* proteção e maior aproveitamento dos ativos da empresa transnacional; *(ii)* cooperação internacional; *(iii)* maximização da eficácia do plano recuperacional e/ou falimentar proposto; *(iv)* aplicação de uma administração que culmine, dentro do possível, na máxima satisfação das vontades e finalidades dos envolvidos;

23 SACRAMONE, Marcelo Barbosa. Comentários à Lei de Recuperação de Empresas e Falência. 2 ed. São Paulo: Saraiva, 2021. p. 629.

24 CAMPANA FILHO, Paulo Fernando. O Desenvolvimento dos Modelos Teóricos da Insolvência Internacional. Revista de Direito Recuperacional e Empresa. v. 6/2017 – out –dez/2017. DTR\2017\7015.

e *(v)* consagração de um cenário de investimento e comércio internacional, que esteja consubstanciado na garantia constitucional da segurança jurídica[25].

Por isso, a comunidade acadêmica entende o *Chapter 15* do *Bankruptcy Code* (*"Ancillary and Other Cross-Border Cases"*) — compilado de regramentos legais criadas em 2005 —, como uma nítida comprovação de que, após grandes divergências, o critério consagrado para definição de competência nos casos de insolvência transnacional teria sido, de fato, o do universalismo mitigado[26], por meio da evocação do entendimento jurisprudencial há muito adotado nos Estados Unidos da América. Todavia, apesar da prevalência do critério universal, até hoje perdura relevante discussão sobre determinadas regras adotadas com base nesse critério[27].

[25] 11 U.S.C.A. § 1.501 (a). Disponível em <https://www.law.cornell.edu/uscode/text/11/chapter-15>. Acesso em 13 abr. 2020.

[26] BAXTER JR., Thomas C.; HANSEN, Joyce M.; SOMMER, Joseph H. Two cheers for territoriality: an essay on international bank insolvency law. American Bankruptcy Law Journal, v. 78, 2004. p. 61-62; SOH, Andy. Chapter 15 of the bankruptcy code: an invitation to forum shopping? Norton Journal of Bankruptcy Law and Practice, v. 16, 2007. p. 881-882; WESTBROOK, Jay Lawrence. Multinational financial distress: the last hurrah of territorialism. Texas International Law Journal, v. 41, p. 321-337, 2006; LOPUCKI, Lynn M. Universalism unravels. American Bankruptcy Law Journal, v. 79, 2005. p. 166.

[27] UNCITRAL. Legislative guide on insolvency law: parte three. Treatment of enterprise groups in insolvency. New York: United Nations, 2012; WESSELS, Bob. Revision of the EU insolvency regulation: what type of facelift? Paper apresentado na conferência The Future of the European Insolvency Regulation, em Amsterdam, 2011; TOLLENAAR, Nicolaes W. A. Proposals for reform: improving the ability under the European insolvency regulation to rescue multinational enterprises, paper apresentado na conferência The Future of the European Insolvency Regulation, em Amsterdam, 2011; BUFFORD, Samuel L. Revision of the European Union Regulation on Insolvency Proceedings: Recommendations. International Insolvency Law Review, v. 3, p. 341-474, 2012; MEARS, Patrick E.; MCFADDEN, Timothy S. Court-to-Court communications, reform of European Regulation. ABI Journal, v. outubro, p. 32 e 98-101, 2012; VAN GALEN, Robert et al. Revision of the European insolvency regulation: proposals by INSOL Europe. Clifton, Nottingham: INSOL Europe, 2012; EIDENMÜLLER, Horst. A new framework for business restructuring in Europe: T e EU commission's proposals for a reform of the European insolvency regulation and beyond. Maastricht Journal, v. 20, p. 133-150, 2013.

2.3. Lacuna legal no Brasil sobre a temática da insolvência transnacional

A despeito do grande avanço nas negociações em escala internacional nos últimos anos, no Brasil, até o advento da Lei nº 14.112/20, que alterou a Lei nº 11.101/05, ainda havia indefinição legislativa sobre a insolvência transnacional. A ausência de dispositivos legais para tratar a matéria dificultava a reestruturação das empresas transnacionais em insolvência, a localização e levantamento de ativos a elas atrelados e a proteção dos bens localizados em caso de fraude internacional.

Os prejuízos decorrentes da supracitada lacuna legal não se restringiam à empresa e seus investidores, credores e devedores, dado que também afetava o próprio país, haja vista que, diante de um cenário de incerteza e imprevisibilidade sobre a questão da insolvência transnacional – seja em relação ao eventual retorno financeiro, seja em relação às possíveis perdas –, as sociedades transnacionais não se sentiam seguras para estimular o crescimento de seus negócios em território brasileiro, em razão da falta de transparência sobre o futuro a que estariam submetidas.

A ausência de lei específica sobre a matéria não significava que o magistrado não poderia julgar a matéria, em razão da proibição do *non liquet*, isto é, o Judiciário não pode se esquivar de decidir as questões que lhe são trazidas pelas partes. Consequentemente, na falta de lei aplicável, caberia ao Judiciário valer-se das orientações constantes no Decreto-Lei nº 4.657/42 (Lei de Introdução às Normas do Direito Brasileiro), mais precisamente em seus artigos 4º e 5º, que determinam, respectivamente, que "[q]uando a lei for omissa, o juiz decidirá o caso de acordo com a analogia, os costumes e os princípios gerais de direito" e que "[n]a aplicação da lei, o juiz atenderá aos fins sociais a que ela se dirige e às exigências do bem comum".

Ou seja, fazia-se necessário que o juiz do processo falimentar e/ou recuperacional realizasse, ele próprio, um juízo de valor sobre as práticas adotadas nas mais diversas jurisdições internacionais, para que as aplicasse por meio da analogia.

2.4. O que já foi testado pelas Cortes brasileiras?

Diante da lacuna legal sobre a insolvência transnacional que existia no Brasil, por vezes, incumbia-se o magistrado de realizar juízo de valor por analogia a outros sistemas, a fim de suprir as omissões legislativas.

Apesar da relevância do tema da insolvência transnacional, foram poucas as situações em que a questão foi tratada pelo Judiciário com a densidade e profundidade correspondentes ao assunto. Por isso, passar-se-á à análise dos exemplos mais expressivos no Brasil sobre insolvência transnacional.

O primeiro deles, relativo ao grupo OGX (pedido de recuperação judicial autuado sob o nº 0377620-56.2013.8.19.0001, perante a 4ª Vara Empresarial do Foro Central da Comarca da Capital do Tribunal de Justiça do Estado do Rio de Janeiro), é paradigmático, haja vista que, já em 2013, suscitou relevante discussão sobre a cooperação internacional e o critério de competência a ser adotado[28].

Nesse caso, o Judiciário havia entendido, em primeiro grau, pelo descabimento do pedido recuperação judicial do grupo OGX em relação às suas sociedades estrangeiras, indeferindo o pedido de reconhecimento de litisconsórcio ativo necessário, que se respaldava na alegação de que as empresas envolvidas (OGX Petróleo e Gás Participações S.A.; OGX Petróleo e Gás S.A.; *OGX International GmbH* e *OGX Austria GmbH*) compunham um mesmo grupo econômico, com atuações que se intersec-cionavam. Foi o que decidiu o Juízo de primeira instância da recuperação judicial em 21.11.2013[29].

O referido entendimento respaldou-se na tentativa da consagração do critério territorial, em contraposição ao critério universal, frente à insolvência transnacional do caso. Tanto é assim que o Ministério Público, intimado a se manifestar sobre a matéria, reiterou a necessidade de se adotar o critério da territorialidade, o que obstaria que as sociedades estrangeiras figurassem no polo ativo do pedido de recuperação judicial.

Contudo, após a interposição de recurso (agravo de instrumento autuado sob o nº 0064658-77.2013.8.19.0000), a 14ª Câmara Cível do Tribunal de Justiça do Rio de Janeiro entendeu por reformar a decisão de primeira instância, reconhecendo a viabilidade de as sociedades estrangeiras figurarem no processo recuperacional junto com as empresas brasileiras do mesmo grupo, considerando que as empresas estrangeiras

[28] CAMPANA FILHO, Paulo Fernando. O caso OGX e a questão do ajuizamento de recuperação judicial de sociedades estrangeiras no Brasil. Revista Comercialista. v. 5. n. 13/2015. p. 29.

[29] TJRJ, Pedido de Recuperação Judicial nº 0377620-56.2013.8.19.0001, 4ª Vara Empresarial, Juiz Gilberto C. Farias Matos, j. 21.11.13.

não eram dotadas de nenhuma autonomia funcional (eram meros instrumentos para captação de verba no exterior)[30].

Assim, foi atestado que eventual inadmissão das empresas estrangeiras no polo ativo do pleito de recuperação judicial obstaria o atingimento da finalidade do instituto, pois, para uma efetiva reestruturação, seria necessário tratar de todos os passivos de todas as empresas do referido grupo econômico. Além disso, demonstrou-se, também, a imperiosidade de que o caso tramitasse no Brasil, haja vista que no Rio de Janeiro estava localizada a sede do estabelecimento principal do grupo OGX. Ainda, ratificou-se que o reconhecimento do critério territorial violaria o entendimento jurisprudencial que vinha se consolidando ao redor do mundo – a adoção do critério universal (mitigado) –, tendo em conta a sua maior eficácia para arrecadar ativos, saldar passivos e reestruturar – efetivamente – a empresa transnacional. Por fim, pontuou-se que admitir a solicitação de tramitação do pedido de recuperação judicial sem as empresas estrangeiras não só iria contra o interesse do grupo OGX, mas, até mesmo, dos seus credores[31].

Frente ao referido acórdão, o Ministério Público do Estado do Rio de Janeiro interpôs recurso especial, sustentando a aplicação do critério territorial. Atualmente, os autos se encontram no Superior Tribunal de Justiça, em sede de agravo em recurso especial (AREsp nº 871.152/RJ – 2016/0046956-5) que foi interposto pelo Ministério Público do Estado do Rio de Janeiro, estando, ainda, pendente de julgamento.

Nessa mesma linha seguiu o pedido de recuperação judicial apresentado pelo grupo Oi (processo autuado sob o nº 0203711-65.2016.8.19.0001 perante a 7ª Vara Empresarial do Foro Central da Comarca da Capital do Tribunal de Justiça do Estado do Rio de Janeiro), que, à época, era composto por sete empresas – duas delas estrangeiras –, quais sejam: Oi S.A.; Telemar Norte Leste S.A.; Oi Móvel S.A.; Copart 4 Participações S.A.; Copart 5 Participações S.A.; *Portugal Telecom International Finance B.V.* e *Oi Brasil Holdings Coöperatief U.A.*.

30 CAMPANA FILHO, Paulo Fernando. O caso OGX e a questão do ajuizamento de recuperação judicial de sociedades estrangeiras no Brasil. Revista Comercialista. v. 5. n. 13/2015. p. 30-31.

31 TJRJ, Agravo de instrumento nº 0064658-77.2013.8.19.0000, 14ª Câmara Cível, Des. Rel. Gilberto Guarino, j. 19.02.2014, v.u.

Nesse caso, também foi solicitada a tramitação do pedido de recuperação judicial de todo o grupo Oi perante o Judiciário brasileiro, com a inclusão de todas as empresas – nacionais ou estrangeiras – no polo ativo da demanda, uma vez que, dessa forma, seria mais eficaz e efetivo o processo recuperacional. Em relação às empresas estrangeiras, restou salientado pelo grupo Oi que não haveria impedimento para que se provesse o pedido, porquanto, assim como na situação da OGX, as duas empresas estrangeiras do grupo atuavam exclusivamente para arrecadação de verba – ou seja, não executavam nenhuma atividade operacional e, por isso, poderiam ser inseridas como parte processual.

Insta salientar que, para respaldar os supracitados pleitos e argumentos, o grupo Oi fez expressa menção à Lei Modelo da UNCITRAL, a fim de, inclusive, reconhecer-se a incidência do critério universal (em detrimento do territorial). Entretanto, o magistrado do caso salientou que a referida legislação não poderia ser aplicada, porque não seria dotada de caráter cogente – ou seja, tratar-se-ia de mero modelo, que serve como sugestão ao Legislativo dos países, para que, valendo-se dos dispositivos nela constantes, estipulem regras sobre a matéria em âmbito nacional.

De qualquer forma, apesar da supracitada ressalva, o Juízo da 7ª Vara Empresarial do Foro Central da Comarca do Rio de Janeiro/RJ acabou por reconhecer que, ainda que em território brasileiro o critério preponderante fosse o territorial, uma vez ausente função operacional por parte das empresas estrangeiras do grupo Oi, elas poderiam figurar no polo ativo do pedido de recuperação judicial, congregando, assim, a aplicação dos dois critérios — universal e territorial. Até porque, segundo se decidiu, negar esse pleito apenas culminaria no retardamento da reestruturação do grupo, haja vista a dificuldade de distinguir quais ativos e passivos corresponderiam a cada uma das empresas do grupo Oi[32].

Ao contrário do caso OGX, o Ministério Público reconheceu, no caso do grupo Oi, a possibilidade de relativizar-se o critério territorial, a fim de se obter a máxima cooperação internacional.

[32] TJRJ, Pedido de Recuperação Judicial nº 0203711-65.2016.8.19.0001, 7ª Vara Empresarial, Juiz Fernando César Ferreira Viana, j. 29.06.2016.

Nesse mesmo sentido caminhou a 1ª Vara de Falências e Recuperações Judiciais do Foro Central da Comarca de São Paulo/SP, nos autos do pedido de recuperação judicial nº 1030812-77.2015.8.26.0100, ajuizado pelo Grupo OAS.

Nesse caso, o Judiciário reconheceu que, à época, em que pese não ter sido incorporada a Lei Modelo da UNCITRAL ao ordenamento pátrio, a sua fundamentação seria de grande relevância para o caso concreto, pois o Grupo OAS atuava por meio de suas empresas, de forma estrutural e interligada, e as sociedades estrangeiras, na realidade, concentravam suas atuações no território brasileiro.

Logo, seria imperiosa a concessão do pedido de tramitação da recuperação judicial de todo o Grupo OAS diante do Judiciário brasileiro, dada a atuação sistêmica e unitária das empresas que o compõem, bem como porque grande parte das obrigações, dívidas e ativos do Grupo OAS não poderiam ser compreendidos de forma isolada, mas sim como questões solidárias de todo o grupo econômico.

Também no caso da recuperação judicial do grupo Sete Brasil (autos nº 0142307-13.2016.8.19.0001, em trâmite perante a 3ª Vara Empresarial da Comarca do Rio de Janeiro/RJ), seguiu-se o mesmo posicionamento, inclusive com menção expressa ao caso do grupo OGX. No caso do grupo Sete Brasil, também haviam sido excluídas do processo recuperacional, por decisão de primeira instância, as sociedades empresárias estrangeiras do grupo (*Sete Holding GMBH*, *Sete Internacional One GMBH* e *Sete International Two GMBH*).

A 22ª Câmara Cível do Tribunal de Justiça do Rio de Janeiro, porém, no julgamento do agravo de instrumento nº 0034120-11.2016.8.19.0000, reformou a supracitada decisão, para deferir o processamento da recuperação judicial das empresas estrangeiras do grupo, em conjunto com as sociedades brasileiras, uma vez que as sociedades estrangeiras haviam sido constituídas apenas para captação de recursos no exterior que viabilizassem as atividades desenvolvidas pelo grupo empresarial sediado no Brasil. Assim, como elas não exerciam nenhuma atividade operacional autônoma, entendeu-se pela possibilidade de sua inclusão no polo ativo da recuperação judicial, e, como o principal estabelecimento do grupo estava sediado no Brasil, sendo esse também o centro principal das atividades do grupo, decidiu-se pela possibilidade de que a recuperação judicial do grupo como um todo fosse instaurada e tramitasse perante o Judiciário brasileiro.

Todavia, embora os casos acima mencionados refletissem a formação de determinadas balizas para os casos de insolvência transnacional, a falta de uma previsão legislativa gerava, ainda, grande insegurança, em razão da imprevisibilidade das decisões que poderiam ser adotadas nesses casos.

Nesse sentido, veja-se que, no caso da recuperação judicial da *The Constellation Oil Services*[33], a 16ª Câmara Cível do Tribunal de Justiça do Rio de Janeiro afastou o entendimento adotado no caso do grupo OGX, para excluir do processo de recuperacção três empresas estrangeiras que integravam o grupo econômico.

No caso acima mencionado, o Juízo da 1ª Vara Empresarial da Comarca do Rio de Janeiro/RJ havia deferido o processamento da recuperação judicial do grupo *Constellation*, composto por 18 empresas, das quais 14 localizavam-se no exterior. Interposto agravo de instrumento contra essa decisão pelo Ministério Público do Estado do Rio de Janeiro (autos nº 0070417-46.2018.8.19.0000), a 16ª Câmara do Tribunal de Justiça do Rio de Janeiro, em primeiro lugar, distinguiu o caso do grupo *Constellation* do caso do grupo OGX, porque (i) a própria *holding* do grupo *Constellation* era estrangeira; e (ii) cada sociedade constituía um empreendimento diverso e em certa medida isolado, não se tratando de sociedades vazias, sem atividade operacional. Em seguida, o Tribunal entendeu que "nada no ordenamento jurídico dá suporte à pretensão de tratar o grupo econômico, para fins de jurisdição internacional, como se fosse uma coisa única". Inclusive, o Tribunal posicionou-se no sentido de que "em se tratando de grupos econômicos, não há nenhuma razão para supor que a jurisdição internacional será necessariamente fixada para o todo".

Assim, o Tribunal entendeu que, à míngua de previsão legislativa específica, a jurisdição, em se tratando de grupos econômicos, deveria ser aferida sociedade a sociedade. Ato contínuo, o Tribunal posicionou-se no sentido de que "o Princípio da Territorialidade abre a porta da recuperação para sociedades que tenham ativos no Brasil". Consequentemente, como as empresas estrangeiras do grupo *Constellation* não possuíam seu centro principal de interesse no Brasil, pois aqui não possuíam nenhuma estrutura, entendeu-se que a recuperação judicial só poderia ser deferida

[33] CORRIGAN, Tom. **Brazil's Constellation Group Files for Bankruptcy in the U.S.** Disponível em <https://www.wsj.com/articles/brazils-constellation-group-files-for-bankruptcy-in-the-u-s-1544216625>. Acesso em 28 de julho de 2021.

às empresas estrangeiras com ativos no Brasil, tendo sido indeferida a recuperação para aquelas que não possuíam nenhum ativo em solo nacional.

Desta feita, percebe-se que, à falta de previsão legal específica sobre a insolvência transnacional, coube ao Judiciário o endereçamento da matéria, caminhando-se no sentido da adoção da competência universal (ainda que relativizada), mas, mesmo assim, sem grande certeza jurídica diante da inexistência de regramento legislativo específico para a temática.

3. O atual cenário legislativo brasileiro

3.1. Os objetivos das alterações promovidas pela Lei nº 14.112/20

Conforme exposto, eram diversas as problemáticas atreladas à ausência de uma expressa previsão legal sobre as possíveis medidas que poderiam vir a ser adotadas quando a empresa se defronta com uma situação de insolvência transnacional.

Por isso, reconheceu-se, no Brasil, a necessidade de se dedicar disciplina específica para a questão, o que foi feito por meio da Lei nº 14.112/20, que, com base na Lei Modelo da UNCITRAL, incluiu à Lei nº 11.101/05 o Capítulo VI-A (Da Insolvência Transnacional), o qual almeja[34]:

(i) potencializar a eficácia das decisões estrangeiras, por meio de seu reconhecimento e do processo estrangeiro em si no território nacional, sem que tenha a parte que se valer de uma decisão homologatória de decisão estrangeira ou de uma carta rogatória a que tenha sido concedido *exequatur* (competências exclusivas do Superior Tribunal de Justiça);
(ii) incentivar a cooperação internacional entre os Tribunais em cujas localidades existem créditos da empresa transnacional, a fim de harmonizar os procedimentos adotados, sem que seja necessária uma prévia formalização;
(iii) autorizar a realização de medidas de assistência ao processo estrangeiro pela Corte local, seja após o reconhecimento da existência do processo estrangeiro em território nacional ou, até mesmo, antes desse expresso reconhecimento, por meio da veiculação de pedido em caráter de tutela provisória, desde que

[34] SACRAMONE, Marcelo Barbosa. **Comentários à Lei de Recuperação de Empresas e Falência.** 2 ed. São Paulo: Saraiva, 2021. p. 628-629.

preenchidos os já conhecidos requisitos de "perigo na demora" (*periculum in mora*) e "verossimilhança do direito" (*fumus boni iuris*); e

(iv) viabilizar aos credores estrangeiros e aos representantes dos processos estrangeiros o acesso aos autos do processo local, bem como a medida inversa, de forma a assegurar o direito dos credores e representantes locais de atuarem em jurisdições estrangeiras para pleitear determinadas condutas, sem necessidade de expressa autorização pelo juízo brasileiro por decisão judicial.

Dentre as supracitadas finalidades, destaca-se a cooperação internacional. O sistema processual brasileiro já estipulava como uma obrigação das partes o dever de cooperação, conforme dispõe o artigo 6º do Código de Processo Civil de 2015, segundo o qual "todos os sujeitos do processo devem cooperar entre si para que se obtenha, em tempo razoável, decisão de mérito justa e efetiva".

Agora, com a alteração promovida à Lei nº 11.101/05, estabeleceu-se cenário em que se propicia — e almeja — a cooperação internacional. Até porque, a cooperação é indispensável para que se possa alcançar as melhores soluções aos problemas enfrentados pelas empresas transnacionais em insolvência, haja vista a possibilidade de se vislumbrar a totalidade dos credores e os seus respectivos interesses — e não apenas parte deles — o que, por consequência, auxilia na formação de um plano recuperacional ou falimentar mais efetivo e que mais se adequa às vontades dos envolvidos e, também, da própria sociedade.

Tamanha a relevância da cooperação que ela veio a ser considerada como um dever de todos que atuam junto a um processo falimentar e/ou recuperacional — no caso, mesmo o magistrado é incumbido dessa obrigação, conforme se extrai da leitura do artigo 167-P da Lei nº 11.101/05, acrescido pela Lei nº 14.112/20. De fato, agora, ao magistrado é determinado o dever de cooperar com o juízo estrangeiro, por meio de comunicação — direta ou indireta (ou seja, pela figura do administrador judicial) — com a autoridade estrangeira e representantes estrangeiros.

Cabe pontuar, no entanto, que dúvidas interpretativas surgiram quanto ao §6º do artigo 167-A da Lei nº 11.101/05, acrescido pela Lei nº 14.112/20, que salienta que "[n]a aplicação das disposições deste Capítulo, será observada a competência do Superior Tribunal de Justiça prevista na alínea "i" do inciso I do caput do art. 105 da Constituição Federal, quando cabível". Esse dispositivo constitucional trata da competência do Superior Tribunal de Justiça para a homologação de sentenças estrangeiras e para a concessão de *exequatur* às cartas rogatórias, procedimentos que se pretende evitar, como visto, com o reconhecimento do processo estrangeiro no território nacional por meio da valorização da cooperação internacional.

O debate instaurado refere-se ao melhor modo de compatibilizar a colaboração judiciária internacional com a competência constitucional do Superior Tribunal de Justiça. Conforme ensina Paulo Fernando Campana Filho, o reconhecimento de um processo estrangeiro de insolvência por autoridade nacional, por não se equiparar a uma homologação de decisão estrangeira, não deveria atrair a competência do Superior Tribunal de Justiça, de modo que a competência para receber processo estrangeiro "deve ser do juiz estadual, e não do STJ"[35].

Se, pois, compete ao magistrado estadual o processamento e julgamento do processo estrangeiro, persiste o questionamento sobre o âmbito de incidência da competência constitucional do Superior Tribunal de Justiça, a que alude o artigo 167-A, §6º, da Lei nº 11.101/05. Sobre esse ponto, Fábio Ulhoa Coelho esclarece que o credor que pretender homologar seu crédito em processo brasileiro, mas tiver como título uma sentença estrangeira, deverá submetê-la à homologação do Superior Tribunal de Justiça; e, quanto ao *exequatur*, sua concessão pelo Superior Tribunal de Justiça será necessária quando o juiz estrangeiro tiver preferido a carta rogatória em vez da solicitação de cooperação direta[36].

3.2. Principais inovações à Lei nº 11.101/05

No Brasil, a Lei nº 11.101/05, em seu artigo 3º, ao tratar de competência, prevê que "é competente para homologar o plano de recuperação extrajudicial, deferir a recuperação judicial ou decretar a falência o juízo do local do principal estabelecimento do devedor ou da filial de empresa que tenha

[35] CAMPANA FILHO, Paulo Fernando. **Competência para reconhecer processos estrangeiros de insolvência não é do STJ.** Disponível em <https://www.conjur.com.br/2021-fev-16/campana-processos-estrangeiros-insolvencia>. Acesso em 28 jul. 2021.

[36] COELHO, Fábio Ulhoa. **Comentários à Lei de Falências e de Recuperação de Empresas.** 4 ed. e-book baseada na 14 ed. impresa. São Paulo: Thomson Reuters Brasil, 2021.

sede fora do Brasil". Cuida-se de previsão que remete ao **critério territorial**, uma vez que considera competente, dentro do território brasileiro, o juízo do local em que a empresa tenha seu principal estabelecimento ou filial, caso tenha sede fora do Brasil. Por isso, inclusive, defendia-se que o Brasil não admitiria procedimentos de insolvência instaurados no exterior quando os ativos se encontram no país, de modo que as liquidações e planos de reestruturação seriam decididos pelos Tribunais brasileiros sem coordenação com autoridades estrangeiras[37].

O artigo 167-D, incluído na Lei nº 11.101/05 pela recente Lei nº 14.112/20, traz regra semelhante, estabelecendo que:

> Art. 167-D. O juízo do local do principal estabelecimento do devedor no Brasil é o competente para o reconhecimento de processo estrangeiro e para a cooperação com a autoridade estrangeira nos termos deste Capítulo.

Vê-se, assim, que não se estipulou regra própria para a definição de competência em caso de insolvência transnacional, prevalecendo o critério do principal estabelecimento do devedor no Brasil[38].

Não obstante, o artigo 167-D da Lei nº 11.101/05 confere abertura à cooperação internacional, ao estabelecer que o juízo do local do principal estabelecimento o devedor no Brasil tem a competência para **reconhecer processo estrangeiro** e para a **cooperação com a autoridade estrangeira**. Mais: os artigos 167-E e 167-F da Lei nº 11.101/05 ainda autorizam a atuar em outros países, sem necessidade de decisão judicial, como representantes do processo brasileiro, o devedor (na recuperação judicial e na recuperação extrajudicial) e o administrador judicial (na falência); e permitem que o representante estrangeiro postule diretamente ao juiz brasileiro, nos termos estabelecidos no novel Capítulo VI-A da Lei nº 11.101/05.

O reconhecimento de processo estrangeiro, atribuído à competência do juízo do local do principal estabelecimento do devedor no Brasil,

[37] DELBONI, João Rafael Zanotti Guerra Frizzera; OBREGON, Marcelo Fernando Quiroga. **A falência transnacional e o projeto do novo Código Comercial (PL 1.527/2011).** In: Derecho y Cambio Social, nº 55, enero-marzo 2019.

[38] COELHO, Fábio Ulhoa. **Comentários à Lei de Falências e de Recuperação de Empresas.** 4 ed. e-book baseada na 14 ed. impresa. São Paulo: Thomson Reuters Brasil, 2021.

foi disciplinado pelos artigos 167-H e seguintes da Lei nº 11.101/05. O processo estrangeiro, conforme artigo 167-B, inciso I, da mesma lei, consiste em:

> Qualquer processo judicial ou administrativo, de cunho coletivo, inclusive de natureza cautelar, aberto em outro país de acordo com disposições relativas à insolvência nele vigentes, em que os bens e as atividades de um devedor estejam sujeitos a uma autoridade estrangeira, para fins de reorganização ou liquidação.

O artigo 167-H, *caput*, da Lei nº 11.101/05 estabelece que o pedido de reconhecimento de processo estrangeiro pode ser ajuizado pelo "representante estrangeiro", o que conduz a um primeiro debate sobre a legitimidade para a formulação do pedido de reconhecimento de processo estrangeiro no Brasil.

Nesse particular, fazemos referência à recente atuação do Ministério Público do Estado de São Paulo perante a 2ª Vara de Falências e Recuperações Judiciais do Foro Central da Comarca de São Paulo/SP, nos autos do procedimento de jurisdição voluntária nº 1028368-61.2021.8.26.0100. Tendo recebido notificação, expedida pelo Tribunal de Falências dos Estados Unidos – Distrito Sul de Nova York, para habilitação de créditos no âmbito do processo de reorganização financeira do Grupo LATAM, instaurado perante aquele Tribunal Norte Americano, e temendo prejuízo aos credores nacionais pela possível perda de prazo para a habilitação de seus créditos, o Ministério Público de São Paulo requereu o reconhecimento da invalidade dessa notificação (já que não se deu nem por carta rogatória, nem pelos novos mecanismos do procedimento de insolvência transnacional) e que fosse o juízo estadunidense comunicado sobre a possibilidade de cooperação entre os juízos nacional e estrangeiro, conforme as novas disposições da Lei nº 11.101/05 de insolvência transnacional.

Todavia, a petição inicial acima mencionada foi indeferida pelo Juízo da 2ª Vara de Falências e Recuperações Judiciais do Foro Central da Comarca de São Paulo/SP, por ter entendido que o Ministério Público seria parte ilegítima, já que o artigo 167-H autoriza apenas ao representante estrangeiro o ajuizamento do pedido de reconhecimento de processo estrangeiro no Brasil, o que não é o caso do *Parquet*. Foi interposto recurso de apelação contra essa sentença, e, ao afastar o juízo de retratação, o Juízo de primeira instância fez menção ao fato de que o "representante estrangeiro", tratado no artigo 167-H em referência, corresponde, nas falências, ao administrador judicial e, nas recuperações judiciais e extrajudiciais, ao próprio devedor. O recurso pende de julgamento.

Em ação de reconhecimento de processo de insolvência estrangeiro, ajuizado por Chang Chin Fen, representante estrangeira da sociedade *Prosafe SE*, com sede na Noruega (autos nº 0129945-03.2021.8.19.0001, em trâmite perante a 3ª Vara Empresarial da Comarca do Rio de Janeiro/RJ), buscou-se, liminarmente, a suspensão de todos e quaisquer processos de execução ou medidas adotadas por credores da devedora *Prosafe SE* no Brasil, conforme artigo 167-L da Lei nº 11.101/05. No mérito, buscou-se o reconhecimento do processo estrangeiro em trâmite perante o Poder Judiciário de Singapura. Foi deferida a liminar pretendida e reconhecida a existência do processo estrangeiro de insolvência da *Prosafe SE*, em trâmite perante o Poder Judiciário de Singapura (onde demonstrou-se ser o principal centro de interesses), especialmente diante da demonstração de que Chang Chin Fen, diretora financeira da empresa recuperanda, foi nomeada pela Corte de Singapura como sua representante estrangeira.

Passa-se agora à análise da legislação brasileira. Observados os requisitos previstos no artigo 167-J, o juiz brasileiro pode reconhecer o processo estrangeiro, desde que não contrarie a ordem pública (conforme artigo 167-A, §4º).

O processo estrangeiro poderá ser principal ou não principal. O processo estrangeiro principal, de acordo com o artigo 167-J, §1º, inciso I da Lei nº 11.101/05, é aquele aberto no local em que o devedor tenha o seu centro de interesses principais. O conceito de "centro de interesses principais" aproxima-se do conceito de "estabelecimento principal" e, segundo ensina Fábio Ulhoa Coelho, este consiste no "local em que se encontra a direção administrativa da empresa, o polo do qual partem decisões a serem observadas numa, nalgumas ou em todas as unidades em que ela se desdobra, no mundo todo"[39]. Já o processo estrangeiro não principal, ou secundário, é, conforme o artigo 167-J, §1º, inciso II da Lei

[39] COELHO, Fábio Ulhoa. **Comentários à Lei de Falências e de Recuperação de Empresas.** 4 ed. e-book baseada na 14 ed. impresa. São Paulo: Thomson Reuters Brasil, 2021.

nº 11.101/05, aquele "aberto em local em que o devedor tenha bens ou estabelecimento".

Como consequência do reconhecimento do processo estrangeiro principal, o artigo 167-M da Lei nº 11.101/05 estabelece, respeitados os termos da mesma Lei, (i) a suspensão do curso de quaisquer processos de execução ou outras medidas individualmente adotadas por credores relativas ao patrimônio do devedor; (ii) a suspensão da prescrição de quaisquer execuções judiciais ajuizadas contra o devedor; e (iii) a ineficácia de transferência, oneração ou qualquer forma de disposição de bens do ativo não circulante do devedor realizadas sem prévia autorização judicial.

Além disso, uma vez reconhecido o processo estrangeiro principal, somente se iniciará no Brasil um processo de recuperação judicial, de recuperação extrajudicial ou de falência se o devedor possuir bens ou estabelecimento no país, conforme determina o artigo 167-R, *caput*, da Lei nº 11.101/05. Assim, o fato de existirem credores locais não será suficiente para a distribuição de pedido de insolvência no Brasil se não houver ativos do devedor no país e se já tiver sido reconhecido o processo estrangeiro como principal. O parágrafo único desse mesmo dispositivo determina que o processo ajuizado no Brasil se restringirá aos bens e ao estabelecimento do devedor localizados no Brasil, podendo-se estender a outros bens caso a medida seja necessária para a cooperação e coordenação com o processo estrangeiro principal.

Em caso de coexistência de processo estrangeiro e processo de recuperação judicial ou extrajudicial, ou de falência, no Brasil, relativos ao mesmo devedor, o artigo 167-S da Lei nº 11.101/05 estabelece regras visando à cooperação e coordenação entre os processos simultâneos, com a prevalência do processo nacional.

Por sua vez, a *cooperação com autoridades e representantes estrangeiros* é regulada nos artigos 167-P e seguintes da Lei nº 11.101/05. Neles, chama a atenção medidas de flexibilização, que permitem ao juiz comunicar-se diretamente com as autoridades ou representantes estrangeiros sem a necessidade de expedição de cartas rogatórias, de procedimento de auxílio direto ou outras formalidades semelhantes (artigo 167-P, §1º); e permitindo-se igual liberdade ao administrador judicial, a quem autorizou-se a cooperação com as autoridades estrangeiras, sob supervisão do juiz (artigo 167-P, §§2º e 3º).

Vê-se, assim, que a Lei nº 11.101/05 ainda traz a preponderância da territorialidade, relativamente aos bens e ativos do devedor existentes no Brasil, e a soberania da legislação nacional. No entanto, ao positivar, agora, as regras atinentes ao caso de insolvência transnacional, permite-se o reconhecimento de que o processo de insolvência instaurado no exterior, se lá for o centro de interesses principal do devedor, seja o processo principal, cabendo a coordenação e cooperação entre os diferentes processos, principal e secundários, para a satisfação dos credores e, se for o caso, a reestruturação da empresa transnacional.

Conclusões

A realidade imposta por uma economia globalizada e pela atuação transnacional das empresas fez surgir a necessidade de como tratar a hipótese de insolvência de empresas e empresários com atuação múltipla em diferentes países. Uma das questões mais sensíveis consistiu – e ainda consiste – na definição do juízo competente para o processamento da insolvência transnacional, bem como no papel exercido por cada tribunal, de cada Estado nacional, visando a melhor satisfação dos interesses dos credores e do próprio devedor.

Diferentes critérios para definição da competência jurisdicional foram estabelecidos, perpassando pelas noções de territorialidade e universalidade, cada qual com suas vantagens e desvantagens próprias. A Lei Modelo da UNCITRAL e o *Chapter 15*, que a seguiu, deram a base para a preponderância do critério do universalismo mitigado, visando a cooperação de juízos e autoridades de diferentes jurisdições, para que, respeitando-se a soberania de cada país, seja possível a uniformidade de tratamento da empresa insolvente. Assim, parte-se da possibilidade de se reconhecer um processo de insolvência como sendo o processo principal, a depender do local onde o devedor tenha seus principais interesses, e a existência de processos secundários em diferentes países onde haja bens do devedor, cujos juízos cooperam com o juízo do processo principal, de maneira coordenada.

No Brasil, a Lei nº 11.101/05, em seu artigo 3º, optou pelo critério da territorialidade e, à falta de previsão legislativa específica sobre a insolvência transnacional, discutia-se se a lógica do universalismo mitigado poderia encontrar aplicação no país, e se a própria aceitação da figura da insolvência transnacional seria cabível. Não obstante, viu-se movimentação do Judiciário no sentido de acatar a sistemática da insolvência transnacional, com valorização da cooperação internacional por analogia à Lei Modelo da UNCITRAL, como se verificou nas recuperações judiciais dos grupos OGX, Oi, OAS e Sete Brasil.

Todavia, a falta de previsão legal ainda gerava insegurança jurídica. Somente com o advento da Lei nº 14.112/20, que inseriu na Lei nº 11.101/05 o Capítulo VI-A, foi preenchida a lacuna legal, de modo a flexibilizar o processo de insolvência transnacional, com a via da cooperação internacional, que permite o reconhecimento do processo estrangeiro, principal ou secundário, por meio de normas de colaboração e coordenação entre processos simultâneos.

O estabelecimento de regras sobre cooperação internacional se alinha à tendência mundial, trazendo maior eficiência e organização para as reestruturações de empresas transnacionais, possibilitando tomadas de decisões mais céleres e mais coordenadas.

Há, ainda, questões a serem definidas, como a legitimidade para a formulação do pedido de reconhecimento de processo estrangeiro e os reflexos da competência do Superior Tribunal de Justiça na homologação de sentenças estrangeiras e concessão de *exequatur*, que deverão ser apreciadas e definidas pelo Judiciário. De todo modo, já se nota os primeiros frutos da inovação legislativa, diante da existência dos primeiros pedidos de reconhecimento de processo estrangeiro já em trâmite nos tribunais brasileiros, o que trará maior agilidade para as recuperações transnacionais e, ainda, opções mais eficientes para credores estrangeiros.

Referências

BAPTISTA, Luiz Olavo. *Empresa transnacional e direito*. São Paulo: Revista dos Tribunais, 1987.

BAXTER JR., Thomas C.; HANSEN, Joyce M.; SOMMER, Joseph H. Two cheers for territoriality: an essay on international bank insolvency law. *American Bankruptcy Law Journal*, v. 78, 2004.

BECKER, Joseph D. International insolvency: the case of herstatt. *American Bar Association Journal*, v. 62, p. 1290-1295, 1976.

BECKERING, Kevin J. *United States Cross-Border Corporate Insolvency: the impact of chapter 15 on Comity and the New Legal Environment*. In: *Law & Business Review of the Americas*, v. 14, 2008. p. 289-291.

BERGLUND, Mikael. *Cross-border enforcement of claims in the EU: history, present and future*. Alphen aan den Rijn: Kluwer Law International, 2009.

BIERY, Evelyn H., BOLAND, Jason L. & CORNWELL, John D.. A Look at *Transnational Insolvencies and Chapter 15 of the Bankruptcy Abuse Prevention and Consumer Protection Act of 2005*. In: *Boston College Law Review*, v. 47, 23, 31–32 (2005).

BUFFORD, Samuel L. *Revision of the European Union Regulation on Insolvency Proceedings: Recommendations*. In: *International Insolvency Law Review*, v. 3, p. 341-474, 2012.

CALDERON, Silvio Xavier Botello. *Falência internacional no Mercosul: proposta para uma solução regional*. Curitiba: Juruá, 2011.

CAMPANA FILHO, Paulo Fernando. *Competência para reconhecer processos estrangeiros de insolvência não é do STJ*. Disponível em <https://www.conjur.com.br/2021-fev-16/campana-processos-estrangeiros-insolvencia>. Acesso em 28 jul. 2021.

_____. *O caso OGX e a questão do ajuizamento de recuperação judicial de sociedades estrangeiras no Brasil*. In: Revista Comercialista. v. 5. n. 13/2015. p. 28-31 (doutrina).

_____. *O Desenvolvimento dos Modelos Teóricos da Insolvência Internacional*. In: Revista de Direito Recuperacional e Empresa. v. 6/2017 – out –dez/2017. DTR\2017\7015.

CHUNG, John J. *The Retrogressive Flaw of Chapter 15 of the Bankruptcy Code: A Lesson from Maritime Law*. In: Duke Journal of Comparative & International Law, v. 17, 253-304 (2007).

COELHO, Fábio Ulhoa. *Comentários à Lei de Falências e de Recuperação de Empresas*. 4 ed. e-book baseada na 14 ed. impressa. São Paulo: Thomson Reuters Brasil, 2021.

COMPARATO, Fábio Konder. *Aspectos jurídicos da macro-emprêsa*. São Paulo: Revista dos Tribunais, 1970.

CORRIGAN, Tom. *Brazil's Constellation Group Files for Bankruptcy in the U.S.* Disponível em <https://www.wsj.com/articles/brazils-constellation-group-files-for--bankruptcy-in-the-u-s-1544216625>. Acesso em 28 jul. 2021.

DELBONI, João Rafael Zanotti Guerra Frizzera; OBREGON, Marcelo Fernando Quiroga. *A falência transnacional e o projeto do novo Código Comercial (PL 1.527/2011)*. In: Derecho y Cambio Social, nº 55, enero-marzo 2019.

EIDENMÜLLER, Horst. *A new framework for business restructuring in Europe: T e EU commission's proposals for a reform of the European insolvency regulation and beyond*. In: Maastricht Journal, v. 20, p. 133-150, 2013.

ESTADOS UNIDOS DA AMÉRICA. *U.S. Code Chapter 15 – Ancillary and Other Cross-border Cases*. Disponível em <https://www.law.cornell.edu/uscode/text/11/chapter-15>. Acesso em 13 abr. 2020.

FINCH, Vanessa. MILMAN, David. *Corporate insolvency law*. Cambridge: Cambridge University Press, 2017.

FLETCHER, Ian F. *Insolvency in Private International Law*. 2nd edition. Oxford: Oxford Private International Law Series, 2007.

FORGIONI, Paula A. *Teoria geral dos contratos comerciais*. São Paulo: Revista dos Tribunais, 2009.

GUIMARÃES, Antônio Márcio. *Tratados internacionais*. São Paulo: Aduaneiras, 2009.

IMMERMAN, Richard H. GOEDDE, Petra (Editores). *The Oxford handbook of the Cold War*. Oxford: Oxford University Press, 2013.

ISRAEL, Jona. *European Cross-Border Insolvency Regulation. A study of regulation on insolvency proceedings in the light of a paradigm of co-operation and a comitas europaea*. Antuérpia: Itersentia, 2005.

Law360. *Odebrecht Construction Co. Files For Ch. 15 Bankruptcy In NY.* Disponível em <https://www.law360.com/articles/1332362/odebrecht-construction-co-files--for-ch-15-bankruptcy-in-ny>. Acesso em 28 jul. 2021.

LAWSON, Dominic. *Brazilian airline makes Chapter 15 application.* Disponível em <https://latinlawyer.com/brazilian-airline-makes-chapter-15-application>. Acesso em 28 jul. 2021.

LIPOVETSKY, Gilles. *A felicidade paradoxal: ensaio sobre a sociedade de hiperconsumo*. Trad. Maria Lucia Machado. São Paulo: Companhia das Letras, 2007.

LOPUCKI, Lynn M. Universalism unravels. *American Bankruptcy Law Journal*, v. 79, 2005.

MEARS, Patrick E.; MCFADDEN, Timothy S. *Court-to-Court communications, reform of European Regulation*. In: ABI Journal, v. outubro, p. 32 e 98-101, 2012.

MENDONÇA, Vinícius de Carvalho P. *Insolvência transnacional: critérios de fixação de competência*. In: Revista de Direito Internacional e Globalização Econômica. São Paulo, Ano 2, nº 3, 2018, pp. 150-174.

MORALES, Stacy Allen; DEUTCSH, Barbara Ann. *Bankruptcy code section 304 and U.S. recognition of foreign bankruptcies: the tyranny of comity*. In: The Business Lawyer, v. 39, p. 1573-1597, 1984.

NADELMANN, Kurt Hans. *Israel-British Bank (London) Ltd.: Yet Another Trans-Atlantic Crossing*. In: American Bankruptcy Law Journal, v. 52, p. 369-381, 1978.

SACRAMONE, Marcelo Barbosa. *Comentários à Lei de Recuperação de Empresas e Falência*. 2 ed. São Paulo: Saraiva, 2021.

SATIRO, Francisco; BECUE, Sabrina; TEIXEIRA, Isabella. *Os credores locais e o processo de insolvência transnacional*. Disponível em <https://www.migalhas.com.br/depeso/344261/os-credores-locais-e-o-processo-de-insolvencia-transnacional>. Acesso em 28 jul. 2021.

SOH, Andy. *Chapter 15 of the bankruptcy code: an invitation to forum shopping?* In: Norton Journal of Bankruptcy Law and Practice, v. 16, 2007.

TOLEDO; Paulo Fernando Campos Salles de; SATIRO, Francisco (org.). *Direito das empresas em crise: problemas e soluções*. São Paulo: Quartier Latin, 2012.

TOLLENAAR, Nicolaes W. A. *Proposals for reform: improving the ability under the European insolvency regulation to rescue multinational enterprises*. Paper apresentado na conferência The Future of the European Insolvency Regulation, em Amsterdam, 2011.

UNCITRAL. *Legislative guide on insolvency law: part three. Treatment of enterprise groups in insolvency*. New York: United Nations, 2012.

VAN GALEN, Robert et al. *Revision of the European insolvency regulation: proposals by INSOL Europe*. Clifton, Nottingham: INSOL Europe, 2012.

WESSELS, Bob. *Revision of the EU insolvency regulation: what type of facelift?* Paper apresentado na conferência The Future of the European Insolvency Regulation, em Amsterdam, 2011.

WESTBROOK, Jay Lawrence. *Developments in transnational bankruptcy*. In: Saint Louis University Law Journal, v. 39, 1995.

_____. *The lessons of Maxwell communication*. In: Fordham Law Review, v. 64, p. 2531-2701, 1996.

_____. *Multinational financial distress: the last hurrah of territorialism*. In: Texas International Law Journal, v. 41, p. 321-337, 2006.

11. Período de Supervisão e o Encerramento da Recuperação Judicial

STEFANO MOTTA
MARIA OLIVIA DE FREITAS ZANI

Introdução

A recente reforma da lei de recuperação judicial, extrajudicial e falência (Lei n. 11.101/05), implementada pela Lei n. 14.112/20, trouxe significativas mudanças às recuperações judiciais e falências. A finalidade deste artigo é comentar as alterações atinentes ao período de supervisão judicial, etapa após a homologação do plano de recuperação judicial em que a recuperanda continua sob o escrutínio do Poder Judiciário.

Para tanto, no primeiro capítulo, será analisado o período de supervisão judicial no contexto da promulgação da Lei n. 11.101/05 e as modificações em sua aplicação decorrentes das construções doutrinárias e jurisprudenciais.

Explicado esse contexto e analisada a importância do período de supervisão judicial, o capítulo seguinte se dedicará às alterações trazidas pela Lei n. 14.112/20, destacando os pontos positivos da mudança e, também, as questões objeto de preocupação.

Por último, serão aplicadas as conclusões com a síntese da crítica às alterações trazidas pela Lei n. 14.112/20 ao artigo 61 da Lei n. 11.101/05.

1. O período de supervisão judicial originalmente previsto pela Lei n. 11.101/05

1.1. Fundamentos do instituto da supervisão judicial

De acordo com as regras estabelecidas originalmente pela Lei n. 11.101/05, o processo de recuperação judicial estava claramente dividido em duas fases distintas. A primeira fase tinha início com a distribuição do pedido de recuperação judicial pelo próprio devedor, compreendendo todo o período de negociação e se encerrava com a celebração do acordo, materializado no plano de recuperação judicial[1].

Homologado o plano, a lei previa o início da segunda fase, ao estabelecer que durante o período de dois anos o devedor permaneceria em recuperação judicial, sob a fiscalização do Poder Judiciário em relação ao cumprimento das obrigações previstas no plano e que se vencessem durante esse biênio[2].

Essa segunda fase, que ficou conhecida como fase de execução da recuperação judicial, corresponde ao que se chama de período de supervisão judicial da empresa em recuperação judicial.

Nos termos da redação original da Lei, durante esse período, caso fosse descumprida qualquer obrigação, a recuperação judicial seria convolada em falência[3] e os direitos e as garantias dos credores seriam reconstituídos nas condições originalmente contratadas, ressalvando apenas a dedução dos valores eventualmente pagos e a manutenção dos atos validamente praticados no âmbito da recuperação judicial[4], conforme regulado no art. 61, §§1º e 2º, da Lei n. 11.101/05.

[1] Conforme determinado pelo art. 59, *caput*, da Lei n. 11.101/05, "o plano de recuperação implica novação dos créditos anteriores ao pedido [de recuperação judicial], e obriga o devedor e todos os credores a ele sujeitos, sem prejuízo das garantias, observado o disposto no § 1º do art. 50 desta Lei".

[2] Redação anterior às alterações trazidas pela Lei 14.112/2020: "Art. 61. Proferida a decisão prevista no art. 58 desta Lei, o devedor permanecerá em recuperação judicial até que se cumpram todas as obrigações previstas no plano que se vencerem até 2 (dois) anos depois da concessão da recuperação judicial".

[3] "§1º Durante o período estabelecido no caput deste artigo, o descumprimento de qualquer obrigação prevista no plano acarretará a convolação da recuperação em falência, nos termos do art. 73 desta Lei".

[4] "§2º Decretada a falência, os credores terão reconstituídos seus direitos e garantias nas condições originalmente contratadas, deduzidos os valores eventualmente pagos e ressalvados os atos validamente praticados no âmbito da recuperação judicial".

Somente depois de transcorrido o prazo de dois anos da supervisão judicial e desde que cumpridas todas as obrigações vencidas durante esse período é que a recuperação judicial seria finalmente encerrada[5]. Sobrevindo o inadimplemento de qualquer obrigação após o encerramento da recuperação judicial, aos credores cumpriria exigir a execução específica da obrigação novada ou usá-la para fundamentar novo pedido de falência, não existindo mais a possibilidade de convolação da recuperação judicial em falência[6].

Na prática, ao implementar essa sistemática, a Lei n. 11.101/05 estabeleceu que durante o período de supervisão judicial a novação *sui generis*[7]

[5] "Art. 63. Cumpridas as obrigações vencidas no prazo previsto no caput do art. 61 desta Lei, o juiz decretará por sentença o encerramento da recuperação judicial e determinará: I – o pagamento do saldo de honorários ao administrador judicial, somente podendo efetuar a quitação dessas obrigações mediante prestação de contas, no prazo de 30 (trinta) dias, e aprovação do relatório previsto no inciso III do caput deste artigo; II – a apuração do saldo das custas judiciais a serem recolhidas; III – a apresentação de relatório circunstanciado do administrador judicial, no prazo máximo de 15 (quinze) dias, versando sobre a execução do plano de recuperação pelo devedor; IV – a dissolução do Comitê de Credores e a exoneração do administrador judicial; V – a comunicação ao Registro Público de Empresas para as providências cabíveis".

[6] "Art. 62. Após o período previsto no art. 61 desta Lei, no caso de descumprimento de qualquer obrigação prevista no plano de recuperação judicial, qualquer credor poderá requerer a execução específica ou a falência com base no art. 94 desta Lei".

[7] (i) "A novação perpetrada pela homologação do plano de recuperação judicial está sujeita a regras próprias, estabelecidas pelo direito recuperacional, parcialmente diversas das aplicáveis à novação em geral. Apenas na falta de norma específica, na LF, ela se sujeita ao regime da novação estabelecido pelo direito das obrigações (CC, arts. 360 e s.). A denominada 'novação recuperacional' se distingue, assim, da 'novação civil' em vários aspectos. A recuperacional tem fundamento exclusivamente legal (LF, art. 59) e, portanto, independe do inequívoco *animus novandi* indispensável à configuração da civil (CC, art. 361). A novação recuperacional não importa a exoneração dos fiadores (LF, art. 49, § 1.º), ao contrário da civil (CC, art. 366). A recuperacional resolve-se no caso de convolação de falência (LF, art. 61, § 2.º), enquanto inexiste previsão legal resolvendo a novação civil em razão da insolvência de qualquer de seus sujeitos". (COELHO, Fábio Ulhoa. *Comentários à lei de falências e de recuperação de empresas.* 4ª edição *e-book* baseada na 14ª edição impressa. São Paulo: Thomson Reuters Brasil, 2021. p. RB-77.3); (ii) "Na LREF, a despeito de a concessão da recuperação judicial implicar novação dos créditos, ela é *sui generis*. Ela ocorre sem prejuízo das garantias, nem alteração das obrigações em face dos devedores solidários e coobrigados. [...] Além de se diferenciar quanto aos coobrigados e garantidores, a novação provocada pela recuperação judicial se submete a uma condição resolutiva consistente no cumprimento do plano de recuperação judicial

operada pela homologação do plano estaria sujeita à condição resolutiva consistente no inadimplemento de qualquer obrigação que se vencesse nesse período, eis que descumpridas as obrigações previstas no plano a recuperanda estaria sujeita à falência e a consequente resolução da novação *sui generis*.

Portanto, no regime de reestruturação criado pela Lei n. 11.101/05, a principal função do período de supervisão judicial foi estabelecer um marco temporal para que a empresa em recuperação judicial efetivamente comprovasse a viabilidade do plano de recuperação judicial homologado e, então, alcançasse a consolidação plena da novação das dívidas renegociadas.

Ao contrário, existindo indícios de que as novas condições impostas pelo plano não seriam suficientes para que o devedor conseguisse se reestruturar e retomar o pagamento de seus credores, o período de supervisão viabilizava aos credores a possibilidade de intervir no procedimento, pleiteando que seus direitos e garantias fossem reconstituídos e pagos de acordo com o procedimento falimentar.

O racional de toda essa dinâmica estabelecida pelo período de supervisão pode ser explicado pela intenção do legislador que, no contexto da elaboração da Lei 11.101/05, procurou implementar na sociedade brasileira

pelo período de dois anos, em que haverá a fiscalização judicial. Caso, no referido período, as obrigações previstas no plano de recuperação judicial não sejam satisfeitas, a recuperação judicial será convolada em falência e os credores terão seus direitos reconstituídos nas condições originalmente contratadas". (SACRAMONE, Marcelo Barbosa. *Comentários à lei de recuperação de empresas e falência*. 1ª edição. São Paulo: Saraiva, 2018. pp. 265 e 266); (iii) "Com efeito, percebe-se que a novação prevista na lei civil é bem diversa daquela disciplinada na Lei n. 11.101/2005. Se a novação civil faz, como regra, extinguir as garantias da dívida, inclusive as reais prestadas por terceiros estranhos ao pacto (art. 364 do Código Civil), a novação decorrente do plano de recuperação traz, como regra, ao reverso, a manutenção das garantias (art. 59, caput, da Lei n. 11.101/2005), sobretudo as reais, as quais só serão suprimidas ou substituídas "mediante aprovação expressa do credor titular da respectiva garantia", por ocasião da alienação do bem gravado (art. 50, § 1º). Por outro lado, a novação específica da recuperação desfaz-se na hipótese de falência, quando então os "credores terão reconstituídos seus direitos e garantias nas condições originalmente contratadas" (art. 61, § 2º). Daí se conclui que o plano de recuperação judicial opera uma novação *sui generis* e sempre sujeita a uma condição resolutiva, que é o eventual descumprimento do que ficou acertado no plano, circunstância que a diferencia, sobremaneira, daqueloutra, comum, prevista na lei civil". (Superior Tribunal de Justiça. 4ª Turma. Recurso especial n. 1.326.888/RS. j. 08/04/2014).

um sistema jurídico que assegurasse melhores condições ao desenvolvimento da atividade empresarial e, consequentemente, estimulasse a economia[8].

Nesse sentido, destaca-se o entendimento de que o período de supervisão judicial se justifica como instituto da recuperação judicial não só porque permite que a fase mais sensível da execução do plano seja acompanhada de perto por todos os interessados, como também porque garante a possibilidade de rápida intervenção no caso de a reestruturação da empresa se mostrar inviável.

Nas palavras de Tomazette, *"a ideia desse período de observação é fazer uma fiscalização mais próxima do devedor no começo da recuperação, pois ainda não se tem a demonstração de que ele irá realmente cumprir as medidas propostas"*[9].

Esse mecanismo de acompanhamento e intervenção é essencial, uma vez que a intenção da Lei nunca foi conferir proteção incondicional a todos os tipos de devedores, mas apenas garantir a preservação da empresa que de fato se mostra economicamente viável[10]. Não o sendo,

[8] Conforme expõe Manoel Justino Bezerra Filho ao tratar sobre os aspectos históricos do direito falimentar brasileiro, o sistema jurídico até então existente, voltado apenas às regras necessárias para se promover a liquidação do devedor, apresentava sérios entraves ao desenvolvimento econômico, na medida em que não buscava preservar a atividade empresarial, verdadeira fonte de geração e de circulação de riquezas. Assim sendo, "já em 1974, Requião (p. 249) lembrava a lição dos clássicos, para alertar sobre a necessidade de introduzir modificações que, mais do que garantir aos credores a *par condicio creditorum*, deveriam procurar mecanismos de sobrevivência da empresa, com o que se garantiria o interesse social e o interesse dos próprios credores da empresa". (BEZERRA FILHO, Manoel Justino. *Lei de recuperação de empresas e falência*. 5ª edição *e-book* baseada na 14ª edição impressa. São Paulo: Thomson Reuters Brasil, 2019. p. 21).

[9] TOMAZETTE, Marlon. *Curso de Direito Empresarial – 3 Falência e Recuperação de Empresas*. 8ª edição. São Paulo: Saraiva jur, 2020. p. 267.

[10] Sobre a intenção do legislador ao elaborar a Lei n. 11.101/05, confira-se o trecho a seguir, por meio do qual Manoel Justino confirma que, de fato, o objetivo era prestigiar a manutenção da empresa enquanto fim em si mesmo e não conceder benefícios ilimitados à qualquer devedor: "Havia, portanto, o que se poderia entender como um consenso geral, no sentido de que a preservação da empresa era a meta que deveria ser atendida pela legislação, não especificamente para que se afastasse aquele caráter de verdadeira perseguição que se estabelecia contra o devedor em geral, mas fundamentalmente ante o reconhecimento do valor social que a empresa representa no mundo atual". (BEZERRA FILHO, Manoel Justino. *Lei de recuperação de empresas e falência*. 5ª edição *e-book* baseada na 14ª edição impressa. São Paulo: Thomson Reuters Brasil, 2019. p. 21).

a Lei deveria viabilizar os instrumentos necessários para que a empresa fosse definitivamente encerrada, uma vez que a manutenção da empresa inviável é prejudicial para toda a economia, como explica Marcelo Barbosa Sacramone:

> Os custos impostos a todo mercado diante da manutenção dessa atividade irregular, que não satisfaz suas obrigações, tornam-se insuperáveis. Mesmo diante do princípio da preservação da empresa, o inadimplemento das obrigações contratadas assegura vantagem competitiva da recuperanda em detrimento dos demais agentes de mercado e dos consumidores, aumenta o custo do crédito diante do maior risco de inadimplemento de seus contratantes, assim como afetará a manutenção duradoura dos postos de trabalho. Impõe-se, dessa forma, que os empresários que não possuam condições de se recuperar sejam retirados do mercado antes que seus efeitos negativos contaminem os demais agentes econômicos[11].

Como observa Manuel Justino Bezerra Filho, realmente, à época da elaboração da Lei n. 11.101/05, existia a

> (...) preocupação de possibilitar a recuperação da sociedade empresária, de tal forma que, havendo sinais de que determinada empresa não estaria caminhando da melhor forma, propiciasse a Lei um modo de intervenção que, logo aos primeiros sinais de crise, aplicasse remédios que pudessem evitar o agravamento da situação. Dessa forma, seria possível tentar sanear sua situação econômica, preservando-se a empresa como organismo vivo, com o que se preservaria a produção, mantendo-se os empregos e, com o giro empresarial voltando à normalidade, propiciando-se o pagamento de todos os credores[12].

Nesse contexto, a supervisão judicial serve como instrumento capaz de eliminar precocemente do mercado a empresa que, mesmo com todo os benefícios da recuperação judicial, não conseguiu reestabelecer sua saúde financeira.

[11] SACRAMONE, Marcelo Barbosa. *Comentários à lei de recuperação de empresas e falência.* 1ª edição. São Paulo: Saraiva, 2018. p. 273.

[12] BEZERRA FILHO, Manoel Justino. *Lei de recuperação de empresas e falência.* 5ª edição *e-book* baseada na 14ª edição impressa. São Paulo: Thomson Reuters Brasil, 2019. p. 21.

É verdade que nesse ponto a rigidez da letra da lei pode ser criticada, afinal, estabelecer que qualquer descumprimento enseja a quebra da recuperanda, pode acabar condenando o destino de uma empresa que, apesar do potencial, estivesse apenas enfrentando as dificuldades inerentes dos primeiros anos da sua reestruturação.

Não se pode esquecer que, como toda projeção econômico-financeira, o plano de recuperação judicial é totalmente baseado em previsões[13] e estará, portanto, sujeito às incertezas decorrentes da impossibilidade de se prever o futuro. Contudo, não é só porque algumas dessas previsões não venham a se concretizar exatamente como o planejado que necessariamente toda a viabilidade do plano estará prejudicada.

Tendo em vista o rigor excessivo da previsão de convolação em falência, a praxe forense acabou consagrando soluções mitigadoras desses efeitos. Como explica Marcelo Sacramone, o Superior Tribunal de Justiça no julgamento do recurso especial n. 1.302.735/SP e o Tribunal de Justiça do Estado de São Paulo no julgamento do agravo de instrumento n. 2177416-33.2014.8.26.0000, bem como o Enunciado 77 da II Jornada de Direito Comercial do Conselho de Justiça Federal[14], consagraram hipóteses que autorizaram as recuperandas a modificar seus planos dentro do período de supervisão judicial para evitar a convolação em falência:

> A despeito de não existir previsão legal expressa, tem sido admitida a alteração do plano de recuperação judicial anteriormente aprovado durante o período de fiscalização de seu cumprimento ou mesmo após o período de fiscalização, desde que o processo de recuperação judicial não tenha sido encerrado.
>
> Como qualquer negócio jurídico, as obrigações estabelecidas entre as partes contratantes poderão ser por elas modificadas durante o seu cumprimento desde que obtido o consenso. O plano de recuperação judicial aprovado, a princípio imutável diante do princípio do *pacta sunt servanda*,

13 BEZERRA FILHO, Manoel Justino. *Lei de recuperação de empresas e falência*. 5ª edição *e-book* baseada na 14ª edição impressa. São Paulo: Thomson Reuters Brasil, 2019. p. 32.

14 "As alterações do plano de recuperação judicial devem ser submetidas à assembleia-geral de credores, e a aprovação obedecerá ao quórum previsto no art. 45 da Lei n. 11.101/05, tendo caráter vinculante a todos os credores submetidos à recuperação judicial, observada a ressalva do art. 50, § 1o, da Lei n. 11.101/05, ainda que propostas as alterações após dois anos da concessão da recuperação judicial e desde que ainda não encerrada por sentença".

> poderia ser adaptado às novas circunstâncias fáticas que, surgidas durante seu cumprimento, alteraram suas premissas econômico-financeiras, desde que houvesse consenso entre o devedor e seus credores.
>
> No âmbito da recuperação judicial, esse consenso dos credores deve ser obtido mediante procedimento assemblear em que a maioria por classe dos credores presentes vinculará a minoria dissidente. Esse procedimento é destinado à tutela do interesse da coletividade dos credores em detrimento do interesse singular dos interesses de cada um dos titulares de crédito em consideração ao princípio da preservação da empresa.
>
> Dessa forma, aplicam-se às deliberações da Assembleia Geral de Credores para a alteração do plano de recuperação judicial o mesmo quórum de aprovação ordinário (art. 45) ou alternativo (art. 58, § 1º), inclusive com a incidência de todas as limitações legais[15].

Esse é, portanto, um primeiro exemplo, de como o instituto da supervisão judicial, mais do que aceito, foi também aperfeiçoado pela jurisprudência ao longo do tempo desde a promulgação da Lei n. 11.101/05.

A outra tese que justifica a importância do período de supervisão judicial parte da ideia de que a dinâmica estabelecida por esse instituto no processo de recuperação judicial tende a evitar a possibilidade de a reestruturação ser utilizada pelos devedores de má-fé como uma forma

[15] SACRAMONE, Marcelo Barbosa. *Comentários à lei de recuperação de empresas e falência*. 1ª edição. São Paulo: Saraiva, 2018. p. 275 e 276. No mesmo sentido: (i) "Há entendimento jurisprudencial no sentido de que o plano de recuperação, embora já aprovado, pode ser modificado mesmo que já tenha decorrido o prazo de dois anos do art. 61, desde que não tenha ainda sido prolatada a sentença de encerramento (REsp 1.302.735-SP, rel. Min. Luis Felipe Salomão, j. 17.03.2016, DJe 05.04.2016)". (BEZERRA FILHO, Manoel Justino. *Lei de recuperação de empresas e falência*. 5ª edição *e-book* baseada na 14ª edição impressa. São Paulo: Thomson Reuters Brasil, 2019. p. 32) e (ii) "Em princípio, é imutável esse plano. Se o beneficiado dele se desviar, corre o risco de ter a falência decretada. Não pode, porém, a lei ignorar a hipótese de revisão do plano de recuperação, sempre que a condição econômico-financeira do devedor passar por considerável mudança. Nesse caso, admite-se o aditamento do plano de recuperação judicial, mediante retificação pela Assembleia dos Credores. A retificação está sujeita ao mesmo quórum qualificado de deliberação previsto para aprovação do plano original. Se pretender o aditamento, o beneficiado deve aduzir requerimento acompanhado da exposição circunstanciada dos fatos que fundamentam a revisão do plano". (COELHO, Fábio Ulhoa. *Comentários à lei de falências e de recuperação de empresas*. 4ª edição *e-book* baseada na 14ª edição impressa. São Paulo: Thomson Reuters Brasil, 2021. p. RB-76.3).

de escapar da falência e de fraudar os credores – o que obviamente é prejudicial a toda economia.

Realmente, se desde logo o devedor estiver mal-intencionado querendo apenas se valer dos benefícios da recuperação judicial, sem, contudo, se comprometer minimamente em honrar suas obrigações (ainda que na forma renegociada), o devedor sabe que sua falência será decretada e, portanto, terá de enfrentar todas as graves consequências inerentes a esse processo.

O período de supervisão, por conseguinte, pode ser visto como um reforço à obrigação da recuperanda efetivamente engendrar esforços para honrar os termos do plano de recuperação judicial aprovado pelos credores, sob pena de a recuperação judicial ser convolada em falência.

Ocorre que, independentemente da grande aceitação da sua importância, é certo que a existência do período de supervisão judicial não passou totalmente ileso às críticas de pelo menos parte da doutrina.

Para a maioria contrária ao período de supervisão, a finalidade da recuperação judicial estaria restrita à viabilização da celebração de um acordo entre a empresa devedora e seus credores, sendo irrelevante se tal acordo resultará ou não na efetiva superação da crise econômico-financeira do devedor:

> O processo de recuperação judicial alcança seu objetivo quando o juiz homologa o acordo entre devedor e seus credores (documentado no plano de recuperação judicial proposto por aquele e aprovado por estes em assembleia). Se do seu cumprimento irá resultar efetivamente, ou não, a superação da crise econômico-financeira do devedor, isto é questão diversa, no mais das vezes totalmente irrelevante no bojo do processo de recuperação judicial[16].

A partir desse entendimento, qualquer iniciativa que se adote no processo de recuperação judicial e que extrapole a homologação do plano, principalmente quando voltada a verificar se as obrigações previstas no plano estão sendo devidamente cumpridas, passa a representar para os críticos do instituto um esforço adicional de todos os envolvidos, principalmente do devedor que poderia estar focado exclusivamente

16 COELHO, Fábio Ulhoa. *Comentários à lei de falências e de recuperação de empresas*. 4ª edição *e-book* baseada na 14ª edição impressa. São Paulo: Thomson Reuters Brasil, 2021. p. RB-76.2.

no desenvolvimento de suas atividades, mas ainda estará empregando esforços e recursos para a finalização do processo judicial[17].

Sobre o tema, entretanto, recentemente o Superior Tribunal de Justiça entendeu que os interesses dos credores, recuperandas e demais atores envolvidos na recuperação judicial deveriam ser conciliados, sendo relevante a manutenção do período de supervisão judicial, mas sem a sua eternização. No caso em referência, julgado pelo Superior Tribunal de Justiça, foi considerado inclusive que a existência de aditivos ao plano, realizados ainda sem as alterações trazidas pela Lei n. 14.112/20, não autorizariam a postergação do início de fluência do período de supervisão judicial, que deveria ser contado da homologação do plano e não dos aditivos posteriores:

> 4. A Lei nº 11.101/2005 estabeleceu o prazo de 2 (dois) anos para o devedor permanecer em recuperação judicial, que se inicia com a concessão da recuperação judicial e se encerra com o cumprimento de todas as obrigações previstas no plano que se vencerem até 2 (dois) anos do termo inicial.
> 5. O estabelecimento de um prazo mínimo de efetiva fiscalização judicial, durante o qual o credor se vê confortado pela exigência do cumprimento dos requisitos para concessão da recuperação judicial e pela possibilidade direta de convolação da recuperação em falência no caso de descumprimento das obrigações, com a revogação da novação do créditos, é

[17] Nesse sentido é a crítica feita por Munhoz. Confira-se: "(...) cumpre observar que a divisão do processo de recuperação em duas fases, tendo a segunda a duração de até 2 anos, parece decorrer mais de uma influência do sistema anterior do que propriamente de uma razão ponderável em termos de eficiência do modelo adotado. A manutenção da empresa em processo de recuperação por até 2 anos após a aprovação do plano pode ser vista positivamente, por permitir a fiscalização das atividades do devedor pelos credores, pelo Ministério Público e pelo Poder Judiciário durante esse período inicial de execução do plano, bem como por estabelecer uma punição mais rigorosa para o eventual inadimplemento – convolação da recuperação em falência. Por outro lado, essa solução acarreta o aumento dos custos do processo e pode dificultar a recuperação do crédito do devedor, que por 2 anos será obrigado a apresentar-se ao mercado com a expressão, ao lado de seu nome, 'em Recuperação Judicial'". (MUNHOZ, Eduardo Secchi. *In*: PITOMBO, Antônio Sérgio A. de Moraes; SOUZA JUNIOR, Francisco Satiro (Org.). *Comentários à lei de recuperação de empresas e falência*. 2ª edição. São Paulo: Revista dos Tribunais, 2007. p. 304).

essencial para angariar a confiança dos credores, organizar as negociações e alcançar a aprovação dos planos de recuperação judicial.

6. A fixação de um prazo máximo para o encerramento da recuperação judicial se mostra indispensável para afastar os efeitos negativos de sua perpetuação, como o aumento dos custos do processo, a dificuldade de acesso ao crédito e a judicialização das decisões que pertencem aos agentes de mercado, passando o juiz a desempenhar o papel de muleta para o devedor e garante do credor.
7. Alcançado o principal objetivo do processo de recuperação judicial que é a aprovação do plano de recuperação judicial e encerrada a fase inicial de sua execução, quando as propostas passam a ser executadas, a empresa deve retornar à normalidade, de modo a lidar com seus credores sem intermediação.
8. A apresentação de aditivos ao plano de recuperação judicial pressupõe que o plano estava sendo cumprido e, por situações que somente se mostraram depois, teve que ser modificado, o que foi admitido pelos credores. Não há, assim, propriamente uma ruptura da fase de execução, motivo pelo qual inexiste justificativa para a modificação do termo inicial da contagem do prazo bienal para o encerramento da recuperação judicial[18].

Ou seja, independentemente da existência de críticas doutrinárias, o que se percebe é que, na prática, a jurisprudência continuou a prestigiar a preservação do instituto da supervisão judicial.

1.2. Extensão do período de supervisão judicial

Quanto ao período de supervisão de dois anos originalmente previsto na Lei n. 11.101/05 para que o devedor passasse a gozar plenamente dos benefícios da recuperação judicial, Manuel Justino esclarece que

> Presumiu o legislador que o devedor que se submeteu a todos os percalços do pedido de recuperação, que preencheu todas as exigências legais, que cumpriu suas obrigações por dois anos consecutivos, certamente já terá atingido uma situação na qual deverá cumprir todas as demais obrigações assumidas.
>
> (...)

[18] Superior Tribunal de Justiça. 3ª Turma. Recurso especial n. 1.853.347/RJ. j. 05/05/2020.

Neste ponto, a presunção do legislador está correta, pois efetivamente, se pretendesse fazer da recuperação um trampolim para a falência fraudulenta ou para o descumprimento de suas obrigações, certamente não teria cumprido todas as obrigações assumidas, para só descumprir aquelas vencidas após os dois anos previstos[19].

E o que se depreende da análise da prática é que, de fato, a extensão do período de supervisão não trouxe grandes debates em relação à capacidade do instituto cumprir com suas finalidades. Na verdade, as discussões que se seguiram sobre esse assunto estavam relacionadas apenas à definição do termo inicial do período de supervisão.

Isso porque, ao estabelecer os dois anos, a não lei não previu que, como estratégia para tentar escapar do período de fiscalização, os devedores mal-intencionados passassem a prever em seus planos de recuperação judicial períodos de carência iguais ou superiores a dois anos, contados da concessão da recuperação judicial[20].

Ao se deparar com tais situações, uma das soluções encontradas pela jurisprudência para preservar a finalidade do instituto da supervisão judicial foi flexibilizar a data prevista pela lei para início do período de supervisão, prorrogando-a para a data do término do período de carência:

[19] BEZERRA FILHO, Manoel Justino. *Lei de recuperação de empresas e falência*. 5ª edição *e-book* baseada na 14ª edição impressa. São Paulo: Thomson Reuters Brasil, 2019. p. 32.

[20] Nesse sentido: (i) "Esta última afirmação de crença na boa-fé do recuperando, porém começa a sofrer certo abalo, quando se vê que diversos devedores têm tomado o cuidado de fixar o pagamento de parcelas mínimas nos dois primeiros anos, de forma a tornar inócua a fiscalização que a lei atribuiu ao juízo da recuperação". (BEZERRA FILHO, Manoel Justino. *Lei de recuperação de empresas e falência*. 5ª edição *e-book* baseada na 14ª edição impressa. São Paulo: Thomson Reuters Brasil, 2019. p. 32).; (ii) "Em razão da possibilidade de convolação da recuperação judicial em falência caso as obrigações previstas no plano e vencidas durante esse biênio não sejam satisfeitas, o empresário devedor passou a estabelecer no plano de recuperação judicial um período de carência. Esse consiste num lapso temporal em que o empresário devedor desenvolverá suas atividades sem a satisfação de determinados credores. O vencimento das diversas obrigações, ressalvada a limitação às obrigações trabalhistas, poderá ocorrer apenas após o decurso de um determinado prazo, o que lhe permitiria mitigar o risco da convolação". (SACRAMONE, Marcelo Barbosa. *Comentários à lei de recuperação de empresas e falência*. 1ª edição. São Paulo: Saraiva, 2018. p. 274).

Aliás, como reação a esta tentativa de tornar inócua a fiscalização nos dois primeiros anos, está se formando jurisprudência, entendendo que "nestas situações, a solução é a de, antes que intervir no conteúdo da cláusula, determinar que o período de supervisão judicial se inicie a partir do término do prazo de carência (v.g. TJSP, AI 2081908-89.2016.8.26.0000, rel. Des. Carlos Alberto Garbi, j. 17.10.2016; AI 2140328-87.2016.8.26.0000, rel. Des. Fábio Tabosa, j. 28.11.2016; AI 2099546-38.2016.8.26.000, rel. Des. Carlos Alberto Garbi, j. 31.10.2016)", excerto transcrito do AI 2042945-75.2017.8.26.0000, TJSP, Rel. Claudio Godoy, j. em 02.10.2017. Ou seja, havendo carência para o pagamento da primeira parcela após a concessão da recuperação, o prazo de fiscalização de dois anos inicia-se após findo o prazo de carência. Por outro lado, se houver pagamentos irrisórios, apenas para mascarar a existência da carência, certamente a jurisprudência caminhará no sentido de considerar este prazo de pagamentos irrisórios, como verdadeiro prazo de carência[21].

Outra solução empregada pela jurisprudência nesses casos foi a de invalidar eventual cláusula prevendo o período de carência, sob o argumento de que seu conteúdo afronta norma cogente. Como explica Marcelo Sacramone:

> O biênio legal teria sido determinado justamente para fiscalizar o cumprimento das obrigações da recuperada. A cláusula do plano que estabeleceria que as obrigações venceriam apenas após esse período ou cujo valor seria insignificante diante do montante total devido impediria a efetiva fiscalização judicial do cumprimento das obrigações. Ainda que indiretamente, a cláusula afrontaria a disposição legal e deveria ser reputada como inválida[22].

Tal entendimento, se fundamenta, ainda, na tese de que "*como norma cogente, (...) o biênio não poderia também ter seu início flexibilizado conforme as cláusulas estabelecidas no plano de recuperação judicial, notadamente o início dos pagamentos das obrigações*"[23]. Além disso, como continua explicando

21 BEZERRA FILHO, Manoel Justino. *Lei de recuperação de empresas e falência*. 5ª edição *e-book* baseada na 14ª edição impressa. São Paulo: Thomson Reuters Brasil, 2019. p. 32.

22 SACRAMONE, Marcelo Barbosa. *Comentários à lei de recuperação de empresas e falência*. 1ª edição. São Paulo: Saraiva, 2018. p. 274.

23 SACRAMONE, Marcelo Barbosa. *Comentários à lei de recuperação de empresas e falência*. 1ª edição. São Paulo: Saraiva, 2018. p. 274 e 275.

Marcelo Sacramone[24], "*(...) a eternização do acompanhamento judicial da recuperanda ou sua modificação conforme as vicissitudes do plano de recuperação judicial descumprem os próprios pressupostos da recuperação judicial*" ao prologar o momento a pecha de empresa em dificuldades financeiras.

Independentemente de qual fosse o entendimento adotado, o que se percebe é que ambos procuravam preservar a sistemática criada pela Lei n. 11.101/05 e garantir que o período de supervisão judicial cumprisse com suas finalidades, enquanto mecanismo para obstar recuperações judiciais inviáveis de para coibir a perpetração de fraudes por devedores mal intencionados.

Não obstante, ante as celeumas atinentes ao período de supervisão judicial, inovou a Lei n. 14.122/20 ao alterar a redação do art. 61 da Lei n. 11.101/05 e estabelecer nova sistemática, como se explica no tópico seguinte.

2. As alterações implementadas pela Lei n. 14.112/20 em relação ao período de supervisão judicial e suas consequências no processo de recuperação judicial

A Lei n. 14.112/20, responsável pela reforma da lei de recuperação judicial, extrajudicial e falência, foi aprovada em momento de crise e trouxe importantes mudanças que visaram assegurar a preservação da atividade empresarial em momento tão delicado. Especificamente em relação ao instituto da supervisão judicial, a reforma implementou significativas mudanças.

A primeira importante alteração implementada consiste no fato de que o período de supervisão judicial deixou de ser uma fase obrigatória do processo de recuperação judicial. Com a mudança, passou a ficar a critério do juízo da recuperação judicial a decisão sobre instaurá-lo ou não.

De fato, se antes o *caput* do art. 61 da Lei 11.101/05 previa que, após a concessão da recuperação judicial, a recuperanda permaneceria obrigatoriamente em recuperação judicial por dois anos[25], agora, com as alterações

[24] SACRAMONE, Marcelo Barbosa. *Comentários à lei de recuperação de empresas e falência.* 1ª edição. São Paulo: Saraiva, 2018. p. 275.

[25] Redação original do art. 61, caput, da Lei n. 11.101/05: "Art. 61. Proferida a decisão prevista no art. 58 desta Lei, o devedor permanecerá em recuperação judicial até que se cumpram todas as obrigações previstas no plano que se vencerem até 2 (dois) anos depois da concessão da recuperação judicial".

implementadas pela Lei 14.112/20, o mesmo dispositivo legal prevê que, proferida a decisão que concede a recuperação judicial, "*(...) o juiz* ***poderá*** *determinar a manutenção do devedor em recuperação judicial (...) até, no máximo, 2 (dois) anos depois da concessão da recuperação judicial (...)*"[26].

Na prática isso significa que, quando o período de supervisão for dispensado, a novação *sui generis* das obrigações do devedor produzirá seus efeitos desde a homologação do plano e não estará sujeita a qualquer condição resolutiva.

Tão logo o plano seja homologado, caso seja dispensado o período de supervisão judicial, o devedor passará a gozar definitivamente dos benefícios da recuperação judicial, de modo que o descumprimento de obrigações previstas no plano não ensejará a possibilidade de convolação em falência, como previsto no regime anterior.

Ainda que o momento econômico atual demande condições mais favoráveis aos devedores e que o período de supervisão represente um empecilho para a obtenção de crédito da empresa em recuperação judicial, o fato é que o período de supervisão judicial é uma relevante ferramenta para fomentar o cumprimento do plano e, especialmente, para evitar fraudes.

Além disso, como bem ponderado por Fábio Ulhoa Coelho[27], poderia ter o legislador fixado critérios objetivos para a dispensa do período de supervisão judicial.

26 Redação do art. 61, caput, da Lei n. 11.101/05, após as alterações implementadas pela Lei n. 14.112/20: "Art. 61. Proferida a decisão prevista no art. 58 desta Lei, o juiz poderá determinar a manutenção do devedor em recuperação judicial até que sejam cumpridas todas as obrigações previstas no plano que vencerem até, no máximo, 2 (dois) anos depois da concessão da recuperação judicial, independentemente do eventual período de carência".

27 "A lei não fornece critérios para uma ou outra alternativa. Teria sido melhor se a Reforma de 2020 simplesmente eliminasse a figura da supervisão judicial, cujo sentido nunca ficou claro, desde o início da vigência da LF. De qualquer modo, para que não afronte o princípio constitucional da isonomia, o juiz deve se guiar por elementos objetivos, ao dispensar ou sujeitar a recuperanda à supervisão judicial. Por exemplo, se o plano de recuperação foi aprovado por um quórum elevadíssimo, haverá um critério objetivo para dispensar a recuperanda da supervisão". (COELHO, Fábio Ulhoa. *Comentários à lei de falências e de recuperação de empresas.* 4ª edição *e-book* baseada na 14ª edição impressa. São Paulo: Thomson Reuters Brasil, 2021. p. RB-76.1).

O silêncio do legislador nesse ponto, possivelmente, suscitará uma série de debates e obrigará Doutrina e Jurisprudência definirem quais serão os requisitos que devem ser observados pelo juiz para dispensar ou determinar o período de supervisão judicial.

E não poderia ser diferente, pois, a despeito de a Lei conferir discricionariedade ao juiz para definir se haverá ou não período de supervisão, essa liberdade não o dispensa de proferir decisão devidamente fundamentada e com a indicação dos critérios utilizados para chegar a determinada conclusão, como regulado pelos artigos 11 e 489, II e parágrafos, do Código de Processo Civil.

Ademais, também é questão de segurança jurídica a previsibilidade sobre a possibilidade ou não de dispensa do período de supervisão, sendo extremamente salutar para o ecossistema atinente às recuperações judiciais que credores não sejam surpreendidos com decisões distintas em casos análogos.

Nesse contexto, a despeito dos poderes expressamente outorgados pela Lei ao magistrado para decidir se haverá ou não a dispensa do período de supervisão, é de se questionar se essa questão não deve ser decidida em assembleia geral de credores. Considerado satisfatório o plano pelos credores, haverá incentivo para votarem a favor da inexistência do período de supervisão judicial. Por outro lado, caso pairem dúvidas sobre a real viabilidade do plano de recuperação judicial, ainda que aprovado pelos credores em assembleia, será salutar a manutenção do período de supervisão judicial.

Ao submeter a questão à assembleia geral de credores, poderá o magistrado se ater aos aspectos formais da análise, verificar se houve exercício de voto de forma abusiva por credores, *etc.*, sem a necessidade de precisar decidir, *sponte propria,* sobre a dispensa ou não do período de supervisão, cuja pertinência demanda não só a análise de questões jurídicas, mas também dos aspectos econômicos do plano e que são objeto de deliberação por parte dos credores.

A segunda alteração implementada pela reforma – e tão significativa quanto a primeira – foi que a Lei passou a determinar expressamente que o termo inicial do período de supervisão judicial seria a data da decisão que concede a recuperação judicial, independentemente de o plano aprovado prever eventual período de carência.

Se, de um lado, a nova previsão legal contribui para a conclusão mais célere da recuperação judicial, de outro torna menos efetiva a fiscalização exercida pelos credores, eis que sujeitos aos efeitos definitivos da novação *sui generis* mesmo na hipótese de carência.

Como se viu no tópico anterior, autorizar que o período de supervisão tenha início apenas depois de encerrado o prazo de carência previsto no plano tinha por finalidade justamente adequar a Lei às hipóteses concretas nem sempre previstas pelo legislador e assim assegurar o cumprimento do plano com a devida fiscalização não apenas do Juízo, mas da coletividade de credores, administrador judicial e Ministério Público.

Portanto, admitir que o termo inicial do período de supervisão seja contado da data de homologação do plano mesmo nas hipóteses em que exista carência superior ao prazo de dois anos, em termos práticos, será equivalente a dispensar o período de supervisão. Assim, em relação a essa segunda alteração implementada pela Lei n. 14.112/20, cabem as mesmas críticas já endereçadas e que demonstraram todas as desvantagens de suprimir do processo de recuperação judicial essa fase de fiscalização.

Por sua vez, a terceira alteração implementada pela reforma em relação ao período de supervisão, foi a flexibilização da extensão do período de supervisão judicial. Antes, a previsão era de que essa fase processual se estenderia obrigatoriamente por dois anos, mas com a nova redação, foi expressamente previsto que dois anos passa a ser o prazo máximo do período de supervisão, podendo ser encerrado antes disso.

Em relação a essa mudança, ainda que a previsão da redação original fosse que o prazo da supervisão seria obrigatoriamente de dois anos, a jurisprudência já vinha aceitando a possibilidade de que, em determinadas circunstâncias, a recuperação judicial fosse encerrada antes de transcorrido dois anos desde a sua concessão[28].

[28] Nesse sentido: (i) "Ainda que decorridos **menos** de dois anos da decisão que deferiu o processamento da recuperação judicial, pugnam as recuperandas pelo encerramento, ao argumento de cumprimento do plano com relação aos compromissos que se compreenderiam no biênio previsto em lei (fls.6062/7). (...) Ressalte-se que o encerramento se dá porque considerado que a recuperanda cumpriu todas as obrigações previstas no Plano que venceram no curso da Recuperação Judicial, remanescendo em considerável saúde financeira, como mostram os resultados contábeis recentes. (...) Nesse diapasão, percebe-se que o encerramento da fase judicial da recuperação atenderá aos ditames legais, sem prejuízo da continuidade do cumprimento do plano, da solução dos incidentes ainda pendentes e da capacidade empresarial das recuperandas. Isso posto, decreto o encerramento da Recuperação Judicial de ENEVA S.A e ENEVA PARTICIPAÇÕES S.A., com fulcro no artigo

Em geral, isso acontecia quando o plano era integralmente executado ou quando pelo menos todas as obrigações substanciais eram devidamente adimplidas antes do prazo de dois anos. E, nesses casos, realmente faz sentido permitir o encerramento antecipado, porque obrigar o devedor a permanecer em recuperação judicial só aumentaria os custos do processo e criaria empecilhos desnecessários para a retomada regular da atividade econômica. Aliás, essa possibilidade ainda pode estimular o comportamento proativo da recuperanda para fomentar o mais rápido encerramento de sua recuperação judicial, situação que, naturalmente, deve ser prestigiada.

De forma geral, esses são os atuais contornos do instituto da supervisão judicial, após a alterações implementadas pela reforma promovida pela Lei

63 da Lei 11.101/2005, autorizo a exclusão da expressão 'EM RECUPERAÇÃO JUDICIAL' em todos os atos, contratos e documentos firmados pelo devedor sujeito ao procedimento de recuperação judicial, até então acrescida após o nome empresarial, na forma do Art. 69 da LRF, e determino: (...)". (TJRJ, Processo n. 0474961-48.2014.8.19.0001, 4ª Vara Empresarial, Paulo Assed Estefan, 29.06.2016); (ii) "(...) os credores e a devedora, na linha do que permite o artigo 190 do novo CPC, deliberaram encerrar a recuperação em 1 ano a contar da data da concessão. Embora a LRF não seja expressa ao estabelecer a competência da AGC para deliberar sobre redução de prazo de fiscalização de 2 anos, o novo CPC deu respaldo aos negócios jurídicos processuais. Tal regime jurídico de negociação sobre processo é compatível com o modelo de negociação sobre as obrigações previsto na LRF. Afinal, se os próprios credores e o devedor, em negociação coletiva, podem estabelecer novas condições de pagamento da dívida, claro que também podem ajustar que o cumprimento das novas obrigações será feito sem necessidade de fiscalização judicial por dois anos ou por meio de outra forma de fiscalização por eles estabelecida. À AGC, portanto, compete deliberar sobre o plano, fiscalização e seu prazo. No caso dos autos, a AGC deliberou pela aprovação do plano, com a constituição de Comitê de Credores e o encerramento do prazo de recuperação em 1 ano, o que está de acordo com o novo CPC e com as finalidades da LR. A doutrina tem alertado que a permanência do devedor em estado de recuperação por dois anos gera vários entraves, quer sob o aspecto financeiro, quer sob o aspecto negocial. Além de gastos com assessores financeiros, advogados e o administrador judicial, o devedor tem restrição de acesso ao crédito, pois as instituições financeiras são obrigadas a adotar provisões mais conservadoras nas operações de crédito e os demais agentes econômicos sentem-se inseguros em contratar com quem está no regime de recuperação judicial. Ao empresário que aprovou o plano de recuperação é mais vantajoso estar livre de tais entraves, podendo dedicar-se à retomada de sua atividade e ao cumprimento do plano. E não haverá prejuízo aos credores, que, mesmo depois da sentença de encerramento da recuperação, a qualquer tempo poderão requerer a falência ou a execução do título". (TJSP, Processo n. 1088747-75.2015.8.26.0100, 2ª Vara de Falências e Recuperações Judiciais, Paulo Furtado de Oliveira Filho, 06.04.2017)

n. 14.112/20, que, apesar de previsto na Lei n. 11.101/05, foi substancialmente enfraquecido e necessitará ter sua aplicação melhor lapidada pela Doutrina e Jurisprudência.

Conclusões

Tendo em vista a situação de crise econômica e outros gargalos existentes nas recuperações judiciais, são bem-vindas as alterações realizadas na Lei n. 11.101/05 de uma forma geral.

Especificamente no que toca à supervisão judicial, que já contava com vasta produção acadêmica e pretoriana para auxiliar na sua aplicação, foi o instituto enfraquecido pelas reformas realizadas pela Lei n. 14.112/20.

A fim de evitar abusos e equívocos na determinação ou dispensa do período de supervisão, caberá à Doutrina e Jurisprudência novamente construir parâmetros objetivos para a aplicação da regra contida no artigo 61 da Lei n. 11.101/05, bem como aos atores envolvidos no processo judicial cobrarem a observância ao dever de fundamentação das decisões para que não sejam proferidas decisões pautadas no mero alvedrio do julgador ou contraditórias em situações análogas.

Também é relevante que sejam escutados os credores sobre a dispensa do período de supervisão, eis que a questão, além dos impactos administrativos no Poder Judiciário e nas atividades das recuperandas, também traz reflexos diretos e óbvios em seus direitos e, se de um lado deve ser viabilizado o soerguimento da empresa, de outro não se pode descuidar da satisfação dos interesses dos credores.

Afinal, a história já comprovou que o sistema jurídico que busca proteger apenas os interesses isolados dos credores não promove os melhores resultados para o desenvolvimento da economia por ignorar que a empresa viável é a principal fonte geradora de riqueza da economia. Contudo, também é certo que os benefícios em favor do devedor não podem ser ilimitados, sob pena de a própria atividade empresarial ficar inviabilizada, ou no mínimo limitada, pela falta de credores dispostos a investirem nesse setor ou mediante o encarecimento do crédito.

Referências

BEZERRA FILHO, Manoel Justino. *Lei de Recuperação de Empresas e Falência*. 5ª edição em e-book, baseada na 14ª edição impressa. São Paulo: Thomson Reuters Brasil, 2019.

COELHO, Fábio Ulhoa. *Comentários à Lei de Falências e de Recuperação de Empresas.* 4ª edição em e-book, baseada na 14ª edição impressa. São Paulo: Thomson Reuters Brasil, 2021.

COSTA, Daniel Carnio e RODRIGUES FILHO, João de Oliveira. *Prática de Insolvência Empresarial – Decisões Judicais em Recuperações de Empresas e Falências.* Paraná: Juruá, 2019.

MUNHOZ, Eduardo Secchi. In: PITOMBO, Antônio Sérgio A. de Moraes; SOUZA JUNIOR, Francisco Satiro (Org.). *Comentários à lei de recuperação de empresas e falência.* 2ª edição. São Paulo: Revista dos Tribunais, 2007.

SACRAMONE, Marcelo Barbosa. *Comentários à lei de recuperação de empresas e falência.* 1ª edição. São Paulo: Saraiva, 2018.

SALOMÃO, Luis Felipe e PENALVA SANTOS, Paulo. *Recuperação Judicial, Extrajudicial e Falência. Teoria e Prática.* 5ª edição. Rio de Janeiro: Forense, 2020.

SIMIONATO, Frederico A. Monte. *Tratado de Direito Falimentar.* 1ª edição. Rio de Janeiro: Forense, 2008.

Superior Tribunal de Justiça. 4ª Turma. Recurso especial n. 1.326.888/RS. j. 08/04/2014.

Superior Tribunal de Justiça. 3ª Turma. Recurso especial n. 1.853.347/RJ. j. 05/05/2020.

TJRJ, Processo n. 0474961-48.2014.8.19.0001, 4ª Vara Empresarial, Paulo Assed Estefan, 29.06.2016.

TJSP, Processo n. 1088747-75.2015.8.26.0100, 2ª Vara de Falências e Recuperações Judiciais, Paulo Furtado de Oliveira Filho, 06.04.2017.

TOMAZETTE, Marlon. *Curso de Direito Empresarial – 3 Falência e Recuperação de Empresas.* 8ª edição. São Paulo: Saraiva jur, 2020.

2ª PARTE

FALÊNCIA

1. Fresh Start: o Desafio do Reemprendedorismo

Flávio Pereira Lima
Nathalia Beschizza

Introdução

As recentes alterações na Lei n. 11.101, de 9 de fevereiro de 2005 ("LRF"), que disciplina os procedimentos de recuperação judicial, recuperação extrajudicial e falência, trouxeram esperança para o empresário que se vê diante de uma crise na empresa capaz de levá-lo à falência. Antes, a falência significava a morte da empresa e o fim da atividade empresarial. Agora, o processo de falência passa a ter, dentre seus objetivos, o de viabilizar o retorno célere do empresário à atividade empresarial, o que se convencionou chamar de *fresh start*, inspirado no direito norte americano.

O objetivo desse artigo é apresentar os mecanismos que viabilizam o *fresh start* e discutir os desafios que deverão ser enfrentados para que essas inovações legislativas saiam do papel e passem a ser aplicadas na prática.

1. Liquidação falimentar: a crise na empresa

A antiga legislação falimentar (Decreto Lei n. 7.661, de 21 junho de 1945) tinha como objetivo tirar do mercado o empresário que não dispunha de recursos e condições para continuar a exercer qualquer tipo de atividade empresarial. O processo de falência significava, portanto, o fim da atividade empresarial, com a consequente liquidação dos ativos do devedor para pagamento dos credores,[1] sem nenhuma preocupação com a reintrodução do empresário às atividades produtivas.

[1] O artigo 40 do decreto-lei n. 7.661, de 21 junho de 1945, previa que "desde o momento da abertura da falência, ou da decretação do sequestro, o devedor perde o direito de administrar

Com a promulgação da LRF, buscou-se afastar o antigo dogma de que a falência significava o encerramento da empresa.[2] Pretendeu o legislador, de um lado, criar alternativas para preservar a empresa mediante a utilização dos bens, ativos e recursos produtivos[3] e, de outro, afastar o devedor de suas atividades.

Com o afastamento do devedor da atividade empresarial, o papel exercido pelo administrador judicial – nomeado pelo juízo universal da falência – se tornou crucial, na medida em que a conservação dos ativos e maximização dos recursos obtidos com a alienação dos ativos arrecadados pode ser alcançada mantendo-se as atividades da empresa.

Enquanto a recuperação judicial e a recuperação extrajudicial podem ser requeridas pelo devedor (e unicamente pelo devedor) quando é possível superar a crise econômico-financeira considerada momentânea, a falência poderá ser requerida pelo próprio devedor, quando ele entender que não há possibilidade de reabilitação ou de seguir com a atividade empresarial, e por terceiros quando verificados que estão presentes os requisitos previstos no artigo 94[4] da LRF.

os seus bens e deles dispor.". No mesmo sentido, o artigo 41 do decreto-lei n. 7.661, de 21 junho de 1945, dispunha que "não se compreendem na falência os bens absolutamente impenhoráveis. Parágrafo único. Serão arrecadados os livros, máquinas, utensílios e instrumentos necessários ou uteis ao exercício da profissão do falido, que não forem de módico valor". Disponível em: http://www.planalto.gov.br/ccivil_03/Decreto-Lei/Del7661.htm. Acesso em: 26/05/2021.

[2] O princípio da preservação da empresa é regra basilar da LRF e é a salvaguarda da atividade econômica, de modo que visa à proteção da fonte produtora de serviços e empregos e preservação do objeto social da sociedade empresária.

[3] Antes da alteração legislativa, o artigo 75 da LRF previa que "a falência, ao promover o afastamento do devedor de suas atividades, visa a preservar e otimizar a utilização produtiva dos bens, ativos e recursos produtivos, inclusive os intangíveis, da empresa. Parágrafo único. O processo de falência atenderá aos princípios da celeridade e da economia processual." Disponível em: http://www.planalto.gov.br/ccivil_03/_Ato2004-2006/2005/Lei/L11101.htm. Acesso em: 26/05/202.

[4] Artigo 94. Será decretada a falência do devedor que: I – sem relevante razão de direito, não paga, no vencimento, obrigação líquida materializada em título ou títulos executivos protestados cuja soma ultrapasse o equivalente a 40 (quarenta) salários-mínimos na data do pedido de falência; II – executado por qualquer quantia líquida, não paga, não deposita e não nomeia à penhora bens suficientes dentro do prazo legal; III – pratica qualquer dos seguintes atos, exceto se fizer parte de plano de recuperação judicial: a) procede à liquidação precipitada de seus ativos ou lança mão de meio ruinoso ou fraudulento para realizar pagamentos; b) realiza

A crise econômico-financeira passageira permite o soerguimento da empresa, já a crise financeira sem possibilidade de manutenção lucrativa da atividade empresarial, ou que incapacita o devedor de cumprir com as suas obrigações, enseja a decretação da falência. Portanto, caso a crise econômico-financeira experimentada pelo devedor seja irreversível, a falência será o caminho a ser seguido.

Uma vez decretada a falência, a sociedade falida deixa de existir e se torna uma universalidade de bens (*i.e.*, massa falida), sendo que seus acionistas perdem o poder de controlar e dirigir as deliberações sociais e os administradores perdem o poder de administrar e dispor do patrimônio da sociedade, não mais tomando decisões relativas à sua gestão, inclusive quanto à venda de ativos.

O legislador idealizou, portanto, que a falência serviria como mecanismo de preservação da economia, de modo a liquidar os ativos da massa falida, resguardar o direito dos credores e realocar recursos na economia.

Todavia, ao longo da vigência da LRF, observou-se que o processo de falência não atendeu as expectativas do legislador. Isso porque, além de

ou, por atos inequívocos, tenta realizar, com o objetivo de retardar pagamentos ou fraudar credores, negócio simulado ou alienação de parte ou da totalidade de seu ativo a terceiro, credor ou não; c) transfere estabelecimento a terceiro, credor ou não, sem o consentimento de todos os credores e sem ficar com bens suficientes para solver seu passivo; d) simula a transferência de seu principal estabelecimento com o objetivo de burlar a legislação ou a fiscalização ou para prejudicar credor; e) dá ou reforça garantia a credor por dívida contraída anteriormente sem ficar com bens livres e desembaraçados suficientes para saldar seu passivo; f) ausenta-se sem deixar representante habilitado e com recursos suficientes para pagar os credores, abandona estabelecimento ou tenta ocultar-se de seu domicílio, do local de sua sede ou de seu principal estabelecimento; g) deixa de cumprir, no prazo estabelecido, obrigação assumida no plano de recuperação judicial. § 1º Credores podem reunir-se em litisconsórcio a fim de perfazer o limite mínimo para o pedido de falência com base no inciso I do caput deste artigo. § 2º Ainda que líquidos, não legitimam o pedido de falência os créditos que nela não se possam reclamar. § 3º Na hipótese do inciso I do caput deste artigo, o pedido de falência será instruído com os títulos executivos na forma do parágrafo único do art. 9º desta Lei, acompanhados, em qualquer caso, dos respectivos instrumentos de protesto para fim falimentar nos termos da legislação específica. § 4º Na hipótese do inciso II do caput deste artigo, o pedido de falência será instruído com certidão expedida pelo juízo em que se processa a execução. § 5º Na hipótese do inciso III do caput deste artigo, o pedido de falência descreverá os fatos que a caracterizam, juntando-se as provas que houver e especificando-se as que serão produzidas. Disponível em: http://www.planalto.gov.br/ccivil_03/_Ato2004-2006/2005/Lei/L11101.htm. Acesso em: 26/05/2021.

ser um procedimento extremamente moroso para as partes envolvidas,[5] acaba por culminar no fim da atividade empresarial e retirada definitiva do empresário do mercado.

O processo de falência se tornou um fardo a ser carregado por muitos anos pelo devedor e pelos credores, de modo que estes passaram a buscar a recuperação judicial como alternativa para escapar da falência, ainda que, na teoria, a falência fosse a melhor solução para a empresa.

Para tornar o processo de falência célere e eficiente, a Lei n. 14.112, de 24 de dezembro de 2020, ampliou os objetivos da falência e aprimorou o propósito que se buscava em 2005 quando da promulgação da lei falimentar. Para tanto, foram introduzidos três conceitos pelo legislador.

O primeiro conceito é a preservação dos bens, dos ativos e dos recursos produtivos da empresa, inclusive os bens intangíveis. O legislador buscou assegurar a preservação da atividade empresarial – e não da empresa em si, como ocorre na recuperação judicial –, como uma das finalidades do processo de falência (artigo 75, inciso I, da LRF).[6]

O segundo conceito é a imediata alienação dos ativos da massa falida após a arrecadação dos bens. A rápida liquidação dos ativos da massa falida deve otimizar o processo de falência e conservar os bens que garantirão o pagamento dos credores. A liquidação dos bens, em conjunto com os demais mecanismos introduzidos na lei falimentar, permite que os requisitos legais necessários para o encerramento da falência sejam atendidos em menor espaço de tempo, o que, em tese, tornará a falência um procedimento mais célere (artigo 75, inciso II, da LRF).

O terceiro conceito é a extinção das obrigações do falido em curto espaço de tempo para permitir a rápida reintrodução do empresário à atividade econômica. A importância desse novo princípio é que a falência perde seu caráter punitivo[7] para retirar do falido o estigma do fracassado

[5] De acordo com o Serasa Experian, desde a promulgação da LRF houve redução dos pedidos de falência no Brasil. Foi somente em razão da pandemia da Covid-19 que verificou-se um aumento nos pedidos e decretações de falências. Disponível em: https://www.serasaexperian.com.br/conteudos/indicadores-economicos/. Acesso em: 25/05/2021.

[6] Nesse sentido, a LRF autoriza a venda da empresa (estabelecimento em bloco), filiais, unidades produtivas isoladas, ou mesmo cada estabelecimento do devedor ou bens individualmente considerados (artigo 140 da LRF).

[7] Sacramone, Barbosa Marcelo. Comentários à Lei de recuperação de empresas e falência / Marcelo Barbosa Sacramone – 2. Ed. – São Paulo : Saraiva, Educação, 2021.

(artigo 75, inciso III, da LRF). O objetivo da LRF passa a ser o fomento da atividade empresarial, com a geração de empregos e circulação de riquezas. A Lei passa a tratar o insucesso profissional como um fato da vida, algo que pode acontecer com qualquer empresário e cria um caminho para que o empresário volte a gerar empregos e riquezas com sua reintrodução na atividade empresarial.

A partir desses três conceitos, o legislador criou mecanismos para agilizar o trâmite do processo de falência, o que essencialmente deverá permitir a reintrodução do empresário falido ao mundo dos negócios e fomentará o empreendedorismo.

2. A influência do *U.S. Bankruptcy Code* na LRF

A LRF importou do direito americano o conceito do *fresh start*,[8] que visa o rápido retorno do empresário falido a atividade empresarial. A seção 727 do capítulo 7 do *U.S. Bankruptcy Code*, prevê a regra do *discharge* – ou perdão –, a qual poderá ser aplicada ao devedor desde que preenchidos determinados requisitos legais.[9]

[8] De acordo com o relatório apresentado pelo Deputado Hugo Leal, *in verbis*: "De outro modo, a Seção XII do Capítulo V da Lei, que trata do encerramento e da extinção das obrigações do falido, foi atualizada no Substitutivo para permitir um rápido recomeço ao empresário ("fresh start"), permitindo que ele possa utilizar o próprio registro do Cadastro de Pessoas Físicas (CPF) para iniciar um novo negócio. Isto se dá pela definição da contagem do prazo para extinção das obrigações do falido na data da decretação da quebra e não do encerramento do processo. Também o esclarecimento de que o termo inicial para reinício do prazo prescricional porventura interrompido corresponde, inclusive para as Fazendas Públicas, ao trânsito em julgado da sentença de encerramento da falência, o que permitirá, uma vez consumada a prescrição, a extinção das inscrições em dívida, e não apenas da respectiva cobrança judicial, como ocorre atualmente em razão da omissão da legislação. Também a pessoa natural que for sócia ou administradora do devedor poderá, a seu exclusivo critério, requerer que lhe sejam integralmente estendidos os efeitos da falência, declarando-se solidária e ilimitadamente responsável pelas dívidas do falido a fim de obter os benefícios de pessoa natural falida, que poderá requerer ao juízo da falência que as obrigações a ela referidas sejam declaradas extintas por sentença. Estas mudanças vão na direção de dar maior dinamismo aos nossos sistemas recuperacional e falimentar, pois é essencial para a eficiência econômica que haja possibilidade dos empresários, que tiveram dificuldade em seus negócios, de rapidamente se reerguerem e tentarem novos empreendimentos, criando novos empregos e gerando novas riquezas na economia."

[9] Disponível em: https://www.uscourts.gov/services-forms/bankruptcy/bankruptcy-basics/discharge-bankruptcy-bankruptcy-basics. Acesso em: 26/05/2021.

O *discharge* libera o devedor de suas dívidas e obsta que os credores iniciem qualquer ação de cobrança contra o devedor, tornando-o isento dessas obrigações. Uma vez que as obrigações são extintas, o devedor não é mais considerado falido e poderá retomar as atividades empresariais.

Apesar de o *U.S. Bankruptcy Code* não prever prazos específicos para exoneração do devedor e retomada da atividade empresarial, a legislação norte-americana dispõe que desde que cumpridos certos requisitos e demonstrada a boa-fé do devedor para cumprir com as suas obrigações ele poderá ser exonerado das dívidas para com seus credores.

A essência do conceito do *discharge* é viabilizar o reempreendorismo sem que o falido seja taxado de fracassado ou carregue um estigma negativo em razão do insucesso empresarial. Sobretudo, é dar uma segunda chance para o empresário retornar ao mundo empresarial sem o ônus do negócio anterior mal-sucedido.

Foi com base nas premissas da lei norte-americana, principalmente na regra do *discharge*, que o legislador criou mecanismos para que o processo de falência seja encerrado com maior celeridade, facilitando o retorno do empresário falido à atividade empresária.

Todavia, esse conceito não é novo no ordenamento jurídico brasileiro. O Decreto-Lei n. 7.661, de 21 junho de 1945, dispunha que as obrigações do falido eram extintas após 5 (cinco) anos a partir do encerramento da falência, ou no prazo de 10 (dez) anos a partir do encerramento da falência, caso o falido tivesse sido condenado por crime falimentar.[10]

Apesar de o direito brasileiro já prever há muito tempo o conceito do *discharge*, os mecanismos legais não asseguravam o efetivo cumprimento do instituto. Os prazos legais para extinção das obrigações do falido somente se iniciavam com o encerramento da falência, processo que era

[10] O artigo 135 do decreto-lei n. 7.661, de 21 junho de 1945, previa que as obrigações do falido eram extintas (i) pelo pagamento, sendo permitida a novação dos créditos com garantia real; (ii) mediante rateio de mais de quarenta por cento dos crédito, depois de realizado todo o ativo, sendo facultado o depósito da quantia necessária para atingir essa porcentagem, se para tanto não bastou a integral liquidação da massa; (iii) o decurso do prazo de cinco anos, contado a partir do encerramento da falência, se o falido, ou o sócio gerente da sociedade falida, não tiver sido condenado por crime falimentar; e (iv) o decurso do prazo de dez anos, contado a partir do encerramento da falência, se o falido, ou o sócio gerente da sociedade falida, tiver sido condenado a pena de detenção por crime falimentar. Disponível em: http://www.planalto.gov.br/ccivil_03/Decreto-Lei/Del7661.htm. Acesso em: 30/05/2021.

extremamente moroso, alguns levavam décadas para serem concluídos, o que acabava por tirar o empresário definitivamente do mundo dos negócios.

Desse modo, o problema não era a falta de previsão legal para a extinção das obrigações do falido, mas, sim, os prazos e requisitos legais determinantes para a extinção das obrigações oriundas do processo de falência.

A promulgação da LRF não resolveu essa questão e não trouxe qualquer expectativa de melhora para o devedor nesse aspecto. O legislador manteve os mesmos prazos legais (5 e 10 anos) para extinção das obrigações do falido e instituiu que o prazo prescricional relativo às obrigações do falido recomeçava a correr a partir do trânsito em julgado da sentença que encerrava a falência. Novamente, para que os prazos começassem a correr, era preciso aguardar o término de um processo que não se encerrava em um intervalo de tempo minimamente razoável.

Foi somente com a reforma da legislação falimentar que se incluiu mecanismos legais para acelerar o processo de falência e permitir o retorno célere do empresário à atividade empresarial, assegurando de modo efetivo o *fresh start*.[11]

Como a LRF já tinha como objetivo permitir e facilitar o retorno do devedor à atividade empresarial de forma viável – por meio da extinção das obrigações do falido –, foi preciso somente fazer alterações de ordem técnica e processual para viabilizar a implementação das medidas já previstas em lei.

As mudanças também almejam alcançar situação muito comum no Estados Unidos da América que é o acesso ao crédito bom e seguro, ainda que o indivíduo tenha sido mal sucedido em seus negócios no passado. Nos Estados Unidos da América o falido não fica refém de uma imagem negativa, muito pelo contrário, há grande incentivo para que o empresário abra novos negócios e prospere.

Dessa forma, as mudanças da LRF visam permitir que os empresários que não tenham tido sucesso em seus negócios possam se reerguer e começar novos empreendimentos, criando empregos e fomentando a

[11] Artigo 75. A falência, ao promover o afastamento do devedor de suas atividades, visa a: (...) fomentar o empreendedorismo, inclusive por meio da viabilização do retorno célere do empreendedor falido à atividade econômica. Disponível em: http://www.planalto.gov.br/ccivil_03/_Ato2004-2006/2005/Lei/L11101.htm. Acesso em 26/05/2021.

econômica. No mesmo sentido, as mudanças buscam afastar o estigma negativo colocado sobre o empresário que não obteve sucesso com a sua empresa.

3. O recomeço: a extinção das obrigações do falido

A extinção das obrigações do falido é requisito essencial para o *fresh start*, pois permite o início de novo ciclo sem os ônus decorrentes da atividade empresarial anteriormente exercida.

Falido é o devedor cuja falência foi decretada ou, ainda, poderá ser o empresário individual de responsabilidade ilimitada, a empresa individual de responsabilidade limitada (EIRELI), as sociedades empresárias ou os sócios de responsabilidade ilimitada da sociedade empresária falido, conforme artigo 81 da LRF.[12]

A sentença de quebra, dentre outras providências, proíbe a prática de qualquer ato de disposição ou oneração de bens e determina as diligências necessárias para salvaguardar os interesses das partes envolvidas, podendo ordenar a prisão preventiva do falido ou de seus administradores quando requerida com fundamento em provas da prática de crime falimentar.[13]

A decretação da falência também suspende o exercício do direito de retenção sobre os bens sujeitos à arrecadação, os quais deverão ser entregues ao administrador judicial, e o exercício do direito de retirada ou de recebimento do valor de suas quotas ou ações, por parte dos sócios da sociedade falida.[14]

[12] Sacramone, Barbosa Marcelo. Comentários à Lei de recuperação de empresas e falência / Marcelo Barbosa Sacramone – 2. Ed. – São Paulo: Saraiva, Educação, 2021.

[13] Artigo 99. A sentença que decretar a falência do devedor, dentre outras determinações: (...) VI – proibirá a prática de qualquer ato de disposição ou oneração de bens do falido, submetendo-os preliminarmente à autorização judicial e do Comitê, se houver, ressalvados os bens cuja venda faça parte das atividades normais do devedor se autorizada a continuação provisória nos termos do inciso XI do caput deste artigo; (...). Disponível em: http://www.planalto.gov.br/ccivil_03/_Ato2004-2006/2005/Lei/L11101.htm. Acesso em: 26/05/2021.

[14] Artigo 116. A decretação da falência suspende: I – o exercício do direito de retenção sobre os bens sujeitos à arrecadação, os quais deverão ser entregues ao administrador judicial; II – o exercício do direito de retirada ou de recebimento do valor de suas quotas ou ações, por parte dos sócios da sociedade falida. Disponível em: http://www.planalto.gov.br/ccivil_03/_Ato2004-2006/2005/Lei/L11101.htm. Acesso em: 26/05/2021.

Desde a decretação da falência, portanto, o devedor perde o direito de administrar os seus bens ou deles dispor,[15] sendo essa a primeira consequência da decretação da falência para o falido, qual seja, a retirada da autonomia patrimonial.

A segunda consequência da decretação da falência para o falido é a impossibilidade de exercer qualquer tipo de atividade empresarial, de modo que o falido fica inabilitado de praticar qualquer tipo de função administrativa ou atos de gestão.[16]

Os efeitos da decretação da falência para o falido são extremamente gravosos e perdurarão até a extinção do processo de falência,[17] o que essencialmente incentivou a reforma dos dispositivos relacionados ao encerramento da falência e extinção das obrigações do falido.

De acordo com a sistemática da lei falimentar, o falido deverá requerer a extinção de suas obrigações e pedir a sua reabilitação perante o juízo universal da falência, pois durante o curso do processo de falência o falido fica inabilitado para exercer qualquer atividade empresarial.

O artigo 158[18] da LRF prevê taxativamente as hipóteses de extinção das obrigações do falido e o encerramento do período de inabilitação, quais sejam: (i) caso todos os créditos tenham sido pagos; (ii) caso tenha sido pago o montante de 25% (vinte e cinco por cento) dos créditos quirografários, após quitação das classes anteriores, sendo facultado o depósito da

[15] Conforme artigo 103 da LRF. Disponível em: http://www.planalto.gov.br/ccivil_03/_Ato2004-2006/2005/Lei/L11101.htm. Acesso em: 26/05/2021

[16] Artigo 102. O falido fica inabilitado para exercer qualquer atividade empresarial a partir da decretação da falência e até a sentença que extingue suas obrigações, respeitado o disposto no § 1º do art. 181 desta Lei. Disponível em: http://www.planalto.gov.br/ccivil_03/_Ato2004-2006/2005/Lei/L11101.htm. Acesso em: 26/05/2021.

[17] O artigo 102 da LRF prevê que tais efeitos durarão até a sentença que extingue as obrigações do falido.

[18] Artigo 158. Extingue as obrigações do falido: I – o pagamento de todos os créditos; II – o pagamento, após realizado todo o ativo, de mais de 25% (vinte e cinco por cento) dos créditos quirografários, facultado ao falido o depósito da quantia necessária para atingir a referida porcentagem se para isso não tiver sido suficiente a integral liquidação do ativo; V – o decurso do prazo de 3 (três) anos, contado da decretação da falência, ressalvada a utilização dos bens arrecadados anteriormente, que serão destinados à liquidação para a satisfação dos credores habilitados ou com pedido de reserva realizado; VI – o encerramento da falência nos termos dos arts. 114-A ou 156 desta Lei. Disponível em: http://www.planalto.gov.br/ccivil_03/_Ato2004-2006/2005/Lei/L11101.htm. Acesso em 26/05/2021.

quantia necessária para atingir-se essa percentagem; (iii) ou decurso do prazo de 3 (três) anos após a decretação da falência; e (iv) encerramento do processo de falência.

A primeira e principal forma de extinção das obrigações do falido é o pagamento dos créditos sujeitos à falência. Essa condição pode ser alcançada caso o ativo da massa falida consiga fazer frente ao passivo ou, ainda, caso um terceiro arque com as obrigações do falido perante a massa falida.[19]

A segunda forma de extinção das obrigações do falido é o pagamento de 25% (vinte e cinco por cento) dos créditos quirografários, após realizado todo o ativo. Ainda, é facultado ao falido o depósito da quantia necessária para atingir a referida porcentagem se para isso não tiver sido suficiente a integral liquidação do ativo.

Na sistemática anterior, a falência poderia ser encerrada mediante o pagamento de 50% (cinquenta por cento) dos créditos quirografários e a reforma legislativa reduziu o montante para 25% (vinte e cinco por cento). Isso porque observou-se que, na prática, o ativo geralmente não era suficiente para pagamento de todos os créditos da massa falida, e especialmente para o pagamento dos créditos quirografários, pois na falência pressupõe-se o estado de insolvência do devedor e a insuficiência de ativos para fazer frente ao passivo.

Nesse sentido, a alteração legislativa reduziu o montante do valor pago aos credores quirografários para facilitar o encerramento da falência sem que tenham sido adimplidos todos os créditos, concedendo verdadeiro "perdão" das dívidas, conforme regra do d*ischarge* prevista no *US Bankruptcy Code.*

A terceira forma de extinção das obrigações do falido é o decurso do prazo de 3 (três) anos, contado da data da decretação da falência, ressalvada a utilização dos bens arrecadados anteriormente que serão destinados à liquidação para a satisfação dos credores habilitados ou com pedido de reserva realizado (artigo 158, inciso V, da LRF).

A reforma legislativa revogou os incisos III e IV do artigo 158 da LRF que previam para extinção das obrigações do falido prazo de 5 (cinco) anos, contando do encerramento da falência, e prazo de 10 (dez) anos,

[19] Carnio, Daniel; Nasser De Mello, Alexandre, Comentário à lei de Recuperação Judicial e Falência – 1ª edição – Juruá Editora, 2021.

contados do encerramento da falência, caso o falido tivesse condenado por prática de crime falimentar. Note que na legislação anterior o início do prazo se dava somente com o encerramento da falência, ao passo que a reforma legislativa traz o início do prazo de 3 (três) anos para a decretação da falência, o que remediou a indefinição do *dies a quo* do prazo para extinção das obrigações do falido e que, na prática, impossibilitava o retorno do empresário à atividade empresarial.

A quarta e última forma de extinção das obrigações do falido pode ocorrer mediante o encerramento da falência quando (i) não tenham sido encontrados bens para serem arrecadados, ou se os bens arrecadados forem insuficientes para as despesas do processo;[20] (ii) quando o processo de falência foi encerrado porque não foi depositada caução pelos credores;[21] ou (iii) quando o administrador judicial apresentou o relatório final e foi proferida sentença de encerramento.[22]

A respeito do inciso (i), acima, a reforma da LRF introduziu o artigo 114-A que trata da chamada "falência sumária", conceito trazido do artigo 75 do Decreto-Lei n. 7.661, de 21 junho de 1945, em razão da insuficiência de ativo para pagamento dos credores.[23] Quando não são localizados bens

[20] Artigo 114-A. Se não forem encontrados bens para serem arrecadados, ou se os arrecadados forem insuficientes para as despesas do processo, o administrador judicial informará imediatamente esse fato ao juiz, que, ouvido o representante do Ministério Público, fixará, por meio de edital, o prazo de 10 (dez) dias para os interessados se manifestarem. Disponível em: http://www.planalto.gov.br/ccivil_03/_Ato2004-2006/2005/Lei/L11101.htm. Acesso em 10/06/2021.

[21] Artigo 114-A (...) § 1º Um ou mais credores poderão requerer o prosseguimento da falência, desde que paguem a quantia necessária às despesas e aos honorários do administrador judicial, que serão considerados despesas essenciais nos termos estabelecidos no inciso I-A do caput do art. 84 desta Lei.

[22] Artigo 156. Apresentado o relatório final, o juiz encerrará a falência por sentença e ordenará a intimação eletrônica às Fazendas Públicas federal e de todos os Estados, Distrito Federal e Municípios em que o devedor tiver estabelecimento e determinará a baixa da falida no Cadastro Nacional da Pessoa Jurídica (CNPJ), expedido pela Secretaria Especial da Receita Federal do Brasil. Disponível em: http://www.planalto.gov.br/ccivil_03/_Ato2004-2006/2005/Lei/L11101.htm. Acesso em: 10/06/2021.

[23] Artigo 75. Se não forem encontrados bens para serem arrecadados, ou se os arrecadados forem insuficientes para as despesas do processo, o síndico levará, imediatamente, o fato ao conhecimento do juiz, que, ouvido o representante do Ministério Público, marcará por editais o prazo de dez dias para os interessados requererem o que for a bem dos seus direitos. § 1º Um ou mais credores podem requerer o prosseguimento da falência, obrigando-se

ou, caso localizados, não sejam suficientes para pagar os credores, não há sentido em prosseguir com o processo de falência.[24] A solução mais adequada é o encerramento do processo de falência.

Dessa forma, configurada qualquer hipótese prevista no artigo 158 o falido poderá requerer ao juízo da falência que suas obrigações sejam declaradas extintas, o que permitirá que o empresário seja reabilitado para desenvolver qualquer tipo de atividade empresarial.[25]

Ainda que não seja possível prever os desafios que serão enfrentados pelo falido para voltar ao mundo empresarial, é certo que as alterações são vistas com bons olhos pelos operados do Direito, que confiam que a retomada da atividade empresarial se dará em prazo consideravelmente menor.

Além disso, espera-se que a reforma legislativa promova verdadeira mudança ideológica no que tange à imagem pejorativa comumente associada ao falido. O insucesso empresarial deve significar uma consequência da atividade econômica e não uma questão de caráter.

Conclusões

Antes mesmo da promulgação da LRF, o processo de falência significava o fim da atividade empresarial e a incapacidade do devedor de cumprir com as suas obrigações perante seus credores. A falência era a morte do empresário. Foi em razão desse estigma colocado sobre o processo de falência que a reforma da LRF buscou trazer alterações que tornassem o

a entrar com a quantia necessária às despesas, a qual será considerada encargo da massa. § 2º Se os credores nada requererem, o síndico, dentro do prazo de oito dias, promoverá a venda dos bens porventura arrecadados e apresentará o seu relatório, nos têrmos e para os efeitos dos parágrafos 3º, 4º e 5º do art. 200. § 3º Proferida a decisão (art. 200, § 5º), será a falência encerrada pelo juiz nos respectivos autos. Disponível em: http://www.planalto.gov.br/ccivil_03/Decreto-Lei/Del7661.htm. Acesso em: 30/05/2021.

[24] Artigo 114-A. Se não forem encontrados bens para serem arrecadados, ou se os arrecadados forem insuficientes para as despesas do processo, o administrador judicial informará imediatamente esse fato ao juiz, que, ouvido o representante do Ministério Público, fixará, por meio de edital, o prazo de 10 (dez) dias para os interessados se manifestarem. Disponível em: http://www.planalto.gov.br/ccivil_03/_Ato2004-2006/2005/Lei/L11101.htm. Acesso em: 26/05/2021.

[25] Conforme artigo 159 da LRF. Disponível em: http://www.planalto.gov.br/ccivil_03/_Ato2004-2006/2005/Lei/L11101.htm. Acesso em: 10/06/2021.

procedimento mais eficaz e que permitissem a reintrodução do empresário à atividade produtiva.

A principal alteração da reforma da LRF é conceitual: o inciso III, do artigo 75, passa a estabelecer que é um dos princípios da LRF e um dos objetivos da própria falência *fomentar o empreendedorismo, inclusive por meio da viabilização do retorno célere do empreendedor falido à atividade econômica.*

Trata-se de uma revolução na forma de pensar a falência. A falência deixa de ser uma punição ao mau empresário e passa a ser um mecanismo para que o empresário mal sucedido volte a desenvolver a atividade comercial.

Essa evolução principiológica deverá permear a interpretação e aplicação de todos os dispositivos da Lei.

É evidente que se trata de uma alteração cultural e todas as modificações culturais levam anos, décadas, demoram gerações para serem implementadas. No Brasil, a situação é ainda mais grave, pois aqui há "leis que pegam" e "leis que não pegam". Será preciso que os operadores do Direito se dediquem a aplicar a LRF em consonância aos novos objetivos trazidos no artigo 75, em especial, o fomento ao reempreendedorismo que passa a ser um dos balizadores da falência no Brasil.

O conceito ainda precisará ser testado pelos Tribunais, mas, caso aplicado da forma pretendida pelo legislador, significará grande avanço para a legislação falimentar, pois permitirá o encerramento do processo de falência em curto espaço de tempo e permitirá que o empresário retorne à atividade produtiva de forma mais célere.

Com o *fresh start,* a falência deixa de ser um fim, para se um meio, um caminho para o célere retorno do empresário à atividade empresarial. Com o *fresh start,* falido deixa de ser sinônimo de empresário morto e acabado para e vida empresarial, para ser sinônimo de recomeço, de retomada, de esperança. Recomeço da atividade de um empresário que não foi bem sucedido, honrou suas obrigações na forma da Lei e agora tem o direito de retomar sua atividade empresarial.

Referências

BEZERRA FILHO, Manoel Justino. *Lei de recuperação de empresas e falência*: Lei 11.101/2005 comentada artigo por artigo. 6. ed. São Paulo: Revista dos Tribunais, 2021. *E-book.*

COELHO, Fábio Ulhoa. *Comentários à Lei de Falências e de Recuperação de Empresas.* 5. ed. São Paulo: Revista dos Tribunais, 2021. *E-book.*

CARNIO, Daniel; NASSER, Alexandre de Mello. *Comentário à Lei de Recuperação Judicial e Falência.* [s.l]: Juruá, 2021.

SACRAMONE, Barbosa Marcelo. *Comentários à Lei de Recuperação de Empresas e Falência.* 2. ed. São Paulo: Saraiva, 2021.

SERASA EXPERIAN. *Indicadores econômicos.* Disponível em: https://www.serasaexperian.com.br/amplie-seus-conhecimentos/indicadores-economicos.
Acesso em: 25 maio 2021.

2. O Incidente de Desconsideração da Personalidade Jurídica e a Extensão dos Efeitos da Falência

Fabio Teixeira Ozi
Mariana Leoni Beserra

Introdução

Sancionada em 24 de dezembro de 2020, a Lei 14.112/2020, que alterou a Lei 11.101/2005 ("LFR"), tem como um de seus princípios norteadores a instituição de mecanismos legais que evitem medidas, por parte dos devedores, que visam prejudicar a coletividade de credores.

Após 15 anos de vigência, a reforma da LFR pretende preencher lacunas legais, consolidar o entendimento da jurisprudência sobre diferentes temas e instituir novos mecanismos e procedimentos mais eficientes e bem-sucedidos.

A LFR era silente quanto à possibilidade da desconsideração da personalidade jurídica de sociedades falidas, prevendo, apenas, a extensão da falência ou de seus efeitos aos sócios de responsabilidade ilimitada.

No entanto, os tribunais pátrios aplicavam os requisitos autorizadores da desconsideração da personalidade jurídica previstos no artigo 50 da Lei 10.406, de 10 de janeiro de 2002 ("Código Civil") para estender os efeitos da falência às sociedades de responsabilidade limitada, ainda que o artigo 81 da LFR seja expresso quanto à extensão dos efeitos da falência exclusivamente aos sócios de sociedades de responsabilidade ilimitada.

Esse entendimento refletia uma certa confusão entre os institutos, uma vez que se utilizava da desconsideração da personalidade jurídica, medida excepcional aplicável em casos de abuso ou confusão patrimonial, para viabilizar a arrecadação de ativos dos acionistas, membros do conselho e administradores de sociedades de responsabilidade limitada para venda no processo de falência e pagamento dos credores.

Diante desse cenário, para trazer maior segurança jurídica ao tema, a Lei 14.112/2020 incluiu o artigo 82-A à LFR,[1] que veda expressamente a extensão dos efeitos da falência, no todo ou em parte, aos sócios de responsabilidade limitada, controladores e administradores da sociedade falida, admitindo, no entanto, a desconsideração da personalidade jurídica, observados os requisitos estabelecidos no artigo 50 do Código Civil, bem como o procedimento previsto na Lei 13.105, de 16 de março de 2015 ("Código de Processo Civil").

Ao vedar expressamente a extensão da falência e de seus efeitos aos sócios de responsabilidade limitada, a LFR restringiu a aplicação da desconsideração da personalidade jurídica, a fim de evitar a extensão descabida dos efeitos jurídicos gravosos impostos pela falência, os quais são muito mais danosos do que aqueles decorrentes da desconsideração da personalidade jurídica.

De fato, além de a sociedade falida deixar de existir e se tornar uma universalidade de bens (massa falida) após a quebra, nos termos do artigo 104 da LFR, a decretação da falência impõe diversas obrigações aos representantes legais do falido, dentre os quais, os mais relevantes, são a entrega ao administrador judicial dos seus livros e demais instrumentos de escrituração pertinentes; e impossibilidade de se ausentar do lugar onde se processa a falência sem motivo justo e comunicação expressa ao juízo falimentar, sob pena de infringir a lei.

Diferentemente, a desconsideração da personalidade jurídica visa somente o acesso ao patrimônio pessoal dos sócios, controladores e

[1] Art. 82-A. É vedada a extensão da falência ou de seus efeitos, no todo ou em parte, aos sócios de responsabilidade limitada, aos controladores e aos administradores da sociedade falida, admitida, contudo, a desconsideração da personalidade jurídica.
Parágrafo único. A desconsideração da personalidade jurídica da sociedade falida, para fins de responsabilização de terceiros, grupo, sócio ou administrador por obrigação desta, somente pode ser decretada pelo juízo falimentar com a observância do art. 50 da Lei nº 10.406, de 10 de janeiro de 2002 (Código Civil) e dos arts. 133, 134, 135, 136 e 137 da Lei nº 13.105, de 16 de março de 2015 (Código de Processo Civil), não aplicada a suspensão de que trata o § 3º do art. 134 da Lei nº 13.105, de 16 de março de 2015 (Código de Processo Civil). Disponível em: <http://www.planalto.gov.br/ccivil_03/_Ato2004-2006/2005/Lei/L11101.htm> Acesso em 26/05/2021.

administradores da sociedade, no limite da vantagem indevida obtida, direta ou indiretamente, para satisfazer a dívida perante os credores. Portanto, a desconsideração da personalidade jurídica não impõe obrigações e sanções de diversas naturezas como ocorre nos casos de extensão dos efeitos da falência.

1. Extensão dos efeitos da falência: artigo 81 da LFR

A extensão dos efeitos da falência aos sócios da sociedade falida estava prevista no artigo 5º, do Decreto-Lei 7.661/45.[2] De acordo com esse dispositivo legal, os sócios não eram declarados falidos, mas estavam sujeitos a todos os efeitos da falência, podendo ter seus bens arrecadados para a formação de uma massa específica.

Já nos termos da LFR, o sócio de responsabilidade ilimitada é efetivamente declarado falido juntamente com a sociedade.[3]

De fato, o artigo 81[4] da LRF estabeleceu de forma clara que o sócio com responsabilidade ilimitada também é considerado falido.[5]

Nos dias atuais, contudo, dificilmente são encontradas sociedades com sócios solidária e ilimitadamente responsáveis, tais como as sociedades em nome coletivo, as sociedades em comandita simples, quanto aos sócios comanditados, as sociedades em comandita por ações, quanto aos sócios diretores, e as sociedades em comum, considerando que a maioria das

[2] Art. 5º Os sócios solidária e ilimitadamente responsáveis pelas obrigações sociais não são atingidos pela falência da sociedade, mas ficam sujeitos aos demais efeitos jurídicos que a sentença declaratória produza em relação à sociedade falida. Aos mesmos sócios, na falta de disposição especial desta lei, são extensivos todos os direitos e, sob as mesmas penas, tôdas as obrigações que cabem ao devedor ou falido. Disponível em: <http://www.planalto.gov.br/ccivil_03/Decreto-Lei/Del7661.htm> Acesso em 26/05/2021.

[3] *AgRg no CC* n. 121.487/MT, Relator Ministro Raul Araújo, Segunda Seção do Superior Tribunal de Justiça, j. em 27/06/2012.

[4] Art. 81. A decisão que decreta a falência da sociedade com sócios ilimitadamente responsáveis também acarreta a falência destes, que ficam sujeitos aos mesmos efeitos jurídicos produzidos em relação à sociedade falida e, por isso, deverão ser citados para apresentar contestação, se assim o desejarem. Disponível em: <http://www.planalto.gov.br/ccivil_03/_Ato2004-2006/2005/Lei/L11101.htm> Acesso em 26/05/2021.

[5] BEZERRA FILHO, Manoel Justino. Lei de recuperação de empresas e falência: Lei 11.101/2005 – comentada artigo por artigo. 13ª ed. São Paulo: Editora Revista dos Tribunais, 2018, p. 254.

sociedades é constituída sob a forma de sociedade anônima ou de cotas de responsabilidade limitada.[6]

De toda forma, mesmo sob a égide do artigo 5º do Decreto-Lei 7.661/45 e fundada na teoria da desconsideração da personalidade jurídica, a jurisprudência, excepcionalmente, admitia a extensão dos efeitos da falência de uma sociedade a seus sócios, ainda que não fossem estes solidária e ilimitadamente responsáveis pelas obrigações e dívidas da falida, quando demonstrados os atos fraudulentos ou praticados com a intenção de lesar os credores.[7-8]

No entanto, a desconsideração da personalidade jurídica se difere da extensão dos efeitos da falência, uma que vez que tem efeitos meramente patrimoniais contra o devedor, ao passo que a extensão dos efeitos da falência, além dos efeitos patrimoniais, sujeita o devedor a diversas obrigações de outras naturezas, além de uma série de restrições em sua esfera jurídica.

Uma vez declarada a falência da sociedade, esta tem o seu estabelecimento lacrado; os seus administradores são afastados imediatamente da gestão da sociedade, sendo impedidos de gerir e dispor dos bens sociais; os créditos existentes no momento da decretação da falência vencem antecipadamente, acelerando a dívida.[9] Estender a falência ou os efeitos dela, a outra sociedade a ou aos seus sócios, administradores ou terceiros, implica trazer a estes as mesmas consequências jurídicas, econômicas, administrativas e políticas da falência.[10]

[6] SACRAMONE, Marcelo Barbosa. Comentários à Lei de Recuperação de Empresas e Falência. 2ª ed. São Paulo: SaraivaJur, 2021, p. 420.

[7] LOBO, Jorge. Extensão da falência e o grupo de sociedade. Revista da EMERJ, v. 12, nº 45, 2009. Disponível em < http://www.emerj.tjrj.jus.br/revistaemerj_online/edicoes/revista45/Revista45_74.pdf> Acesso em: 26/05/2021.

[8] Recurso Especial nº 63.652, Relator Ministro Barros Monteiro, Quarta Turma, j. em 13/06/2000.

[9] Ibid.

[10] Como ensina Lobo, "Na prática, "estender a falência" ou "estender os efeitos jurídicos da falência" de uma sociedade a outra traz idênticas conseqüências jurídicas, econômicas, administrativas e políticas, pois: (a) a sociedade, para a qual foram estendidos os efeitos, tem seu estabelecimento lacrado, suas atividades paralisadas e seus bens e direitos arrecadados, custodiados e avaliados; (b) seus administradores perdem o direito de gerir os bens sociais e deles dispor, sendo imediatamente afastados da direção da sociedade e substituídos pelo administrador judicial; (c) as dívidas da sociedade se vencem antecipadamente; (d) os

A extensão dos efeitos da falência é medida muito mais gravosa do que a desconsideração da personalidade jurídica, uma vez que impõe às pessoas atingidas todas as consequências da falência. Deve-se ter cautela ao estender os efeitos jurídicos da falência, não devendo, nesse caso, fundar-se na teoria da desconsideração da personalidade jurídica, sob pena de desvirtuá-la e desrespeitar a finalidade do instituto previsto no artigo 50 do Código Civil.

Por esse motivo, apesar de a jurisprudência ter utilizado os requisitos previstos no artigo 50 do Código Civil, como a demonstração de confusão patrimonial entre as sociedades de um grupo econômico ou o abuso de fato ou de direito por parte dos administradores ou sócios em benefício próprio, para determinar a extensão da falência ao longo dos últimos anos, a reforma da LFR vedou expressamente a extensão da falência ou seus efeitos para sócios de responsabilidade limitada.

2. Incidente de desconsideração da personalidade jurídica

2.1. A teoria maior e a teoria menor da desconsideração da personalidade jurídica

A teoria da desconsideração da personalidade jurídica foi elaborada inicialmente pela doutrina e desenvolvida pela jurisprudência para imputar aos sócios a responsabilidade patrimonial em caso de manipulação da autonomia patrimonial da sociedade para fins particulares. Trata-se de medida excepcional[11] positivada no artigo 50 do Código Civil,[12] que estabelece os requisitos que devem ser comprovados para a sua aplicação.

administradores da sociedade ficam sujeitos aos deveres prescritos no art. 104 da LRFE, etc.". LOBO, Jorge, op. cit.

[11] Nesse sentido, LAMY FILHO, Alfredo; PEDREIRA, José Luiz Bulhões. Conceito e Natureza. In: LAMY FILHO, Alfredo; PEDREIRA, José Luiz Bulhões (Coord). *Direito das Companhias*. v. I, Rio de Janeiro: Forense, 2009, p. 44: "A desconsideração da personalidade jurídica das sociedades comerciais há de ser, necessariamente, medida excepcional, sob pena de inviabilizar-se a organização das economias contemporâneas, nas quais a personificação – e a consequente especialização de patrimônios – é instituto essencial."

[12] Art. 50. Em caso de abuso da personalidade jurídica, caracterizado pelo desvio de finalidade ou pela confusão patrimonial, pode o juiz, a requerimento da parte, ou do Ministério Público quando lhe couber intervir no processo, desconsiderá-la para que os efeitos de certas e determinadas relações de obrigações sejam estendidos aos bens particulares de administradores ou de sócios da pessoa jurídica beneficiados direta ou indiretamente pelo abuso.

Há no direito brasileiro duas teorias que tratam dos requisitos de aplicação da desconsideração da personalidade jurídica. As teorias, no entanto, não se comunicam.

A teoria da desconsideração da personalidade jurídica insculpida no artigo 50 do Código Civil consiste na teoria maior, que exige a ocorrência objetiva e subjetiva de alguns requisitos para a sua configuração.[13] Ela estabelece como pressuposto fundamental para a aplicação do instituto, além da ausência de patrimônio suficiente à satisfação de uma obrigação pecuniária, o uso abusivo da personalidade jurídica, caracterizado pelo desvio de finalidade ou pela confusão patrimonial.[14]

O desvio de finalidade se verifica quando os sócios ou administradores da sociedade, no exercício de sua função, exercem abusivamente os poderes a eles conferidos, desviando os fins da autonomia patrimonial da sociedade e causando prejuízo a terceiros. Portanto, trata-se do ato intencional, adotado com o objetivo de fraudar terceiros a partir do uso abusivo da personalidade jurídica.[15]

Por sua vez, a confusão patrimonial consiste na integração dos bens da sociedade e dos sócios, de maneira que não se é capaz de distinguir o patrimônio social do patrimônio pessoal dos sócios. Ocorre com o intuito de se servir de modo ilícito da autonomia patrimonial da sociedade.

A teoria maior é caracterizada, portanto, pela presença de um elemento subjetivo, que se traduz na conduta maliciosa do sócio ou administrador ao se valer da proteção da pessoa jurídica para praticar atos ilícitos em benefício próprio. O mero inadimplemento ou ausência de patrimônio da sociedade não autoriza a desconsideração de sua personalidade jurídica.[16]

[13] SALOMÃO, Luis Felipe. SANTOS, Paulo Penalva. *Recuperação judicial, extrajudicial e falência:* teoria e prática. 3ª ed. rev., atual. e ampl. Rio de Janeiro: Forense, 2017, p. 138.

[14] EIZIRIK, Nelson. *Direito societário* – Estudos e Pareceres: Sociedade de Propósito Específico. Autonomia Patrimonial. Desconsideração da Personalidade Jurídica. Inadmissibilidade. São Paulo: Quartier Latin, 2015 p. 317.

[15] Nesse sentido, o acórdão do Recurso Especial n.º 1.200.850/SP, Rel. Ministro Massami Uyeda, Terceira Turma do Superior Tribunal de Justiça, j. 04/11/2010. Acesso em 08/05/2021.

[16] Nesse sentido, no julgamento do Recurso Especial n.º 1.729.554/SP, a Quarta Turma do Superior Tribunal de Justiça reconheceu que a desconsideração da personalidade jurídica pode ser decretada mesmo se a inexistência de patrimônio do devedor não for comprovada, desde que o desvio de finalidade e/ou confusão patrimonial esteja confirmado. (Recurso

Já a teoria menor da desconsideração tem um enfoque superficial, permitindo que a desconsideração da personalidade jurídica seja superada pelo simples inadimplemento da obrigação por parte da sociedade, o que, por consequência, transforma a responsabilidade limitada dos sócios em responsabilidade ilimitada, desrespeitando o ordenamento jurídico brasileiro, que prevê expressamente a separação do patrimônio social e pessoal. A aplicação da teoria menor se encontra restrita às relações de consumo, relações trabalhistas e aos casos que envolvam matéria ambiental.

2.2. Lei da Liberdade Econômica: alterações ao artigo 50 do Código Civil

A Medida Provisória 881, publicada em 30 de abril de 2019 e convertida na Lei 13.874 ("Lei da Liberdade Econômica"), de 20 de setembro de 2019, alterou significativamente a redação do artigo 50 do Código Civil ao prever a necessária comprovação do dolo do devedor e benefício alcançado com o abuso na utilização da personalidade jurídica. O que a Lei da Liberdade Econômica fez, portanto, foi positivar o entendimento pacífico da doutrina e da jurisprudência, trazendo maior segurança jurídica ao instituto.

Com a alteração legislativa, o artigo 50 do Código Civil limitou os efeitos da desconsideração àqueles que auferiram vantagem com o abuso da personalidade jurídica. Dessa forma, o texto legal prevê que a desconsideração atingirá apenas quem se beneficiar direta ou indiretamente do abuso.

Ainda, a Lei da Liberdade Econômica positivou a teoria maior da desconsideração, estabelecendo que o desvio de finalidade consiste em ato doloso com o objetivo de lesar credores ou praticar outros atos ilícitos.[17]

A Lei da Liberdade Econômica também definiu a confusão patrimonial, caracterizando-a como a ausência de separação de fato entre os patrimônios, estabelecendo um rol exemplificativo nos incisos do artigo

Especial n.º 1.729.554/SP, Relator Ministro Luís Felipe Salomão. Quarta Turma do Superior Tribunal de Justiça. j. em 08/05/2018. Acesso em 31/08/2019)

[17] Art. 50, § 1º Para fins do disposto neste artigo, desvio de finalidade é a utilização dolosa da pessoa jurídica com o propósito de lesar credores e para a prática de atos ilícitos de qualquer natureza. Disponível em: <http://www.planalto.gov.br/ccivil_03/_Ato2019-2022/2019/Lei/L13874.htm> Acesso em 26/05/2021.

50, parágrafo 2º, do Código Civil[18] com as hipóteses em que poderá ser conferida a confusão patrimonial.

Ademais, a Lei da Liberdade Econômica positivou o entendimento no parágrafo 4º do artigo 50 do Código Civil[19] de que a mera existência de grupo econômico não é requisito suficiente para autorizar a desconsideração, sendo necessária a prova do desvio de finalidade ou da confusão patrimonial. Assim, a desconsideração poderá alcançar outras sociedades integrantes do mesmo grupo, desde que tenha ocorrido um dos critérios subjetivos do artigo 50 do Código Civil, atingindo aquelas que se beneficiaram direta ou indiretamente do abuso da personalidade jurídica.

Quanto a esse ponto, nota-se que, no Direito do Trabalho, a desconsideração da personalidade jurídica pode ser declarada apenas com base no grupo econômico, ainda que não se verifique o controle, a direção ou a administração de uma empresa em relação às demais integrantes, ou ainda confusão patrimonial ou desvio de finalidade. Esse entendimento visa proteger o trabalhador com relação ao recebimento de seus haveres.

Finalmente, a Lei da Liberdade Econômica incluiu o parágrafo 5º ao artigo 50 do Código Civil,[20] determinando que não constitui desvio de finalidade a mera expansão ou a alteração da finalidade original da atividade econômica específica da pessoa jurídica.

Dessa forma, com a nova redação do artigo 50 do Código Civil dada pela Lei da Liberdade Econômica, os pressupostos para a aplicação do instituto, que deve ocorrer excepcionalmente, estão delimitados e definidos expressamente, não permitindo interpretações extensivas e decisões conflitantes acerca da desconsideração da personalidade jurídica, o que trouxe maior segurança jurídica à aplicação do instituto.

[18] As hipóteses de confusão patrimonial trazidas pela MP 881 foram (i) o cumprimento repetitivo pela sociedade de obrigações do sócio ou do administrador ou vice-versa; (ii) a transferência de ativos ou de passivos sem efetivas contraprestações, exceto o de valor proporcionalmente insignificante; e (iii) outros atos de descumprimento da autonomia patrimonial.

[19] Art. 50, § 4º A mera existência de grupo econômico sem a presença dos requisitos de que trata o caput não autoriza a desconsideração da personalidade da pessoa jurídica. Disponível em: <http://www.planalto.gov.br/ccivil_03/_Ato2019-2022/2019/Lei/L13874.htm> Acesso em 26/05/2021.

[20] Art. 50, § 5º Não constitui desvio de finalidade a mera expansão ou a alteração da finalidade original da atividade econômica específica da pessoa jurídica. Disponível em: <http://www.planalto.gov.br/ccivil_03/_Ato2019-2022/2019/Lei/L13874.htm> Acesso em 26/05/2021.

2.3. Aplicação da desconsideração da personalidade jurídica na falência: artigo 82-A da LFR

O artigo 82-A, inserido pela Lei 14.112/2020, vedou expressamente a extensão da falência ou seus efeitos aos sócios de responsabilidade limitada, administradores e controladores da sociedade falida. No entanto, o legislador previu a possibilidade de desconsideração da personalidade jurídica, observados os requisitos previstos no artigo 50 do Código Civil e o procedimento estabelecido nos artigos 133 a 137 do Código de Processo Civil.

Portanto, para a aplicação do instituto da desconsideração da personalidade jurídica na falência será necessária a demonstração e comprovação do abuso da personalidade jurídica, mediante desvio de finalidade ou confusão patrimonial, em incidente próprio instaurado para a verificação dos requisitos objetivos previstos na lei.

Tal previsão preenche a lacuna legal e pretende esclarecer a diferença entre a desconsideração da personalidade jurídica e a extensão dos efeitos da falência aos sócios e administradores, prevista no artigo 81 da LFR, trazendo maior segurança jurídica à discussão.

Isso porque, ao longo dos anos, observou-se a confusão entre os institutos e a aplicação inadequada da desconsideração da personalidade jurídica, medida excepcional e provisória, para a extensão da falência ou de seus efeitos aos sócios de responsabilidade limitada quando demonstrada a confusão patrimonial e/ou conduta fraudulenta.

A extensão dos efeitos da falência, como mencionado anteriormente, é medida que impõe a falência da sociedade empresária ou do empresário, sujeitando-os às mesmas obrigações e sanções impostas ao falido. O seu objetivo é permitir que o juízo falimentar arrecade ativos dos acionistas, sócios e administradores para pagamento dos credores da massa falida.

Por outro lado, a desconsideração da personalidade jurídica na falência visa a constrição patrimonial dos acionistas, sócios e administradores quando comprovados os requisitos previstos no artigo 50 do Código Civil.

A previsão de desconsideração da personalidade jurídica do artigo 82-A pressupõe a constrição patrimonial dos sócios de responsabilidade limitada, administradores ou terceiros no limite do benefício pessoal, direto ou indireto, obtido por meio da utilização abusiva da personalidade jurídica, observado o caso concreto. Dessa forma, a separação patrimonial de bens dos sócios e da sociedade fica mantida, não se estendendo os efeitos da falência.[21]

Importante ressaltar que a desconsideração da personalidade jurídica não trata da responsabilização pessoal para atingir integralmente os bens dos sócios e administradores para que assumam todo o passivo da massa falida. Trata-se da restituição dos bens desviados por meio do abuso da personalidade jurídica para a massa falida ou da sua responsabilização na medida do crédito prejudicado por tal abuso, sem a necessária imposição dos deveres e restrições de direito aos sócios, administradores ou terceiros.

Nesse ponto, também não se confunde a desconsideração da personalidade jurídica com a responsabilização pessoal dos sócios de responsabilidade limitada. Isso porque, para a apuração de eventual responsabilidade pessoal dos administradores, controladores e sócios limitadamente responsáveis, aplica-se o artigo 82 da LFR.[22]

Tal disposição prevê que a responsabilidade pessoal dos sócios de responsabilidade limitada, dos controladores e administradores será apurada pelo juízo da falência por meio de ação de rito ordinário, com base no direito material da lei societária aplicável – em caso de sociedade limitada, os dispositivos previstos no Código Civil, e em caso de sociedade anônima, a Lei 6.404/1976.

Dessa forma, somente após a procedência da ação de rito ordinário, comprovado o ato ilícito e a culpa, os sócios, administradores e controladores por danos causados à sociedade falida antes da quebra estes serão condenados a indenizar a massa falida.

[21] Agravo de Instrumento n. 2078990-10.2019.8.26.0000, Relator Desembargador Grava Brazil, 2ª Câmara Reservada de Direito Empresarial Tribunal de Justiça do Estado de São Paulo, j. em 10/09/2019.

[22] Art. 82. A responsabilidade pessoal dos sócios de responsabilidade limitada, dos controladores e dos administradores da sociedade falida, estabelecida nas respectivas leis, será apurada no próprio juízo da falência, independentemente da realização do ativo e da prova da sua insuficiência para cobrir o passivo, observado o procedimento ordinário previsto no Código de Processo Civil. Disponível em <http://www.planalto.gov.br/ccivil_03/_Ato2004-2006/2005/Lei/L11101.htm> Acesso em 26/05/2021.

2.4. A desconsideração da personalidade jurídica na recuperação judicial

A desconsideração da personalidade jurídica não pode ser interpretada como a responsabilidade subsidiária do sócio pelas obrigações da sociedade, mas sim a responsabilidade do sócio diante do mau uso da personalidade jurídica, fazendo com que determinadas obrigações sociais recaiam sobre o seu patrimônio pessoal.[23] Com a decretação da desconsideração da personalidade jurídica, torna-se ineficaz a sociedade perante o seu credor, sendo a sua suspensão episódica e restrita.[24]

A higidez da sociedade e sua personalidade jurídica permanecem ainda que diante da recuperação judicial, não se admitindo a desconsideração da personalidade jurídica em razão da pessoa jurídica não ter conseguido honrar seus compromissos.

Assim, o mero insucesso empresarial transitório – no caso da recuperação judicial – não pode dar azo à desconsideração da personalidade jurídica: é preciso que se comprove o abuso da personalidade jurídica, com a prática de desvio de finalidade ou confusão patrimonial, conforme estabelece o artigo 50 do Código Civil.

A recuperação judicial tem o intuito de preservar a empresa e a sua função social, de acordo com o princípio da preservação da empresa insculpido no artigo 47 da LFR. Ao longo do processo de recuperação, há ampla fiscalização tanto dos credores e do administrador judicial, como do Ministério Público e do juízo.[25]

Portanto, observados elementos factíveis indicativos de abuso de direito ou confusão patrimonial da sociedade em recuperação judicial, esses deverão ser apurados em incidente próprio, nos termos dos artigos 133 a 137 do Código de Processo Civil.

O Código de Processo Civil contemplou o incidente de desconsideração da personalidade jurídica, em atenção ao princípio do contraditório e da ampla defesa, garantia fundamental do cidadão prevista no artigo

[23] FORNACIARI JÚNIOR, Clito. Desconsideração da personalidade jurídica na falência e recuperação judicial. *In*: KUYVEN, Luiz Fernando Martins (Coord.). *Temas essenciais de direito empresarial*: Estudos em homenagem a Modesto Carvalhosa. São Paulo: Saraiva, 2012, p. 478.

[24] SALOMÃO, Luis Felipe; SANTOS, Paulo Penalva, op. cit., p. 139.

[25] FORNACIARI JÚNIOR, Clito, op. cit., p. 479.

5º, inciso LV, da Constituição Federal.[26] Assim, é a partir da metodologia estabelecida no Código de Processo Civil que devem ser interpretadas e aplicadas as regras de desconsideração da personalidade jurídica em caso de recuperação judicial.

Apesar de a LFR ser omissa quanto à possibilidade de desconsideração da personalidade jurídica na recuperação judicial, nos termos do Código de Processo Civil, o incidente para apuração dos atos praticados por sócios ou administradores da sociedade deverá ser instaurado a pedido de credores ou do Ministério Público. Apesar de controverso, recentemente, admitiu-se a legitimidade do administrador judicial para requerer a instauração do incidente para a verificação dos fatos alegados no processo de recuperação judicial.[27]

Ainda que o administrador judicial atue como auxiliar da justiça, devendo agir no cumprimento de suas funções legalmente definidas no artigo 22 da LFR,[28] entendeu-se que, sob o dever de eficiência do administrador judicial, ele é legitimado para requerer a instauração de incidente de desconsideração da personalidade jurídica quando estiver exercendo a função de gestor judicial,[29] conforme o artigo 65, §1º, da LFR.[30]

[26] GONÇALVES, Oksandro. A desconsideração da personalidade jurídica na recuperação judicial e na falência. *In*: Temas de Direito da Insolvência – Estudos em homenagem ao Professor Manoel Justino Bezerra Filho: São Paulo: IASP, 2017, p. 880.

[27] Foi deferido o pedido do administrador judicial para desconsiderar a personalidade jurídica da MMX Sudeste Mineração S.A. em decisão proferida pela MM. Juíza Soraya Brasileiro Teixeira, em 02/05/2017, nos autos do incidente de desconsideração da personalidade jurídica nº 0549539-70.2017.8.13.0024, em trâmite perante a 1ª Vara Empresarial da Comarca de Belo Horizonte/MG.

[28] SCALZILLI, João Pedro; SPINELLI, Luis Felipe; TELLECHEA, Rodrigo. *Recuperação de empresas e falência:* teoria e prática na Lei 11.101/2005. São Paulo: Almedina, 2017.p. 244.

[29] Agravo de Instrumento n.º 0530950-05.2017.8.13.0000, Relator Desembargador Edilson Fernandes. 6ª Câmara Cível do Tribunal de Justiça do Estado de Minas Gerais, j. em 05/09/2017. Acesso em 26/05/2021.

[30] Art. 65. Quando do afastamento do devedor, nas hipóteses previstas no art. 64 desta Lei, o juiz convocará a assembléia-geral de credores para deliberar sobre o nome do gestor judicial que assumirá a administração das atividades do devedor, aplicando-se-lhe, no que couber, todas as normas sobre deveres, impedimentos e remuneração do administrador judicial. § 1º O administrador judicial exercerá as funções de gestor enquanto a assembléia-geral não deliberar sobre a escolha deste. Disponível em: <http://www.planalto.gov.br/ccivil_03/_Ato2004-2006/2005/Lei/L11101.htm> Acesso em 26/05/2021.

Com isso, deferida a instauração do incidente, esse será processado em apenso à recuperação judicial, para que sejam investigados os atos ensejadores do pedido de desconsideração da personalidade jurídica, sendo competente o juízo da recuperação judicial para julgar o incidente instaurado.

Nos casos em que se verifica a confusão patrimonial ou o abuso de direito durante o processo de recuperação judicial ou, ainda, identificam-se fraudes nas operações que antecederam o pedido de recuperação judicial, levando a sociedade à crise econômico-financeira, a competência para decidir sobre os bens abarcados pela recuperação judicial é do juízo em que tramita o processo recuperacional.

Apesar de a Lei 14.112/2020 ter inserido o artigo 82-A à LRF, para permitir a desconsideração da personalidade jurídica na falência, a reforma da LFR não resolveu de forma definitiva a questão acerca da possibilidade de desconsideração da personalidade jurídica na recuperação judicial.

O tema ainda é controverso na doutrina e jurisprudência, de modo que há apenas um precedente relevante em que houve a desconsideração da personalidade jurídica de empresa em recuperação judicial. Diante disso, com a reforma da LFR, deve-se observar se os tribunais aplicarão extensivamente o artigo 82-A da LFR para autorizar a desconsideração da personalidade jurídica em recuperações judiciais, uma vez que a lei não tratou o tema com especificidade.

3. *Leading case*: desconsideração da personalidade jurídica da MMX Sudeste Mineração S.A.

Apesar da desconsideração da personalidade jurídica na recuperação judicial ser discutida tanto pela doutrina quanto pela jurisprudência, não havia precedentes acerca da aplicabilidade do instituto em incidentes instaurados no processo de recuperação judicial até o caso da MMX Sudeste Mineração S.A. ("MMX Sudeste").

A MMX Sudeste ajuizou pedido de recuperação judicial em 16 de outubro de 2014, tendo o seu processamento deferido em 22 de outubro do mesmo ano.[31] Após o regular procedimento, o plano de recuperação

31 Recuperação judicial n.º 2988666-18.2014.8.13.0024, em trâmite perante a 1ª Vara Empresarial da Comarca de Belo Horizonte/MG.

judicial apresentado foi aprovado em assembleia geral de credores e, consequentemente, homologado pelo juízo recuperacional.

A fim de proteger os credores e coibir fraudes e abusos, o administrador judicial requereu a instauração de incidente para a nomeação de gestor judicial, especialmente para apurar supostos pagamentos realizados pelos acionistas a partido do governo e que poderiam ter sido realizados com desvios de ativos da MMX Sudeste. Foi deferida a instauração do incidente em segredo de justiça e o juiz responsável pela recuperação judicial entendeu que cabia ao administrador judicial apurar se houve fraude nos repasses.

Em seguida, o administrador judicial requereu a desconsideração da personalidade jurídica da MMX Sudeste Mineração S.A alegando que a empresa teria sofrido abuso de sua personalidade jurídica no curso de suas atividades, mormente ante a utilização de informações inverídicas nos seus demonstrativos contábeis e financeiros, levando em erro o país, com inesperadas vultosas baixas em seus ativos, que inviabilizaram toda forma de crédito disponível, causando significativos prejuízos aos seus credores, resultando em seu pedido de recuperação judicial.

Desse modo, o administrador judicial concluiu que a escassez de crédito pela qual passou a MMX Sudeste é a consequência lógica dos atos ilícitos engendrados por seus controladores, com anuência ou não de seus diretores, razão pela qual deveria a personalidade jurídica da MMX Sudeste ser desconsiderada, atingindo os bens pessoais de seus controladores. O administrador judicial constatou que a instauração de incidente para desconsideração da personalidade jurídica não prejudicaria a recuperação judicial e seria benéfica aos credores.

Em decisão liminar de primeira instância, foi deferido o pedido de tutela de urgência de natureza cautelar para a desconsideração da personalidade jurídica da empresa para atingir os bens dos sócios,[32] dentre eles o seu controlador, em razão dos fortes indícios da prática de pirâmide financeira envolvendo todo o "Grupo X".

[32] Decisão proferida pela MM. juíza Soraya Brasileiro Teixeira, em 02/05/2017, nos autos do incidente de desconsideração da personalidade jurídica nº 0549539-70.2017.8.13.0024, em trâmite perante a 1ª Vara Empresarial da Comarca de Belo Horizonte/MG.

A MMX Sudeste interpôs agravo de instrumento[33] contra a decisão que determinou a desconsideração da personalidade jurídica alegando não haver indícios de fraude ou de insuficiência de patrimônio, sendo as investigações acerca das supostas ilegalidades cometidas por seu controlador inconsistentes, não guardando relação com a administração da MMX Sudeste. Além disso, sustentou que, ao determinar a desconsideração em contraditório diferido, o juízo desprestigiou o contraditório e ampla defesa, incorrendo a decisão em vício insanável.

O Tribunal de Justiça do Estado de Minas Gerais ("TJMG") negou provimento ao recurso e manteve a decisão liminar concedida no incidente, constatando que a crise financeira da MMX Sudeste não derivou, a princípio, do risco inerente às atividades empresárias, mas sim de atos dolosos cometidos por seus controladores.

Assim, entendeu-se que os indícios de utilização fraudulenta da companhia de modo a beneficiar os seus gestores e controladores evidenciaram a probabilidade do direito, comprovando-se os requisitos do art. 50 do Código Civil para a desconsideração da personalidade jurídica.

O TJMG confirmou a tutela de urgência deferida em novo incidente de desconsideração da personalidade jurídica, que determinou o arresto e a indisponibilidade dos bens de seus sócios diante dos indícios de fraude financeira.[34]

Apesar de já ter plano de recuperação judicial homologado, a desconsideração da personalidade jurídica foi deferida para recuperar os bens desviados pelos acionistas da MMX Sudeste. Os valores arrecadados com as decisões seriam utilizados para cumprimento do plano de recuperação judicial, em benefício da coletividade de credores.

O caso da MMX Sudeste foi o primeiro em que o instituto da desconsideração da personalidade jurídica foi adotado em recuperação judicial

[33] Agravo de Instrumento n.º 0530950-05.2017.8.13.0000, Relator Desembargador Edilson Fernandes. 6ª Câmara Cível do Tribunal de Justiça do Estado de Minas Gerais, j. em 05/09/2017. Acesso em 26/05/2021.

[34] Decisão proferida pela MM. Juíza Cláudia Helena Batista, em 18/03/2019, nos autos do incidente de desconsideração da personalidade jurídica n.º 0061440-24.2019.8.13.0024, em trâmite perante a 1ª Vara Empresarial da Comarca de Belo Horizonte/MG. Disponível em: https://www4.tjmg.jus.br/juridico/sf/proc_peca_movimentacao.jsp?id=47630339&hash=c3c1e0766fa8155009b74e07aa958710. Acesso em 26/05/2021.

para atingir o patrimônio dos seus sócios, administradores e controladores em benefício da coletividade de credores.

Além de ser o primeiro caso, o precedente é emblemático por tratar de matéria polêmica, pois (i) a possibilidade de desconsideração da personalidade jurídica na recuperação judicial é controversa, em razão da possível incompatibilidade entre os institutos; (ii) discute-se a competência e legitimidade do administrador judicial para instaurar incidente de desconsideração da personalidade jurídica de empresa em recuperação judicial; e (iii) o deferimento da desconsideração da personalidade jurídica ocorreu após a aprovação plano de recuperação judicial.

Conclusões

O instituto da desconsideração da personalidade jurídica, criado pela doutrina e amplamente debatido pela jurisprudência, é medida excepcional, que somente poderá ser aplicado uma vez que preenchidos e demonstrados os requisitos estabelecidos em lei.

Visa-se, assim, imputar aos sócios a responsabilidade patrimonial em caso de abuso da personalidade jurídica ou confusão patrimonial em benefício próprio, no limite da vantagem obtida. Portanto, a conduta maliciosa e dolosa é necessária para a efetividade da desconsideração da personalidade jurídica.

Nesse sentido, a MP 881 alterou significativamente a redação do artigo 50 do Código Civil, positivando o entendimento pacífico da doutrina e jurisprudência, o que trouxe maior segurança jurídica para o instituto. Assim, o artigo 50 do Código Civil limitou os efeitos da desconsideração àqueles que efetivamente se beneficiaram do abuso.

Havia uma lacuna legal acerca da desconsideração da personalidade jurídica em processos falimentares. A LFR previa apenas a extensão dos efeitos da falência aos sócios solidária e ilimitadamente responsáveis.

No entanto, é incomum encontrar sociedades cuja responsabilidade das obrigações seja ilimitada, observando-se, atualmente, a existência de sociedades de responsabilidade limitada, sejam elas sociedades limitadas ou anônimas.

Nesse cenário, a fim de estender a falência a sócios, administradores, controladores e sociedades de responsabilidade limitada, os tribunais pátrios admitiam a aplicação do instituto da desconsideração da personalidade jurídica, observados os requisitos autorizadores presentes no artigo

50 do Código Civil, para que os efeitos da falência atingissem o patrimônio pessoal dos sócios e fossem arrecadados pela massa falida.

Com o intuito de diferenciar os institutos e restringir a aplicação deturpada da desconsideração da personalidade, a Lei 14.112/2020, que alterou a LFR, incluiu o artigo 82-A ao texto legal. Portanto, a LFR prevê expressamente que a falência não poderá ser estendida, no todo ou em parte, aos sócios de responsabilidade limitada, sendo admitida, contudo, a desconsideração da personalidade jurídica da sociedade falida.

Nesse caso, a desconsideração da personalidade jurídica deverá observar os requisitos previstos no artigo 50 do Código Civil, devendo ser comprovado o abuso da personalidade jurídica, com o desvio de finalidade ou confusão patrimonial por parte dos sócios, acionistas ou administradores das sociedades, bem como o procedimento estabelecido nos artigos 133 a 137 do Código de Processo Civil.

Com a desconsideração da personalidade jurídica, o patrimônio pessoal do sócio, administrador ou terceiro é atingido no limite do benefício indevido alcançado com o abuso da personalidade jurídica, não se impondo, portanto, todos os efeitos gravosos da falência, como restrições de direitos e sanções de diferentes naturezas.

Apesar da tentativa de uniformizar o entendimento, a LFR se manteve silente quanto à possibilidade de desconsideração da personalidade jurídica em processos de recuperação judicial, tema controverso entre a jurisprudência e a doutrina.

A eventual aplicação irrestrita da desconsideração da personalidade – instituto excepcional – iria contra um dos princípios basilares da recuperação judicial: o princípio da preservação da empresa previsto no artigo 47 da LFR.

Portanto, apenas quando observados elementos factíveis indicativos de abuso de direito ou confusão patrimonial da sociedade em recuperação judicial esses poderão ser verificados em incidente próprio, conforme os artigos 133 a 137 do Código de Processo Civil. Comprovados os indícios de fraudes nas operações a competência para decidir sobre os bens da sociedade é o juízo competente pela recuperação judicial.

Ressalta-se que a desconsideração da personalidade jurídica se difere da extensão dos efeitos da falência prevista no artigo 81 da LFR. A primeira tem efeitos meramente patrimoniais contra o devedor, de modo que a segunda traz consequências jurídicas, econômicas, administrativas e políticas. Aplica-se o cenário de falência de uma sociedade às demais, lacrando o estabelecimento e afastando os administradores da sociedade, que deixa de poder gerir o seu patrimônio e dispor dos bens sociais.

Dessa forma, conclui-se que a desconsideração da personalidade jurídica, ao contrário da extensão dos efeitos da falência, visa restituir os bens desvirtuados da massa falida, no limite da vantagem indevidamente auferida, em benefício da coletividade de credores. Nesse caso, não há a arrecadação de todos os bens pessoais dos sócios, administradores ou terceiros que se beneficiaram, direta ou indiretamente, do abuso da personalidade jurídica.

Referências

BEZERRA FILHO, Manoel Justino. *Lei de recuperação de empresas e falência*: Lei 11.101/2005 comentada artigo por artigo. 13. ed. São Paulo: Revista dos Tribunais, 2018.

BRASIL. Superior Tribunal de Justiça (4. Turma). *Recurso Especial 1729554/SP*. Desconsideração da personalidade jurídica. CPC/2015. Procedimento para declaração. Requisitos para a instauração...Relator: Min. Luís Felipe Salomão, 8 de junho de 20218. Disponível em: https://scon.stj.jus.br/SCON/GetInteiroTeorDoAcordao?num_registro=201703068310&dt_publicacao=06/06/2018. Acesso em: 1 jul. 2021

_____. Superior Tribunal de Justiça (2. Seção). *Agravo Regimental no Conflito de Competência 121487/MT*. Agravo regimental. Conflito de competência. recuperação judicial. Desconsideração da personalidade jurídica da sociedade em recuperação por juízo trabalhista. Constrição de bens de sócio e de outra sociedade do mesmo grupo econômico. Pessoas não envolvidas no juízo da recuperação... Relator: Min. Raul Araújo, 27 de junho de 2012. Disponível em: https://scon.stj.jus.br/SCON/GetInteiroTeorDoAcordao?num_registro=201200511452&dt_publicacao=01/08/2012. Acesso em: 1 jul. 2021

_____. Superior Tribunal de Justiça (3. Turma). *Recurso Especial 1200850/SP*. Negativação de prestação jurisdicional. Não ocorrência. Alegação de violação da coisa julgada. Não verificação. Motivação utilizada na sentença que transitou em julgado. Não incidência do efeito da imutabilidade. Desconsideração da personalidade jurídica da empresa... Relator: Min. Massami Uyeda, 4 de novembro de 2010. Disponível em: https://scon.stj.jus.br/SCON/GetInteiroTeorDoAcordao?num_registro=200900519300&dt_publicacao=22/11/2010. Acesso em: 1 jul. 2021

_____. Superior Tribunal de Justiça (4. Turma). *Recurso Especial 63652/SP*. Falência. Desconsideração da personalidade juridica. duas razões sociais, mas uma só pessoa jurídica. Quebra decretada de ambas. Inexistência de afronta ao art. 460 do CPC.

Relator: Min. Barros Monteiro, 13 de junho de 2000. Disponível em: https://scon.stj.jus.br/SCON/GetInteiroTeorDoAcordao?num_registro=199500173786&dt_publicacao=21/08/2000. Acesso em: 1 jul. 2021

SÃO PAULO. Tribunal de Justiça do Estado de São Paulo (2. Câmara Reservada de Direito Empresarial). *Agravo de Instrumento 2078990-10.2019.8.26.0000.* Falência – Decisão

que julgou procedente incidente de desconsideração da personalidade jurídica, para responsabilizar as agravantes, sócias direta (pessoa jurídica) e indiretas (pessoas físicas), pelas dívidas da sociedade falida, em toda a sua extensão, com a integralidade de

seus patrimônios... Relator: Desemb. Grava Brazil, 10 de setembro de 2019. Disponível em: https://esaj.tjsp.jus.br/cjsg/getArquivo.do?cdAcordao=12874446&cdForo=0. Acesso em: Acesso em: 1 jul. 2021

MINAS GERAIS. Tribunal de Justiça do Estado de Minas Gerais (6. Câmara Cível). *Agravo de Instrumento 0530950-05.2017.8.13.0000.* Relator: Desemb. Edilson Fernandes, 5 de novembro de 2017. Disponível em: Acesso em: 1 jul. 2021

EIZIRIK, Nelson. *Direito societário*: estudos e pareceres. São Paulo: Quartier Latin, 2015.

FORNACIARI JÚNIOR, Clito. Desconsideração da personalidade jurídica na falência e recuperação judicial. *In*: KUYVEN, Luiz Fernando Martins (Coord.). *Temas essenciais de direito empresarial*: estudos em homenagem a Modesto Carvalhosa. São Paulo: Malheiros, 2012.

GONÇALVES, Oksandro. A desconsideração da personalidade jurídica na recuperação judicial e na falência. *In*: WAISBERG, Ivo; RIBEIRO, José Horácio Halfeld Rezende (org). *Temas de direito da insolvência*: estudos em homenagem ao professor Manoel Justino Bezerra Filho. São Paulo: IASP, 2017.

LAMY FILHO, Alfredo; PEDREIRA, José Luiz Bulhões (Coord.). *Direito das companhias.* Rio de Janeiro: Forense, 2009. v. 1.

LOBO, Jorge. Extensão da falência e o grupo de sociedade. *Revista da EMERJ*, v. 12, n. 45, 2009. Disponível em: http://www.emerj.tjrj.jus.br/revistaemerj_online/edicoes/revista45/Revista45_74.pdf. Acesso em: 26 maio 2021.

SACRAMONE, Marcelo Barbosa. *Comentários à Lei de Recuperação de Empresas e Falência.* 2. ed. São Paulo: SaraivaJur, 2021.

SALOMÃO, Luis Felipe; SANTOS, Paulo Penalva. *Recuperação judicial, extrajudicial e falência*: teoria e prática. 3. ed. Rio de Janeiro: Forense, 2017.

SCALZILLI, João Pedro; SPINELLI, Luis Felipe; TELLECHEA, Rodrigo. *Recuperação de empresas e falência*: teoria e prática na Lei 11.101/2005. São Paulo: Almedina, 2017.

3ª PARTE

SETORES E TEMAS DIVERSOS NA RECUPERAÇÃO JUDICIAL E FALÊNCIA

1. A Reforma da Lei de Recuperação Judicial e Falência no Âmbito Tributário: O Necessário Alinhamento da Legislação Tributária à Realidade Econômica

Flavio Mifano
Rodrigo de M. Pará Diniz
Ana Beatriz Passos dos Santos

Introdução

Passados mais de quinze anos do advento da Lei nº 11.101, de 09 de fevereiro de 2005, que regula a recuperação judicial, extrajudicial e a falência do empresário e da sociedade empresária ("Lei de Falências"), somente agora o sistema de direito concursal brasileiro sofreu algumas modificações em razão da promulgação da Lei nº 14.112, de 24 de dezembro de 2020 ("Nova Lei de Falências").

Como resultado do Projeto de Lei ("PL") 4.458, de 2020, a Nova Lei de Falências nº 14.112/20 inaugura um período de amadurecimento das discussões relacionadas às figuras do Poder Executivo e Judicial no processo de recuperação judicial e extrajudicial das empresas brasileiras. A relação entre companhias em situação econômica fragilizada e o Estado era, até então, marcada por sucessivos embates entre interesses políticos e econômicos, recaindo à sociedade empresária o dever de equalizar as preferências de credores, sócios e acionistas, empregados, investidores e do próprio Fisco.

Até a promulgação da Nova Lei de Falências nº 14.112/20, a equação era simples: a renegociação de dívidas estava restrita aos débitos de credores particulares, na medida em que aos débitos tributários não se apresentava qualquer flexibilidade de negociação por parte do Fisco, seja em relação aos passivos fiscais preexistentes na companhia, quanto aqueles oriundos da própria renegociação de dívidas em si. Não raro nessa época, o contribuinte que tivesse êxito na renegociação de sua dívida, acabava por reduzir o passivo financeiro com o setor privado e aumentar o passivo fiscal, como efeito da renegociação.

Não obstante, impulsionado pela crise econômica gerada pela pandemia da Covid-19, o Senado Federal aprovou o PL 4.458/20 em novembro de 2020, o qual tem como origem o PL 6.220/05, que há muito tempo já incitava discussões na Câmara dos Deputados.[1] O texto do PL 4.458/20 reflete, portanto, um consenso entre a equipe econômica do governo, as pautas legislativas e os anseios do empresariado na promoção de medidas para atender aos problemas de caixa das pessoas jurídicas.

A conversão do PL 4.458/20 na Lei nº 14.112/20 além de atualizar a Lei de Falências, alterou, ainda, a Lei nº 10.522/2002 (que dispõe sobre o cadastro informativo dos créditos não quitados de órgãos e entidades federais), e a Lei nº 8.929/1994 (que institui a cédula de produto rural), conduzindo a recuperação judicial, extrajudicial e a falência para um ambiente de maior transparência, agilidade e atenção às necessidades negociais e econômicas das empresas.

Nessa iniciativa de cicatrização econômica inflamada pela pandemia da Covid-19, é evidente que as questões fiscais estivessem contempladas no bojo de mudanças trazido pela Lei nº 14.112/20, dado que os processos de renegociação de dívidas, tanto em âmbito de recuperação judicial, como extrajudicial, impõem ao Fisco a posição de credor das companhias.

Isso porque ao Fisco é devido, além dos tributos correntes das companhias, possíveis passivos fiscais anteriores ao processo de recuperação judicial, bem como eventuais tributos aplicáveis sobre os ganhos ou receitas decorrentes da redução de passivos.

Em vista disso, fato é que os temas fiscais sempre repercutem de forma acalorada entre os contribuintes e resultam, em alguma medida, em frustações diante das retraídas alterações que o Poder Executivo acolhe. Contudo, com a Nova Lei de Falências foi diferente: dos quatorze vetos presidenciais à nova redação da Lei nº 11.101/05, que apontavam para uma tendência do governo em adiar o enfretamento às questões tributárias, doze foram derrubados pelo Congresso Nacional.

[1] Com posterior junção ao PL 1.0220/2018, de iniciativa do Poder Executivo.

Não resta dúvidas que a Nova Lei de Falências atendeu aos anseios e mudanças que o processo de recuperação judicial demandava em relação às questões fiscais, cujo agravamento foi ainda mais evidente no cenário econômico da pandemia da Covid-19.

Na seara tributária, a Lei nº 14.112/20 propôs inovações em relação às alternativas de parcelamento e de transação tributária, bem como alterou os efeitos tributários relativos ao Imposto de Renda da Pessoa Jurídica ("IRPJ"), à Contribuição Social sobre o Lucro Líquido ("CSLL") e às Contribuições para o Programa de Integração Social ("PIS") e para o Financiamento da Seguridade Social ("COFINS"), sobre ganhos de capital obtidos com a venda de ativos ou sobre deságios no pagamento das dívidas. Tais alterações que passaremos a abordar.

1. Mudanças tributárias com a Nova Lei de Falências

1.1. Alienação de ativos

O ingresso de novos recursos na empresa em recuperação judicial ou em processo falimentar é uma das principais ferramentas para viabilizar a reestruturação econômica, sendo a venda de bens e direitos, a forma mais comum e simples para a obtenção de recursos. Contudo, no mesmo momento em que a alienação de ativos alivia o caixa da companhia em recuperação judicial e atende aos anseios dos credores, resulta, na maioria das vezes, na necessidade de tributação pelo IRPJ e CSLL dos ganhos de capital auferidos com a venda de ativos.

Ciente disso, a Nova Lei de Falências modernizou significativamente as disposições sobre venda de ativos por empresas em crise econômico-financeira, por conferir aos potenciais investidores maior flexibilidade nas negociações e mecanismos alternativos para endereçar os seus interesses, bem como por articular a tributação sobre eventuais ganhos de capital com a utilização de saldos de prejuízos fiscais, ou mesmo por oferecer melhores condições de parcelamento.

Importa dizer, com a adição do artigo 6º-B à Lei de Falências,[2] a sociedade em recuperação judicial ou com falência decretada pode utilizar

[2] "Art. 6º-B. Não se aplica o limite percentual de que tratam os arts. 15 e 16 da Lei nº 9.065, de 20 de junho de 1995, à apuração do imposto sobre a renda e da Contribuição Social sobre o Lucro Líquido (CSLL) sobre a parcela do lucro líquido decorrente de ganho de capital resultante da alienação judicial de bens ou direitos, de que tratam os arts. 60, 66 e 141 desta

os saldos acumulados de prejuízo fiscal e base negativa de CSLL, sem o limite percentual de 30% previsto no artigos 15 e 16 da Lei nº 9.065, de 20 de junho de 1995, o que potencialmente pode eliminar o efeito caixa na tributação sobre os ganhos auferidos com a alienação de ativos.[3]

Assim, a Nova Lei de Falência permite que eventual ganho reconhecido na alienação de ativos de empresas em processo de recuperação judicial ou com falência decretada não esteja sujeito ao limite comumente conhecido como "Trava de 30%" – em referência à limitação ao uso de prejuízos fiscais acumulados e base negativa da CSLL em exercícios anteriores em até 30% do lucro tributável no exercício corrente.

Isso significa que a Nova Lei de Falências libera as empresas em recuperação judicial ou em processo falimentar da utilização da Trava de 30% em relação aos ganhos com a venda de ativos, bem como aqueles auferidos na redução de passivos (adiante considerado), o que pode representar uma medida efetiva de caixa, dado que, em geral, o saldo de prejuízos fiscais das empresas em tal situação é representativo e pode absorver significativa parcela dos impactos tributários nas hipóteses de alienação de ativos e renegociação de dívidas.

Ainda, vale destacar que, com a inclusão do §4º ao artigo 50 da Lei de Falências,[4] o IRPJ e a CSLL incidentes sobre os ganhos de capital decorrentes da alienação de bens e direitos pela sociedade em recuperação judicial podem ser objeto de parcelamento, com atualização monetária das respectivas parcelas, desde que observadas a regulamentação relativa ao Cadastro Informativo de Créditos Não Quitados do Setor Público Federal

Lei, pela pessoa jurídica em recuperação judicial ou com falência decretada. Parágrafo único. O disposto no caput deste artigo não se aplica na hipótese em que o ganho de capital decorra de transação efetuada com: I – pessoa jurídica que seja controladora, controlada, coligada ou interligada; ou II – pessoa física que seja acionista controlador, sócio, titular ou administrador da pessoa jurídica devedora."

[3] O disposto no artigo em questão não se aplica na hipótese em que o ganho de capital decorra de transações com pessoas ligadas.

[4] "Artigo 50. (...) § 4º O imposto sobre a renda e a Contribuição Social sobre o Lucro Líquido (CSLL) incidentes sobre o ganho de capital resultante da alienação de bens ou direitos pela pessoa jurídica em recuperação judicial poderão ser parcelados, com atualização monetária das parcelas, observado o seguinte: I – o disposto na Lei nº 10.522, de 19 de julho de 2002 ; e II – a utilização, como limite, da mediana de alongamento no plano de recuperação judicial em relação aos créditos a ele sujeitos."

("Cadin"), previstos na Lei 10.522, de 19 de julho de 2002, e a mediana do alongamento da dívida no plano de recuperação judicial.

Diante das modificações introduzidas no tratamento tributário aplicável à alienação de ativos por pessoas jurídicas em processo de recuperação judicial ou com falência decretada, é de se reconhecer que a Nova Lei de Falências aderiu aos anseios do empresariado, conjugando os interesses dos credores e devedores em encontrar mecanismos de obtenção de recursos, sem se olvidar de atender às expectativas arrecadatórias do Fisco sobre os ganhos tributáveis resultantes de tais operações.

É inegável, portanto, a tentativa dos Poderes Legislativo e Executivo em equilibrar os diversos interesses presentes na recuperação judicial e no processo falimentar, ao fazer uso de duas ferramentas que há muito tempo tiveram sua utilização desprezada: a compensação de ganhos com saldo de prejuízos fiscais acumulados e o parcelamento alongado de passivos.

Vale pontuar brevemente que, em relação à alternativas de parcelamento, o PL 4.458/20 ampliou o prazo para parcelamento de débitos administrados pela Fazenda Nacional previsto na Lei 10.522/02, aplicável às empresas que ajuizaram ou tiveram deferido o seu pedido de recuperação judicial, independentemente da natureza do débito (tributária ou não tributária), da existência de crédito constituído ou não, ou mesmo da inscrição em dívida ativa,[5] bem como incluiu a possibilidade de liquidação de até 30% da dívida consolidada no parcelamento com a utilização de saldos de prejuízo fiscal e de base de cálculo negativa da CSLL, ou com outros créditos próprios relativos a tributos administrados pela Receita Federal do Brasil ("RFB").

Alternativamente às modalidades de parcelamento legalmente previstas, o PL 4.458/20 acrescentou o artigo 10-C à Lei 10.522/02, incluindo a possibilidade das empresas em recuperação judicial submeterem à Procuradoria-Geral da Fazenda Nacional ("PGFN") proposta de transação de créditos inscritos em dívida ativa da União, nos moldes previstos pela Lei nº 13.988, de 14 de abril de 2020 (que dispõe sobre a transação tributária com a Fazenda Pública). Tanto as alterações em relação ao parcelamento de débitos, como a transação tributária em condições mais favoráveis às empresas em recuperação judicial, serão abordadas em artigo específico desse livro.

[5] Artigo 10-A, inciso V da Lei 10.522/02.

1.2. Exclusão das receitas obtidas com a renegociação de dívidas da base de cálculo do PIS e da COFINS e a liberação da Trava de 30%

Dentre as alterações propostas pelo PL 4.458/20, a inclusão do artigo 50-A, inciso I, na Lei de Falências, assume especial relevância, na medida em que possibilita que as empresas em recuperação judicial excluam a receita obtida na renegociação de dívidas das bases de cálculo do PIS e COFINS – em relação especificamente aos passivos não estabelecidos com pessoas ligadas.

Aludida modificação retira o Fisco da posição credora das empresas em recuperação judicial, ao se considerar o descompasso existente na lógica anteriormente prevista na Lei de Falências, em que a renegociação de dívidas impunha a tributação das receitas oriundas da diminuição de passivos, com a atual redação proposta pelo PL 4.458/20. Vale lembrar que a incongruência da tributação pelo PIS e COFINS na renegociação de dívidas é tema de constante debates entre os contribuintes e a RFB, inclusive por parte das empresas não sujeitas ao procedimento de recuperação judicial.

Em vista disso, a possibilidade de exclusão das receitas obtidas com a renegociação de dívidas da base de cálculo do PIS e da COFINS sinaliza um avanço do Poder Legislativo e Executivo em responder às críticas dos contribuintes sobre as hipóteses de tributação sobre renegociação de passivos. Em especial no caso das empresas em recuperação judicial, aludida alteração na Lei de Falências era especialmente esperada pelos contribuintes, ao se considerar que o objetivo principal da recuperação judicial é o estímulo à criação de condições para preservação da saúde financeira e da continuidade das atividades empresariais.

Até porque, vale ponderar que a mera redução dos passivos por empresas em recuperação judicial não revela capacidade contributiva, sendo um contrassenso à logicidade do processo em si ensejar a tributação das receitas reconhecidas na renegociação de dívidas pelo simples fato de haver um resultado contábil positivo em contrapartida à diminuição de passivos.

A despeito da exclusão da base de cálculo do PIS e COFINS, a Nova Lei de Falências manteve a incidência do IRPJ e da CSLL sobre o ganho obtido pelo devedor com a redução de dívidas. Não obstante, o ganho reconhecido pelo devedor pode ser compensado com eventuais saldos de prejuízos fiscal e base negativa de CSLL sem aplicação da Trava de 30%.

Importa dizer, a aprovação do PL 4.458/20 trouxe como ferramenta adicional às empresas em processo de recuperação judicial, um maior leque de alternativas para a preservação do caixa. A inclusão do artigo 50-A, inciso II, na Lei de Falências expressamente autoriza que o ganho obtido pelo devedor com a redução de dívidas não está sujeito à Trava de 30%, conferindo uma alternativa eficiente para quitação das obrigações tributárias resultantes.

Não obstante, o artigo 50-A se refere à renegociação de dívidas de pessoa jurídica no âmbito de processo de recuperação judicial sem, contudo, especificar se a totalidade das dívidas devem estar compreendidas no contexto do processo de recuperação judicial ou não – dado que a redação do caput consiste em determinar "Nas hipóteses de renegociação de dívidas de pessoa jurídica no âmbito de processo de recuperação judicial, estejam as dívidas sujeitas ou não a esta (...)". Nesse sentido, caberá aos contribuintes e operadores do direito interpretar, na prática, os contornos da regra contida no caput do artigo 50-A da Lei nº 14.112/20, a fim de delimitar qual a abrangência das dívidas a que se objetiva excluir as receitas obtidas em eventual renegociação dos correspondentes valores da base de cálculo do PIS e COFINS, ou liberar o uso dos saldos de prejuízo fiscal em relação aos ganhos também computados na renegociação.

Nota-se que, na prática, a Nova Lei de Falências tenta equalizar os efeitos tributários associados à redução de passivos com a utilização de saldos de prejuízos fiscais acumulados e base negativa da CSLL, na medida em que, como regra, as empresas em recuperação judicial apresentam saldos em valores significativos. Importante notar que o PL 4.458/20 buscou corrigir as distorções relativas ao reconhecimento de receitas pela renegociação de dívidas por expressamente excluir tais valores das bases de cálculo do PIS e da COFINS. Assim, não resta dúvida que a Nova Lei de Falências avança na introdução de mecanismos para auxiliar as empresas em recuperação judicial a adimplirem com as obrigações tributárias, sem exigir imediata saída de caixa.

2. O PL 4.458/20 e os vetos presidenciais

Embora o Presidente da República tenha sancionado parcialmente o PL 4.458/20 (agora Lei nº 14.112/20), por apresentar quatorze vetos ao texto originário, a discordância do Presidente da República com o aludido PL foi combatida pelo Congresso Nacional.

É importante refletir que os vetos apresentados pelo Presidente da República devem ser expressos e motivados.[6] Nesse contexto, relembrando as diferentes facetas atribuíveis aos vetos presidenciais, em geral, o veto pode adotar feições políticas, quando a matéria é considerada contrária ao interesse público; ou jurídicas, caso se verifique alguma inconstitucionalidade no texto apresentado; ou, ainda, pode ser resultado da conjunção de ambos os elementos – inconstitucionalidade e contrariedade ao interesse público.

Especificamente em relação ao PL 4.458/20, os vetos apresentados pelo Presidente da República parecem ter sido fundamentados em razões alheias à constitucionalidade e, por óbvio, ao interesse público. Em matéria tributária, oito vetos conjuntos diretamente se relacionam a dois temas de extrema relevância na conjuntura econômica das empresas em recuperação judicial.

Trata-se dos vetos aos dispositivos do PL 4.458/20 que previam a possibilidade de não aplicação da Trava de 30% sobre o ganho de capital na alienação de bens ou direitos pela empresa em recuperação judicial ou com falência decretada, bem como os dispositivos que permitiam a exclusão das receitas associadas à renegociação de dívidas da base de cálculo do PIS e COFINS.[7]

As razões presidenciais do veto aos dispositivos que tratavam da utilização dos saldos de prejuízos fiscais e base negativa da CSLL sem observância à Trava de 30%, para fins de compensação sobre os ganhos na alienação de ativos, são justificadas em uma suposta renúncia de receita sem uma avaliação dos correspondentes impactos orçamentários. Confira-se:

> (...) embora a boa intenção do legislador, a medida acarreta renúncia de receita, sem o cancelamento equivalente de outra despesa obrigatória e sem que esteja acompanhada de estimativa do seu impacto orçamentário e financeiro, o que viola o disposto no art. 113 da ADCT, e no art. 14 da Lei de Responsabilidade Fiscal.[8]

[6] Artigo 66 e seus parágrafos da Constituição Federal de 1988 ("CF/88").

[7] Especificamente: "caput" e incisos I e II do parágrafo único do artigo 6º-B da Lei nº 11.101/05, com a redação dada pelo artigo 2º do PL 4.458/20; inciso II do "caput" e incisos I e II do parágrafo único do artigo 50-A da Lei nº 11.101/05, com a redação dada pelo artigo 2º do PL 4.458/20.

[8] Estudo do Veto nº 57/2020, disponível em: https://legis.senado.leg.br/sdleg-getter/documento?dm=8920093&ts=1617799290602&disposition=inline

Não obstante, ainda que se reconheça que há razões de natureza orçamentária e financeira que devem ser cuidadosamente ponderadas por parte do Poder Executivo, em atendimento à própria Lei de Responsabilidade Fiscal, a possibilidade de utilização de saldos de prejuízos fiscais e base negativa da CSLL sem observância à Trava de 30%, nas situações específicas a que refere o PL 4.458/20, não necessariamente configurariam renúncia fiscal.

Isso porque os saldos de prejuízos fiscais e base negativa da CSLL decorrem da própria Demonstração do Lucro Real, que parte do lucro líquido contábil do período, já considerando as adições, exclusões e compensações previstas em lei. Assim sendo, aludidos valores são reconhecidos para fins contábeis e fiscais por meio do registro no Livro de Apuração do Lucro Real ("Lalur"), cuja natureza se aproxima a de um crédito fiscal, sobretudo considerando que a sua utilização independe de qualquer validação por parte do Fisco.

Nesse sentido, não haveria de se falar em renúncia fiscal de valores que já são reconhecidos pelas pessoas jurídicas, tratando-se apenas de uma questão temporal em relação ao seu uso para fins fiscais. Vale dizer, não há renúncia por parte do Fisco de qualquer tributo em decorrência da compensação de saldos de prejuízos fiscais e base negativa da CSLL, em atenção à própria definição de renúncia prevista na Lei de Responsabilidade Fiscal.[9] Não resta dúvida que o saldo de prejuízos fiscais e base negativa da CSLL pode ser uma ferramenta importante no auxílio às empresas em crise econômico-financeira.

Com justificativa similar à empregada no veto aos dispositivos que tratam sobre o afastamento da Trava de 30%, houve também veto presidencial em relação ao artigo que prevê a possibilidade da receita obtida pela empresa em processo de recuperação judicial, especificamente relacionada à renegociação de passivos, não ser computada na apuração da base de cálculo do PIS e da COFINS.[10]

[9] "Art. 14 (...) § 1º A renúncia compreende anistia, remissão, subsídio, crédito presumido, concessão de isenção em caráter não geral, alteração de alíquota ou modificação de base de cálculo que implique redução discriminada de tributos ou contribuições, e outros benefícios que correspondam a tratamento diferenciado."

[10] Especificamente, inciso I do "caput" do artigo 50-A da Lei nº 11.101/05, com a redação dada pelo artigo 2º do PL 4.458/20.

Referido veto apresentou justificativa semelhante aos vetos associados à liberação da Trava de 30%, por também ter sido fundamentado na ausência de previsão orçamentária e financeira, com igual leitura sobre uma potencial renúncia de receita sem contrapartida ao cancelamento de uma despesa obrigatória equivalente.

Observa-se, entretanto, que tanto no contexto da recuperação empresarial, em que se objetiva restabelecer as condições econômico-financeiras para viabilizar o pagamento de todos os débitos sem prejudicar a continuidade da atividade empresarial, como no procedimento falimentar, em que se busca essencialmente o pagamento dos seus credores, o objetivo central e comum é o adimplemento das dívidas existentes.

Considerando a conjuntura econômica própria das empresas em processo de recuperação judicial ou falimentar, em que há existência de passivos em volumes expressivos, com igual necessidade de caixa, a exclusão das receitas decorrentes da renegociação de dívidas da base de cálculo do PIS e da COFINS assume relevância na construção de um ambiente de maior estímulo à regeneração econômica.

A despeito de potenciais discussões que possam ser levantadas acerca da fundamentação dos vetos presidenciais a determinados artigos do PL 4.458/20, coube ao Congresso Nacional a tarefa de rever os vetos apresentados pelo Presidente da República e erguer a bandeira de mudança.

Assim, em 17 de março de 2013, o Congresso Nacional decidiu pela manutenção de apenas dois vetos presidenciais, restabelecendo doze dispositivos do PL 4.458/20, os quais passaram a integrar definitivamente a Lei nº 11.101/05. A manutenção de quase a integralidade do texto originário do PL 4.458/20 pelo Congresso Nacional reflete um amadurecimento das relações parlamentares na promoção da transparência, segurança jurídica e razoabilidade.

Em matéria tributária, a Nova Lei de Falências, como fruto da conversão de quase a totalidade do texto original do PL 4.458/20, oferece um ambiente de maior equilíbrio na relação entre credores e devedores, permitindo a adoção de mecanismos que prezam pela continuidade da atividade empresarial e pela saúde econômica das empresas. Naturalmente, a nova legislação não despreza o apetite arrecadatório do Fisco, mas combina o anseio de tributação com importantes ferramentas de alívio financeiro aos contribuintes em questões fiscais.

Conclusões

Em uma época marcada por incontáveis adversidades sociais, sanitárias e econômicas em decorrência da pandemia da Covid-19, a Nova Lei de Falências propõe às empresas em situação de fragilidade econômico-financeira procedimentos mais céleres e flexíveis nos processos de falência e recuperação judicial e, portanto, tão necessários para se evitar o aprofundamento da crise.

Embora as discussões sobre o PL 4.458/20 tenham sido marcadas por incertezas, diante das reivindicações de um lado, das empresas, e de outro, do Fisco, fato é que os poucos vetos mantidos pelo Congresso Nacional, em relação ao texto original, não se dirigem às questões fiscais, havendo significativas alterações do tratamento tributário até então previsto na Lei de Falências.

Entre os principais benefícios trazidos pela Nova Lei Falências está a possibilidade de exclusão das receitas obtidas com a renegociação de dívidas das bases de cálculo do PIS e COFINS, e a retirada da Trava de 30% para compensação de saldos de prejuízos fiscais e base negativa da CSLL para os ganhos reconhecidos em tais transações ou auferidos com a alienação de bens e direitos. Com a nova legislação, é esperado que as empresas em recuperação judicial sejam estimuladas a realizar acordos com credores e, sobretudo, consigam conferir melhor destinação aos seus recursos – que não seja o pagamento de tributos.

Outra inovação relevante introduzida pelo PL 4.458/20 decorre da inclusão de mecanismos para promover a regularização fiscal no contexto da recuperação judicial, seja pelo alongamento do prazo dos parcelamentos e a possibilidade de utilização de prejuízos fiscais para pagamento de até 30% dos passivos, como pela estipulação de melhores condições para a transação fiscal entre empresas em recuperação judicial e a PGFN.

Embora algumas questões não tenham sido expressamente contempladas pelo PL 4.458/20, cabe reconhecer que a possibilidade de redução dos passivos detidos pelas empresas em recuperação judicial utilizando os próprios saldos de prejuízo fiscal e base negativa da CSLL é ferramenta efetiva para o soerguimento de tais sociedades, dado que não sobrecarrega a capacidade contributiva daqueles que estão em situação econômico-financeira comprometida, mas atende aos anseios de arrecadação.

A Nova Lei de Falências é um avanço institucional na promoção de um ambiente econômico mais coerente e equilibrado, que reflete um ponderado balanceamento de interesse entre as partes envolvidas no processo de recuperação judicial e de falências. Com o novo texto, espera-se que as modificações da Lei de Falências sirvam de bom exemplo na condução de outros necessários debates na esfera fiscal, como os efeitos de descontos implícitos e/ou da renegociação de passivos por meio da emissão de instrumentos patrimoniais, que ainda demandam um aprimoramento legislativo.

2. Transação Tributária e Parcelamento no Âmbito da Recuperação Judicial

Gabriela Silva de Lemos
Nathalia Gomes de Oliveira

1. O conceito de transação enquanto meio de resolução de litígios por autocomposição e sua aplicação no Direito Tributário

1.1. O instituto dentro da lei tributária

No Ordenamento Jurídico nacional, a transação é instituto jurídico radicado no Direito Privado. A previsão de tal instituto remonta ao Código Civil, que, desde a edição de 1916, conceitua a transação como meio lícito de prevenção ou terminação de litígio pelos interessados, mediante concessões mútuas.

Trata-se, pois, de meio posto à disposição dos interessados para que, sem a intervenção de um terceiro membro, ponham termo ou previnam litígio iminente, mediante alinhamento de condições que importem em renúncias mútuas.

Por isso, situa-se no âmbito dos meios de resolução autocompositivos, que têm seu eixo principiológico na pacificação social, com o objetivo claro de mitigar o antagonismo entre os interessados, para que consigam resolver seus dissensos de maneira autônoma, por meio do diálogo.

É dizer: como aponta Schoueri,[1] "na transação não há ganhador ou perdedor. Há um acordo, que se deu por extinções mútuas".

Apesar de suas raízes no Direito Privado, sempre instigou forte debate o inciso III do artigo 156 do Código Tributário Nacional ("CTN"), que

[1] SCHOUERI, Luís Eduardo. *Direito Tributário*. 7. ed. São Paulo: Saraiva, 2017. p. 684.

elenca a "transação" como um meio de extinção do crédito tributário, bem como o artigo 171 do CTN, cuja redação muito se assemelha à previsão do Código Civil:

> Art. 171. A lei pode facultar, nas condições que estabeleça, aos sujeitos ativo e passivo da obrigação tributária celebrar transação que, mediante concessões mútuas, importe em determinação de litígio e conseqüente extinção de crédito tributário.

A previsão do CTN também prevê as vigas-mestras do instituto, firmadas pela Lei Civil: concessões mútuas e resolução do objeto litigioso (o crédito tributário).

Entretanto, o artigo do Código Civil, que serviu de base para a previsão do CTN, é seguido por outro dispositivo que, a princípio, poderia impossibilitar a aplicação desse instituto ao Direito Tributário.

É que o artigo 841 do atual Código Civil prevê que "Só quanto a direitos patrimoniais de caráter privado se permite a transação.", renovando a idêntica previsão do artigo 1.035 do Código Civil pretérito.

Embora a premissa da existência da transação no CTN foi abrir justamente exceção a essa regra, no sentido de admitir a transação na esfera do Direito Público, fato é que essa previsão, isoladamente, não foi suficiente para permitir a incorporação da transação na cultura do contencioso tributário brasileiro.

Tal se deve ao atributo da indisponibilidade do crédito tributário. O CTN conceitua o crédito tributário, em seu artigo 3º, como a prestação "cobrada mediante atividade administrativa plenamente vinculada.". O parágrafo único do artigo 142 do Código, em linha com essa definição, prevê que a atividade administrativa de lançamento é vinculada e obrigatória.

Isso quer dizer que a autoridade administrativa, no exercício de suas funções, não dispõe de qualquer margem de discricionariedade na constituição do crédito tributário. Verificado o fato imponível, não há espaço para que a administração pública abdique do lançamento fiscal.

Com base em tais premissas, construiu-se, ao longo dos anos, verdadeiro tabu quanto ao emprego de meios alternativos de resolução de conflitos tributários, não apenas no que tange à transação, mas também à mediação, conciliação, arbitragem etc.

E, tomando-se o exemplo do contencioso tributário federal, dada a homogeneidade de sua normatização para todo a Federação brasileira, não espanta o fato de a criação da lei prevista pelo artigo 171 do CTN, regulamentando o instituto, qual seja a Lei nº 13.988/2020, se deu após mais de 50 anos da vigência do CTN.

Todavia, é de capital importância para a saúde do contencioso tributário do país a desmistificação de meios alternativos para resolução de litígios, dado o atual cenário da macrolitigância tributária nacional.

1.2. Indisponibilidade do crédito tributário: necessidade de enfrentamento do dogma

No âmbito da Doutrina, muito se discutiu e ainda se discute atualmente a respeito das limitações à negociabilidade do crédito tributário.

No entanto, a demarcação que deve ser feita é ter a clareza de quais aspectos do crédito tributário são intransigíveis, e quais aspectos não estão abarcados por essa indisponibilidade por força das próprias previsões do CTN

Essa delimitação foi feita com acuidade por doutrinadores nacionais, tal como Heleno Taveira Torres,[2] que apontam que a indisponibilidade do crédito diz respeito à competência tributária do Ente Público. É dizer: a competência tributária e seu consectário prático, isto é, o ato do lançamento fiscal são indisponíveis.

No entanto, não há qualquer impedimento no Ordenamento Jurídico quanto às tratativas inter-partes a respeito da "negociabilidade" do crédito tributário já constituído.

Pelo contrário.

O próprio CTN nomeia diversas hipóteses que pressupõem a abdicação, pelo Ente Público, da parte ou do todo da integralidade do crédito tributário: a anistia, a remissão e o parcelamento são evidências eloquentes desse aspecto.

Daí decorre que a positivação da transação como meio de extinção do crédito tributário por meio de concessões mútuas não se tratou de utopia

[2] TORRES, Heleno Taveira. *Conciliação, Transação e Arbitragem em Matéria Tributária*. *In*: BOSSA, Gisele Barra; *et al.* (coord.). *Medidas de Redução do Contencioso Tributário e o CPC/2015*: Contributos práticos para ressignificar o processo administrativo e judicial tributário. São Paulo: Almedina, 2017.

do legislador, que terminou por criar norma ociosa no Ordenamento Jurídico.

Fazer com que instrumentos como tais se incorporem à cultura das controvérsias entre Fisco-Contribuinte e deixem de ser tidos como utopias é urgente não só para a recuperação da saúde do contencioso tributário nacional, como também para a necessária mudança de cultura existente entre o Estado e o Contribuinte.

A resistência à utilização dos meios de autocomposição no Direito Tributário decorre, em grande parte, da visão cultural de antagonismo que se solidificou entre Fisco e Contribuinte.

Por uma série de razões que não nos cumpre analisar no momento pois excedem o escopo desse artigo, no contexto econômico brasileiro o Contribuinte usualmente não confia no Fisco, e seu sentimento é recíproco.

Por isso a dificuldade da implantação dos meios de autocomposição das controvérsias: a autocomposição, enquanto instituto regido pelo eixo moral da pacificação social, tende a encontrar solo infértil em relações com baixo grau de confiança recíproca entre as partes.

No entanto, cumpre-nos realçar as inovações legislativas com a finalidade de superar, ainda que de maneira tímida, esse tabu. É o caso da Lei nº 13.988/2020, que instituiu a transação tributária no âmbito da União (Fazenda Nacional).

O objetivo desse artigo, em compasso com o escopo desse livro, é analisar as medidas instituídas pela nova legislação especialmente no que toca aos contribuintes em Recuperação Judicial, para quem a aproximação amigável com o credor é especialmente cara em um contexto transitório de hipossuficiência e dificuldade financeira.

2. Retrospectiva da regulamentação da transação tributária no âmbito da Recuperação Judicial: o caminho percorrido até a Lei nº 13.988/2020

2.1. Retrospectiva até a promulgação da Lei

Desde sua promulgação, o CTN tratou da hipótese da Recuperação Judicial em dispositivos pontuais e que, se analisados sistematicamente, parecem não dialogar.

É que a cobrança judicial do crédito tributário, por força do artigo 187 do CTN, não se submete ao concurso de credores no âmbito da Recuperação Judicial e da Falência. E, seguindo esse norte, os artigos 29 da Lei nº 6.830/80 ("Lei de Execuções Fiscais") e art. 6º, §7º da Lei nº 11.101/05 ("Lei de Recuperação Judicial e Falências") assentam que o deferimento da Recuperação Judicial não suspende as Execuções Fiscais.

Ou seja: o crédito tributário inscrito em dívida ativa, enquanto exação de interesse público, foi colocado fora do âmbito da Recuperação Judicial por meio desses dispositivos.

A exclusão do crédito tributário da Recuperação Judicial poderia levar a uma primeira conclusão, instintiva, de que as dívidas tributárias do contribuinte em Recuperação Judicial não influem, de modo geral, na Recuperação Judicial.

Todavia, essa não é a realidade. É que a dicção do artigo 187 do CTN convive com a disposição entabulada pelo artigo 191-A do mesmo Código, que condiciona a concessão da recuperação judicial à apresentação da prova da regularidade fiscal do Contribuinte para com o Fisco. Tal prova, sabe-se, é feita mediante a apresentação da Certidão de Regularidade Fiscal, na forma dos arts. 205 e 206 do CTN.

Mas como exigir, de um lado, a regularidade fiscal do contribuinte que precisa de apoio para se reerguer como condição para a Recuperação Judicial, e de outro colocar o crédito tributário fora do âmbito da Recuperação Judicial e assegurar a continuidade do processo executivo de que é credor a Fazenda Pública?

A tímida iniciativa do CTN para resolver o dilema foi estampada no §3º do artigo 155-A, que incumbiu o legislador ordinário de instituir lei disciplinando parcelamento específico para os contribuintes em recuperação judicial, dada as peculiaridades de sua situação financeira.

As previsões do CTN deixavam o Contribuinte e o Fisco com pelo menos duas dificuldades de ordem prática: (i) a coexistência da exigência da regularidade fiscal como condição para deferimento da Recuperação Judicial e a inércia do legislador para criar a norma voltada à recuperação fiscal do contribuinte; e (ii) a aparente dissociação da realidade contida nos dispositivos legais que asseguram a fluência das execuções fiscais para o contribuinte em reconhecida situação de fragilidade financeira.

Coube, então, à jurisprudência, enquanto fonte do Direito, azeitar essas problemáticas ao longo dos anos.

Quanto à primeira questão, o Superior Tribunal de Justiça, atentando-se para a inexistência de norma que instituísse parcelamento específico para as empresas em Recuperação Judicial, orientou seu entendimento no sentido de que a exigência de certidão de regularidade fiscal, enquanto não viabilizado o parcelamento, causa suspensiva da exigibilidade do crédito tributário, fere o objetivo da Recuperação Judicial, que é viabilizar a superação da crise econômico-financeira pelo recuperando.

Veja-se, nesse sentido, julgado da Corte Especial do STJ:

> DIREITO EMPRESARIAL E TRIBUTÁRIO. RECURSO ESPECIAL. RECUPERAÇÃO JUDICIAL. EXIGÊNCIA DE QUE A EMPRESA RECUPERANDA COMPROVE SUA REGULARIDADE TRIBUTÁRIA. ART. 57 DA LEI N. 11.101/2005 (LRF) E ART. 191-A DO CÓDIGO TRIBUTÁRIO NACIONAL (CTN). INOPERÂNCIA DOS MENCIONADOS DISPOSITIVOS. INEXISTÊNCIA DE LEI ESPECÍFICA A DISCIPLINAR O PARCELAMENTO DA DÍVIDA FISCAL E PREVIDENCIÁRIA DE EMPRESAS EM RECUPERAÇÃO JUDICIAL.
>
> 1. O art. 47 serve como um norte a guiar a operacionalidade da recuperação judicial, sempre com vistas ao desígnio do instituto, que é "viabilizar a superação da situação de crise econômico-financeira do devedor, a fim de permitir a manutenção da fonte produtora, do emprego dos trabalhadores e dos interesses dos credores, promovendo, assim, a preservação da empresa, sua função social e o estímulo à atividade econômica".
>
> 2. O art. 57 da Lei n. 11.101/2005 e o art. 191-A do CTN devem ser interpretados à luz das novas diretrizes traçadas pelo legislador para as dívidas tributárias, com vistas, notadamente, à previsão legal de parcelamento do crédito tributário em benefício da empresa em recuperação, que é causa de suspensão da exigibilidade do tributo, nos termos do art. 151, inciso VI, do CTN.
>
> 3. O parcelamento tributário é direito da empresa em recuperação judicial que conduz a situação de regularidade fiscal, de modo que eventual descumprimento do que dispõe o art. 57 da LRF só pode ser atribuído, ao menos imediatamente e por ora, à ausência de legislação específica que discipline o parcelamento em sede de recuperação judicial, não constituindo ônus do contribuinte, enquanto se fizer inerte o legislador, a apresentação de certidões de regularidade fiscal para que lhe seja concedida a recuperação.
>
> 4. Recurso especial não provido.[3]

[3] Recurso Especial nº 1.187.404 – MT – Rel. Min. Luís Felipe Salomão – Corte Especial – j. em 19 de junho de 2013

Outra manifestação eloquente da jurisprudência do Tribunal nesse sentido foi o Enunciado nº 55 da I Jornada de Direito Comercial CJF/STJ, segundo o qual:

> O parcelamento do crédito tributário na recuperação judicial é um direito do contribuinte, e não uma faculdade da Fazenda Pública, e, enquanto não for editada lei específica, não é cabível a aplicação do disposto no art. 57 da Lei n. 11.101/2005 e no art.191-A do CTN.

Quanto à segunda questão, o STJ, entre idas e vindas, começou a caminhar para a pacificação da jurisprudência sobre o assunto com o Enunciado nº 7, trazido pela 37ª Edição do "Jurisprudência em Tese", assentando que "O deferimento da recuperação judicial não suspende a execução fiscal, mas os atos que importem em constrição ou alienação do patrimônio da recuperanda devem se submeter ao juízo universal".

Ou seja: por meio de tal entendimento, o STJ não excedeu sua função de órgão judicante para passar a figurar como legislador positivo, deixando incólume a aplicabilidade dos artigos 187 do CTN, 29 da Lei de Execuções Fiscais e 6º, §7 da Lei de Recuperação Judicial.

No entanto, olhando para o aspecto mais delicado da Execução Fiscal, que é a expropriação dos bens do devedor, deixou tal incumbência a cargo do juízo universal da Recuperação Judicial, a quem compete o dever-funcional de analisar, de maneira holística, a situação financeira da recuperanda.

Além do Enunciado, a Corte caminha para dar um posicionamento definitivo sobre a matéria por meio da afetação dos Recursos Especiais nºs 2017/0226711-8, 2017/0158996-9 e 2017/0226694-2 à sistemática de julgamento dos Recursos Repetitivos, mantida ao menos até o momento.

Diz-se "até o momento" porque a Lei nº 14.112/2020, conhecida como "nova Lei de Recuperação Judicial", alterou a redação original do § 7º da Lei nº 11.101/2005 para incluir o § 7º-B que incorpora parcialmente o entendimento do STJ, mantendo o fluxo das Execuções Fiscais, porém admitindo "a competência do juízo da recuperação judicial para determinar a substituição dos atos de constrição que recaiam sobre bens de capital **essenciais à manutenção da atividade empresarial** até o encerramento da recuperação judicial" (grifou-se).

Com isso, foram prolatados despachos nos Recursos Especiais mencionados acima intimando as partes a se manifestarem sobre o interesse na prevalência da afetação à Repercussão Geral, diante da alteração da norma.

2.2. O que a Lei nº 13.988/2020 trouxe?

A Lei nº 13.988/2020 parece ter se preocupado com as duas problemáticas acima, caras aos contribuintes em recuperação judicial.

Com relação ao diálogo entre o credor Fazenda Pública e o Juízo da Recuperação Judicial, a Portaria PGFN nº 2.382/2020, aplicável exclusivamente aos instrumentos de negociação dos débitos inscritos em dívida ativa dos contribuintes em Recuperação Judicial, naturalmente não modifica ou supre a previsão legal de que o débito de que é credor a Fazenda Pública não se sujeita à Recuperação Judicial.

No entanto, ao listar, entre os deveres do Fisco, a obrigatoriedade de que a Fazenda Nacional dialogue com o juízo da Recuperação Judicial, mitiga – em parte, evidentemente – a distância entre a autoridade judicial responsável pelo processamento da Recuperação Judicial e a realidade fiscal do contribuinte:

> Art. 6º São obrigações da Procuradoria-Geral da Fazenda Nacional:
> (...)
> II – apresentar ao juízo da recuperação judicial o valor atualizado das dívidas inscritas, inclusive do FGTS, e os instrumentos de negociação disponíveis;
> III – colaborar com o juízo da recuperação judicial, com o representante do Ministério Público e com o administrador judicial, prestando informações que demonstrem a viabilidade ou inviabilidade do plano de recuperação, inclusive em relação aos créditos não sujeitos à recuperação judicial, especialmente no que se refere ao equacionamento do passivo fiscal e do FGTS e à perspectiva de adimplemento das obrigações tributárias e sociais correntes; (...)
> V – em caso de proposta de transação, encaminhar ao juízo da recuperação judicial cópia do processo administrativo de análise da proposta, ainda que esta tenha sido rejeitada; (...).

Os três deveres funcionais listados acima, embora simples, diminuem a incomunicabilidade do passivo tributário do contribuinte recuperando com o panorama global da Recuperação Judicial.

Com isso, o eixo ideológico da corrente da Doutrina e da Jurisprudência que endossa a incomunicabilidade do débito tributário com o plano de Recuperação Judicial por considerar que tal medida salvaguarda o Fisco, credor de débitos que financiam o interesse público e, portanto, prioritário em relação aos credores privados, perde sua força.

É que tal ideia se apoia em premissa equivocada. As dívidas tributárias, enquanto parte – normalmente significativa – do passivo do contribuinte em situação de crise financeira, compõem, por óbvio, a massa de débitos do contribuinte. E, naturalmente, quanto maior a massa, maior a distância do objetivo da Recuperação Judicial: a superação da crise pela recuperanda e a satisfação aos credores, nos quais se inclui a Fazenda Pública.

É dizer: quanto maior a dificuldade financeira atravessada pelo contribuinte, menor a perspectiva de recuperabilidade do crédito tributário. E essa descida à realidade parece ter sido um dos motes da Lei nº 13.988/2020. O § 5º do artigo 11 de tal diploma coloca o crédito tributário dos contribuintes em recuperação judicial na categoria de créditos "irrecuperáveis" ou "de difícil recuperação":

> Art. 11. A transação poderá contemplar os seguintes benefícios:
> (...)
> § 5º Incluem-se como créditos irrecuperáveis ou de difícil recuperação, para os fins do disposto no inciso I do *caput* deste artigo, aqueles devidos por empresas em processo de recuperação judicial, liquidação judicial, liquidação extrajudicial ou falência.

Já com relação à segunda problemática, referente à morosidade legislativa para criação da norma prevista no §3º do artigo 155-A do CTN, tem-se que a Lei nº 13.988/2020, ao prever a aplicabilidade da transação ao contribuinte em recuperação judicial, parece ter objetivado suprir a lacuna legislativa.

Nesse aspecto, além da promulgação da Lei nº 13.988/2020, a própria Lei nº 14.112/2020, ao acrescer os artigos 10-A, 10-B à Lei nº 10.522/2002, criou duas modalidades de parcelamento ordinário voltadas ao contribuinte em recuperação judicial. As consequências práticas desse aspecto serão objeto de comentário em momento oportuno desse artigo.

3. Os instrumentos de negociação trazidos pelas Leis nº 13.988/2020 e 14.112/2020 ao contribuinte em Recuperação Judicial

3.1. Lei nº 13.988/2020

Ao instituir a transação no âmbito da Receita Federal do Brasil, a Lei nº 13.988/2020 mirou três espécies de débitos de titularidade do Fisco Federal, tributários e não-tributários: (a) créditos tributários não judicializados; (b) dívida ativa e tributos da União, cujas inscrição, cobrança e representação incumbam à PGFN; e (c) dívida ativa cujas inscrição, cobrança e representação incumbam à Procuradoria-Geral Federal, bem como créditos cuja cobrança seja competência da Procuradoria-Geral da União.

No âmbito dos débitos tributários, somente a PGFN, por ora, se posicionou com mais expressividade e regulamentou o instituto da transação para os débitos de sua alçada, já inscritos em dívida ativa.

Para o específico caso dos contribuintes em Recuperação Judicial, foi editada a Portaria PGFN nº 2.382/2021, que, em conjunto com as Leis nº 13.988/2020 e 14.112/2020, disponibilizaram as seguintes modalidades de transação ao contribuinte recuperando:

(i) A transação por adesão, prevista no artigo 2º, I da Lei nº 13.988/2020;
(ii) A transação por proposta individual, prevista no artigo 10-C da Lei nº 10.522/2002; e
(iii) A transação do contencioso tributário de pequeno valor, prevista no artigo 23 da Lei nº 13.988/2020.

As *concessões* admitidas pela Lei nº 13.988/2020 em relação à Fazenda Nacional estão elencadas no artigo 11 do diploma legal:

> Art. 11. A transação poderá contemplar os seguintes benefícios:
>
> I – a concessão de descontos nas multas, nos juros de mora e nos encargos legais relativos a créditos a serem transacionados que sejam classificados como irrecuperáveis ou de difícil recuperação, conforme critérios estabelecidos pela autoridade fazendária, nos termos do inciso V do *caput* do art. 14 desta Lei;
>
> II – o oferecimento de prazos e formas de pagamento especiais, incluídos o diferimento e a moratória; e

III – o oferecimento, a substituição ou a alienação de garantias e de constrições.

Assim, o próprio texto legal já trouxe a previsão do que é admissível que a Fazenda Nacional abdique, no âmbito das concessões: (i) descontos em juros, multa e encargos legais; (ii) prazos e formas de pagamento diferenciados; e (iii) renegociação das garantias e constrições destinadas aos débitos tributários.

a) A transação por adesão

A transação por adesão atinge o contribuinte recuperando na medida em que é a modalidade mais generalista de transação trazida pela nova Lei. Por isso, sua regulamentação está prevista na Portaria PGFN nº 9.917/2020, que regulamenta de maneira ampla a transação no âmbito da dívida ativa da União.

Tal modalidade se dá por meio da aderência, pelo contribuinte, às condições previstas em Editais elaborados periodicamente pela Procuradoria Geral da Fazenda Nacional, que listará as propostas abrangidas pela oportunidade de transação a que se refere.

O artigo 27 da mencionada Portaria elenca as informações que o Edital em questão tratará de disponibilizar aos eventuais interessados:

> Art. 27. A proposta de transação por adesão será realizada mediante publicação de edital pela Procuradoria-Geral da Fazenda Nacional.
>
> § 1º O edital deverá conter:
>
> I – o prazo para adesão à proposta;
>
> II – os critérios para elegibilidade dos débitos inscritos em dívida ativa da União à transação por adesão;
>
> II – os critérios para elegibilidade dos débitos inscritos em dívida ativa da União e do FGTS à transação por adesão;
>
> III – os critérios impeditivos à transação por adesão, quando for o caso;
>
> IV – as modalidades de transação por adesão à proposta da Procuradoria-Geral da Fazenda Nacional, podendo estipular modalidades distintas para débitos relativos às contribuições sociais de que tratam a alínea "a" do inciso I e o inciso II do *caput* do art. 195 da Constituição Federal;
>
> V – os compromissos e obrigações adicionais a serem exigidos dos devedores;

VI – a descrição do procedimento para adesão à proposta formulada pela Procuradoria-Geral da Fazenda Nacional;

VII – a descrição dos procedimentos para apresentação de pedido de revisão em relação à capacidade de pagamento do sujeito passivo e às situações impeditivas à transação;

VIII – a relação de devedores com inscrições elegíveis à transação nas modalidades que especificar;

IX – as hipóteses de rescisão do acordo e a descrição do procedimento para apresentação de impugnação.

Nota-se, portanto, que o objetivo de tal modalidade é trazer um modelo de proposta de transação uniforme e generalista para os contribuintes tidos como elegíveis pelos Editais, sem possibilidade de alteração/personalização das normas pelo contribuinte aderente.

O próprio nome dado à modalidade já dá seu tom: o objetivo não é possibilitar o diálogo entre o Fisco e o Contribuinte, para que cheguem, por meio da autocomposição, à acordo quanto ao objeto litigioso. O contribuinte, na realidade, curva-se às condições impostas pelo Fisco, em um ambiente que soa muito menos tendente ao diálogo do que ao "pegar ou largar".

b) A transação por proposta individual

No artigo 10-C da Lei nº 10.522/2002, introduzido pela Lei nº 14.112/2020, habita a previsão da transação por proposta individual de iniciativa do procurador ou do contribuinte, voltada para as pessoas jurídicas em recuperação judicial.

A transação por proposta individual, disponibilizada de maneira generalista pelo inciso II do artigo 32 da Portaria PGFN nº 9.917/2020 aos contribuintes em recuperação judicial, é uma evidência da preocupação do Fisco Nacional em manter diálogo com o contribuinte em situação transitória de hipossuficiência financeira.

É que, nos termos do artigo 32 da Portaria PGFN nº 9.917/2020, excetuando-se os contribuintes em processo de falência ou recuperação judicial, a transação individualizada é restrita (i) aos devedores cujo valor consolidado dos débitos inscritos em dívida ativa da União seja superior a R$ 15.000.000,00; e (ii) aos Estados, Distrito Federal e Municípios e respectivas entidades de direito público da administração indireta.

A Portaria PGFN nº 9.917/2020 criou, em seu artigo 23, classificação decrescente dos créditos tributários por grau de recuperabilidade, aferido por meio da capacidade de pagamento do sujeito passivo:

> Art. 23. (...)
> I – créditos tipo A: créditos com alta perspectiva de recuperação;
> II – créditos tipo B: créditos com média perspectiva de recuperação;
> III – créditos tipo C: créditos considerados de difícil recuperação;
> IV – créditos tipo D: créditos considerados irrecuperáveis.

Quanto maior a dificuldade na recuperabilidade do débito, mais favoráveis tendem a ser as condições da transação. Ou seja: quanto mais combalido financeiramente o contribuinte, maior é o grau de concessão da Fazenda Nacional.

Por força do disposto na alínea "b" do inciso III do artigo 24 da aludida Portaria, os débitos de titularidade dos contribuintes em recuperação judicial são automaticamente classificados como "tipo D".

O limite das reduções concebíveis aos contribuintes nessas condições é de 70% e os prazos para quitação da proposta pode variar de 120 a 145 meses.

Como forma de reduzir a subjetividade na mensuração da capacidade de pagamento do contribuinte, que determinará o grau de reduções da dívida, o § 1º do artigo 21 da Portaria PGFN nº 2.382/2020 trouxe, em seus incisos, diversos critérios a serem observados pela autoridade administrativa na quantificação dessas reduções.

Dentre tais critérios, merecem destaque aqueles que contextualizam a magnitude do passivo tributário do contribuinte recuperando em relação à visão integral da Recuperação Judicial:

> Art. 21. (...)
> § 1º Para fins de mensuração do percentual de redução de que trata o inciso I do *caput* deste artigo, deverão ser observados, isolada ou cumulativamente, os seguintes parâmetros: (...)
> VIII – a **situação econômica e a capacidade de pagamento** do contribuinte em recuperação judicial;
> IX – a recuperabilidade dos créditos, inclusive **considerando o impacto na capacidade de geração de resultados decorrente da crise**

econômico-financeira que ensejou o pedido de recuperação judicial bem como o prognóstico em caso de eventual falência;

X – a **proporção entre o passivo fiscal e o restante das dívidas** do contribuinte em recuperação judicial;

XI – o **porte e a quantidade de vínculos empregatícios** mantidos pela pessoa jurídica. (grifou-se).

3.2. Lei nº 14.112/2020

Além do art. 10-C, a Lei nº 14.112/2020 acresceu à Lei nº 10.522/2002 também os artigos 10-A e 10-B com a finalidade de instituir outros meios de negociação dos débitos tributários da União Federal – constituídos ou não, importante realçar – para o contribuinte em recuperação judicial.

Tais artigos instituíram modalidades de *parcelamento* específicas para o contribuinte recuperando. Ao que tudo indica, tais dispositivos têm por objetivo cumprir a ordem dada ao legislador ordinário no §3º do artigo 155-A do CTN.

a) Art. 10-A da Lei nº 10.522/2002

A modalidade prevista no art. 10-A do diploma legal em questão traz proposta de parcelamento voltada para os débitos em geral com a Fazenda Nacional, mais morosa, que pode se estender por até 120 meses, seguindo o escalonamento abaixo:

(i) Da primeira à décima segunda prestação: 0,5% do valor total da dívida consolidada no programa;
(ii) Da décima terceira à vigésima quarta prestação: 0,6% do valor total da dívida consolidada no programa;
(iii) Da vigésima quinta prestação em diante: percentual correspondente ao saldo remanescente, em até 96 prestações mensais e sucessivas.

Em relação aos débitos administrados pela Receita Federal do Brasil, tal modalidade traz a possibilidade de amortização da dívida consolidada por meio da utilização de (i) créditos decorrentes de prejuízo fiscal e base de cálculo negativa – o que é conveniente para empresas em dificuldade financeira, que comumente acumulam saldo dessa espécie; e (ii) outros créditos próprios relativos aos tributos administrados pela Receita Federal do Brasil.

b) Art. 10-B da Lei nº 10.522/2002

A modalidade trazida pelo art. 10-B inova ao trazer a possibilidade específica de liquidação dos débitos de IOF e dos tributos retidos na fonte, por meio de proposta mais célere de parcelamento, que pode se estender por, no máximo, 24 meses:

(i) Da primeira à sexta prestação: 3% do valor total da dívida consolidada no programa;
(ii) Da sétima à décima segunda prestação: 6% do valor total da dívida consolidada no programa;
(iii) Da décima terceira prestação em diante: percentual correspondente ao saldo remanescente, em até 12 prestações mensais e sucessivas.

Ao contrário da modalidade do 10-A, essa proposta não admite a utilização de créditos fiscais do contribuinte recuperando, sejam os oriundos de prejuízo fiscal e base de cálculo negativa da CSLL, sejam os oriundos de outros tributos administrados pela Receita Federal do Brasil.

4. Desafios a serem enfrentados pelos contribuintes nas novas modalidades de negociação trazidas pela nova legislação

4.3. Inclusão compulsória de débitos no programa: a supressão da ampla defesa

Tanto as modalidades de transação quanto as de parcelamento trazidas pela nova legislação buscam, na verdade, a negociação não de determinados débitos de titularidade da Fazenda Nacional, mas sim de todo o passivo tributário do contribuinte recuperando.

A Portaria PGFN nº 2.382/2020, de seu lado, estabeleceu em seu artigo 10 que "os instrumentos de negociação de que trata esta Portaria deverão abranger todo o passivo fiscal do contribuinte em recuperação judicial (...)".

As únicas ressalvas admitidas são os débitos que sejam objeto de discussão judicial, com (i) garantia idônea e aceita pela Fazenda Nacional; ou (ii) decisão judicial vigente e eficaz que determine a suspensão da exigibilidade desses débitos.

De modo semelhante, a Lei nº 10.522/2002, no que tange aos parcelamentos em análise, estabelece que "a adesão ao parcelamento abrangerá a totalidade dos débitos exigíveis em nome do sujeito passivo", assegurando as mesmas exceções expressas pela Portaria PGFN nº 2.382/2020.

Ou seja: ambas as normas excetuam da negociação somente aqueles débitos que sejam objeto de discussões judiciais ou bem sucedidas, ainda que provisoriamente, ou guarnecidas por cauções aceitas pela Fazenda Nacional. Para os demais débitos, a inclusão é compulsória.

Entretanto, tal disposição orna com a realidade dos contribuintes em recuperação judicial e com a garantia constitucional ao contraditório e ampla defesa? Vejamos.

Tomando-se o exemplo dos débitos inscritos em Dívida Ativa da União Federal. O Relatório PGFN/DGDAU/CGD nº 593/2016, elaborado pelo próprio Fisco Federal, aponta que, à época de sua elaboração (junho/2016), havia 2.883.991 Execuções Fiscais ajuizadas pela PGFN para cobrança de créditos tributários não-previdenciários em trâmite perante o Poder Judiciário.

Desse total, 36% eram de execuções com valor consolidado até R$ 20.000,00; 60% eram feitos com valor consolidado entre R$ 20.000,00 e R$ 1.000.000,00; e apenas 4% eram execuções com valor consolidado acima de R$ 1.000.000,00.

Além disso, tal Relatório trouxe estudo elaborado pelo Instituto de Pesquisa Econômica Aplicada ("IPEA"), intitulado "Custo unitário do processo de execução fiscal na Justiça Federal", aponta que, de toda a amostra dessas Execuções Fiscais, há apresentação de Exceção de Pré-Executividade em apenas 3,8% dos casos, e oposição de embargos de devedor em apenas 6,5%.

Ou seja: o número de Execuções Fiscais sem apresentação de defesa e/ou sem garantia é descomunalmente maior do que a quantidade de casos que não comunga dessa realidade.

Note-se, igualmente, que 96% das Execuções Fiscais são de menor expressividade econômica, para cobrança de débitos de até 1 milhão.

A proporcionalização do crédito tributário no Sistema Brasileiro, sabe-se, é pautada pelo princípio da capacidade contributiva. A capacidade contributiva refere-se ao conteúdo econômico do fato gerador, apreensível pela manifestação de riqueza que deflagra o fato imponível, seja sob a forma de renda, patrimônio ou consumo.

Desse modo, é até intuitivo concluir que o contribuinte em situação de relevante crise financeira, obviamente, manifestará capacidade contributiva mais modesta e, assim, dará origem a fatos geradores de menor conteúdo econômico.

Portanto, a grande massa dos contribuintes em Recuperação Judicial – e tal premissa não é absoluta, pois sabidamente comporta suas exceções – tem maior probabilidade de se situar nos 96% das Execuções Fiscais de menor monta.

Tal premissa, aliada aos fatos de que (i) a contratação/disponibilização de garantias é medida onerosa, com a qual o contribuinte em dificuldades nem sempre tem condições de arcar; e (ii) naturalmente, nem toda discussão judicial é agraciada com a suspensão da exigibilidade do débito, tem-se que a grande massa do passivo tributário da recuperanda estará automaticamente englobada pelos programas de transação e parcelamento da nova legislação.

É dizer: com a obrigatoriedade de inclusão de todos os débitos nessas condições, haverá o sufocamento da garantia constitucional ao contraditório e à ampla defesa para a maior parte dos débitos do contribuinte em recuperação judicial.

E a falta de paralelismo nas concessões do Fisco e do Contribuinte é evidente: nos termos do art. 11 da Lei nº 13.988/2020, o Fisco pode abdicar da quantificação da multa, dos juros e dos encargos legais do crédito tributário; do prazo e da forma de pagamentos convencionais; e das garantias oferecidas aos débitos. O Contribuinte, por seu lado, abdica do quê?

De sua garantia constitucional e, eventualmente, de sua ideologia, prerrogativa que o Fisco, de sua parte, não negocia, nem abre mão.

4.4. Presunção da boa-fé *versus* ampla obrigatoriedade de apresentação de informações da pessoa jurídica;

Logo no artigo 2º da Portaria PGFN nº 2.382/2020, há a listagem dos eixos principiológicos que devem reger a transação direcionada para os contribuintes em Recuperação Judicial. Dentre eles, merece destaque o previsto no inciso I, que assegura a presunção de boa-fé do contribuinte.

Não bastasse, no artigo 6º da Portaria, que elenca os devedores da Procuradoria da Fazenda Nacional, encontra-se no inciso IV a obrigatoriedade de presunção da boa-fé quanto "às declarações prestadas no momento da formalização dos instrumentos de negociação".

Em verdade, tal previsão deveria, no contexto ideal, ser despicienda, pois a parêmia milenar que rege o Direito reza que "a boa-fé se presume e a má-fé se prova".

Linhas acima mencionou-se que a dificuldade na adoção dos meios de autocomposição no Direito Tributário vem de dificuldades culturais da relação entre Fisco e Contribuinte, que, regra geral, não agem com a confiança mútua que é, na verdade, o principal ingrediente da presunção de boa-fé.

Pois bem. Acontece que, da leitura da nova legislação em análise, observa-se determinados deveres a serem observados pelo contribuinte que põem em xeque a prometida presunção de boa-fé.

No âmbito da própria Portaria PGFN nº 2.382/2020, logo no art. 5º, há a lista de deveres a serem observados pelos contribuintes. A primeira delas é:

> (...) Fornecer, sempre que solicitado, informações sobre bens, direitos, valores, transações, operações e demais atos que permitam à Procuradoria-Geral da Fazenda Nacional conhecer sua situação econômica ou eventuais fatos que comprometam os instrumentos de negociação.

A amplitude da redação do artigo em questão preocupa. Não há a delimitação da natureza das informações a serem solicitadas: são os documentos contábeis e fiscais a que o Fisco naturalmente tem acesso durante seu exercício fiscalizatório? Não há garantia de que a liberdade de requisição do Fisco pare por aí.

A qual documentação o artigo se refere quando menciona "valores", "transações", "operações" e, principalmente, "demais atos"? A norma deixa ao gosto do intérprete.

Mas o dispositivo legal que prevê a transação individual para o contribuinte em Recuperação Judicial vai além. No artigo 10-C, V, alínea "a" da Lei nº 10.522/2002, estatui-se como "compromisso adicional" do contribuinte:

> (...) Fornecer à Procuradoria-Geral da Fazenda Nacional informações bancárias e empresariais, incluídas aquelas sobre extratos de fundos ou aplicações financeiras e sobre eventual comprometimento de recebíveis e demais ativos futuros.

A norma em questão causa espanto, pois exige que o contribuinte entregue ao Fisco informações que, *a priori*, estão protegidas por sigilo bancário.

Entretanto, tal dispositivo choca-se com a regulamentação do sigilo bancário perante o Fisco, havida em sede de Lei Complementar.

O artigo 6º da Lei Complementar nº 105/2001, que já incitou grandes debates no STF, assinala que:

> Art. 6º. **As autoridades e os agentes fiscais tributários da União**, dos Estados, do Distrito Federal e dos Municípios **somente poderão examinar documentos, livros e registros de instituições financeiras, inclusive os referentes a contas de depósitos e aplicações financeiras, quando houver processo administrativo instaurado ou procedimento fiscal em curso e tais exames sejam considerados indispensáveis** pela autoridade administrativa competente.

Evidente que a menção a "processo administrativo" pelo dispositivo legal é ampla e dá azo para que se considere qualquer feito administrativo como o instrumento hábil para permitir a quebra do sigilo bancário.

Todavia, naturalmente a *mens legis* do dispositivo se refere a processos de caráter **inquisitório**, nos quais o Fisco perscruta informações do contribuinte a fim de verificar eventuais infrações à lei tributária.

O acordo de transação entre a PGFN e o Contribuinte se dá por meio de formulário na Plataforma Regularize. Há margem para que se considere isso um Processo Administrativo? Há. Porém, esse potencial processo administrativo que visa, essencialmente, à autocomposição, gênero voltado para a pacificação social, amolda-se ao processo **inquisitório** mirado pelo Legislador Complementar que autoriza a relativização do Sigilo Bancário? Isso orna com a presunção de boa-fé prometida pela norma? Nos parece que não.

4.5. O nível de troca tolerado pelo Fisco Federal em sua transação: onde há diálogo e onde há monólogo

Viu-se ao longo desse artigo que a transação é forma de composição do conflito mediante concessões mútuas, feita com a finalidade de por termo ao objeto litigioso.

Porém, da leitura das disposições da legislação tendo em mente a premissa de que a transação pressupõe diálogo para que seja concretizada a autocomposição, nota-se que o diálogo personalizado entre as partes é tratado como exceção, não como regra.

Felizmente, no nicho dos contribuintes em Falência e Recuperação Judicial, a transição por proposta individual, que parece ser a modalidade em que há maior abertura para o diálogo, é tratada como regra.

Fora desse nicho, contudo, o artigo 32, I da Portaria PGFN nº 9.917/2020 prevê que, em se tratando da situação generalista dos demais contribuintes, somente aqueles com somatória de débitos da União Federal inscritos em dívida ativa superior a R$ 15.000.000,00 podem optar pela transação individual.

Evidências de que a modalidade da proposta individual é o meio mais propenso ao diálogo é que, a uma, no caso da transação individual, a norma prevê a possibilidade de que a parte contrária apresente contraproposta. A duas, o art. 39 da Portaria PGFN nº 9.917/2020 também permite a realização de reuniões entre os Procuradores Fazendários e os representantes da Pessoa Jurídica.

Nota-se, pois, que tais garantias criam ambiente mais propenso ao diálogo entre as partes, em compasso com os princípios da autocomposição.

Excluídas as modalidades de transação individual (por parte do Procurador Fazendário e por parte do Contribuinte), resta a modalidade de transação por adesão que, conforme exposto acima, tende ao "pegar ou largar", dada a rigidez das regras impessoais trazidas pelos Editais.

Além disso, retome-se o fato de que o objeto a ser transacionado perante a PGFN não é o crédito tributário individualizado, mas sim todo o passivo elegível do contribuinte.

A transação, entretanto, é uma via de autocomposição para terminação do litígio em torno de um objeto que incita controvérsia entre as partes. Todo litígio pressupõe controvérsia. Nesse sentido, qual é o objeto litigioso eleito pela Fazenda Nacional na Portaria PGFN nº 2.382/2020? Todo o passivo do contribuinte.

Nesse sentido, chama a atenção o fato de que o objeto a ser transacionado não é o crédito tributário individualizado, que pode ter sua legalidade posta em xeque mediante o exercício da defesa pelo contribuinte. É todo o passivo tributário do contribuinte em Recuperação.

A semelhança com programas de parcelamento pretéritos, como o PAES (REFIS II), instituído pela Lei nº 10.684/2003, é retumbante, o que indica uma evidência de que a transação proposta pela PGFN, se colocada em um espectro, tende muito menos a uma *transação* do que a um *parcelamento*. E parcelamento, sabe-se, é negócio jurídico concedido "na forma e condição estabelecidas em lei específica", ou seja, mediante aceite das condições propostas exclusivamente pela Fazenda Pública, sem espaço para as ponderações do contribuinte.

4.6. O risco que supera o benefício: como uma via de autocomposição vira um ambiente inóspito para o contribuinte vulnerável

Desde a publicação da nova legislação, muito se tem discutido sobre os riscos atrelados aos novos programas de negociação, uma vez que, se consumados, podem ser fatais para a saúde já combalida da empresa em Recuperação Judicial.

O principal risco envolvido nos novos programas é a rescisão, por parte da Fazenda Nacional, dos acordos de transação e parcelamento.

É que, tanto para os parcelamentos quanto para as transações permitidas pela Lei, há previsão de hipóteses de rescisão que induzem a grande grau de subjetividade, dando ao Fisco excessiva discricionariedade para considerar consumada a hipótese legal.

Veja-se, respectivamente, as previsões da Lei nº 13.988/2020 e da Lei nº 10.522/2002:

> Art. 4º. Implica a rescisão da transação: (...)
> II – a constatação, pelo credor, de ato tendente ao esvaziamento patrimonial do devedor como forma de fraudar o cumprimento da transação, ainda que realizado anteriormente à sua celebração; (...).

> Art. 10-A. (...)
> § 4º Implicará a exclusão do sujeito passivo do parcelamento: (...)
> III – a constatação, pela Secretaria Especial da Receita Federal do Brasil ou pela Procuradoria-Geral da Fazenda Nacional, de qualquer ato tendente ao esvaziamento patrimonial do sujeito passivo como forma de fraudar o cumprimento do parcelamento, observado, no que couber, o disposto no inciso II do § 2º-A deste artigo;

O que é, na visão do Fisco, um "ato tendente ao esvaziamento patrimonial"? E qual é a amplitude do pronome indefinido "qualquer"?

O grau de amplitude da redação e a subjetividade que permite ao intérprete lembra, automaticamente, os problemas que rondam a norma geral antielisiva contida no parágrafo único do artigo 116 do CTN, nunca regulamentada e utilizada pela Fazenda Nacional para fundamentar a abusividade de qualquer planejamento tributário que o contribuinte consume.

A consequência imediata da rescisão da transação do parcelamento é a automática retomada da exigibilidade dos débitos, inclusive aqueles para os quais a legislação exigiu a confissão pelo contribuinte, em sua integralidade e com o afastamento dos benefícios concedidos pela legislação.

Ou seja: o passivo negociado que deveria ser ajustado e amenizado para alcançar o objetivo de promover a regularidade fiscal do recuperando e auxiliar na sua recuperação financeira pode virar um verdadeiro monstro, conforme a subjetividade da autoridade fiscal.

Porém, o risco não para por aí. É que a rescisão da transação ou do parcelamento faculta ao Fisco pedir a convolação da Recuperação Judicial em Falência. Veja-se a previsão inserida na Lei nº 11.101/2005, bem como a previsão da Portaria PGFN nº 2.382/2020:

> Art. 73. O juiz decretará a falência durante o processo de recuperação judicial: (...)
>
> V – por descumprimento dos parcelamentos referidos no art. 68 desta Lei ou da transação prevista no art. 10-C da Lei nº 10.522, de 19 de julho de 2002; e
>
> VI – quando identificado o esvaziamento patrimonial da devedora que implique liquidação substancial da empresa, em prejuízo de credores não sujeitos à recuperação judicial, inclusive as Fazendas Públicas.

> Art. 28. São consequências da rescisão dos instrumentos de negociação de que trata esta Portaria: (...)
>
> III – a faculdade de a Fazenda Nacional requerer a convolação da recuperação judicial em falência.

Ou seja: a depender do subjetivismo da autoridade fiscal, a ampla hipótese do art. 4º da Lei nº 13.988/2020 e do art. 10-A da Lei nº 10.522/2002 estará consumada. E, consumada, rescinde-se a transação ou o parcelamento. Rescindidos os acordos, é facultado à Fazenda Nacional pedir a convolação da recuperação judicial em falência.

Assim, qual o risco a que o contribuinte que adere aos meios de negociação propostos pela Fazenda Nacional está sujeito? O risco de que um meio de autocomposição – lembre-se, um meio de pacificação social e diálogo – faça com que ele passe a caminhar sobre um campo minado. A insegurança jurídica é contumaz.

Aqui, nota-se um efeito indesejado da norma que é a desvirtuação do instituto da transação. A autocomposição e o diálogo entre as partes pressupõe a horizontalização da relação; que as partes se enxerguem como iguais. Por óbvio, essa premissa merece adaptações no universo tributário, uma vez que o contribuinte é sempre hipossuficiente em relação ao Fisco. Porém, previsão normativa de tal natureza cria um indesejado empoderamento excessivo de uma parte sobre a outra.

Em suma, apesar de estarmos diante de um relevante pontapé inicial para interações entre Fisco e contribuinte buscando a pacificação, não será surpresa que haja grande incerteza e quiçá afastamento dos contribuintes das propostas de negociação criadas pela nova legislação.

4.7. A controvérsia da exigência da regularidade fiscal e da necessidade de lei específica para o parcelamento vis-à-vis a nova legislação: o risco do Cavalo de Troia

Como mencionado no item 2.a. deste artigo, a exigência da apresentação da prova da regularidade fiscal como condição para o deferimento da recuperação judicial, entabulada pelo artigo 191-A do CTN, foi, até então, relativizada pela jurisprudência em função da inércia do legislador ordinário em criar a norma prescrita pelo § 3º do art. 155-A do CTN.

A nova legislação, ao que parece, foi erigida com o propósito de preencher essa lacuna legal. E tal impressão chegou às Cortes Superiores.

Em decisão monocrática de setembro/2020, o Ministro Luiz Fux, do STF, concedeu liminar para suspender os efeitos de acórdão do STJ favorável ao contribuinte, por não reputar descabida a exigência do artigo 191-A do CTN em função da nova legislação:

> RECLAMAÇÃO. CONSTITUCIONAL. TRIBUTÁRIO. HOMOLOGAÇÃO DE RECUPERAÇÃO JUDICIAL. EXIGÊNCIA DA CERTIDÃO DE REGULARIDADE FISCAL. ARTIGO 57, DA LEI 11.101/2005.

ART. 191-A DO CÓDIGO TRIBUTÁRIO NACIONAL. ALEGAÇÃO DE OFENSA À SÚMULA VINCULANTE 10. ACÓRDÃO DO SUPERIOR TRIBUNAL DE JUSTIÇA QUE AFASTOU A EXIGÊNCIA COM BASE NA PROPORCIONALIDADE. LIMINAR DEFERIDA (...)

3. **A exigência de Certidão de Regularidade Fiscal para a homologação do plano de recuperação judicial faz parte de um sistema que impõe** ao devedor, para além da negociação com credores privados, **a regularização de sua situação fiscal, por meio do parcelamento de seus débitos junto ao Fisco.**

4. Consectariamente, a não regularização preconizada pelo legislador possibilita a continuidade dos executivos fiscais movidos pela Fazenda (art. 6º, § 7º da Lei 11.101/05), o que, em última instância, pode resultar na constrição de bens que tenham sido objeto do Plano de Recuperação Judicial, situação que não se afigura desejável.

5. **Mais recentemente também é possível vislumbrar, em âmbito federal, a expedição da Certidão de Regularidade Fiscal ao devedor que realiza a transação tributária com o Fisco nos termos da novel Lei 13.988/2020**. (...)

8. Decisão liminar deferida, para suspender os efeitos da decisão reclamada, **exigindo-se a Certidão de Regularidade Fiscal da empresa devedora nos termos dos arts. 57 da Lei 11.101/05 e 191-A do Código Tributário Nacional.**[4]

Em dezembro/2020 essa decisão foi reformada pelo Ministro Dias Toffoli, porém pelo exclusivo fundamento de que a controvérsia em questão é de natureza infraconstitucional, vedada, portanto, sua análise pela Suprema Corte.

Porém, esse é um entendimento possível por parte dos Tribunais competentes para análise da matéria: a nova legislação supriu, adequadamente, a lacuna do § 3º do art. 155-A do CTN e, assim, a exigência da certidão de regularidade fiscal aos recuperandos volta a ser cabível, pois criado o instrumento negocial que suspende a exigibilidade dos tributos e viabiliza a renovação da certidão.

O risco que perfila a questão é de que tal entendimento acabe por encurralar o contribuinte em Recuperação Judicial que, diante de diversos

[4] Rcl. 43169 MC/SP – Min. Luiz Fux – j. em 4 de setembro de 2020

motivos, dentre os quais possivelmente alguma das ponderações elencadas acima atinentes aos desafios a serem enfrentados diante da nova legislação, não queira ou não possa aderir aos programas de negociação.

Afinal, isso é uma faculdade do contribuinte pois a transação, enquanto negócio jurídico em seu sentido amplo, depende do ato volitivo das partes, isto é, de sua livre e genuína vontade.

Do contrário, caso abafada a prevalência da vontade das partes, está-se diante de coerção velada à adesão daquilo que deveria ser opcional. Nunca é demais relembrar, nesse sentido, a jurisprudência do STF que reputa inconstitucional o emprego de sanções políticas como formas indutoras de arrecadação.

E, assim sendo, se estará diante da mesma consequência indesejada pontuada no item anterior: a transfiguração de um instrumento de cooperatividade em um instrumento de risco, que pode ser fatal para a parte em condição de hipossuficiência.

Conclusões

Diante de tudo quanto exposto, entendemos que, apesar dos necessários ajustes para que a regulamentação promovida pela União Federal se amolde com mais precisão e técnica ao conceito de transação enquanto meio de autocomposição e terminação do litígio mediante diálogo e concessões mútuas, a retirada do instituto do papel após mais de 50 anos da promulgação do CTN é um passo muito importante e que precisa ser celebrado.

No âmbito tributário, o turvamento do objeto litigioso pela imposição da transação do passivo tributário do contribuinte e não do crédito tributário individualizado deveria ser evitado para que o crédito tributário seja tratado, na medida do possível, em sua individualidade, com o objetivo de preservar (i) as garantias constitucionais ao contraditório e à ampla defesa; e (ii) os contornos precisos do instituto, para que não passe a se assemelhar a institutos outros, como o parcelamento.

A finalidade da Recuperação Judicial, declarada expressamente na norma, é viabilizar a superação da crise econômico-financeira pela qual passa a empresa recuperanda. E tal finalidade comunga não só com a garantia constitucional à livre iniciativa, como também com os objetivos de continuidade da atividade empresarial e geração/manutenção do emprego.

Assim, acreditamos que disposições que preveem consequências deletérias para o recuperando por meio de redações amplas e que dão margem a amplo grau de subjetividade do intérprete devem ser revisitadas para que nem o objetivo da Recuperação Judicial nem a natureza de um meio de autocomposição de litígios sejam desvirtuados ou frustrados.

A dificuldade de implementação dos meios de autocomposição entre Fisco e Contribuinte decorre, dentre outros aspectos, de problemas culturais na relação entre as partes. Por isso, é importante que a norma que visa a implementar um meio de autocomposição não traga previsões que desarmonizem com a presunção de boa-fé ou com o grau de confiabilidade do destinatário da norma, para que não passe a considerar que o risco supera o benefício.

A jurisprudência pátria deve analisar com cuidado e ponderação as inovações trazidas pela legislação para que reformule seu entendimento quanto à aplicabilidade do artigo 191-A do CTN, para que um meio de resolução opcional não acabe se tornando algo coercitivo, especialmente em função do entendimento jurisprudencial do STF sobre o uso de sanções políticas como meios de arrecadação.

Referências

SCHOUERI, Luís Eduardo. *Direito Tributário*. 7. ed. São Paulo: Saraiva, 2017.

TORRES, Heleno Taveira. Conciliação, transação e arbitragem em matéria tributária. *In:*

BOSSA, Gisele Barra; *et al.* (coord.). *Medidas de redução do contencioso tributário e o CPC/2015*: contributos práticos para ressignificar o processo administrativo e judicial tributário. São Paulo: Almedina, 2017.

3. Questões sobre a Sucessão de Responsabilidade Ambiental no Âmbito da Aquisição de Unidades Produtivas Isoladas

Lina Pimentel Garcia
Marcelo Schwartzmann
Thamires de Oliveira Loduca
Henrique Ribeiro Junqueira Borges

Introdução
O artigo 47 da Lei Federal n. 11.101, de 09 de Fevereiro de 2005 (Lei de Recuperação de Empresas e Falência – "**LREF**"), estabelece que o objetivo precípuo de uma recuperação judicial consiste na viabilização de meios legais para superação da situação de crise econômico-financeira do devedor, a fim de permitir a manutenção da fonte produtora, do emprego dos trabalhadores e dos interesses dos credores, promovendo, assim, a preservação da empresa, sua função social e o estímulo à atividade econômica.

Dentre os meios para se instrumentalizar a recuperação judicial, o artigo 50 prevê a possibilidade de venda de unidades produtivas isoladas ("UPI"). Apesar da venda de UPIs ser previsão antiga da LREF, a Lei Federal n. 14.112, de 24 de dezembro de 2020 ("Lei 14.112/2020") trouxe significativas alterações ao procedimento de venda de ativos na Recuperação Judicial e na Falência. Segundo o artigo 60-A, uma UPI pode ser composta por "*bens, direitos ou ativos de qualquer natureza, tangíveis ou intangíveis, isolados ou em conjunto, incluídas as participações dos sócios*".

Dado esse conceito, também foi incluído na LREF o parágrafo único do artigo 60, segundo o qual a arrematante (ou adquirente) da UPI não sucederá o devedor nas obrigações de qualquer natureza, incluídas, mas não exclusivamente, aquelas de natureza ambiental, regulatória, administrativa, penal, anticorrupção, tributária e trabalhista, observado o disposto no parágrafo 1º do artigo 141 da mesma Lei.

Na mesma linha, o parágrafo terceiro do artigo 66 previu que os bens alienados na forma do artigo 141, parágrafo 1º e artigo 142 estarão livres de qualquer ônus, bem como que não haverá sucessão do adquirente nas obrigações do devedor, incluídas, mas não exclusivamente, as de natureza ambiental, regulatória, administrativa, penal, anticorrupção, tributária e trabalhista.

Considerando a grande restrição na sucessão de obrigações envolvendo a alienação de unidades produtivas isoladas, o parágrafo único do artigo 60 e o parágrafo 3º do artigo 66 foram objeto de veto presidencial. Nas razões do veto, o Presidente República considerou que:

> Todavia, e embora se reconheça a boa intenção do legislador, a medida contraria a moldura constitucional pátria, notadamente no que tange às obrigações ambientais, nos termos do caput do art. 225 e do inciso II do art. 186, ambos da Constituição da República, haja vista que a responsabilidade pela reparação de eventual dano ambiental causado recairá não apenas sobre aquele que o houver causado, mas também sobre aquele que houver adquirido o bem que sofreu (e sofre) o dano a ser reparado, ante a natureza jurídica de tal reparação, que é objetiva e por causa da coisa (*propter rem*), nos termos da jurisprudência do Superior Tribunal de Justiça e do Supremo Tribunal Federal (v. g. RE 698.284, Rel. Min. Ricardo Lewandowski, data de julgamento 24/06/2014, Dje 31/07/2014, p. 01/08/2014; AI 729.635, Rel. Min. Marco Aurélio, data de julgamento 21/09/2018, Dje 25/09/2018. PP. 26/09/2018; entre outros).

Referido veto, embora em consonância com os dispositivos constitucionais e precedentes invocados, foi rejeitado pelo Congresso Nacional, razão pela qual os dispositivos citados acima passaram a integrar a LREF. Ainda assim, importante tecer algumas considerações sobre as razões do veto presidencial, sua rejeição e consequências decorrentes da confirmação dessas alterações na legislação pátria, principalmente no que se refere à sucessão das obrigações de natureza ambiental.

1. Proteção Constitucional ao meio ambiente – Artigo 225 da Constituição Federal de 1988

Até o início da década de 1980, a proteção ambiental destinava-se basicamente a garantir a saúde da população, a conservação de paisagens e a proteção de recursos naturais enquanto bens de expressão econômica,[1] de modo que a visão que se tinha do meio ambiente era de um meio para se alcançar um fim – o desenvolvimento econômico.

Essa visão estritamente antropocêntrica começou a ser substituída na década de 1970, após a Conferência de Estocolmo,[2] que lançou as bases para a "ecologização" da Constituição brasileira – assim como de diversos outros países. A partir desse momento, o cenário internacional começou a "*reconhecer o ambiente como valor merecedor da tutela maior*",[3] de modo que, em poucos anos, o Direito Ambiental passou de "*uma espécie de nada-jurídico ao ápice da hierarquia normativa*".[4]

Não se tratava de uma drástica mudança de visão antropocêntrica para ecocêntrica, assumindo a natureza como sujeito de direitos, como o fez a Constituição da República do Equador, enquanto uma resposta político-jurídica à degradação ambiental histórica da Amazônia equatoriana nas décadas de 60 a 90. Mas tão somente um olhar mais amplo à proteção ambiental, para além da dimensão econômica.

No início da década de 1980 passou-se a ter certa preocupação com o desenvolvimento econômico sem a observação dos parâmetros

[1] SATO, Eliane Mitsuko. *A construção da verdade no processo civil em matéria ambiental*. 2015. 209 f. Dissertação (Mestrado) – Curso de Direito, Pontifícia Universidade Católica de São Paulo, São Paulo, 2015, p. 22.

[2] MILARÉ, Edis. *Reação jurídica à danosidade ambiental*: contribuição para o delineamento de um microssistema de responsabilidade. 2016. 380 f. Tese (Doutorado) – Curso de Direito – Pontifícia Universidade Católica de São Paulo, São Paulo, 2016, p. 13.

[3] BENJAMIN, Herman. Constitucionalização do ambiente e ecologização da Constituição Brasileira. *In:* CANOTILHO, José Joaquim Gomes; LEITE, José Rubens Morato (Org.). *Direito constitucional ambiental brasileiro*. São Paulo: Saraiva, 2007, p. 60.

[4] BENJAMIN, Herman. Constitucionalização do ambiente e ecologização da Constituição Brasileira. *In:* CANOTILHO, José Joaquim Gomes; LEITE, José Rubens Morato (Org.). *Direito constitucional ambiental brasileiro*. São Paulo: Saraiva, 2007, p. 60.

ambientais e a utilização desenfreada de recursos naturais. Então, como materialização legislativa dos avanços na seara ambiental, foi promulgada a Lei Federal n.º 6.938, de 31 de agosto de 1981, denominada Política Nacional do Meio Ambiente – PNMA, que estabeleceu novos conceitos no ordenamento jurídico, como a sustentabilidade, rechaçando qualquer ideia de que os recursos naturais são infindos. A PNMA trouxe, dentre suas inovações, a responsabilidade objetiva pelo dano ambiental, pela qual, em síntese, não se faz necessária a aferição da culpa do agente causador dano para que este tenha a obrigação de responder pelo dano causado ao meio ambiente. Essa facilitação, sem a necessidade de demonstrar o elemento subjetivo, mostra-se altamente benéfica ao meio ambiente, uma vez que torna mais célere o caminho para a comprovação da responsabilidade.[5]

Além da PNMA, em 24 de julho 1985 foi promulgada a Lei Federal n. 7.347 (LACP), que disciplina a ação civil pública de responsabilidade por danos causados ao meio ambiente, ao consumidor, a bens e direitos de valor artístico, estético, histórico, turístico e paisagístico e dá outras providências. A LACP também regulamentou a reparação/reconstituição dos danos ambientais ao criar o fundo de reparação de bens lesados, consistente em um fundo gerido por um Conselho Federal ou por Conselhos Estaduais de que participarão necessariamente o Ministério Público e representantes da comunidade, sendo seus recursos destinados à reconstituição dos bens lesados (artigo 13 da Lei n. 7.347, de 24 de julho de 1985).

A Constituição Federal de 1988 inovou em matéria ambiental, uma vez que foi a primeira Constituição brasileira a destinar um capítulo específico à proteção ambiental, consubstanciado no artigo 225. A proteção constitucional ao meio ambiente comporta três conjuntos de normas. A primeira, inserida no *caput*, garante a todos os cidadãos o direito a um meio ambiente ecologicamente equilibrado, sendo esta a norma-matriz da tutela constitucional ao meio ambiente. A segunda norma está inserida no parágrafo 1º e em seus respectivos incisos, ao prever os instrumentos necessários para garantir a efetividade da norma matriz prevista no *caput*. A terceira e última norma está prevista nos parágrafos 2º ao 6º, que

[5] MACHADO, Paulo Affonso Leme. *Direito Ambiental Brasileiro*. 26.ed. rev., atual. e amp. São Paulo: Malheiros, 2018, p. 422.

preveem determinações particulares acerca de áreas e situações de avançado cunho ecológico que merecem proteção constitucional.

Após a promulgação da Constituição Federal de 1988, foi promulgada a Lei Federal n. 9.605, de 12 de fevereiro de 1998, denominada de Lei de Crimes Ambientais, que dispõe sobre as sanções penais e administrativas derivadas de condutas e atividades lesivas ao meio ambiente. Tais previsões demonstram a preocupação do legislador e dos agentes públicos com a reparação do dano já causado, sem, contudo, regulamentar a prevenção do dano.

Com a progressão legislativa no trato com o meio ambiente, passamos de um cenário em que o desenvolvimento pleno da economia se dava a qualquer custo, para um cenário em que se passou a buscar o desenvolvimento econômico e social com a manutenção dos recursos naturais. Em atenção a essa mudança, o legislador passou a incorporar previsões que dão importância à preservação do meio ambiente.

Naturalmente, o desenvolvimento das atividades econômicas passou a necessitar de um olhar muito mais cuidadoso para as temáticas ambientais, não somente em razão dos reflexos reputacionais que são causados às empresas que não dispõem de uma gestão ambiental robusta, mas também em função da vulnerabilidade a que estão sujeitas diante da ocorrência de danos ambientais.[6]

2. Obrigação *propter rem* e a necessidade de que o proprietário mantenha as características ambientais do imóvel

A proteção e o direito ao meio ambiente sadio e equilibrado, embora expressamente previstos no artigo 225 da Constituição Federal, não se limitam de forma única e exclusiva a essa disposição legal. Para efetivação dessa proteção constitucional é necessário interpretar, de forma conjunta, os artigos 5º, inciso XXIII, e o artigo 186, inciso II, da Carta Magna. O artigo 5º, inciso XXIII, estabelece que a propriedade *"atenderá a sua função social"*, o artigo 186, inciso II, alinhado ao direito fundamental acima descrito, prevê que a função social da propriedade rural é atendida quando

6 TRENNEPOHL, Natascha. Incentivos ao compliance ambiental: a caminho da sustentabilidade. In: TRENNEPOHL, Terence; TRENNEPOHL, Natascha (Coord.) [Livro Eletrônico]. *Compliance no Direito Ambiental.* 1. ed. São Paulo: Thomson Reuters Brasil, 2020, p. RB-1.2.

verificada a "*utilização adequada dos recursos naturais disponíveis e preservação do meio ambiente*".[7]

Da análise destes dispositivos percebe-se que o constituinte intentou criar um dever de preservação, sendo uma obrigação de direito real de propriedade sob o qual o proprietário não apenas tem o dever de conservar, mas também fica impedido de destruir os recursos naturais, que são bens de uso comum do povo e estão ligados ao exercício da função social da propriedade. Ou seja, aquele que detém a propriedade de um imóvel deverá cumprir com os ônus decorrentes dessa condição, de forma a manter a sua função social constitucionalmente prevista.

Esse ônus constitui uma obrigação que acompanha o imóvel, denominada pela doutrina e jurisprudência como obrigação *propter rem*. Nas palavras de Silvio Rodrigues, obrigação *propter rem* é:

> aquela em que o devedor, por ser titular de um direito sobre uma coisa, fica sujeito a uma determinada prestação que, por conseguinte, não derivou de manifestação expressa ou tácita de sua vontade. O que o faz devedor é a circunstância de ser titular de um direito real, e tanto isso é verdade que ele se libera da obrigação se renunciar a esse direito (real). (...) A obrigação propter rem acompanha a coisa, vinculando seu dono, seja ele quem for. Ela *ambulat cum domino*, independente de qualquer convenção entre as partes.[8]

[7] Sobre a função social da propriedade, Derani afirma que "a submissão (à função social) da propriedade de bens coletivos dirige-se tanto ao proprietário privado (a quem é concedido o direito de se apropriar de parcela do patrimônio coletivo) como ao Estado (normalmente o proprietário desses bens coletivos que, do ponto de vista subjetivo, são bens públicos). E a ambos impõe-se, na condição de detentores de recursos ambientais, o atendimento à função ambiental da propriedade, posto que esses bens apropriados e a manutenção de suas características ecológicas são indispensáveis à realização do direito ao meio ambiente ecologicamente equilibrado. (...) E duas consequências podem ser retiradas desse preceito: 1. há uma limitação do uso privado, impedindo que o exercício do direito privado prejudique um direito da coletividade; 2. há uma definição do modo de agir daquele que se apropriará individualmente deste patrimônio coletivo 'meio ambiente ecologicamente equilibrado – bem de uso comum do povo'" DERANI, Cristiane. A propriedade na Constituição de 1988 e o conteúdo da função social. In: *Revista de Direito Ambiental*. São Paulo: Revista dos Tribunais, volume 27, jul-set/2002, p. 58-69, p. 66-67.

[8] RODRIGUES, Silvio. Direito Civil: Parte Geral das Obrigações. 30. ed. São Paulo: Saraiva, 2002, p. 79 e 82.

Especificamente no que se refere às obrigações *propter rem* de cunho ambiental, o proprietário, possuidor, superficiário, arrendatário ou, em alguns casos, até mesmo o promitente comprador,[9] deverá propiciar a manutenção dos atributos ambientais previamente existentes no imóvel, ou, ainda, promover a recomposição dos elementos perdidos em razão do exercício de atividade humana ou mesmo de fenômenos naturais, "*salvo casos em que a própria lei autoriza a intervenção que modifique as características ambientais do imóvel, como autorização excepcional dada pelo Código Florestal para supressão de vegetação nativa em APP (art. 8º, Lei 12.651/2012)*".[10]

O caráter *propter rem* relacionado às obrigações ambientais foi reconhecido em norma infraconstitucional, pelo Código Florestal, na medida em que o artigo 2º, parágrafo 2º, da Lei n. 12.651, de 25 de maio de 2012, dispõe expressamente que "*as obrigações previstas nesta Lei têm natureza real e são transmitidas ao sucessor, de qualquer natureza, no caso de transferência de domínio ou posse do imóvel rural*". Nesse sentido vem decidindo o Superior Tribunal de Justiça:

> ADMINISTRATIVO. AMBIENTAL. CONSTRUÇÃO EM ÁREA DE PRESERVAÇÃO PERMANENTE. RESPONSABILIDADE DO PROPRIETÁRIO. POSSIBILIDADE DE RECONHECIMENTO PERANTE O STJ. NÃO INCIDÊNCIA DA SÚMULA 7/STJ. PREQUESTIONAMENTO DEMONSTRADO.
>
> 1. O reconhecimento da legitimidade da parte, em casos como o presente, não reclama o reexame de fatos ou provas. Com efeito, o juízo que se impõe se restringe ao enquadramento jurídico, ou seja, à consequência que o Direito atribui aos fatos e às provas que, tal como delineados pelas instâncias ordinárias, darão suporte (ou não) à inclusão da agravante no polo passivo da lide.

[9] O artigo 3º, § 1º da Resolução SMA 48/2014 prevê que, no âmbito do Estado de São Paulo, as penalidades administrativas ambientais alcançam, além dos autores diretos e indiretos, "proprietários do imóvel, arrendatários, parceiros, posseiros, gerentes, administradores, diretores, promitentes compradores, bem como, de modo compartilhado, autoridades que se omitirem ou facilitarem na prática do ato, na forma prevista nesta Resolução e demais legislação em vigor."

[10] BECHARA, Erika. A responsabilidade civil do poluidor indireto e a obrigação propter rem dos proprietários de imóveis ambientalmente degradados. In: *Cadernos Jurídicos da Escola Paulista da Magistratura*, ano 20, nº 48, p. 137-165, março-abril/2019, p. 158.

2. A partir da fundamentação do acórdão recorrido, percebe-se claramente que a Corte local julgou a tese jurídica referente à legitimidade da agravante para responder pelos danos cometidos contra o meio ambiente, denotando-se o efetivo prequestionamento da matéria.

3. Havendo construção irregular em Área de Preservação Permanente, a responsabilidade pela recomposição ambiental é objetiva e propter rem, atingindo o proprietário do bem, independentemente de ter sido ele o causador do dano.

4. Agravo interno a que se nega provimento.[11]

ADMINISTRATIVO. MEIO AMBIENTE. ÁREA DE RESERVA LEGAL EM PROPRIEDADES RURAIS: DEMARCAÇÃO, AVERBAÇÃO E RESTAURAÇÃO. LIMITAÇÃO ADMINISTRATIVA. OBRIGAÇÃO EX LEGE E PROPTER REM, IMEDIATAMENTE EXIGÍVEL DO PROPRIETÁRIO ATUAL. 1. Em nosso sistema normativo (Código Florestal - Lei 4.771/65, art. 16 e parágrafos; Lei 8.171/91, art. 99), a obrigação de demarcar, averbar e restaurar a área de reserva legal nas propriedades rurais constitui (a) limitação administrativa ao uso da propriedade privada destinada a tutelar o meio ambiente, que deve ser defendido e preservado "para as presentes e futuras gerações" (CF, art. 225). Por ter como fonte a própria lei e por incidir sobre as propriedades em si, (b) configura dever jurídico (obrigação *ex lege*) que se transfere automaticamente com a transferência do domínio (obrigação *propter rem*), podendo, em consequência, ser imediatamente exigível do proprietário atual, independentemente de qualquer indagação a respeito de boa-fé do adquirente ou de outro nexo causal que não o que se estabelece pela titularidade do domínio.[12] [...]

ADMINISTRATIVO. DIREITO AMBIENTAL. ÁREA DE PRESERVAÇÃO PERMANENTE - APP. RIO SANTO ANTÔNIO. LIMITAÇÃO ADMINISTRATIVA. INEXISTÊNCIA DE DIREITO À INDENIZAÇÃO. DANOS AMBIENTAIS. OBRIGAÇÃO PROPTER REM. PRAZO PRESCRICIONAL. VACATIO LEGIS NÃO SE PRESUME. [...]

[11] Superior Tribunal de Justiça. Primeira Turma. Agravo Interno no Recurso Especial nº 1856089/MG, Rel. Ministro Sérgio Kukina. J. 22/06/2020.

[12] Superior Tribunal de Justiça. Primeira Turma. Recurso Especial nº 1.179.316-SP, Rel. Ministro Teori Albino Zavascki. J. 15/06/2010

2. A obrigação de reparação dos danos ambientais é propter rem, sem prejuízo da solidariedade entre os vários causadores do dano, descabendo falar em direito adquirido à degradação. O novo proprietário assume o ônus de manter a integridade do ecossistema protegido, tornando-se responsável pela recuperação, mesmo que não tenha contribuído para o desmatamento ou destruição: AgRg no REsp 1.367.968/SP, Rel. Ministro Humberto Martins, Segunda Turma, DJe 12.3.2014, e REsp 1.251.697/PR, Rel. Ministro Mauro Campbell Marques, Segunda Turma, DJe 17.4.2012.[13]

Seguindo essa linha de raciocínio o Superior Tribunal de Justiça editou a Súmula de n. 623, a qual consolida o entendimento de que "*as obrigações ambientais possuem natureza propter rem, sendo admissível cobrá-las do proprietário ou possuidor atual e/ou dos anteriores, à escolha do credor.*" Apesar de confundir conceitos de responsabilidade civil ambiental e obrigação *propter rem*, conforme será abaixo demonstrado, é certo que o Superior Tribunal de Justiça também reconhece a natureza *propter rem* de proteger, manter e, eventualmente, recuperar os atributos ambientais e recursos naturais do bem imóvel.

Portanto, se reconhece que a obrigação de recuperar uma área degradada constitui uma obrigação *propter rem*, não desonera o devedor originário, sob o aspecto da responsabilidade civil ambiental, mas sempre acompanha a coisa sob o prisma do direito real, até que se repare o dano ambiental, não importando se o devedor originário foi substituído ou não. Nesse sentido, entende-se que ao adquirir um imóvel que tenha uma contaminação pré-existente o comprador assume a obrigação de preservar sua qualidade ambiental, evitando o agravamento do dano ambiental, nos termos dos princípios da precaução, da prevenção e do poluidor-pagador.

Tanto é assim que a Resolução CONAMA 420/2009, ao estabelecer procedimento genérico para o gerenciamento das áreas contaminadas, prevê que um dos princípios básicos para o gerenciamento das áreas contaminadas é "*a articulação, a cooperação e integração interinstitucional entre os órgãos da União, dos estados, do Distrito Federal e dos municípios,* ***os proprietários,*** *os usuários e demais beneficiados ou afetados*". Na mesma linha a Lei do Estado de São Paulo n. 13.577, de 8 de julho de 2009, confere ao

13 Superior Tribunal de Justiça. Segunda Turma. Recurso Especial nº 1.241.630-PR, Rel. Ministro Herman Benjamin. J. 23/06/2015

proprietário a obrigação legal pela prevenção, identificação e remedição da contaminação existente no imóvel, independente de ter relação com a atividade causadora da contaminação (artigo 13, II da Lei n. 13.577, de 8 de julho de 2009, e artigo 18 do Decreto n. 59.263, de 5 de junho de 2013, que regulamentou a lei). No estado de Minas Gerais, seguindo a mesma linha, o artigo 31 da Deliberação Normativa Conjunta COPAM/CERH n. 02, de 08 de setembro de 2010, estabelece que o proprietário, dentre outros indicados no rol, responderá administrativamente sobre a contaminação existente em sua propriedade.

Assim, é possível dizer que a função social de conservar e impedir a destruição de recursos naturais da propriedade, enquanto obrigação *propter rem* é inerente ao imóvel e, por isso, o proprietário detém o ônus, automático e permanente, enquanto permanecer na titularidade da propriedade do bem imóvel. Ou seja, ainda que a posse do imóvel esteja em domínio de terceiros, como nos casos de aluguel, comodato ou arrendamento, o proprietário poderá ser chamado a recuperar o dano ambiental, com fundamento na obrigação *propter rem*. O que não implica dizer que o proprietário não poderá ser indenizado, posteriormente, pelo efetivo causador do dano, em ação de regresso, na esfera do direito privado.

3. Responsabilidade civil, administrativa e penal ambientais *versus* Obrigações de natureza *propter rem*

Como visto, a obrigação de natureza *propter rem* caracteriza-se como uma obrigação real e, como tal, incide diretamente sobre a coisa, de modo que sua transmissão é automática quando da alienação da propriedade, assim como eventuais ônus que traga consigo – inclusive ambientais, desde que diretamente relacionados à propriedade.

A responsabilidade civil ambiental, por sua vez, consiste no dever de reparar ou indenizar, e tem origem na ocorrência de um dano e na constatação do nexo de causalidade entre o dano e determinada conduta, seja ela comissiva ou omissiva. Assim, apesar de ser dispensada a ocorrência do elemento subjetivo (culpa *lato sensu*), a demonstração do nexo de causalidade é elemento indissociável da responsabilidade civil objetiva.

Ambos institutos são de extrema importância no campo do Direito Ambiental, no entanto, ainda há muita controvérsia acerca do conceito do poluidor indireto (que responde civilmente pelos danos ambientais causados) e a amplitude das obrigações ambientais *propter rem*,[14] especialmente após a edição da Súmula n. 623 pelo Superior Tribunal de Justiça. Na prática, a aplicação de ambos os institutos vem sendo feita de maneira um tanto quanto equivocada, de modo que a natureza *propter rem* da obrigação ambiental está sendo ampliada para abarcar, além de questões diretamente relacionadas ao imóvel (dever de recuperar ou recompor atributos ambientais), outras que estariam associadas à figura da responsabilidade civil (dever de indenizar).

O fato de a obrigação ambiental possuir caráter *propter rem* implica na necessidade de que o proprietário arque com os custos necessários à recomposição das características ambientais do imóvel que foram destruídas pelo antigo proprietário – ou terceiro – e são legalmente exigíveis. A título de exemplo, tem-se a necessidade de recompor a área de Reserva Legal e Área de Preservação Permanente ou realizar a remediação de áreas contaminadas, uma vez que a vegetação protegida e a manutenção da qualidade do solo e água subterrânea são características oriundas diretamente do imóvel e cuja obrigação se transmitiu ao novo proprietário com a aquisição.

Esclarecedoras são as palavras do Desembargador Torres Carvalho sobre o tema:

> A obrigação mais relevante no Direito Ambiental é a de fazer ou não fazer, pois diretamente ligada à preservação da natureza: recompor, restaurar, não degradar. Essa é a obrigação *propter rem* em sua essência, pois envolve uma prestação pessoal do titular do direito real em prol da coisa em si e, como dizermos nesta seara, em prol do direito de todos ao ambiente ecologicamente equilibrado. A obrigação adere à propriedade, à sua função social, e transita (*ambulat*) de titular para titular, de modo que cada um a seu tempo deve prestá-la ainda que não tenha sido o autor da degradação (...)[15]

[14] BECHARA, Erika. A responsabilidade civil do poluidor indireto e a obrigação *propter rem* dos proprietários de imóveis ambientalmente degradados. In: *Cadernos Jurídicos da Escola Paulista da Magistratura*, ano 20, nº 48, p. 137-165, março-abril/2019, p. 137.

[15] CARVALHO, Ricardo Cintra Torres de. *A obrigação propter rem, uma figura frequente no Direito Ambiental*. Conjur, 25.08.2018. Disponível em: https://www.conjur.com.br/2018-ago-25/ambiente-juridico-obrigacao-propter-rem-figura-frequente-direito-ambiental. Acessado em: 11/04/2021.

Com efeito, não há dúvidas, diante do arcabouço jurídico-normativo atual, de que o dever de recuperar ou recompor áreas ambientalmente degradadas seja passível de atribuição ao adquirente de imóvel, uma vez que se trata de obrigação *propter rem*. Mas, como ressalta Bechara, esses deveres não constituem punições por atos ilícitos e nem responsabilização civil por suposto dano, até porque incidem "*mesmo quando o proprietário não tenha incorrido em qualquer ilicitude ou causado, sequer contribuído, para um dano à propriedade*".[16]

Ocorre que não são raras as vezes em que se vê pedido de indenização pelo dano ambiental causado ao imóvel sendo formulado contra o adquirente, em uma espécie de extensão indevida do conceito de obrigação *propter rem*. E o Superior Tribunal de Justiça tem aceitado esse tipo de entendimento, o que causa uma enorme confusão conceitual entre os institutos:

> AMBIENTAL. DANO AO MEIO AMBIENTE. ÁREAS DE PRESERVAÇÃO PERMANENTE. RESERVA LEGAL. RESPONSABILIDADE OBJETIVA PELO DANO AMBIENTAL. OBRIGAÇÃO PROPTER REM. SÚMULA 83/STJ. FUNDAMENTO AUTÔNOMO NÃO IMPUGNADO. SÚMULA 283/SF.
>
> 1. A Caixa Econômica Federal sustenta que "as construções questionadas pelo Ministério Público como causadoras de danos ambientais não foram realizadas pela Caixa Econômica Federal, mas sim por terceiros que ocuparam a área muito antes da área ser transformada em uma APA-Área de Proteção Ambiental". **O STJ possui entendimento pacífico de que a responsabilidade civil pela reparação dos danos ambientais adere à propriedade, como obrigação propter rem, sendo possível cobrar também do atual proprietário condutas derivadas de danos provocados pelos proprietários antigos.** Incidência Súmula 83/STJ. (...). (grifos nossos)[17]

[16] BECHARA, Erika. A responsabilidade civil do poluidor indireto e a obrigação propter rem dos proprietários de imóveis ambientalmente degradados. In: *Cadernos Jurídicos da Escola Paulista da Magistratura*, ano 20, nº 48, p. 137-165, março-abril/2019, p. 158.

[17] Superior Tribunal de Justiça. Segunda Turma. Recurso Especial nº 1.622.512-RJ. Rel. Ministro Herman Benjamin. J. 14/10/2016.

a obrigação civil de reparar o dano ambiental é do tipo propter rem, porque, na verdade, a própria lei já define como poluidor todo aquele que seja responsável pela degradação ambiental – e aquele que, adquirindo a propriedade, não reverte o dano ambiental, ainda que não causado por ele, já seria um responsável indireto por degradação ambiental (poluidor, pois)[18]

PROCESSUAL CIVIL E AMBIENTAL. AÇÃO CIVIL PÚBLICA. REPARAÇÃO DE DANOS AMBIENTAIS. REDISCUSSÃO DE QUESTÕES FÁTICAS RECONHECIDAS PELO ACÓRDÃO RECORRIDO. IMPOSSIBILIDADE. SÚMULA 7/STJ. OBRIGAÇÃO PROPTER REM. SENTENÇA INCERTA. NÃO CONSTATAÇÃO.

1. Trata-se, na origem, de Ação Civil Pública proposta com o intuito de reparação de danos ambientais atribuídos à ora recorrente pela implantação de loteamento (denominado "Marinas do Guarujá") em 33 hectares de área de mangue no município de Guarujá-SP.

(...)

5. O STJ tem o entendimento pacífico de que a responsabilidade civil pela reparação dos danos ambientais adere à propriedade, como obrigação propter rem, sendo possível responsabilizar também o atual proprietário por danos provocados por condutas derivadas dos proprietários antigos.[19]

Vê-se, pois, que a obrigação *propter rem* é tratada como se fosse um elemento contido na responsabilidade civil ambiental, ao passo que, na verdade, configura-se como figura distinta e incapaz de ensejar ampla responsabilidade da forma como interpretada pelo Superior Tribunal de Justiça. Certamente, a busca pela reparação integral de danos ambientais – função nuclear da responsabilidade civil – não pode levar ao desvirtuamento de institutos já consagrados pelo ordenamento jurídico, inclusive pelo próprio Direito do Ambiente. Em outras palavras: as obrigações *propter rem*, derivadas do princípio da função socioambiental da propriedade, com o fito de conservar a coisa, não se confundem com

18 Superior Tribunal de Justiça. Segunda Turma. Recurso Especial nº 1.251.697/PR, Rel. Ministro Mauro Campbell Marques, J. 17/04/2012.

19 Superior Tribunal de Justiça. Segunda Turma. Recurso Especial nº 1.635.455-SP. Rel. Ministro Herman Benjamin. J. 06/12/2016.

a responsabilidade civil ambiental – originada do princípio do poluidor pagador –, imposta, portanto, a pessoas físicas ou jurídicas consideradas poluidoras, diretas ou indiretas, em face do dano considerado.[20]

Por um lado, a responsabilidade civil será admitida quando for identificada a presença de um poluidor, entendido este como a pessoa física ou jurídica, de direito público ou privado, responsável, direta ou indiretamente, por atividade causadora de degradação ambiental, nos termos do artigo 3º, inciso IV, da PNMA. Nestes casos, a decorrência direta da figura do poluidor será o dever de indenizar, seja qual for o dano causado. Por outro lado, o dever ou obrigação *propter rem* será *"atribuído ao proprietário ou possuidor, quando a lei estabelecer, simplesmente por sua qualidade como tal, como ocorre com o dever de recompor"*[21] Área de Preservação Permanente e Reserva Legal.

E há de se ressaltar que o proprietário somente poderia vir a ser responsabilizado civilmente (figura distinta da obrigação *propter rem*) caso incorresse em omissão no dever de recuperar a área degradada. Caso não haja omissão do proprietário-adquirente, é impossível o seu enquadramento no conceito de poluidor indireto, uma vez que não contribuiu para o dano. Com efeito, se o adquirente atuou dentro do possível para recuperar a área degradada, não pode ser responsabilizado em razão da ausência de nexo causal, como explica Rômulo Sampaio:

> Simplesmente não há nexo entre a ação do indireto, quando ele cumpre com os deveres legais de controle do risco, e o dano. O dano, neste caso, não pode ser atribuído à violação de um dever objetivo de vigilância do agente indireto. E, por isso, não há nexo de causalidade que possa conectar o agente indireto ao dano. Cumprindo com o dever objetivo de vigilância imposto por lei ou regulamento, o agente indireto, seja ele o Estado (risco administrativo) ou um particular (risco criado), rompe o nexo de causalidade. Incumbe, repita-se, pela objetivação da responsabilidade, ao agente indireto a prova de

[20] ZAPATER, Tiago C. Áreas contaminadas e reparação integral: diferença entre obrigação propter rem e responsabilidade civil por dano ambiental. In: *Revista do Advogado*, São Paulo, n. 133, p. 218-228, 2017, p. 225-226.

[21] FRANZOLIN, Cláudio José; CASTRO, Isabella Silveira de. Obrigação Propter Rem e Direito Ambiental: Análise à Luz de Casos Decididos no Superior Tribunal de Justiça. In: Revista de Direito Ambiental. Vol. 93/2019, p. 89-127, 2019, p. 101.

que cumpriu com os deveres objetivos de vigilância que lhe foram impostos. Reside aí uma sutil diferença para a responsabilidade com culpa, porque a vítima não precisa provar que o agente indireto agiu com culpa, perseguindo o elemento subjetivo do ofensor (ou do agir médio e razoável).[22]

No que toca à responsabilidade administrativa e penal, é inadmissível qualquer atribuição de responsabilidade ao adquirente da propriedade por eventuais danos que tenham sido causados pelo antigo proprietário, uma vez que a natureza dessa responsabilidade é subjetiva e, portanto, necessita da demonstração do elemento volitivo (culpa ou dolo) para que se configure.[23] Portanto, o fato de a obrigação com relação ao imóvel ser *propter rem* não gera qualquer impacto no regime da responsabilidade administrativa e penal.

Esclarecida a impossibilidade de responsabilização administrativa e penal dos adquirentes pelos danos causados pelo antigo proprietário, assim como a distinção entre a responsabilidade civil ambiental e as obrigações de natureza *propter rem*, que são atribuídas ao proprietário-adquirente, necessário compreender o âmbito de incidência da alteração legislativa e os reflexos para os adquirentes de UPI no âmbito de recuperações judiciais.

4. Alterações legislativas e impactos sobre as obrigações de natureza ambiental na aquisição de UPIs

O parágrafo-único do artigo 60 e o parágrafo terceiro do artigo 66, incluídos na LREF pela Lei 14.112/2020, trouxeram a previsão de que o arrematante (ou adquirente) da UPI não sucederá o devedor nas obrigações de qualquer natureza, incluídas, mas não exclusivamente, aquelas de natureza ambiental. Apesar da importância do dispositivo para conferir

22 SAMPAIO, Rômulo Silveira da Rocha. *Fundamentos da Responsabilidade Socioambiental das Instituições Financeiras*. 2. ed. São Paulo: Thomson Reuters Brasil, 2020, p. 75-76.

23 "Pacificada nesta Corte a compreensão de que, no campo ambiental, 'a aplicação de penalidades administrativas não obedece à lógica da responsabilidade objetiva da esfera cível (para reparação dos danos causados), mas deve obedecer à sistemática da teoria da culpabilidade, ou seja, a conduta deve ser cometida pelo alegado transgressor, com demonstração de seu elemento subjetivo, e com demonstração do nexo causal entre a conduta e o dano.'" (Superior Tribunal de Justiça. Primeira Turma. Agravo Interno no Agravo em Recurso Especial nº 1.459.420-SP. Rel. Ministro Gurgel de Faria. J. 13/10/2020.)

segurança jurídica aos adquirentes[24] e maior interesse na aquisição de ativos que compõem o patrimônio de empresas que necessitam aumentar seu fluxo de caixa para que possam restabelecer sua saúde financeira, é necessário que a leitura seja feita com temperança, diante das previsões normativas e entendimentos jurisprudenciais no que toca à seara ambiental.

Como visto, a obrigação *propter rem* se transfere com a coisa, de modo que a recomposição das características ambientais do imóvel terá de ser arcada pelo adquirente da UPI, uma vez que há transmissão automática dessas obrigações por previsão legal e constitucional ao adquirente no momento de transmissão da propriedade. Essa obrigação transita em uma via de mão única, do transmitente para o adquirente e nunca em sentido contrário. Nesse contexto, a alteração legislativa sobre a não sucessão de obrigações ambientais é inaplicável às obrigações de natureza *propter rem.*

Já com relação à responsabilização civil ambiental, o dispositivo incluído na LREF é de fundamental importância para reforçar a inexistência de risco ao adquirente no que tange às obrigações que não guardam relação direta com o imóvel, servindo como mais um contraponto à equivocada jurisprudência do Superior Tribunal de Justiça que tem alargado o conceito de obrigação *propter rem.*[25] Não tendo o adquirente concorrido para a ocorrência de dano ambiental, não há que se falar em sua responsabilização nesse sentido.

Por esses motivos, as obrigações *propter rem* se destacam "*das obrigações pessoais propriamente ditas; por isso não assumem tal natureza as sanções judiciais e administrativas. A multa administrativa, como delineia com clareza o Superior*

[24] Sobre a questão da sucessão de obrigações, Fábio Ulhoa Coelho afirma: "Aparentemente, trata-se de medida contrária aos interesses dos credores, mas, de verdade, não é. Se a lei não ressalvasse de modo expresso a sucessão do adquirente, o mais provável é que simplesmente ninguém se interessasse por adquirir a filial ou unidade posta à venda. E, nesse caso, a recuperação não seria alcançada e perderiam todos os credores." COELHO, Fábio Ulhoa. *Comentários à Lei de Falências e de Recuperação de Empresas* [Livro Eletrônico]. 4. ed. São Paulo: Thomson Reuters Brasil, 2021, p. RB-74.1.

[25] "O STJ possui entendimento pacífico de que a responsabilidade civil pela reparação dos danos ambientais adere à propriedade, como obrigação propter rem, sendo possível cobrar também do atual proprietário condutas derivadas de danos provocados pelos proprietários antigos." Superior Tribunal de Justiça. Segunda Turma. Recurso Especial nº 1.622.512-RJ. Rel. Ministro Herman Benjamin. J. 14/10/2016.

Tribunal de Justiça, é subjetiva e pessoal; é imposta ao infrator e dele deve ser exigida, não do adquirente".[26]

A título de exemplo, tem-se a seguinte situação: foi instalada uma usina de cana de açúcar em um determinado imóvel. Ao longo da operação daquela usina, constatou-se que o proprietário realizava emissões atmosféricas em desacordo com os parâmetros autorizados pelo ordenamento jurídico brasileiro, e que houve supressão irregular de vegetação em Área de Preservação Permanente. A Companhia 1, proprietária da usina, por estar em frágil situação econômica e sem condições de quitar seus débitos, ajuizou pedido de recuperação judicial, que foi deferido. No curso da recuperação, com intuito de gerar fluxo de caixa para quitar os débitos, a Companhia 1 verteu a usina para uma UPI, com o objetivo de realizar sua venda. A Companhia 2 adquiriu a usina, mas, logo em seguida, percebeu que há inquérito civil para apurar os danos ambientais ocorridos no imóvel.

Nesse contexto, a Companhia 2 poderia ser responsabilizada pela recuperação da Área de Preservação Permanente, pois se trata de uma obrigação *propter rem*, que emana da natureza de proprietário do bem, mas não poderia, em hipótese nenhuma, ser responsabilizada pelas emissões atmosféricas praticadas pela Companhia 1 em desacordo com os padrões normativos, a menos que continuasse a incidir na referida prática.

Isso ocorre porque a atribuição de uma responsabilidade com relação à atividade em si não pode se dar com base na obrigação *propter rem*, mas tão somente por meio do regime de responsabilidade civil objetiva, o qual exige a demonstração de um nexo causal entre a conduta da Companhia 2 e o dano. Inexistente o nexo causal no exemplo, não há que se falar em dano.

Com efeito, apesar do indiscutível benefício que os dispositivos incluídos pela Lei 14.112/2020, trazem para a dinâmica da venda das UPIs, em razão do intuito de conferir maior segurança jurídica aos adquirentes, a incerteza decorrente da incorreta interpretação conceitual da responsabilização civil ambiental e da obrigação *propter rem* é fator essencial a ser considerado pelos interessados na aquisição de ativos via UPI. Além do

26 CARVALHO, Ricardo Cintra Torres de. *A obrigação propter rem, uma figura frequente no Direito Ambiental*. Conjur, 25.08.2018. Disponível em: https://www.conjur.com.br/2018-ago-25/ambiente-juridico-obrigacao-propter-rem-figura-frequente-direito-ambiental. Acessado em: 11/04/2021.

mais, considerando que a alteração legislativa não alcançará as obrigações ambientais *propter rem*, é de suma importância a continuidade de realização de *due diligences* prévias à aquisição do ativo, incluindo, mas não se limitando, à realização de perícia técnica ambiental para delimitar extensão das reparações e recuperações aos atributos ambientais existentes nos ativos que compõem a UPI a ser adquirida.

Conclusões

De modo geral, é possível concluir que a alteração trazida pela Lei 14.112/2020 foi benéfica aos adquirentes de UPIs. A regulamentação acerca da não sucessão das obrigações ambientais traz maior segurança jurídica ao adquirente que adquire ativos via UPIs no âmbito do procedimento de recuperação judicial.

Contudo, conforme exposto, é importante frisar que a Lei 14.112/2020 não alterou as regras de sucessão das obrigações ambientais de natureza *propter rem*. Isso porque, ao contrário da responsabilização civil ambiental, as obrigações de natureza *propter rem* estão vinculadas ao bem imóvel e perseguem a coisa independentemente do proprietário, não sendo, portanto, alcançadas pelas benesses do artigo 60, parágrafo único e artigo 66, parágrafo terceiro, da LREF.

Referências

BECHARA, Erika. A responsabilidade civil do poluidor indireto e a obrigação propter rem dos proprietários de imóveis ambientalmente degradados. *Cadernos Jurídicos da Escola Paulista da Magistratura*. São Paulo: Imprenta, v. 20, 2019.

BENJAMIN, Herman. Constitucionalização do ambiente e ecologização da Constituição Brasileira. *In:* CANOTILHO, José Joaquim Gomes; LEITE, José Rubens Morato (Org.). *Direito constitucional ambiental brasileiro*. São Paulo: Saraiva, 2007.

CARVALHO, Ricardo Cintra Torres de. A obrigação propter rem, uma figura frequente no Direito Ambiental. *Consultor Jurídico*, São Paulo, 25 ago. 2018. Disponível em: https://www.conjur.com.br/2018-ago-25/ambiente-juridico--obrigacao-propter-rem-figura-frequente-direito-ambiental. Acessado em: 11 abr. 2021.

COELHO, Fábio Ulhoa. *Comentários à Lei de Falências e de Recuperação de Empresas*. 4. ed. São Paulo: Revista dos Tribunais, 2021. *E-book*.

DERANI, Cristiane. A propriedade na Constituição de 1988 e o conteúdo da função social. *Revista de Direito Ambiental*. São Paulo: Revista dos Tribunais, v. 27, 2002.

FRANZOLIN, Cláudio José; CASTRO, Isabella Silveira de. Obrigação Propter Rem e Direito Ambiental: Análise à Luz de Casos Decididos no Superior Tribunal de Justiça. *Revista de Direito Ambiental*. São Paulo: Revista dos Tribunais, v. 93, 2019.

MACHADO, Paulo Affonso Leme. *Direito Ambiental Brasileiro*. 26.ed. rev., atual. e amp. São Paulo: Malheiros, 2018.

MILARÉ, Edis. *Direito do Ambiente*. 12.ed. rev., atual. e amp. São Paulo: Revista dos Tribunais, 2021.

MILARÉ, Edis. *Reação jurídica à danosidade ambiental*: contribuição para o delineamento de um microssistema de responsabilidade. 2016. 380 f. Tese (Doutorado) – Curso de Direito, Pontifícia Universidade Católica de São Paulo, São Paulo, 2016.

RODRIGUES, Silvio. *Direito Civil*: parte geral das obrigações. 30. ed. São Paulo: Saraiva, 2002.

SAMPAIO, Rômulo Silveira da Rocha. *Fundamentos da responsabilidade socioambiental das instituições financeiras*. 2. ed. São Paulo: Revista dos Tribunais, 2020.

SATO, Eliane Mitsuko. *A construção da verdade no processo civil em matéria ambiental*. 2015. 209 f. Dissertação (Mestrado) – Curso de Direito, Pontifícia Universidade Católica de São Paulo, São Paulo, 2015.

BRASIL. Superior Tribunal de Justiça (1. Turma). *Agravo Interno no Agravo em Recurso Especial 1459420/SP*. Conforme estabelecido pelo Plenário do STJ, aos recursos interpostos com fundamento no CPC/2015...Relator: Min. Gurgel de Faria, 13 de outubro de 2020. Disponível em: https://processo.stj.jus.br/processo/pesquisa/?src=1.1.3&aplicacao=processos.ea&tipoPesquisa=tipoPesquisaGenerica&num_registro=201900571590. Acesso em: 1 jul. 2021

_______. Superior Tribunal de Justiça (1. Turma). *Agravo Interno no Recurso Especial 1856089/MG*. O reconhecimento da legitimidade da parte, em casos como opresente, não reclama o reexame de fatos ou provas... Relator: Ministro Sérgio Kukina, 22 de junho de 2020. Disponível em: https://processo.stj.jus.br/processo/pesquisa/?src=1.1.3&aplicacao=processos.ea&tipoPesquisa=tipoPesquisaGenerica&num_registro=202000017997. Acesso em: 1 jul. 2021

_______. Superior Tribunal de Justiça (1. Turma). *Recurso Especial 1179316/SP*. Em nosso sistema normativo (Código Florestal – Lei 4.771/65, art. 16 e parágrafos... Relator: Ministro Teori Albino Zavascki, 15 de junho de 2010. Disponível em: https://processo.stj.jus.br/processo/pesquisa/?src=1.1.3&aplicacao=processos.ea&tipoPesquisa=tipoPesquisaGenerica&num_registro=200902357386. Acesso em: 1 jul. 2021

_______. Superior Tribunal de Justiça (2. Turma). *Recurso Especial 1622512/RJ*. A Caixa Econômica Federal sustenta que "as construções questionadas pelo Ministério Público como causadoras de danos ambientais... Relator: Ministro Herman Benjamin, 14 de outubro de 2016. Disponível em: https://processo.stj.jus.br/processo/pesquisa/?src=1.1.3&aplicacao=processos.ea&tipoPesquisa=tipo

PesquisaGenerica&num_registro=201503157136. Acesso em: 1 jul. 2021

_______. Superior Tribunal de Justiça (2. Turma). *Recurso Especial 1635455/SP*. Trata-se, na origem, de Ação Civil Pública proposta com o intuito de reparação de danos ambientais atribuídos à ora recorrente pela implantação de loteamento... Relator: Ministro Herman Benjamin, 6 de dezembro de 2016. Disponível em: https://processo.stj.jus.br/processo/pesquisa/?src=1.1.3&aplicacao=processos.ea&tipoPesquisa=tipoPesquisaGenerica&num_registro=201600407197. Acesso em: 1 jul. 2021

_______. Superior Tribunal de Justiça (2. Turma). *Recurso Especial 1251697/PR*. Trata-se, na origem, de embargos à execução fiscal ajuizado pelo ora recorrente por figurar no polo passivo de feito executivo levado a cabo pelo Ibama... Relator: Mauro Campbell Marques, 17 de abril de 2012. Disponível em: https://processo.stj.jus.br/processo/pesquisa/?src=1.1.3&aplicacao=processos.ea&tipoPesquisa=tipoPesquisaGenerica&num_registro=201100969836. Acesso em: 1 jul. 2021

_______. Superior Tribunal de Justiça (2. Turma). *Recurso Especial 1241630/PR*. Restrição de uso decorrente da legislação ambiental é simples limitação administrativa... Relator: Herman Benjamin, 23 de junho de 2015. Disponível em: https://processo.stj.jus.br/processo/pesquisa/?src=1.1.3&aplicacao=processos.ea&tipoPesquisa=tipoPesquisaGenerica&num_registro=201100461472. Acesso em: 1 jul. 2021

TRENNEPOHL, Natascha. Incentivos ao compliance ambiental: a caminho da sustentabilidade. *In:* TRENNEPOHL, Terence; TRENNEPOHL, Natascha (Coord.). *Compliance no Direito Ambiental*. São Paulo: Revista dos Tribunais, 2020. *E-book*.

ZAPATER, Tiago C. Áreas contaminadas e reparação integral: diferença entre obrigação propter rem e responsabilidade civil por dano ambiental. *Revista do Advogado*. São Paulo: Imprenta, v. 37, 2017.

4. A Reforma da Lei e o Poder Público na Recuperação Judicial

Thiago Luís Santos Sombra
Laura Guidugli Fillietaz

Introdução

A Reforma da Lei de Recuperação Judicial, Extrajudicial e Falência, Lei nº 11.101/2005, introduzida pela Lei nº 14.112/2020, trouxe novos dispositivos relacionados à atuação do Poder Público nos processos de recuperação judicial. Nesse sentido, no presente artigo, serão analisadas de forma objetiva as alterações legislativas referentes à participação do Poder Público no processo de recuperação judicial, sob quatro perspectivas, quais sejam enquanto: devedor, credor, garantidor da tutela jurisdicional e fiscal da lei.

1. Quatro perspectivas sobre o Poder Público na Recuperação Judicial

O Poder Público é comumente entendido como o conjunto dos órgãos por meio dos quais o Estado e outras pessoas públicas exercem suas funções específicas, sendo também concebido como o poder do Estado, pelo qual ele mantém a própria soberania, ou o governo, em si.[1] Contudo, uma definição mais abrangente do Poder Público passa pela definição do que

[1] Definição de Poder Público pela Câmara dos Deputados. Dicionário de Libras – Termos político-legislativos. Disponível em: <https://www2.camara.leg.br/a-camara/estruturaadm/gestao-na-camara-dos-deputados/responsabilidade-social-e-ambiental/acessibilidade/glossarios/dicionario-de-libras/p/poder-publico#:~:text=Conjunto%20dos%20%C3%B3rg%C3%A3os%20por%20meio,O%20governo.>. Acesso em 21 de abril de 2021.

é a Administração,[2] pois como explicam Maria Sylvia e Wallace Paiva,[3] na doutrina internacional, por exemplo, o jurista Jean Rivero segmenta a Administração de duas formas: material (atividade) e orgânico (órgãos que a exercem).

Assim, Jean Rivero (1981. p. 13 e ss., apud DI PIETRO e MARTINS JUNIOR) concebe Administração como "a atividade por meio da qual as autoridades públicas provêm à satisfação das necessidades do interesse público, servindo-se, se for caso disso, das prerrogativas do poder público", enquanto nos seus aspectos orgânico e material, esclarece que a Administração Pública tem como finalidade servir ao interesse público, sendo que os meios de ação administrativa correspondem à ideia de Poder Público.

O Poder Público, por sua vez, deve ser entendido "como o conjunto das prerrogativas concedidas à Administração para lhe permitir fazer prevalecer o interesse geral".[4] Como apontam Maria Sylvia e Wallace Paiva, as definições de Jean Rivero (1981. p. 13 e ss., apud DI PIETRO e MARTINS JUNIOR) são aplicadas por Hely Lopes Meirelles e Celso Antônio Bandeira de Mello, entre outros.

Nesse contexto, adotando, portanto, a definição de Poder Público como o conjunto de prerrogativas que a Administração possui para fazer prevalecer o interesse geral, as alterações relativas ao Poder Público na recuperação judicial serão analisadas sob quatro perspectivas, considerando o Poder Público como: (i) devedor, na figura das concessionárias e permissionárias perante os usuários, enquanto prestadoras de serviços públicos e, na mesma relação, como credor, representado pelas agências reguladoras e entes federativos; (ii) garantidor da tutela jurisdicional, representado pelo juiz da recuperação judicial; e (iii) fiscal da lei, com a atuação do Ministério Público na recuperação judicial.

[2] Neste artigo, a "Administração Pública" será referida simplesmente como "Administração".
[3] DI PIETRO, Maria Sylvia Zanella e MARTINS JUNIOR, Wallace Paiva. 3.8. Critério da Administração Pública. Tratado de direito administrativo: teoria geral e princípios do direito administrativo. 2. ed. livro eletrônico. São Paulo: Thomson Reuters Brasil, 2019.
[4] *Ibid.*

2. As recuperandas concessionárias e permissionárias prestadoras de serviços públicos

Em que pese as concessionárias e permissionárias sejam particulares, para os quais o Poder Público transferiu por meio de contrato administrativos o direito de explorar economicamente serviços públicos, fato é que essas relações são regidas pelo princípio da supremacia do interesse público e, mais especificamente, dentre outros, pelo princípio da continuidade.[5]

Por definição, o serviço público é uma atividade pública administrativa que: objetiva a satisfação concreta de necessidades individuais ou transindividuais, materiais ou imateriais, decorrentes de direitos fundamentais; não pode ser interrompida; não é passível de satisfação plena apenas pela livre-iniciativa privada; destina-se a pessoas indeterminadas e observa o regime jurídico de direito público.[6]

Dessa forma, se por um lado as concessionárias e permissionárias representam o Poder Público perante os usuários como prestadoras de serviços públicos, responsáveis pela sua continuidade, por outro lado, para possibilitar que não haja interrupção da prestação do serviço público, os órgãos reguladores[7] e entes federativos devem garantir em contrapartida a intangibilidade da equação econômico-financeira do contrato e o direito de indenização por prejuízos originados da descontinuidade da prestação do serviço,[8] por exemplo.

Nesse sentido, analisando a relação estabelecida nos processos de recuperação judicial de concessionárias e permissionárias de serviço público sob a lógica do princípio da continuidade, o Poder Público se apresenta no procedimento de duas formas: tanto como devedor, pelas concessionárias e permissionárias recuperandas, que devem garantir a continuidade da prestação do serviço; quanto credor, pelos órgãos reguladores e entes federativos, que podem aplicar multas e reclamar descumprimentos de obrigações contratuais por parte das concessionárias e permissionárias.

5 JUSTEN FILHO, Marçal. Capítulo 13. Tipos de atividade administrativa: serviço público. Curso de direito administrativo. 5. ed. livro eletrônico baseado na 13. ed. impressa. São Paulo: Thomson Reuters Brasil, 2018.

6 *Ibid.*

7 Neste artigo, a expressão "órgãos reguladores", introduzida pela Lei nº 14.112/2020, deve ser entendida como sinônimo de agências reguladoras.

8 *Ibid.*

Assim, cabe observar que antes das mudanças conferidas pela Lei nº 14.112/2020, o único dispositivo que aludia às prestadoras de serviço público na Lei nº 11.101/2005 era o artigo 195, cuja redação permaneceu inalterada e que se refere apenas às concessionárias, ao prever que: "A decretação da falência das concessionárias de serviços públicos implica extinção da concessão, na forma da lei".

Nessa perspectiva, a Lei 8.987/1995, que dispõe sobre o regime de concessão e permissão da prestação de serviços públicos também prevê em seu artigo 35, inciso VI,[9] a falência como causa de extinção da concessão, sendo interessante mencionar que, paralelamente às alterações da Lei nº 11.101/2005 operadas pela Lei nº 14.112/2020, a Lei nº 8.987/1995 também passou por recente reforma, por meio da pela Lei nº 14.133/2021.

Durante as discussões sobre as alterações que seriam introduzidas pela Lei nº 14.133/2021, à exemplo do artigo 18 da Lei nº 12.767/2012,[10] que prevê a impossibilidade de pedido de recuperação judicial pelas concessionárias de serviços públicos de energia elétrica, foi sugerido que fosse proibida, como regra geral, a aplicação do regime de recuperação judicial às concessionárias de serviços públicos.[11]

Contudo, tal sugestão de alteração à Lei nº 8.987/1995 não prevaleceu, na medida em que possibilitar a reorganização das contas de concessionárias e permissionárias de serviço público, por meio do processo de recuperação judicial, permite que o serviço público continue a ser prestado, preservando-se a relação contratual previamente estabelecida e evitando que os entes federativos precisem investir recursos ou na prestação direta do serviço, ou na elaboração de novo processo competitivo para transferir a prestação do serviço a outro particular.

[9] Lei 8.987/1995, artigo 35: "Extingue-se a concessão por: VI – falência ou extinção da empresa concessionária e falecimento ou incapacidade do titular, no caso de empresa individual.".

[10] Lei nº 12.767/ 2012, artigo 18: "Não se aplicam às concessionárias de serviços públicos de energia elétrica os regimes de recuperação judicial e extrajudicial previstos na Lei nº 11.101, de 9 de fevereiro de 2005, salvo posteriormente à extinção da concessão.".

[11] RITTNER, Daniel e OTTA, Lu Aiko. Câmara avança em nova lei para concessões e parcerias: proposta prevê fim da possibilidade de recuperação judicial por concessionárias de serviços públicos. Valor Econômico, Brasília, 03 de out. de 2019. Disponível em: <https://valor.globo.com/brasil/noticia/2019/10/03/camara-avanca-em-nova-lei-para-concessoes-e--parcerias.ghtml>. Acesso em: 21 de abr. de 2021.

Dessa forma, a Lei nº 14.112/2020 introduziu o artigo 20-B e passou a expressamente incentivar conciliações e mediações, antecedentes ou incidentais, nos processos de recuperação judicial, sendo que em seu inciso II, o artigo 20-B[12] contém disposição específica de que tais formas de solução de conflito são aplicáveis às controvérsias entre concessionárias ou permissionárias de serviços públicos em recuperação judicial, com órgãos reguladores ou entes federativos.

Ou seja, após a reforma da Lei nº 11.101/2005 pela Lei nº 14.112/2020, se ainda havia alguma dúvida sobre a apresentação de pedido de recuperação judicial por concessionárias e permissionárias de serviço público consagrar, ao mesmo tempo, o princípio da continuidade da prestação do serviço (sob a lógica do regime jurídico administrativo), e o princípio da preservação da empresa[13] (intrínseco ao processo de recuperação judicial), o artigo 20-B, inciso II, não apenas reafirmou esse paralelismo, como introduziu possibilidade de solução de conflito eficiente, que será analisada a seguir.

2.1. O incentivo à conciliação e mediação com o Poder Público

A título de exemplo, para contextualizar em números a relevância da possibilidade de conciliação ou mediação entre concessionárias e permissionárias de serviço público com órgãos reguladores e entes federativos, introduzida pelo artigo 20-B, inciso II da Lei nº 14.112/2020, apenas no início de 2021, o Governo do Estado de São Paulo divulgou minutas de edital e contratos de concorrência internacional para a concessão de 22 aeroportos regionais.

12 Lei nº 14.112/2020, artigo 20-B: “Serão admitidas conciliações e mediações antecedentes ou incidentais aos processos de recuperação judicial, notadamente: (...). II – em conflitos que envolverem concessionárias ou permissionárias de serviços públicos em recuperação judicial e órgãos reguladores ou entes públicos municipais, distritais, estaduais ou federais; (...)”.

13 “(...) no princípio da preservação da empresa, construído pelo moderno Direito Comercial, o valor básico prestigiado é o da conservação da atividade (e não do empresário, do estabelecimento ou de uma sociedade), em virtude da imensa gama de interesses que transcendem os dos donos do negócio e gravitam em torno da continuidade deste; assim os interesses de empregados quanto aos seus postos de trabalho, de consumidores em relação aos bens ou serviços de que necessitam, do Fisco voltado à arrecadação e outros. (...).”. COELHO, Fábio Ulhoa. Comentários à Lei de Falências e de Recuperação de Empresas. 3. Conceito legal de empresário. 14ª ed. São Paulo: Thomson Reuters, 2021.

E com o aumento das concessões no setor aéreo mesmo no contexto de pandemia do Coronavírus, a reafirmação da recuperação judicial como instrumento aplicável às concessionárias e permissionárias de serviço público ganha significativo relevo enquanto ferramenta hábil para resguardar a supremacia do interesse público e, mais especificamente, o princípio da continuidade da prestação do serviço, na medida em que passou a existir incentivo legal para solução de controvérsias de forma consensual, de forma a prestigiar a celeridade e eficiência na resolução de conflitos entre prestadoras de serviço público e seus órgãos reguladores e entes federados.

Isso porque, nas recuperações judiciais de concessionárias e permissionárias de serviço público, é natural que parcela relevante de seu passivo esteja relacionado aos chamados ativos e passivos regulatórios, que geralmente decorrem de processos de análise de desequilíbrio econômico-financeiro em favor das concessionárias ou permissionárias, mas também em favor dos órgãos reguladores, que dentro de seu poder sancionador ainda podem aplicar multas pelo atraso ou inadimplemento de obrigações contratualmente previstas.

Na recuperação judicial da concessionária do aeroporto de Viracopos, localizado na cidade de Campinas, no Estado de São Paulo, por exemplo, a Agência Nacional de Aviação Civil – Anac, era a maior credora do processo dentre os créditos de mesma natureza.[14]

O pedido de recuperação judicial foi ajuizado em 07 de maio de 2018, e em 08 de outubro de 2018, a Anac apresentou impugnação de crédito, cuja controvérsia só foi definitivamente solucionada com a celebração de acordo em 14 de fevereiro de 2020, na assembleia geral de credores.[15]

No acordo, a Anac, entre outros pontos, concordou com: (i) a valoração dos seus créditos, inicialmente tidos como ilíquidos, no valor apurado no agravo de instrumento n. 2197201-05.2019.8.26.0000, possibilitando a

[14] MARTÍNEZ-VARGAS, Ivan. Anac poderá vetar plano de recuperação judicial de concessionária de Viracopos: Se a agência reguladora recusar o plano, empresa poderá ter a falência decretada. Folha de São Paulo, São Paulo, 18 de set. de 2019. Disponível em: <https://www1.folha.uol.com.br/mercado/2019/09/anac-ganha-poder-de-vetar-plano-de-recuperacao-judicial-de-concessionaria-de-viracopos.shtml>. Acesso em 18 de abril de 2021.

[15] Processo de Recuperação judicial da concessionária do aeroporto de Viracopos: autos n. 1019551-68.2018.8.26.0114, fls. 21.609/21.611.

fixação de sua posição na lista de credores; e (ii) a consequente extinção consensual da respectiva impugnação de crédito.

O caso da recuperação judicial da concessionária do aeroporto de Viracopos é um exemplo concreto do quanto a possibilidade de conciliação ou mediação na recuperação judicial das concessionárias e permissionárias com os órgãos reguladores e entes federativos tem o potencial de tornar mais célere a solução das controvérsias e aprovação do plano de recuperação judicial.

Cumpre ressaltar que, assim que foi celebrado o acordo, apenas quatro dias depois, em 18 de fevereiro de 2020; foi homologado o plano de recuperação judicial da concessionária, e, em 10 de dezembro, foi proferida sentença declarando que o plano de recuperação foi cumprido em relação às obrigações vencidas e vincendas durante o prazo de fiscalização, que se encerraria entre fevereiro e março de 2022, razão pela qual foi declarado o encerramento da recuperação judicial.

Ou seja, verifica-se que a discussão que se alongou, e postergou a aprovação e homologação do plano de recuperação judicial, foi justamente a travada entre a concessionária de Viracopos e a Anac. Nesse sentido, se a conciliação ou mediação, de forma antecedente ou incidental, prevista pelo artigo 20-B, inciso II, introduzido pela Lei nº 14.112/2020, já estivesse vigente para solucionar controvérsias relativas aos créditos da Anac, esse caso poderia ter sido encerrado de forma mais célere e eficiente.

3. O Juiz da Recuperação Judicial

O princípio da preservação da empresa, expresso pelo artigo 47 da Lei nº 11.101/2005,[16] decorre do princípio da função social da empresa.[17] À luz do primeiro princípio, que também corresponde ao objetivo do processo de recuperação judicial, o Poder Público, enquanto garantidor da tutela jurisdicional, na figura do juiz da recuperação judicial, deverá pautar suas decisões pela imparcialidade, mas também deverá considerar que, em

[16] Lei nº 11.101/2005, artigo 47: "A recuperação judicial tem por objetivo viabilizar a superação da situação de crise econômico-financeira do devedor, a fim de permitir a manutenção da fonte produtora, do emprego dos trabalhadores e dos interesses dos credores, promovendo, assim, a preservação da empresa, sua função social e o estímulo à atividade econômica.".

[17] COELHO, Fábio Ulhoa. Capítulo 29: Recuperação judicial. Novo manual de direito comercial. 5. ed. livro eletrônico. São Paulo: Thomson Reuters Brasil, 2021.

torno da atividade econômica empresarial, gravitam interesses para além daqueles pertencentes aos empresários e investidores.[18]

Na recuperação, há o interesse social ligado: (i) à geração de empregos, e aos próprios trabalhadores que compõem o quadro de funcionários e dependem da continuidade das atividades da empresa para manutenção de seu sustento; (ii) ao atendimento das necessidades dos consumidores na aquisição de produtos e serviços; (iii) à tributação sobre o lucro e faturamento, por exemplo, decorrente da atividade econômica, entre outros.[19]

Tendo esses interesses em consideração, é necessário fazer a distinção de que nem toda empresa deve ser recuperada, pois reorganizar os passivos e ativos de uma empresa é atividade que envolve alto custo, na medida em que, de uma forma ou de outra, seja pelos investimentos no negócio em crise, seja pelas perdas parciais ou totais de crédito, alguém pagará o custo dessa reorganização.[20]

Nesse sentido, apenas as empresas viáveis devem poder ter a recuperação judicial concedida, sendo que o exame da viabilidade deve ser feito a partir de análises, que considerem diferentes perspectivas, quais sejam: a importância social do negócio em crise, com a verificação da mão de obra e tecnologia empregadas; a contábil, pela apuração do volume do ativo e passivo; ou mercadológica, considerando o porte e tempo de existência da empresa.

A partir dessa análise, é necessário que o juiz da recuperação judicial sopese o princípio da preservação da empresa, com o fato de que apenas as empresas viáveis devem ter o processamento do pedido de recuperação judicial concedido. É sob esse racional que serão analisadas a seguir as alterações operadas pela Lei nº 14.112/2020 na função do juiz na recuperação judicial.

[18] *Ibid.*

[19] *Ibid.*

[20] "Por ser a sociedade brasileira como um todo que arca, em última instância, com os custos da recuperação das empresas, é necessário que o Judiciário seja criterioso ao definir quais merecem ser recuperadas. Não se pode erigir a recuperação das empresas em um valor absoluto. Não é qualquer empresa que deve ser salva a qualquer custo. Na maioria dos casos, se a crise não encontrou uma solução de mercado, o melhor para todos é a falência, com a realocação em outras atividades econômicas produtivas dos recursos materiais e humanos anteriormente empregados na da falida.". *Ibid.*

3.1. O *cram down* após a reforma da Lei

O plano de recuperação judicial, enquanto proposta de pagamento apresentada aos credores, tem como pressuposto o restabelecimento da confiança entre as partes para a retomada da atividade econômica da recuperanda.[21] Votado na assembleia-geral de credores, o plano viabiliza a formação de uma nova relação negocial entre o devedor e os credores.

Nesse contexto, o *cram down*[22] – aprovação do plano de recuperação judicial imposta pelo juiz frente aos credores – é empregado para cercear o abuso de direito de voto e evitar que a recuperação seja convolada em falência, caso não seja atingido o quórum necessário para aprovação do plano de recuperação judicial em assembleia.

No Brasil, em prol do princípio da preservação da atividade empresarial, há previsão legal para que o juiz conceda a recuperação judicial sem a aprovação plano pelos credores conforme o disposto no artigo 45 da Lei nº 11.101/2005,[23] assim como há construção jurisprudencial a respeito do instituto.

Com as alterações implementadas pela Lei nº 14.112/2020, tal instituto jurídico sofreu modificações que tornaram mais restritiva a aprovação do plano de recuperação judicial por *cram down*. Isso porque, o artigo 58 da Lei nº 11.101/2005,[24] cujo parágrafo 1º prevê a possibilidade de que o

21 PUGLIESI, Adriana Valéria. Direito Falimentar e Preservação da Empresa. São Paulo: Quartier Latin, 2013. p. 259.

22 O instituto do *cram down* foi incorporado no Sistema Jurídico pátrio a partir do Direito Falimentar Norte-Americano. Ele pode ser utilizado se cumpridos os requisitos de aprovação mínima dos credores, conforme o inciso II, § 1º do art. 58 da Lei 14.112/2020 ou se constatado abuso de direito de voto na Assembleia.

23 Lei nº 11.101/2005, artigo 45: "Nas deliberações sobre o plano de recuperação judicial, todas as classes de credores referidas no art. 41 desta Lei deverão aprovar a proposta. § 1º Em cada uma das classes referidas nos incisos II e III do art. 41 desta Lei, a proposta deverá ser aprovada por credores que representem mais da metade do valor total dos créditos presentes à assembleia e, cumulativamente, pela maioria simples dos credores presentes. § 2º Nas classes previstas nos incisos I e IV do art. 41 desta Lei, a proposta deverá ser aprovada pela maioria simples dos credores presentes, independentemente do valor de seu crédito. § 3º O credor não terá direito a voto e não será considerado para fins de verificação de quórum de deliberação se o plano de recuperação judicial não alterar o valor ou as condições originais de pagamento de seu crédito."

24 Lei nº 11.101/2005, artigo 58: "Cumpridas as exigências desta Lei, o juiz concederá a recuperação judicial do devedor cujo plano não tenha sofrido objeção de credor nos termos do

juiz conceda a recuperação judicial com base em plano que não obteve a aprovação conforme o disposto no artigo 45 da Lei nº 11.101/2005, deve atender a requisitos cumulativos no caso concreto para que ocorra.

Os requisitos cumulativos que já eram previstos pelo parágrafo 1º, do artigo 58, consistiam em: (i) o voto favorável de credores que representem mais da metade do valor de todos os créditos presentes à assembleia, independentemente de classes; (ii) dentro da classe que houver rejeitado o plano, exista voto favorável de mais de 1/3 (um terço) dos credores, computados na forma dos parágrafos 1º e 2º do artigo 45 da Lei nº 11.101/2005.

Assim, a Lei nº 14.112/2020 introduziu mais um requisito ao parágrafo 1º, do artigo 58, consistente no inciso II, que prevê a necessidade de aprovação: (i) de três das classes de credores ou, (ii) caso haja somente três classes com credores votantes, a aprovação de pelo menos duas das classes ou, (iii) caso haja somente 2 duas classes com credores votantes, a aprovação de pelo menos 1 uma delas, nos termos do artigo 45 da Lei nº 11.101/2005.

Além disso, a Lei nº 14.112/2020 também incluiu o artigo 58-A,[25] que expressamente dispõe que, na hipótese de rejeição do plano de recuperação judicial proposto pela recuperanda, ou pelos credores, e não

art. 55 desta Lei ou tenha sido aprovado pela assembleia-geral de credores na forma dos arts. 45 ou 56-A desta Lei. § 1º O juiz poderá conceder a recuperação judicial com base em plano que não obteve aprovação na forma do art. 45 desta Lei, desde que, na mesma assembleia, tenha obtido, de forma cumulativa: I – o voto favorável de credores que representem mais da metade do valor de todos os créditos presentes à assembleia, independentemente de classes; II – a aprovação de 3 (três) das classes de credores ou, caso haja somente 3 (três) classes com credores votantes, a aprovação de pelo menos 2 (duas) das classes ou, caso haja somente 2 (duas) classes com credores votantes, a aprovação de pelo menos 1 (uma) delas, sempre nos termos do art. 45 desta Lei (Redação dada pela Lei nº 14.112, de 2020); III – na classe que o houver rejeitado, o voto favorável de mais de 1/3 (um terço) dos credores, computados na forma dos §§ 1º e 2º do art. 45 desta Lei. § 2º A recuperação judicial somente poderá ser concedida com base no § 1º deste artigo se o plano não implicar tratamento diferenciado entre os credores da classe que o houver rejeitado. § 3º Da decisão que conceder a recuperação judicial serão intimados eletronicamente o Ministério Público e as Fazendas Públicas federal e de todos os Estados, Distrito Federal e Municípios em que o devedor tiver estabelecimento.".

[25] Lei nº 14.112/2020, artigo 58-A: "Rejeitado o plano de recuperação proposto pelo devedor ou pelos credores e não preenchidos os requisitos estabelecidos no § 1º do art. 58 desta Lei, o juiz convolará a recuperação judicial em falência. Parágrafo único. Da sentença prevista no caput deste artigo caberá agravo de instrumento.".

preenchidos os requisitos estabelecidos no parágrafo 1º, do artigo 58, da Lei nº 11.101/2005, o juiz convolará a recuperação judicial em falência.

Ou seja, ao contrário da faculdade que o juiz da recuperação judicial possui para concessão da recuperação judicial cujo plano não foi aprovado pelos credores, desde que preenchidos os requisitos cumulativos do artigo 58, parágrafo 1º e incisos, o juiz possui o dever de declarar a falência da recuperanda que não teve o plano de recuperação judicial aprovado, nos termos artigo 58-A, incluído pela Lei nº 14.112/2020.

Dessa forma, eventual concessão da recuperação judicial com base em plano que não obteve aprovação pelos credores, mas sem observar os requisitos do artigo 58, parágrafo 1º para tanto (situação mais próxima ao *cram down* praticado no Direito Falimentar Norte-Americano), tal hipótese está ainda mais restrita à constatação de abuso do direito de voto, prevista pelo artigo 39 da Lei nº 11.101/2005, em razão da inclusão do parágrafo 6º no artigo 39, pela Lei nº 14.112/2020.[26]

Conforme disposto pelo parágrafo 6º do artigo 39,[27] introduzido pela Lei nº 14.112/2020, é expressamente assegurado ao credor o exercício de seu direito de voto de acordo com seu interesse e juízo de conveniência,

[26] "Art. 39. Terão direito a voto na assembleia-geral as pessoas arroladas no quadro-geral de credores ou, na sua falta, na relação de credores apresentada pelo administrador judicial na forma do art. 7º, § 2º, desta Lei, ou, ainda, na falta desta, na relação apresentada pelo próprio devedor nos termos dos arts. 51, incisos III e IV do caput, 99, inciso III do caput, ou 105, inciso II do caput, desta Lei, acrescidas, em qualquer caso, das que estejam habilitadas na data da realização da assembleia ou que tenham créditos admitidos ou alterados por decisão judicial, inclusive as que tenham obtido reserva de importâncias, observado o disposto nos §§ 1º e 2º do art. 10 desta Lei. (...). § 6º O voto será exercido pelo credor no seu interesse e de acordo com o seu juízo de conveniência e poderá ser declarado nulo por abusividade somente quando manifestamente exercido para obter vantagem ilícita para si ou para outrem. (...)."

[27] Lei nº 11.101/2005, artigo 39: "Terão direito a voto na assembleia-geral as pessoas arroladas no quadro-geral de credores ou, na sua falta, na relação de credores apresentada pelo administrador judicial na forma do art. 7º, § 2º, desta Lei, ou, ainda, na falta desta, na relação apresentada pelo próprio devedor nos termos dos arts. 51, incisos III e IV do caput, 99, inciso III do caput, ou 105, inciso II do caput, desta Lei, acrescidas, em qualquer caso, das que estejam habilitadas na data da realização da assembleia ou que tenham créditos admitidos ou alterados por decisão judicial, inclusive as que tenham obtido reserva de importâncias, observado o disposto nos §§ 1º e 2º do art. 10 desta Lei. (...). § 6º O voto será exercido pelo credor no seu interesse e de acordo com o seu juízo de conveniência e poderá ser declarado nulo por abusividade somente quando manifestamente exercido para obter vantagem ilícita para si ou para outrem (Incluído pela Lei nº 14.112, de 2020)".

de forma que seu voto somente poderá ser declarado nulo por abusividade quando manifestamente exercido para obter vantagem ilícita, para si, ou para outrem. Ou seja, por esse novo dispositivo, o voto pela não aprovação do plano de recuperação judicial, caso não seja exercido para obter vantagem ilícita, deverá prevalecer, ainda que tenha como resultado a convolação da recuperação judicial em falência.

Sob essa lógica, a jurisprudência do Superior Tribunal de Justiça, em regra, não admite a concessão do *cram down* pelo juiz a partir de seu livre convencimento, mas como ferramenta de repúdio à fraude e abuso de direito.[28] Isso porque, o juiz tem o dever de conceder a recuperação judicial da recuperanda cujo plano tenha sido aprovado em assembleia, não cabendo se imiscuir em discussões sobre a viabilidade econômica da empresa, considerando que essa questão é objeto de deliberação da assembleia geral de credores.[29] Há exceção a esse entendimento majoritário, que se fundamentou tanto pelo argumento de se evitar eventual abuso do direito de voto decorrente de "posições individualistas", quanto pelas circunstâncias fáticas do caso, haja vista que o *cram down* em questão já havia produzido efeitos por nove anos.[30]

A análise de tal posicionamento minoritário da jurisprudência do Superior Tribunal de Justiça, à luz das alterações conferidas ao instituto do *cram down* pela Lei nº 14.112/2020, conduz à conclusão de que o interesse e o juízo de conveniência dos credores, expressos em seu poder de voto, aliados à soberania das decisões tomadas em assembleia, adquiriram maior destaque quando contrapostos ao princípio da preservação da atividade empresarial, o que levaria à manutenção do entendimento majoritário da jurisprudência do Superior Tribunal de Justiça.

Considerando as modificações conferidas pela Lei nº 14.112/2020 sobre o instituto do *cram down*, que incluem: (i) o acréscimo de mais um requisito a ser observado pelo juiz, disposto pelo inciso II, do parágrafo 1º, do artigo 58, para sua aplicação; (ii) o dever do juiz, expressamente previsto pelo

[28] Superior Tribunal de Justiça. Terceira Turma. Agravo Regimental no Recurso Especial nº 1.310.075/AL. J. 02/10/2014.

[29] Superior Tribunal de Justiça. Quarta Turma. Recurso Especial nº 1.359.311/SP. J 09/09/2014. Superior Tribunal de Justiça. Terceira Turma. Recurso Especial nº 1.314.209/SP. J. 22/05/2012.

[30] Superior Tribunal de Justiça. Quarta Turma. Recurso Especial nº 1.337.989/SP. J. 08/05/2018.

artigo 58-A, de declarar a falência da recuperanda caso não seja aprovado o plano de recuperação judicial; e (iii) o parágrafo 6º do artigo 39, que garante ao credor o exercício de seu direito de voto de acordo com seu interesse e juízo de conveniência, que somente poderá ser declarado nulo quando constatada abusividade ou tentativa de obtenção de vantagem ilícita, verifica-se que o *cram down* foi limitado pelas alterações conferidas pela Lei nº 14.112/2020.

3.2. Constatação das reais condições de funcionamento da recuperanda

O artigo 51-A,[31] introduzido pela Lei nº 14.112/2020, prevê que, após a distribuição do pedido de recuperação judicial, caso julgue necessário, o juiz possui a faculdade de nomear profissional de sua confiança, que possua capacidade técnica e idoneidade, exclusivamente para constatar as reais condições de funcionamento da recuperanda, a regularidade e a

[31] Lei nº 14.112/2020, artigo 51-A: "Após a distribuição do pedido de recuperação judicial, poderá o juiz, quando reputar necessário, nomear profissional de sua confiança, com capacidade técnica e idoneidade, para promover a constatação exclusivamente das reais condições de funcionamento da requerente e da regularidade e da completude da documentação apresentada com a petição inicial. § 1º A remuneração do profissional de que trata o caput deste artigo deverá ser arbitrada posteriormente à apresentação do laudo e deverá considerar a complexidade do trabalho desenvolvido. § 2º O juiz deverá conceder o prazo máximo de 5 (cinco) dias para que o profissional nomeado apresente laudo de constatação das reais condições de funcionamento do devedor e da regularidade documental. § 3º A constatação prévia será determinada sem que seja ouvida a outra parte e sem apresentação de quesitos por qualquer das partes, com a possibilidade de o juiz determinar a realização da diligência sem a prévia ciência do devedor, quando entender que esta poderá frustrar os seus objetivos. § 4º O devedor será intimado do resultado da constatação prévia concomitantemente à sua intimação da decisão que deferir ou indeferir o processamento da recuperação judicial, ou que determinar a emenda da petição inicial, e poderá impugná-la mediante interposição do recurso cabível. § 5º A constatação prévia consistirá, objetivamente, na verificação das reais condições de funcionamento da empresa e da regularidade documental, vedado o indeferimento do processamento da recuperação judicial baseado na análise de viabilidade econômica do devedor. § 6º Caso a constatação prévia detecte indícios contundentes de utilização fraudulenta da ação de recuperação judicial, o juiz poderá indeferir a petição inicial, sem prejuízo de oficiar ao Ministério Público para tomada das providências criminais eventualmente cabíveis. § 7º Caso a constatação prévia demonstre que o principal estabelecimento do devedor não se situa na área de competência do juízo, o juiz deverá determinar a remessa dos autos, com urgência, ao juízo competente.".

completude da documentação apresentada para instruir a petição inicial do pedido de recuperação judicial.

O instituto da constatação prévia das reais condições de funcionamento da recuperanda tem sua origem na prática iniciada por alguns juízos recuperacionais, que posteriormente foi consolidada na Recomendação nº 57/2019 do Conselho Nacional de Justiça.[32] Inicialmente, o objetivo do instituto era evitar que fossem processadas recuperações judiciais de empresas já desativadas ou sem condições de soerguimento, mas, posteriormente, as conclusões da constatação prévia passaram ter como objetivo auxiliar o juiz na análise da documentação apresentada para instruir o pedido de recuperação judicial.

Em análise do instituto, Fábio Ulhoa Coelho aponta que a constatação prévia apresenta três efeitos negativos: (i) o aumento da duração da fase postulatória; (ii) a elevação dos custos para o devedor que se encontra em crise econômico-financeira; e (iii) desperta interesse indevido, por parte do profissional encarregado de realizar a constatação prévia, no deferimento do processamento da recuperação judicial.[33]

Para Fabio Ulhoa Coelho, esse interesse indevido é o principal ponto negativo do instituto normatizado pelo artigo 51-A, da Lei nº 14.112/2020, haja vista que o profissional encarregado de realizar a constatação prévia estará imerso em evidente conflito de interesses, na medida em que ao mesmo tempo que é o responsável por comunicar ao juiz se a petição inicial está, ou não, devidamente instruída, também guarda interesse no processamento do pedido, decorrente de sua expectativa de vir a ser nomeado administrador judicial do processo.

Em que pese haver pontos positivos de o juiz poder contar com uma análise inicial mais técnica da documentação que deverá instruir o pedido de recuperação judicial, como a melhor compreensão da atividade desenvolvida pela recuperanda ou a possibilidade de elaboração de decisões

[32] Recomendação Nº 57 de 22/10/2019. Conselho Nacional de Justiça. Ementa: "Recomenda aos magistrados responsáveis pelo processamento e julgamento dos processos de recuperação empresarial a adoção de procedimentos prévios ao exame do feito, e dá outras providências.". Publicado em DJe/CNJ nº 229/2019, de 30 de outubro de 2019, p. 3-4.

[33] COELHO, Fábio Ulhoa. 192. Excepcionalidade da constatação prévia. Comentários à Lei de Falências e de Recuperação de Empresas. 14ª ed. São Paulo: Thomson Reuters, 2021.

mais fundamentadas no contexto fático do pedido, fato é que a depender a forma como se desenvolver a constatação prévia, é possível que haja significativa demora no deferimento do processamento da recuperação judicial.

Considerando que o §2º, do artigo 51-A prevê prazo máximo de cinco dias para elaboração do laudo de constatação das reais condições de funcionamento do devedor e da regularidade documental, mas não veda sua prorrogação, por exemplo, isso pode acarretar demora que pode ser prejudicial tanto à recuperanda quanto aos credores.

Por fim, ainda que se argumente que a constatação prévia tem como objetivo evitar o processamento recuperações judiciais de empresas já desativadas, ou sem condições de soerguimento, o parágrafo 5º, do artigo 51-A, veda o indeferimento do processamento da recuperação judicial com base na análise de viabilidade econômica do devedor.

Ou seja, pela combinação dos parágrafos 5º e 6º, do artigo 51-A, apenas na hipótese de a constatação prévia detectar indícios contundentes de utilização fraudulenta da ação de recuperação judicial, o juiz poderá indeferir a petição inicial, conforme prevê o parágrafo 6º, do artigo 51-A.

Do exposto, o artigo 51-A, introduzido pela Lei nº 14.112/2020, que dispõe sobre o instituto da constatação prévia, apenas normatizou prática já prevista pela Recomendação nº 57/2019 do Conselho Nacional de Justiça, e inseriu o instituto na Lei nº 11.101/2005 como uma faculdade do juiz da recuperação judicial de obter suporte técnico para o exame da documentação apresentada para instruir a petição inicial do pedido de recuperação judicial, que conforme já apontado, se aplicado de forma inadequada, pode apresentar mais pontos negativos do que positivos ao processamento do pedido de recuperação judicial.

4. O Ministério Público na recuperação judicial após a reforma de Lei

O Ministério Público tem o dever de atuar como fiscal da lei nos processos de recuperação judicial para fazer prevalecer a supremacia do interesse público. Assim, o Ministério Público deve acompanhar o procedimento com o objetivo de garantir tanto a lisura e igualdade de credores dentro de uma determinada classe, quanto impedir que os credores sejam prejudicados por eventuais fraudes, tentativas de dilapidação patrimonial ou outros artifícios ilegais para frustrar a expectativa de pagamento dos credores.[34]

Nesse sentido, o Ministério Público também deve intervir quando notar que a empresa autora do pedido de recuperação judicial não se apresenta viável para consecução de suas atividades, podendo pedir que seja decretada a falência da empresa. Isso porque, após concedido o processamento da recuperação judicial, caso a empresa não seja capaz de manter ou gerar empregos, adimplir suas obrigações tributárias, prestar serviços ou vender produtos, não estará cumprindo a sua função social e não merecerá a reorganização de suas contas.

Contudo, da mesma forma que o juiz deve observar os interesses sociais atrelados ao pedido de recuperação judicial, o Ministério Público também deve estar atento ao fato de que a decretação da falência da uma empresa, por exemplo, pode ocasionar mudanças econômicas e sociais drásticas em uma comunidade.[35]

É sob a perspectiva do desafio de equilibrar a intervenção do Ministério Público na recuperação judicial, que deve se pautar pelo princípio da preservação da atividade empresarial, mas também da supremacia do interesse público, que serão analisadas, a seguir, as alterações operadas pela Lei nº 14.112/2020 em relação à atuação do Ministério Público na recuperação judicial.

4.1. A fiscalização da substituição das deliberações em assembleia-geral de credores pela comprovação da adesão dos credores ao plano

A Lei nº 14.112/2020, em seu artigo 45-A,[36] com o objetivo de dinamizar o processo de recuperação judicial, possibilitou que as deliberações da

[34] Como o Ministério Público atua nos processos de falência? Disponível em: <https://www.mpsc.mp.br/areas-de-atuacao/falencia>. Acesso em 27 de abril de 2021.

[35] Informativo n. 38 – A atuação do Ministério Público nos processos de recuperação. Curitiba, 01 de março de 2013. Disponível em: <judicialhttp://civel.mppr.mp.br/pagina-69.html>. Acesso em 21 de abril de 2021.

[36] Lei nº 14.112/2020, artigo 45-A: "As deliberações da assembleia-geral de credores previstas nesta Lei poderão ser substituídas pela comprovação da adesão de credores que representem mais da metade do valor dos créditos sujeitos à recuperação judicial, observadas as exceções previstas nesta Lei. § 1º Nos termos do art. 56-A desta Lei, as deliberações sobre o plano de recuperação judicial poderão ser substituídas por documento que comprove o cumprimento do disposto no art. 45 desta Lei. § 2º As deliberações sobre a constituição do Comitê de

assembleia-geral de credores pudessem ser substituídas pela comprovação da adesão de credores que representem mais da metade do valor dos créditos sujeitos à recuperação judicial.

Dessa forma, as decisões dos credores sobre a reestruturação dos ativos e passivos da recuperanda, por exemplo, podem ser documentadas por um Termo de Adesão em substituição ao instrumento da ata de realização da assembleia geral de credores.[37] Em um contexto de pandemia pelo Coronavírus, em que reuniões presenciais devem ser evitadas, tal possibilidade merece especial destaque em termos de potencial de conferir celeridade processual e eficiência ao procedimento.

Nesse sentido, antes que seja feita a homologação do Termo de Adesão pelo juiz da recuperação judicial, o Termo de Adesão deve ser verificado e certificado pelo administrador judicial, com a elaboração de parecer a ser submetido ao juízo recuperacional. De forma similar, o parágrafo 4º, do artigo 45-A, adicionado pela Lei nº 14.112/2020, dispõe que o Ministério Público também deverá ser ouvido a respeito do conteúdo do Termo de Adesão apresentado em substituição ao instrumento da ata de realização da assembleia geral de credores, com o objetivo de auxiliar o juízo recuperacional a decidir pela homologação ou não do Termo de Adesão.

Verifica-se, portanto, que o prestígio à celeridade e à eficiência pela medida prevista no artigo 45-A, para dinamizar o procedimento de recuperação judicial, não deixou de atribuir a necessária importância da participação do Ministério Público enquanto fiscal da recuperação judicial, para garantir a lisura do procedimento.

Credores poderão ser substituídas por documento que comprove a adesão da maioria dos créditos de cada conjunto de credores previsto no art. 26 desta Lei. § 3º As deliberações sobre forma alternativa de realização do ativo na falência, nos termos do art. 145 desta Lei, poderão ser substituídas por documento que comprove a adesão de credores que representem 2/3 (dois terços) dos créditos. § 4º As deliberações no formato previsto neste artigo serão fiscalizadas pelo administrador judicial, que emitirá parecer sobre sua regularidade, com oitiva do Ministério Público, previamente à sua homologação judicial, independentemente da concessão ou não da recuperação judicial.".

[37] COELHO, Fábio Ulhoa. 128. Termo de Adesão dos Credores. Comentários à Lei de Falências e de Recuperação de Empresas. 14ª ed. São Paulo: Thomson Reuters, 2021.

4.2. Constatação prévia e detecção de indícios de utilização fraudulenta da ação de recuperação judicial

Como já apontado no item 3.2. sobre a constatação das reais condições de funcionamento da recuperanda, conforme disposição expressa do parágrafo 6º, do artigo 51-A, incluído pela Lei nº 14.112/2020, caso a constatação prévia detecte indícios contundentes de utilização fraudulenta da ação de recuperação judicial, o juiz estará autorizado a indeferir a petição inicial, sem prejuízo de oficiar ao Ministério Público para tomada das providências criminais eventualmente cabíveis.

Nesse sentido, considerando que houve a normatização do instituto da constatação prévia, em linha com a lógica da participação do Ministério Público no processo de recuperação judicial que permeia toda a Lei nº 11.101/2005, também foi incluída redação que dispõe sobre o juiz poder oficiar ao Ministério Público, para que esse tome as providências criminais eventualmente cabíveis se constatados indícios contundentes de utilização fraudulenta da ação de recuperação judicial.

Assim, a partir das informações obtidas por meio da constatação prévia, o Ministério Público poderá avaliar se os indícios contundentes de utilização fraudulenta da ação de recuperação judicial verificados se encaixam em alguma das condutas descritas nas disposições penais, previstas no capítulo VII da Lei nº 11.101/2005.

4.3. Intervenção do Ministério Público na insolvência transnacional

O artigo 167-A e seguintes, introduzidos pela Lei nº 14.112/2020, disciplinam a insolvência transnacional. O objetivo das normas é proporcionar mecanismos efetivos para a cooperação internacional em casos de insolvência transnacional, aumentando a segurança jurídica para fomento da atividade econômica, de modo a proteger os interesses de todos os credores e dos demais interessados, inclusive do devedor, por meio da proteção de investimentos, a preservação de empregos e a otimização da utilização produtiva dos bens, dos ativos e dos recursos da empresa recuperanda.

Em linha com a participação do Ministério Público como fiscal da lei na recuperação judicial, o artigo 167-A, em seu parágrafo 5º, dispõe expressamente que o Ministério Público deverá intervir nos processos de insolvência transnacional.[38] Contudo, em julgamento recente, proferido pelo juiz Marcelo Barbosa Sacramone da 2ª Vara de Falências e Recuperações Judiciais do Tribunal de Justiça de São Paulo, não foi reconhecida a legitimidade ativa do Ministério Público para pedir a instauração de procedimento de jurisdição voluntária no âmbito da insolvência transnacional.[39]

Isso porque, a cooperação apenas pode ser solicitada pela autoridade ou representante estrangeiro para o processo em que atua, mesmo não havendo processo de insolvência concorrente no Brasil. Entretanto, os demais interessados, como o Ministério Público, não possuiriam legitimidade para fazer o pedido de cooperação internacional, previsto pelo artigo 167-H,[40] introduzido pela Lei nº 14.112/2020, conforme entendimento exposto pelo juiz Marcelo Barbosa Sacramone nos autos do procedimento instaurado pelo Ministério Público de São Paulo em relação ao pedido de reorganização do grupo Latam nos Estados Unidos da América.[41]

O Ministério Público de São Paulo que, no caso em questão, pretendia estabelecer a cooperação entre a jurisdição do Brasil e dos Estados Unidos – haja vista que o Grupo LATAM Airlines no Chile, havia ingressado com

[38] Lei nº 14.112/2020, artigo 167-A: "Este Capítulo disciplina a insolvência transnacional, com o objetivo de proporcionar mecanismos efetivos para: I – a cooperação entre juízes e outras autoridades competentes do Brasil e de outros países em casos de insolvência transnacional; II – o aumento da segurança jurídica para a atividade econômica e para o investimento; III – a administração justa e eficiente de processos de insolvência transnacional, de modo a proteger os interesses de todos os credores e dos demais interessados, inclusive do devedor; IV – a proteção e a maximização do valor dos ativos do devedor; V – a promoção da recuperação de empresas em crise econômico-financeira, com a proteção de investimentos e a preservação de empregos; e VI – a promoção da liquidação dos ativos da empresa em crise econômico-financeira, com a preservação e a otimização da utilização produtiva dos bens, dos ativos e dos recursos produtivos da empresa, inclusive os intangíveis. (...). § 5º O Ministério Público intervirá nos processos de que trata este Capítulo.".

[39] SATIRO, Francisco. BECUE, Sabrina Maria Fadel. TEIXEIRA, Isabella Noschese. Os credores locais e o processo de insolvência transnacional. Portal Migalhas, 27 de abril de 2021. Disponível em: <https://www.migalhas.com.br/depeso/344261/os-credores-locais-e--o-processo-de-insolvencia-transnacional>. Acesso em 22 de abril de 2021.

[40] Lei nº 14.112/2020, artigo 167-H: "O representante estrangeiro pode ajuizar, perante o juiz, pedido de reconhecimento do processo estrangeiro em que atua. (...)".

[41] Sentença proferida, em 30 de março de 2021, às fls. 46/47 dos autos do processo n. 1028368-61.2021.8.26.0100.

processo de insolvência, com fundamento no Capítulo 11 da lei norte-americana –, no entendimento do magistrado, não era parte legítima para requerer as medidas cautelares para reconhecimento de processo estrangeiro.

Assim, houve o indeferimento da petição inicial e a extinção do feito sem julgamento de mérito, sob os fundamentos de que: (i) não houve requerimento de cooperação apresentado pelo juízo estrangeiro ao juízo local; (ii) considerando a ausência de pedido de reconhecimento do processo estrangeiro, os credores no Brasil não seriam afetados pelo processo estrangeiro e poderiam prosseguir com suas execuções para satisfação de seus créditos, e (iii) pelo fato de que "Não há legitimidade para outros interessados realizarem o referido pedido, pelo que o Ministério Público é considerado, ainda, parte ilegítima em relação a medidas cautelares para tutelar o resultado de um futuro processo, que não poderia promover".[42]

Dessa forma, certamente caberá ao Ministério Público intervir nos procedimentos de insolvência transnacional, caso seja constatada eventual prática de falsidade, dolo, simulação, fraude, erro essencial ou, ainda, conforme dispõe o artigo 19, *caput*, da Lei nº 11.101/2005,[43] sem prejuízo de serem adotadas as medidas cabíveis caso verificada a ocorrência da prática de qualquer das hipóteses elencadas ou relacionadas ao capítulo VII da Lei nº 11.101/2005. Contudo, até o momento, o entendimento é o de que o artigo 167-H é taxativo ao dispor que apenas o representante estrangeiro pode ajuizar, perante o juiz, pedido de reconhecimento do processo estrangeiro em que atua, de forma que o Ministério Público não teria legitimidade para instaurar procedimento de jurisdição voluntária no âmbito da insolvência transnacional.

[42] Sentença proferida, em 30 de março de 2021, às fls. 46/47 dos autos do processo n. 1028368-61.2021.8.26.0100. Contra a referida sentença, em 14 de abril de 2021, foi interposto recurso de apelação pelo Ministério Público de São Paulo, que ainda está pendente de julgamento.

[43] Lei nº 11.101/2005, artigo 19, caput: "O administrador judicial, o Comitê, qualquer credor ou o representante do Ministério Público poderá, até o encerramento da recuperação judicial ou da falência, observado, no que couber, o procedimento ordinário previsto no Código de Processo Civil, pedir a exclusão, outra classificação ou a retificação de qualquer crédito, nos casos de descoberta de falsidade, dolo, simulação, fraude, erro essencial ou, ainda, documentos ignorados na época do julgamento do crédito ou da inclusão no quadro-geral de credores.".

Conclusões

As alterações operadas pela Lei nº 14.112/2020 na reforma da Lei nº 11.101/2005 de Recuperação Judicial, Extrajudicial e Falência, trouxeram novos dispositivos relacionados à atuação do Poder Público enquanto: devedor, credor, garantidor da tutela jurisdicional e fiscal da lei, nos processos de recuperação judicial.

Nesse sentido, em relação à atuação do Poder Público como devedor e credor, na figura das recuperandas concessionárias e permissionárias de serviço público como devedor, e dos órgãos reguladores e entes federativos como credor, a possibilidade de conciliação ou mediação, de forma antecedente ou incidental, introduzida pelo artigo 20-B, inciso II, da Lei nº 14.112/2020, conferiu significativo avanço no tocante à celeridade e eficiência do processo de recuperação judicial.

Exemplo desse avanço poderia ter sido verificado na recuperação judicial da concessionária do aeroporto de Viracopos, caso o artigo 20-B, inciso II, da Lei nº 14.112/2020, já estivesse vigente para solucionar controvérsias relativas aos créditos da Anac (maior credora dentro de sua classe no processo de recuperação judicial), na medida em que o plano de recuperação judicial só foi aprovado após a celebração de acordo entre a Anac e a concessionária de Viracopos, o que só ocorreu após aproximadamente dois anos.

No tocante ao Poder Público como garantidor da tutela jurisdicional, na figura do juiz, considerando as modificações conferidas pela Lei nº 14.112/2020 sobre o instituto do *cram down*, que incluem: (i) o acréscimo de mais um requisito a ser observado pelo juiz para sua aplicação (artigo 58, parágrafo 1º, inciso II); (ii) o dever do juiz, expressamente previsto de declarar a falência da recuperanda caso não seja aprovado o plano de recuperação judicial (artigo 58-A); e (iii) a garantia ao credor do exercício de seu direito de voto de acordo com seu interesse e juízo de conveniência (que somente poderá ser declarado nulo quando constatada abusividade ou tentativa de obtenção de vantagem ilícita, conforme artigo 39, parágrafo 6º), verifica-se que o *cram down* foi limitado pelas alterações conferidas pela Lei nº 14.112/2020.

Ainda sobre as alterações relativas ao juiz na recuperação judicial, o artigo 51-A, introduzido pela Lei nº 14.112/2020, que dispõe sobre o instituto da constatação prévia, apenas normatizou prática já prevista pela Recomendação nº 57/2019 do Conselho Nacional de Justiça, inserindo o instituto na Lei nº 11.101/2005 como uma faculdade do juiz da recuperação judicial de obter suporte técnico profissional, de alguém de sua confiança, para o exame da documentação apresentada para instruir a petição inicial do pedido de recuperação judicial.

Sobre a constatação prévia, cumpre destacar que, conforme observações pertinentes de Fábio Ulhoa Coelho, o instituto pode apresentar mais pontos negativos do que positivos ao processamento do pedido de recuperação judicial, como: (i) o aumento da duração da fase postulatória; (ii) a elevação dos custos para o devedor que se encontra em crise econômico-financeira para pagamento do profissional responsável pela constatação prévia; e (iii) conflito de interesse do profissional que fará a constatação prévia com o deferimento do processamento da recuperação judicial, em razão da expectativa de ser indicado como administrador judicial. Seria interessante que esses pontos fossem considerados pelo juiz no momento de optar, ou não, por realizar a constatação prévia.

Em relação ao Poder Público enquanto fiscal da lei, na figura do Ministério Público na recuperação judicial, as alterações foram introduzidas pra incluir a participação do Ministério Público na fiscalização dos novos institutos adicionados pela Lei nº 14.112/2020, sendo esses: o Termo de Adesão dos credores ao plano de recuperação judicial, instrumento que poderá substituir a realização da assembleia geral de credores (artigo 45-A); assim como a documentação da constatação prévia (artigo 51-A, parágrafo 6º); e os procedimentos de insolvência transnacional (artigo 167-A, parágrafo 5º).

Por todo o exposto, verifica-se que as alterações operadas pela Lei nº 14.112/2020, na reforma da Lei nº 11.101/2005, em relação ao Poder Público: prestigiaram a eficiência e celeridade pela resolução de controvérsias por meio de conciliação ou mediação; regulamentaram institutos de aplicação pelos juízes, ao dispor sobre requisitos adicionais para o *crawn down* e incluir o instituto da constatação prévia; e, por fim, incluíram a participação do Ministério Público como fiscal da lei nos procedimentos novos institutos, sendo esses a substituição das deliberações em assembleia-geral de credores pelo Termo de Adesão, a constatação prévia e a insolvência transnacional.

Nesse sentido, após análise dos novos dispositivos e institutos, revela-se seu potencial para que seja alcançado de forma ainda mais eficiente o objetivo do instituto da recuperação judicial, consistente na preservação da atividade empresarial, pautada pela função social da empresa. E sob a perspectiva específica do Poder Público, os novos dispositivos e institutos, também apresentam potencial à garantia da supremacia do interesse público, à luz dos interesses sociais atrelados ao processo de recuperação judicial.

Referências

COELHO, Fábio Ulhoa. *Comentários à lei de falências e de recuperação de empresas*. 14. ed. São Paulo: Revista dos Tribunais, 2021. *E-book*.

COELHO, Fábio Ulhoa. Recuperação judicial. *In*: COELHO, Fábio Ulhoa. *Novo manual de direito comercial*: direito de empresa. 32. ed. São Paulo: Revista dos Tribunais, 2021. *E-book*.

CROCE, Bruno Boris Carlos. Cram Down, o entendimento do STJ e as perspectivas com a reforma da Lei de Falências. *In*: LUCCAS, Fernando Pompeu (Org.). *Reforma da lei de falências*: reflexões sobre direito recuperacional, falimentar e empresarial moderno. São Paulo: Revista dos Tribunais, 2021. *E-book*.

DI PIETRO, Maria Sylvia Zanella; MARTINS JUNIOR, Wallace Paiva. Critério da Administração Pública. *In*: DI PIETRO, Maria Sylvia Zanella; MARTINS JUNIOR, Wallace Paiva. *Tratado de direito administrativo*: teoria geral e princípios do direito administrativo. 2. ed. São Paulo: Revista dos Tribunais, 2019. *E-book*.

JUSTEN FILHO, Marçal. *Curso de direito administrativo*. 13. ed. São Paulo: Revista dos Tribunais, 2018. *E-book*.

MARTÍNEZ-VARGAS, Ivan. Anac poderá vetar plano de recuperação judicial de concessionária de Viracopos: se a agência reguladora recusar o plano, empresa poderá ter a falência decretada. *Folha de São Paulo*, São Paulo, 18 set. 2019. Disponível em: https://www1.folha.uol.com.br/mercado/2019/09/anac-ganha-poder-de-vetar-plano-de-recuperacao-judicial-de-concessionaria--de-viracopos.shtml. Acesso em: 18 de abril de 2021.

PUGLIESI, Adriana Valéria. *Direito falimentar e preservação da empresa*. São Paulo: Quartier Latin, 2013. p. 259.

RITTNER, Daniel; OTTA, Lu Aiko. Câmara avança em nova lei para concessões e parcerias: proposta prevê fim da possibilidade de recuperação judicial por concessionárias de serviços públicos. *Valor Econômico*, Brasília, 03 out 2019. Disponível em: https://valor.globo.com/brasil/noticia/2019/10/03/camara-avanca-em-nova--lei-para-concessoes-e-parcerias.ghtml. Acesso em: 21 abr. 2021.

SATIRO, Francisco; BECUE, Sabrina Maria Fadel; TEIXEIRA, Isabella Noschese. Os credores locais e o processo de insolvência transnacional. *Migalhas*, 27 abr. de 2021. Disponível em: https://www.migalhas.com.br/depeso/344261/os-credores--locais-e-o-processo-de-insolvencia-transnacional. Acesso em: 22 abr. 2021.

5. O Produtor Rural e a Cédula de Produto Rural na Recuperação Judicial: Evolução Jurisprudencial e as Reformas Recentes

Bruno Mastriani Simões Tuca
Paula de Souza Gonçalves

Introdução

A atividade rural possui inegável relevância econômica e social no Brasil. Estima-se que existam mais de 15 milhões de produtores rurais no país, divididos em mais de cinco milhões de estabelecimentos rurais[1], isso sem contar com toda a cadeia econômica que envolve o agronegócio, como fornecedores de insumos, serviços de logística e armazenamento e comercialização, que, em conjunto, no ano de 2020, foram responsáveis por 26,6% do Produto Interno Bruto (PIB) brasileiro[2].

Apesar da relevância do setor, a Lei 11.101/2005 ("LRFE"), que regula a recuperação judicial, extrajudicial e a falência do empresário e sociedade empresária no Brasil, não apresentava disposições específicas sobre a recuperação judicial do produtor rural.

1 Instituto Brasileiro de Geografia e Estatística – IBGE. Censo Agropecuário (2017). Disponível em: <https://censos.ibge.gov.br/agro/2017/>. Acessado em: 02/05/21.

2 Centro de Estudos Avançados em Economia Aplicada – CEPEA; Confederação da Agricultura e Pecuária do Brasil – CNA. PIB do Agronegócio. Disponível em: <https://www.cepea.esalq.usp.br/upload/kceditor/files/Cepea_CNA_relatorio_2020.pdf>. Acessado em: 02/05/21.

A omissão da LRFE, somada ao tratamento diferenciado garantido ao empresário rural nos termos do Código Civil[3], levou a intensos debates e divergências quanto aos requisitos para processamento da recuperação judicial do produtor rural e aos créditos sujeitos à recuperação, especialmente no que diz respeito ao momento do registro do produtor rural perante a Junta Comercial. Essa incerteza quanto às condições para sujeição do crédito concedido ao produtor rural aos efeitos da recuperação judicial teve evidentes impactos negativos no mercado de crédito rural, aumentando os custos de transação do setor.

Na esteira de reforma legislativa um pouco anterior, introduzida pela Lei 13.986/2020 (“**Lei do Agro**”), que teve o propósito de conferir maior segurança jurídica às operações no setor rural e ampliar o acesso ao financiamento das atividades rurais, a reforma da LRFE, instituída pela Lei 14.112/2020 (“**Reforma**”), também buscou conferir maior segurança jurídica aos negócios celebrados com produtores rurais por meio da inserção na LRFE de dispositivos específicos relativos à recuperação judicial do produtor rural.

Assim, a Reforma alterou a LRFE para prever expressamente as formas de comprovação do exercício regular da atividade pelo produtor rural por mais de dois anos[4] e os créditos excluídos da recuperação judicial do produtor rural[5]. Ainda, a Reforma introduziu importante mudança quanto

[3] O artigo 970 do Código Civil prevê que será assegurado tratamento favorecido, diferenciado e simplificado ao empresário rural quanto à inscrição no Registro Público de Empresas Mercantis e aos efeitos daí decorrentes. Nessa esteira, os artigos 971 e 984 do Código Civil conferem aos empresários e às sociedades que exercem atividade rural a faculdade – e não dever – de requerer a sua inscrição no Registro Público de Empresas Mercantis da respectiva sede e dispõem que somente após o registro ficarão equiparados, para todos os efeitos, ao empresário sujeito a registro obrigatório.

[4] Art. 48. § 3º Para a comprovação do prazo estabelecido no **caput** deste artigo, o cálculo do período de exercício de atividade rural por pessoa física é feito com base no Livro Caixa Digital do Produtor Rural (LCDPR), ou por meio de obrigação legal de registros contábeis que venha a substituir o LCDPR, e pela Declaração do Imposto sobre a Renda da Pessoa Física (DIRPF) e balanço patrimonial, todos entregues tempestivamente.

[5] Art. 49. Estão sujeitos à recuperação judicial todos os créditos existentes na data do pedido, ainda que não vencidos. (...) § 6º Nas hipóteses de que tratam os §§ 2º e 3º do art. 48 desta Lei, somente estarão sujeitos à recuperação judicial os créditos que decorram exclusivamente da atividade rural e estejam discriminados nos documentos a que se referem os citados parágrafos, ainda que não vencidos. § 7º Não se sujeitarão aos efeitos da recuperação judicial

à Cédula de Produto Rural ("CPR") — principal título de financiamento dentro do sistema de crédito agrícola oficial — ao prever que as CPR com liquidação física ("CPR Física") e suas garantias não se sujeitam aos efeitos da recuperação judicial[6].

Este trabalho se propõe a analisar essas mudanças a partir da compreensão da conjuntura do entendimento jurisprudencial sobre a recuperação judicial do produtor rural e a não sujeição da CPR Física aos efeitos da recuperação quando da entrada em vigor da Reforma, a fim de discutir o impacto potencial das mudanças introduzidas sob a perspectiva dos credores e produtores rurais.

Para tanto, será apresentado na primeira seção deste artigo um panorama sobre as discussões referentes à recuperação judicial do produtor rural antes da Reforma, abarcando a exposição dos principais julgados sobre o tema. As principais controvérsias, como será exposto, residiam (i) na possibilidade de o produtor rural inscrito na Junta Comercial há menos de dois anos requerer a recuperação judicial e (ii) na sujeição dos créditos anteriores à inscrição do produtor rural na Junta Comercial aos efeitos da recuperação judicial.

Na segunda seção deste artigo, serão apresentadas com maiores detalhes as alterações introduzidas pela Reforma quanto à recuperação judicial do produtor rural, correlacionando tais modificações com as controvérsias identificadas. Serão destacadas as mudanças introduzidas

os recursos controlados e abrangidos nos termos dos arts. 14 e 21 da Lei nº 4.829, de 5 de novembro de 1965. § 8º Estarão sujeitos à recuperação judicial os recursos de que trata o § 7º deste artigo que não tenham sido objeto de renegociação entre o devedor e a instituição financeira antes do pedido de recuperação judicial, na forma de ato do Poder Executivo. (...) § 9º Não se enquadrará nos créditos referidos no caput deste artigo aquele relativo à dívida constituída nos 3 (três) últimos anos anteriores ao pedido de recuperação judicial, que tenha sido contraída com a finalidade de aquisição de propriedades rurais, bem como as respectivas garantias.

[6] A previsão foi introduzida a partir da reforma do artigo 11 da Lei 8.929/1994, que passou a prever que "Não se sujeitarão aos efeitos da recuperação judicial os créditos e as garantias cedulares vinculados à CPR com liquidação física, em caso de antecipação parcial ou integral do preço, ou, ainda, representativa de operação de troca por insumos (barter), subsistindo ao credor o direito à restituição de tais bens que se encontrarem em poder do emitente da cédula ou de qualquer terceiro, salvo motivo de caso fortuito ou força maior que comprovadamente impeça o cumprimento parcial ou total da entrega do produto".

em relação aos créditos excluídos da recuperação judicial, em especial aqueles representados pela CPR Física, expondo ainda as discussões jurisprudenciais existentes quanto à sujeição da CPR aos efeitos da recuperação judicial antes da Reforma.

Por fim, serão apresentadas as conclusões, com considerações sobre o potencial da Reforma para a concessão de maior segurança jurídica aos credores e produtores rurais e fomento do crédito ao agronegócio.

1. O momento do registro perante a Junta Comercial e a recuperação judicial do produtor rural: discussões anteriores à Reforma e o entendimento do Superior Tribunal de Justiça

Os benefícios legais previstos da LRFE – quais sejam, a recuperação judicial, extrajudicial e a falência – são conferidos exclusivamente aos empresários e sociedades empresárias[7].

O empresário, nos termos do Código Civil, é aquele que "*exerce profissionalmente atividade econômica organizada para a produção ou a circulação de bens ou de serviços*"[8]. Ainda nos termos do Código Civil[9], o empresário deve obrigatoriamente realizar sua inscrição no Registro Público de Empresas Mercantis — atualmente, Junta Comercial — antes do início de suas atividades.

Os empresários e sociedades rurais, no entanto, possuem tratamento diferenciado: nos termos do Código Civil, sua inscrição perante o Registro Público de Empresas Mercantis é facultativa e tem como efeito a equiparação do empresário rural aos empresários sujeitos a registro para todos os efeitos[10].

A diversidade da atividade rural desenvolvida no Brasil, em que se verifica desde a agricultura familiar até grandes produtores com atividades voltadas à exportação, justifica a escolha do legislador de conceder aos produtores rurais a possibilidade de optar ou não pela submissão ao

[7] É o que dispõe o artigo 1º da LRFE: "Esta Lei disciplina a recuperação judicial, a recuperação extrajudicial e a falência do empresário e da sociedade empresária, doravante referidos simplesmente como devedor".

[8] O conceito é definido pelo artigo 966 do Código Civil.

[9] Conforme artigo 967 do Código Civil: "É obrigatória a inscrição do empresário no Registro Público de Empresas Mercantis da respectiva sede, antes do início de sua atividade".

[10] Conforme artigos 971 e 984 do Código Civil.

regime jurídico do empresário[11]. Assim, nos termos expressos da lei[12], apenas se o produtor rural optar pela inscrição na Junta Comercial e após o registro será o produtor rural considerado empresário para todos os efeitos legais.

A exigência de que o produtor rural esteja inscrito perante a Junta Comercial anteriormente ao protocolo do pedido de recuperação judicial para que seu processamento possa ser deferido é entendimento sedimentado nos tribunais brasileiros.

O Superior Tribunal de Justiça se manifestou pela primeira vez sobre o tema – ainda que incidentalmente, uma vez que o recurso não se voltou especificamente às condições de admissibilidade do pedido de recuperação judicial do produtor rural – no julgamento do recurso especial 1.193.115/MT, ocorrido em agosto de 2013[13]. Na oportunidade,

[11] *Diante da extensão territorial brasileira e da heterogeneidade das formas em que referida atividade é exercida, pareceu prematuro ao legislador e aos redatores do projeto do Código Civil a inclusão desses profissionais no conceito de empresário. A atividade agropecuária pode ser desenvolvida em regime de economia familiar, sem nenhuma organização, bem como pode ser organizada por grandes produtores, em regime de larga escala e mediante o emprego de diversos funcionários. Diante de tão diversas concepções, facultou-se ao ruralista, que desenvolve atividade profissional e habitual agrícola, pecuária ou extrativista vegetal, a faculdade de optar pelo tratamento como empresário.* SACRAMONE, Marcelo Barbosa. *Comentários à Lei de Recuperação de Empresas e Falência.* 1ª ed. 2ª tiragem. São Paulo: Saraiva, 2018, p. 51.

[12] Nos exatos termos do artigo 971 do Código Civil: “O empresário, cuja atividade rural constitua sua principal profissão, pode, observadas as formalidades de que tratam o art. 968 e seus parágrafos, requerer inscrição no Registro Público de Empresas Mercantis da respectiva sede, caso em que, depois de inscrito, ficará equiparado, para todos os efeitos, ao empresário sujeito a registro”.

[13] O acórdão foi assim ementado: “Recuperação judicial. Comprovação da condição de empresário por mais de 2 anos. Necessidade de juntada de documento comprobatório de registro comercial. Documento substancial. Insuficiência da invocação de exercício profissional. Insuficiência de registro realizado 55 dias após o ajuizamento. Possibilidade ou não de recuperação de empresário rural não enfrentada no julgamento. 1. – O deferimento da recuperação judicial pressupõe a comprovação documental da qualidade de empresário, mediante a juntada com a petição inicial, ou em prazo concedido nos termos do CPC 284, de certidão de inscrição na Junta Comercial, realizada antes do ingresso do pedido em Juízo, comprovando o exercício das atividades por mais de dois anos, inadmissível a inscrição posterior ao ajuizamento. Não enfrentada, no julgamento, questão relativa às condições de admissibilidade ou não de pedido de recuperação judicial rural. 2.- Recurso Especial improvido quanto ao pleito de recuperação.” (Superior Tribunal de Justiça. Terceira Turma. Recurso Especial n. 1193115/MT. J. 20/08/13).

o Ministro Sidnei Benetti, consignou que a inscrição na Junta Comercial é requisito objetivo para a comprovação da condição de empresário daquele que requer o processamento da recuperação judicial, de modo que não se poderia, com base no genérico princípio da preservação da empresa, dispensar a comprovação da inscrição do produtor rural na Junta Comercial no momento do protocolo do pedido[14].

A possibilidade de processamento da recuperação judicial do produtor rural devidamente inscrito perante a Junta Comercial há mais de dois anos, portanto, é reconhecida pela jurisprudência e não encontrava óbices antes da Reforma. A divergência, entretanto, surgia quando o produtor rural que exercia atividades há mais de dois anos, porém sem inscrição na Junta Comercial, realizava sua inscrição em data próxima à data do requerimento da recuperação judicial.

A polêmica legal decorria da redação do artigo 48 da LRFE, que determina que a recuperação judicial somente pode ser requerida pelo devedor que, no momento do pedido, "*exerça regularmente suas atividades há mais de 2 (dois) anos*". A interpretação desse dispositivo não trazia desafios quanto ao empresário comum, para o qual a inscrição perante a Junta Comercial é requisito para que o exercício da atividade seja reconhecido

[14] "É que impossível nulificar, ao arrimo somente no princípio genérico da preservação da empresa (Lei 11.101/2005, art. 47), objeto de unânime e entusiasmada concordância, a exigência expressa e literal, feita pela lei de Recuperações e Falências, de comprovação, com a inicial, de que o requerente "exerça regularmente suas atividades há mais de 2 (dois) anos" (Lei 11.101/2005, art. 48, "caput"), ou seja, a comprovação da condição de comerciante. Essa comprovação documental é essencial, para o caso específico da recuperação judicial, à caracterização legal do estado de comerciante. É certo que o exercício da atividade empresarial pode realizar-se sem a inscrição do empresário na Junta Comercial (Enunciado 198 da III "Jornada de Direito Civil", do CEJ – Centro de Estudos da Justiça Federal), o que é pacífico à luz de centenária doutrina do Direito Comercial (exposta já pelos clássicos, cf. Alfredo Rocco, Cesare Vivante, Waldemar Ferreira, João Eunápio Borges, Rubens Requião, Franzen De Lima e outros). Mas da generalidade dessa qualificação como empresário não se extrai a qualificação especial para o pleito de recuperação judicial, ante a expressa disposição legal constante da Lei de Recuperações. [...] De qualquer forma, a inscrição no registro de comércio exige-se, necessariamente, antes do ajuizamento do pedido de recuperação judicial, não havendo como suprir-se pela inscrição posterior, como no caso, em que, como constante do Acórdão recorrido, veio, essa inscrição, a dar-se 55 dias após o ingresso do pedido de recuperação em Juízo." (Superior Tribunal de Justiça. Terceira Turma. Recurso Especial n. 1193115/MT. J. 20/08/13).

como regular[15]. Em relação ao produtor rural, no entanto, a inscrição na Junta Comercial não é requisito para a regularidade do exercício de suas atividades, mas mera faculdade para que seja considerado empresário para os efeitos legais[16].

Assim, doutrina e jurisprudência travavam debate sobre a natureza da inscrição do produtor rural na Junta Comercial: alguns consideravam que a inscrição teria efeito constitutivo, de modo que somente as atividades desenvolvidas a partir da inscrição poderiam ser consideradas para fins de cômputo do prazo de dois anos previsto na LRFE, enquanto outros defendiam que a inscrição seria meramente declaratória, devendo as atividades anteriores serem consideradas para aferição do referido prazo.

A discussão desdobrava-se ainda na possibilidade de sujeição dos créditos constituídos em momento anterior à inscrição do produtor rural na Junta Comercial aos efeitos da recuperação judicial. Para além da definição da natureza da inscrição do produtor rural perante o Registro de Empresas Mercantis, a questão da sujeição de créditos contratados antes da inscrição envolvia a segurança jurídica dos credores e o mercado de crédito rural em si[17].

15 Conforme determina o artigo 967 do Código Civil.

16 Conforme o artigo 971 do Código Civil.

17 *"Um dos fundamentos da corrente jurisprudencial que manda permanecerem fora da recuperação judicial os créditos originados antes da inscrição na Junta Comercial, é aquele segundo o qual o credor não pode ser surpreendido com a mudança das condições objetivas antes existentes. Ou seja, o credor fez negócio com alguém que não poderia pedir recuperação judicial (o exercente de atividade rural) e não com o empresário rural que agora pretende o processamento de sua recuperação. No entanto, a tal argumento pode opor-se aquela, segundo a qual a ninguém aproveita alegar o desconhecimento da lei (ignorantia legis neminem excusat). Quando do negócio feito antes da inscrição na Junta Comercial, era do conhecimento de todos os contratantes a existência do art. 971 do CC, que permite ao exercente da atividade rural transformar-se em empresário, pelo simples fato de inscrever-se na Junta Comercial. Este dispositivo legal permite a transformação pela simples inscrição dependente apenas da vontade do ruralista, determinando ainda que após a inscrição "ficará equiparado, para todos os efeitos, ao empresário sujeito a registro". Como o contratante não pode alegar desconhecimento deste dispositivo legal, não se pode também argumentar que foi surpreendido por uma nova condição objetiva, até porque esta possibilidade constava de expressa disposição legal".* BEZERRA FILHO, Manoel Justino. *Lei de Recuperação de Empresas e Falência.* Comentários ao artigo 48. São Paulo: RT, 2019. Disponível em: <https://proview.thomsonreuters.com/launchapp/title/rt/codigos/100073452/v14/document/173747162_S.I_C.III/anchor/a-A.48>. Acessado em 02/05/21.

Portanto, além da análise da natureza da inscrição do produtor rural perante a Junta Comercial, a definição da admissibilidade da recuperação judicial e sujeição de créditos anteriores ao registro ao concurso de credores deveria considerar: (**i**) de um lado, o argumento dos credores de que o crédito concedido na vigência de regime não empresarial possui bases diferentes do crédito concedido ao empresário, que pode se sujeitar à recuperação judicial e (**ii**) de outro, o argumento dos devedores de que a exclusão de tais créditos da recuperação judicial tornaria o processo ineficaz, sendo que a transformação do produtor rural em empresário pelo simples registro na Junta Comercial é possibilidade que deveria ser considerada pelos credores, pois expressamente prevista no Código Civil.

A discussão sobre o tema foi analisada pelo Superior Tribunal de Justiça apenas em novembro de 2019, quando a Quarta Turma do Superior Tribunal de Justiça proferiu o emblemático julgamento do recurso especial 1.800.032/MT[18], mais conhecido como "Caso J. Pupin". Por maioria de votos, foi dado provimento ao recurso especial para deferir o processamento da recuperação judicial de produtores rurais inscritos na Junta Comercial há menos de dois anos do pedido de recuperação judicial, sob o fundamento de que a inscrição tem natureza declaratória, de modo que, embora precise estar registrado na Junta Comercial para requerer a recuperação judicial, o produtor rural pode computar o período anterior à formalização do registro para cumprir o prazo mínimo de dois anos exigido pelo artigo 48 da LRFE.

O acórdão vencedor do Caso J. Pupin foi proferido pelo Ministro Raúl Araújo, que deu provimento ao recurso por entender que o produtor rural deve ser considerado empresário rural a partir do exercício da atividade econômica organizada, sendo a efetiva inscrição na Junta Comercial uma faculdade relevante apenas para declarar a qualidade jurídica de empresário, conferindo publicidade à sua submissão ao regime empresarial. O Ministro Raúl Araújo destacou ainda que, por ser a inscrição meramente opcional, não se destinaria a conferir regularidade ao empresário rural, que já se encontraria em situação regular e não poderia ser penalizado por não ter efetuado o registro que a própria lei lhe ofereceu como mera faculdade.

[18] Superior Tribunal de Justiça. Terceira Turma. Recurso Especial n. 1.800.032/MT. J. 05/11/19.

Pelas mesmas razões, o Ministro Raúl Araújo concluiu que não ser poderia distinguir o regime jurídico aplicável às obrigações anteriores e posteriores à inscrição do empresário rural na Junta Comercial, de modo que devem ser abrangidas na recuperação aquelas obrigações e dívidas anteriormente contraídas e não adimplidas até o momento do pedido de recuperação judicial.

O entendimento, no entanto, não foi unânime. Os Ministros Luis Felipe Salomão e Maria Isabel Gallotti entenderam na oportunidade que o registro do produtor rural perante a Junta Comercial possui natureza constitutiva, sendo que, até o registro, o produtor rural estaria submetido ao regime jurídico comum do Código Civil e, ainda que exercesse atividade rural com proveito econômico, não deveria ser considerado empresário. Os créditos contraídos em momento anterior ao registro seriam, portanto, extraconcursais.

O Ministro Luis Felipe Salomão, em seu voto, fez ainda interessante análise sob a perspectiva econômica da sujeição dos créditos anteriores ao registro aos efeitos da recuperação judicial, destacando que, tendo usufruído das condições mais favoráveis concedidas aos produtores rurais não empresários, deveriam esses também se responsabilizar pelos ônus de não contratar o crédito enquanto empresários[19].

O tema foi novamente submetido à apreciação do Superior Tribunal de Justiça, dessa vez à Terceira Turma, em outubro de 2020, no julgamento do recurso especial n. 1.811.95/MT[20], conhecido como "Caso Nicoli". Na oportunidade, a maioria dos ministros julgadores, seguindo voto do Ministro Marco Aurélio Bellizze, confirmou o entendimento proferido pela Quarta Turma no julgamento do Caso J. Pupin, reconhecendo que,

19 *"A partir da norma prévia conhecida e aplicável, como se fosse um "preço" a ser cobrado por uma "conduta escolhida", os indivíduos se conduzem na dinâmica das relações privadas, posicionando-se, exemplificadamente, como se fossem consumidores diante de produtos a serem escolhidos em uma prateleira, de modo a maximizarem os seus próprios interesses quando manifestam a sua escolha, aceitando, por conseguinte, os seus efeitos, pagando, assim, o seu "preço". [...] Logo, quando na exploração de uma atividade agrícola, o indivíduo escolhe livre e voluntariamente ser um produtor rural e não um empresário, exercendo, assim, um direito potestativo assegurado por lei e colhe, em decorrência de sua condição junto ao mercado financeiro, a garantia de acesso a empréstimos em condições favoráveis, deve, em contrapartida, também se responsabilizar pelos ônus já conhecidos de suas escolhas"*. Superior Tribunal de Justiça. Terceira Turma. Recurso Especial n. 1.800.032/MT. J. 05/11/19.

20 Superior Tribunal de Justiça. Quarta Turma. Recurso Especial n. 1.811.95/MT. J. 06/10/20.

ainda que necessário para viabilizar o pedido de recuperação judicial, "*o registro é absolutamente desnecessário para que o empresário rural demonstre a regularidade (em conformidade com a lei) do exercício profissional de sua atividade agropecuária pelo biênio mínimo, podendo ser comprovado por outras formas admitidas em direito*".

O julgamento novamente não foi unânime. O Ministro Bellizze, relator do voto vencedor, rejeitou a tese de que o pedido de recuperação judicial entabulado pelo produtor rural frustraria a legítima expectativa de seus credores, que imaginavam entabular relação jurídica eminentemente civil, pois, no seu entendimento, aqueles que estabelecem relação jurídica com profissional da atividade agropecuária, deveriam saber que o ajuste contratual entabulado dá-se com um empresário rural, cujo conceito relaciona-se com o modo profissional pelo qual exerce sua atividade econômica organizada, e não com a existência de prévio registro na Junta Comercial.

O Ministro Ricardo Villas Bôas Cueva, por sua vez, em voto divergente, apontou que a possibilidade de contrair a dívida como pessoa física e pagar como pessoa jurídica em recuperação judicial colocaria em risco toda a estrutura de relações econômicas do agronegócio e defendeu, ante os princípios da segurança jurídica e da proteção ao crédito, que a natureza da inscrição do empresário rural na Junta Comercial deveria ser considerada constitutiva.

O entendimento majoritário do Superior Tribunal de Justiça quanto à natureza declaratória da inscrição do produtor rural na Junta Comercial e à possibilidade de sujeição à recuperação judicial dos créditos contraídos em momento anterior ao registro, exposto nos Casos J. Pupin e Nicoli, não possuía efeito vinculante. De toda forma, ainda que se verificassem divergências entre os próprios ministros do Superior Tribunal de Justiça, a jurisprudência parecia caminhar para a adoção majoritária de tal entendimento.

2. As alterações introduzidas pela Reforma

2.1. A possibilidade de comprovação do exercício da atividade pelo período legal por meios diversos

Foi no contexto exposto na seção anterior, marcada por divergências dentro do próprio Superior Tribunal de Justiça e a ausência de entendimento vinculante sobre o tema, que a Reforma inseriu previsão expressa na LRFE de que a comprovação do exercício de atividade regular por mais de dois anos pelo produtor rural pode ser feita com base no Livro Caixa Digital do Produtor Rural (LCDPR), ou por meio de obrigação legal de registros contábeis que venha a substituir o LCDPR, e pela Declaração do Imposto sobre a Renda da Pessoa Física (DIRPF) e balanço patrimonial[21].

A alteração inserida pela LRFE, portanto, seguiu a linha da jurisprudência que vinha se firmando – mas que certamente ainda dependeria de muitos anos e outras decisões do Superior Tribunal de Justiça para se tornar pacífica – no sentido de que, apesar de ser necessário que o produtor rural esteja inscrito na Junta Comercial no momento do pedido de recuperação judicial, o desenvolvimento da atividade por mais de dois anos pode ser comprovado por outros meios, permitindo-se que o período anterior à inscrição seja computado para satisfazer o requisito do artigo 48 da LRFE.

É certo que previsão semelhante existia desde 2013 quanto ao produtor rural pessoa jurídica[22], mas o regramento da recuperação judicial do produtor rural pessoa física é a novidade, que possui inegável relevância quando se verifica que, mesmo dois meses antes da sanção da Reforma, os ministros do Superior Tribunal de Justiça ainda divergiam sobre o tema[23].

O novo regramento, apesar de não atender o pleito dos credores de que a inscrição na Junta Comercial fosse consolidada como marco objetivo para a sujeição dos créditos aos efeitos da recuperação judicial, sendo extraconcursais os créditos constituídos anteriormente, teve como mérito garantir maior previsibilidade às relações estabelecidas com os produtores rurais, que devem considerar a possibilidade de recuperação judicial

[21] Conforme artigo 48, § 3º, da LRFE: "Para a comprovação do prazo estabelecido no caput deste artigo, o cálculo do período de exercício de atividade rural por pessoa física é feito com base no Livro Caixa Digital do Produtor Rural (LCDPR), ou por meio de obrigação legal de registros contábeis que venha a substituir o LCDPR, e pela Declaração do Imposto sobre a Renda da Pessoa Física (DIRPF) e balanço patrimonial, todos entregues tempestivamente".

[22] Conforme artigo 48, § 2º da LRFE, incluído pela Lei n. 12.873/2013: "Tratando-se de exercício de atividade rural por pessoa jurídica, admite-se a comprovação do prazo estabelecido no caput deste artigo por meio da Declaração de Informações Econômico-fiscais da Pessoa Jurídica – DIPJ que tenha sido entregue tempestivamente".

[23] Como visto pelo julgamento não unânime do Caso Nicoli em outubro de 2020 (Superior Tribunal de Justiça. Quarta Turma. Recurso Especial n. 1.811.95/MT. J. 06/10/20).

mesmo que, à época da concessão do crédito, o produtor rural não esteja inscrito perante a Junta Comercial.

Nesse sentido, apesar de a Reforma não se aplicar a pedidos de recuperação judicial formulados em momento anterior a sua entrada em vigor, os reflexos da definição legislativa sobre o tema da recuperação judicial do produtor rural podem ser verificados já nos primeiros meses de 2021: o Superior Tribunal de Justiça julgou diversos casos reconhecendo a possibilidade de comprovação do exercício da atividade rural pelo prazo legal por outros meios, sendo as decisões atualmente unânimes[24].

2.2. Os créditos sujeitos aos efeitos da recuperação judicial do produtor rural de acordo com a Reforma

Se, de um lado, a Reforma consolidou a possibilidade de que produtores rurais registrados há menos de dois anos na Junta Comercial tenham sua recuperação judicial processada, de outro tornou mais objetiva a definição dos créditos que estão sujeitos aos efeitos da recuperação judicial, o que traz maior previsibilidade e segurança para os credores.

Nesse sentido, a Reforma inseriu previsão[25] de que estão sujeitos à recuperação judicial apenas os passivos que constem da contabilidade do devedor – ou seja, dos documentos que, a partir da Reforma, podem ser apresentados para comprovar o exercício da atividade anteriormente à inscrição na Junta Comercial (LCDPR, outros registros contábeis, balanço patrimonial e DIRPF). A previsão trata o produtor rural diferentemente dos demais agentes econômicos, para os quais todos os créditos se sujeitam às suas recuperações judiciais, mesmo que não tenham sido corretamente contabilizados.

[24] Nesse sentido, ver: Superior Tribunal de Justiça. Quarta Turma. AgInt no REsp 1878612/MT. J. 19/04/21; Superior Tribunal de Justiça. Terceira Turma. EDcl no AgInt no REsp 1882781/MT. J. 12/04/21; Superior Tribunal de Justiça. Terceira Turma. AgInt no REsp 1895916/PR. J. 29/03/21; Superior Tribunal de Justiça. Quarta Turma. AgInt no REsp 1886429/MT. J. 01/03/21; Superior Tribunal de Justiça. Quarta Turma. AgInt no REsp 1834452/MT. J. 23/02/21; e Superior Tribunal de Justiça. Terceira Turma. AgInt no AREsp 1564649/GO, J. 08/02/21.

[25] Conforme § 6º do artigo 49 da LRFE: "Nas hipóteses de que tratam os §§ 2º e 3º do art. 48 desta Lei, somente estarão sujeitos à recuperação judicial os créditos que decorram exclusivamente da atividade rural e estejam discriminados nos documentos a que se referem os citados parágrafos, ainda que não vencidos".

Ainda na linha de delimitar os créditos sujeitos à recuperação judicial do produtor rural, a Reforma determinou que apenas os créditos que decorram exclusivamente da atividade rural estão sujeitos aos efeitos da recuperação. Dessa forma, ainda que créditos não decorrentes da exploração da atividade econômica de produção rural sejam informados nos documentos apresentados pelo produtor rural para comprovação do exercício da atividade, esses não são passíveis de novação na recuperação judicial e poderão ser judicialmente executados quando inadimplidos[26].

Nos termos da Reforma[27], também podem ser excluídos da recuperação judicial os créditos concedidos nos termos da Lei 4.829/1965, que institucionalizou o crédito rural, modalidade de crédito direcionado que deve ser concedido, por orientação do conselho monetário nacional, por instituições financeiras públicas e privadas ao fomento da atividade rural. Tais créditos, no entanto, apenas serão excluídos do concurso de credores se tiverem sido renegociados antes do pedido de recuperação judicial[28].

A Reforma restringiu ainda a sujeição dos créditos para aquisição da propriedade rural aos efeitos da recuperação judicial, prevendo que, se a dívida for constituída nos três anos anteriores ao pedido de recuperação judicial, não se sujeita ao regime recuperacional[29].

26 Comentando sobre o tema, Fabio Ulhoa Coelho faz interessante colocação ao afirmar que "É como se o pedido de recuperação judicial do produtor rural pessoa física tivesse como efeito imediato a segregação do patrimônio do requerente, com a separação dos ativos e passivos relacionados à exploração da atividade rural. Em princípio, apenas o patrimônio separado interessa no âmbito da recuperação judicial." (*Comentários à Lei de Falências e de Recuperação de Empresas*. São Paulo: RT, 2021. Disponível em: <https://proview.thomsonreuters.com/launchapp/title/rt/monografias/111079511/v14/page/RB-59.2>. Acessado em: 02/05/21.

27 Conforme § 7º inserido ao artigo 49 da LRFE: "Não se sujeitarão aos efeitos da recuperação judicial os recursos controlados e abrangidos nos termos dos arts. 14 e 21 da Lei nº 4.829, de 5 de novembro de 1965".

28 Conforme § 8º inserido ao artigo 49 da LRFE: "Estarão sujeitos à recuperação judicial os recursos de que trata o § 7º deste artigo que não tenham sido objeto de renegociação entre o devedor e a instituição financeira antes do pedido de recuperação judicial, na forma de ato do Poder Executivo".

29 Conforme § 9º inserido ao artigo 49 da LRFE: "Não se enquadrará nos créditos referidos no **caput** deste artigo aquele relativo à dívida constituída nos 3 (três) últimos anos anteriores ao pedido de recuperação judicial, que tenha sido contraída com a finalidade de aquisição de propriedades rurais, bem como as respectivas garantias".

Por fim, a Reforma previu a exclusão da CPR Física e de suas garantias dos efeitos da recuperação judicial. Essa exclusão foi mais polêmica, tendo sido até mesmo objeto de veto presidencial derrubado pelo Congresso, razão pela qual trataremos desse título no capítulo a seguir.

2.3. A exclusão da CPR Física dos efeitos da recuperação judicial

A CPR é um título representativo de promessa de entrega futura de produtos rurais, com ou sem garantia cedularmente constituída, com a finalidade de financiar as atividades agropecuárias, funcionando como um facilitador na produção e comercialização rural. A CPR, tradicionalmente, possui liquidação física, sendo adimplida pelo produtor rural com a entrega do produto. Desde 2001[30], é também permitida a liquidação financeira da CPR.

No âmbito da recuperação judicial, anteriormente à Reforma, apenas os créditos com garantia fiduciária - incluindo as CPR - não estavam sujeitos à recuperação judicial[31]. Apesar da literalidade da LRFE, era possível verificar em alguns tribunais construção jurisprudencial que visava tutelar o interesse do credor de receber o produto objeto da CPR e garantir a aplicabilidade de tal título, interpretando de forma extensiva o dispositivo da LRFE referente ao crédito garantido por alienação fiduciária para permitir a restituição dos produtos agrícolas objeto das CPR sem garantia fiduciária[32].

[30] Lei 10.200/2001.

[31] Art. 49. § 3º Tratando-se de credor titular da posição de proprietário fiduciário de bens móveis ou imóveis, de arrendador mercantil, de proprietário ou promitente vendedor de imóvel cujos respectivos contratos contenham cláusula de irrevogabilidade ou irretratabilidade, inclusive em incorporações imobiliárias, ou de proprietário em contrato de venda com reserva de domínio, seu crédito não se submeterá aos efeitos da recuperação judicial e prevalecerão os direitos de propriedade sobre a coisa e as condições contratuais, observada a legislação respectiva, não se permitindo, contudo, durante o prazo de suspensão a que se refere o § 4º do art. 6º desta Lei, a venda ou a retirada do estabelecimento do devedor dos bens de capital essenciais a sua atividade empresarial.

[32] É o que se pode verificar, por exemplo, dos seguintes julgados proferidos pelo Tribunal de Justiça do Estado de São Paulo:
"Agravo de instrumento - Ação de execução de título extrajudicial - Insurgência em face de decisão que manteve o deferimento da tutela de urgência, consistente no sequestro de 2.900 toneladas de algodão em pluma e, indeferiu o pedido de suspensão da presente execução formulado pelo ora agravante - Alegação de que o Grupo Monte Alegre do qual

O Superior Tribunal de Justiça, no entanto, no Caso Nicoli – qual seja, um dos casos emblemáticos acerca da recuperação judicial do produtor rural, mencionado na seção 1 deste artigo – decidiu que as CPR que não contam com garantia fiduciária, independentemente de se tratarem de CPR Física ou com liquidação financeira, estão sujeitas à recuperação judicial e ordenou, no caso, a devolução dos produtos que haviam sido objeto de arresto[33].

faz parte está em recuperação judicial – Pretensão de suspensão da execução e devolução do algodão já constritado (1.769,96 toneladas) – Alegação de que o contrato que embasa a execução não está garantido por alienação fiduciária e sim por penhor e hipoteca, portanto, está fora do rol taxativo do § 3º, do art. 49, da Lei nº 11.101/05, devendo a determinação do Juízo Recuperacional para suspensão das execuções e abstenção de constrição de seus ativos financeiros, prevalecer também sobre o crédito sub judice – Improcedência do inconformismo – Crédito pignoratício que não está sujeito aos efeitos da recuperação – O deferimento do processamento ou aprovação de Plano da Recuperação Judicial de sociedade empresária, mesmo com a extensão de seus efeitos ao sócio, executado em execução de Cédula de Produto Rural, não acarreta a suspensão da execução, quando se trata de credor pignoratício, à luz do artigo 49, §3º, da Lei n. 11.101/2005 – Hipótese de manutenção da decisão hostilizada – Recurso desprovido." (Tribunal de Justiça do Estado de São Paulo. 12ª Câmara de Direito Privado. Agravo de Instrumento 2156558-68.2020.8.26.000. J. 04/09/20).
"Agravo de Instrumento – Execução para Entrega de Coisa Incerta – Cédula de Produto Rural, com garantia de penhor rural – Decisão que deferiu pedido feito pela exequente, ora agravada, para alienação antecipada de algodão sequestrado – Inconformismo da agravante, afirmando que o crédito em questão está sujeito à sua recuperação judicial – Crédito não submetido aos efeitos da recuperação judicial, de acordo com o art. 49 da Lei n. 11.101/2005, conforme já decidido no julgamento do agravo de instrumento nº 2137706-98.2017.8.26.0000 – Impossibilidade do reexame da matéria – Recurso não conhecido." (Tribunal de Justiça do Estado de São Paulo. 14ª Câmara de Direito Privado. Agravo de Instrumento 2122223-91.2018.8.26.0000. J. 28/11/18).

33 "[...] Revela-se de todo descabido, para efeito de validade e subsistência dos atos executivos em comento, aferir a essencialidade dos bens arrestados, a pretexto de aplicação da parte final do § 3º do art. 49 da Lei n. 11.101/2005, como procedeu o Tribunal estadual. Os créditos em análise (representados por cédulas de produto rural garantidas por penhor rural) não se subsumem a nenhum daqueles descritos no § 3º do art. art. 49 da Lei n. 11.101/2005 (entre os quais, o de titularidade de credor titular da posição de proprietário fiduciário), reputados extraconcursais. Nos termos do art. 41, II, da LRF, os créditos com garantia real, como é o caso do penhor, submetem-se, indiscutivelmente, ao processo recuperacional. 5. Reconhecida a invalidade dos atos constritivos realizados no bojo das execuções individuais, os ora recorridos haverão de proceder à disponibilização dos bens arrestados aos recorrentes, sob a supervisão e sob os critérios a serem determinados pelo Juízo da recuperação judicial, a quem compete, também, deliberar sobre eventual pedido, por parte dos recuperandos, de

O entendimento exarado pelo Superior Tribunal de Justiça acabou por ameaçar a utilização da CPR e/ou aumentar seu custo e a exigência de garantias, prejudicando o financiamento do setor rural. Deve-se lembrar que a CPR Física é amplamente utilizada pelo produtor rural, servindo a gama de operações cotidianas, desde a compra de insumos e outros ativos, incluindo até mesmo, propriedades rurais, e para obtenção de crédito junto a *tradings* e outros participantes da cadeia do agronegócio.

Reconhecendo a importância da CPR Física para a cadeia de valor do agronegócio e considerando ainda que, à luz das disposições introduzidas pela Reforma, créditos concedidos ao produtor rural sem inscrição na Junta Comercial ao tempo da contratação podem vir a se sujeitar à recuperação judicial, o legislador estabeleceu que CPR Física, em caso de antecipação parcial ou integral do preço, ou, ainda, representativa de operação de troca por insumos (barter), não se sujeitam à recuperação judicial, garantindo ao credor a restituição dos produtos, salvo caso fortuito ou força maior[34].

A Reforma inicialmente previa que os atos e eventos que se caracterizam como caso fortuito ou força maior seriam definidos pelo Ministério da Agricultura. A previsão, no entanto, foi vetada pelo Presidente da República, sendo o veto mantido pelo Congresso.

O veto de tal dispositivo não deverá acarretar grandes discussões ou prejuízos sobre a verificação da ocorrência de caso fortuito ou força maior nos casos submetidos ao Judiciário. A jurisprudência a respeito da relação da teoria da imprevisão com a atividade de produção rural é consolidada no sentido de que sua aplicação é excepcionalíssima, dado que eventos naturais são inerentes ao risco do negócio, não podendo eventos comuns,

alienação dos bens, objeto de garantia, para dar continuidade às suas atividades ou para dar consecução aos termos do Plano de recuperação judicial a ser submetido à Assembleia Geral Credores. 6. Recurso especial provido." (Superior Tribunal de Justiça. Terceira Turma. REsp 1867694/MT. J. 06/10/20).

[34] A alteração foi introduzida no artigo 11 da Lei 8.929/1994, que passou a prever que: "Não se sujeitarão aos efeitos da recuperação judicial os créditos e as garantias cedulares vinculados à CPR com liquidação física, em caso de antecipação parcial ou integral do preço, ou, ainda, representativa de operação de troca por insumos (barter), subsistindo ao credor o direito à restituição de tais bens que se encontrarem em poder do emitente da cédula ou de qualquer terceiro, salvo motivo de caso fortuito ou força maior que comprovadamente impeça o cumprimento parcial ou total da entrega do produto".

como chuvas e geadas, serem interpretados como imprevisíveis para afastar a responsabilidade do produtor rural pela entrega do produto[35].

A questão que provavelmente surgirá diz respeito ao tratamento das CPR Físicas caso não seja possível a entrega do produto em razão de eventos não considerados como caso fortuito ou força maior. O argumento de que, sendo o objetivo das CPR Físicas a entrega dos produtos, o crédito em caso de impossibilidade da entrega por qualquer outro motivo se

35 É o que se pode verificar, por exemplo, dos seguintes julgados proferidos pelo Tribunal de Justiça do Estado de São Paulo:
"Ação de cobrança – Contrato de abertura de crédito rural – Inaplicabilidade do Código de Defesa do Consumidor – Alegação de que o inadimplemento decorreu de morte do rebanho por ataque de serpentes, sendo aplicável ao caso a teoria da imprevisão, bem como o instituto do caso fortuito – Não acolhimento – Fato que não configura acontecimento extraordinário ou imprevisível no ramo de atividade explorado pelo recorrente – Sentença mantida – Recurso não provido" (Tribunal de Justiça do Estado de São Paulo. 13ª Câmara de Direito Privado. Apelação Cível 3001104-52.2013.8.26.0282. J. 30/06/20).
"Apelação Cível – Compra e venda de imóvel rural – Existência de cláusula contratual que previu condição acerca da venda de safra de cana-de-açúcar – Validade de cláusula – Caso fortuito ou força maior – Inocorrência – Fortes chuvas que teriam prejudicado a colheita na data prevista – Circunstância que não constitui caso fortuito, porquanto previsível – Justificativas que não podem ser opostas ao compromissário adquirente – Impossibilidade de se transferir ao apelado o ônus decorrente de causas a ele não imputáveis – Razões ofertadas que não impugnaram com o devido rigor os fundamentos da sentença – Repetição de parte das razões expostas na contestação que revela comodismo inaceitável. Negócio jurídico – Vício de consentimento – Alegação que sequer foi aventada pela apelante na inicial – Análise de elementos não examinados na primeira instância que acarretaria supressão de grau de jurisdição – Inovação em sede recursal – Sentença mantida – Recurso improvido. Sucumbência Recursal – Honorários advocatícios – Majoração do percentual arbitrado – Observância do artigo 85, §§ 2º e 11, do CPC – Execução dos valores sujeita ao disposto no art. 98, §3º, do NCPC." (Tribunal de Justiça do Estado de São Paulo. 2ª Câmara de Direito Privado. Apelação Cível 1010610-50.2018.8.26.0302. J. 30/04/20).
"Apelação – Ação de cobrança – Descumprimento de obrigação de fazer – Cédula de produto rural – Concessão do benefício da justiça gratuita – Astreinte – Limite fixado. A questão climática em negócio envolvendo produção agrícola é fator que deve ser levado em conta quando se celebra o contrato. Não é crível que um agricultor não conhecesse as intempéries às quais seu negócio está sujeito, de modo que o caso fortuito ou força maior (estiagem), não são motivos suficientes para ensejar o não cumprimento da obrigação, ou a resolução contratual – Correta a fixação de astreintes para o caso de descumprimento da determinação; todavia, deve ser limitada para que não enseje o enriquecimento sem causa. Apelação provida em parte." (Tribunal de Justiça do Estado de São Paulo. 30ª Câmara de Direito Privado. Apelação Cível 0000077-51.2013.8.26.0067. J. 30/10/19).

sujeitaria à recuperação judicial, certamente será apresentado pelos devedores. Contudo, entendendo que objetivo da Reforma é fomentar e dar segurança jurídica às CPRs, o melhor entendimento é de que o crédito decorrente da impossibilidade da entrega dos produtos por razões que não constituem caso fortuito ou força maior também não deve estar sujeito à recuperação judicial.

A exclusão da CPR Física – um dos principais meios de financiamento do produtor rural – dos efeitos da recuperação judicial tem levantado intensas críticas por alguns juristas, que argumentam que a medida acabou por excluir da recuperação os créditos mais volumosos, relevantes e recorrentes para a atividade rural e, consequentemente, reduzir (ou até mesmo impedir) a efetiva recuperação do produtor rural[36].

O melhor entendimento, no entanto, aponta para o fato de que a maior previsibilidade e garantia quanto ao recebimento do produto objeto da CPR Física é favorável a toda a cadeia produtiva do setor rural, pois estimulará financiamentos com condições mais favoráveis e o fomento do setor.

Portanto, a mudança constitui passo importante no fomento do crédito ao agronegócio, sobretudo ante a alteração feita pela Reforma que permite a comprovação do período de dois anos de exercício das atividades por outros meios que não o registro perante a Junta Comercial.

Conclusões

A Reforma da LRFE em relação ao produtor rural teve como grande mérito a concessão de maior previsibilidade quanto às condições para o processamento da recuperação judicial do empresário rural e aos créditos sujeitos aos efeitos da recuperação, antes objeto de divergências nos tribunais brasileiros.

[36] Nesse sentido, veja: NUNES, Isabella da Costa. Após veto presidencial CPR permanece sujeita ao processo de Recuperação Judicial. Disponível em: <https://www.agrolink.com.br/colunistas/apos-veto-presidencial-cpr-permanece-sujeita-ao-processo-de-recuperacao-judicial_445095.html#:~:text=11%20ao%20Projeto%20de%20Lei,aprovada%20na%20C%C3%A2mara%20dos%20Deputados.&text=Com%20o%20veto%2C%20a%20lei,ao%20processo%20de%20Recupera%C3%A7%C3%A3o%20Judicial>. Acessado em: 18/04/21; e FONSECA, Geraldo; RIBEIRO, Lizah Ellen Geld. As novidades na recuperação judicial do produtor rural: créditos não sujeitos e o panorama com o veto presidencial à exclusão da cédula de produto rural. In: Fernando Pompeu Luccas. Reforma da Lei de Falências. RT, 2021. Disponível em: <https://proview.thomsonreuters.com/launchapp/title/rt/monografias/257258159/v1/page/RB-15.14>. Acessado em: 02/05/21.

Assim, adotando entendimento para o qual a jurisprudência do Superior Tribunal de Justiça parecia estar se direcionando, a Reforma permitiu que o produtor rural comprove o exercício da atividade por mais de dois anos por outros meios que não a inscrição perante a Junta Comercial – sem, contudo, retirar a exigência de que o empresário rural esteja devidamente inscrito no Registro de Comércio quando do protocolo do pedido de recuperação judicial.

Em contrapartida, a Reforma determinou que apenas os créditos efetivamente decorrentes da atividade rural e discriminados na contabilidade do devedor estarão sujeitos à recuperação judicial, prevendo ainda que serão excluídos do concurso de credores: (**i**) os créditos rurais, concedidos nos termos da Lei 4.829/1965, desde que renegociados anteriormente ao pedido de recuperação judicial; (**ii**) os créditos para aquisição da propriedade rural, se a dívida for constituída nos três anos anteriores ao pedido de recuperação judicial e (**iii**) os créditos e garantias de CPR Física, salvo caso fortuito ou força maior que impeça a entrega do produto objeto da cédula.

A exclusão da CPR Física dos efeitos da recuperação judicial do produtor rural é, provavelmente, a inovação introduzida pela Reforma que gerou maiores debates no setor. Se por um lado os produtores rurais argumentam que a exclusão de tais créditos, que consistem em relevante parte das dívidas contraídas no setor, poderia tornar ineficaz a recuperação judicial do empresário rural, por outro lado o setor agropecuário deve se beneficiar da maior segurança jurídica quanto à entrega do produto objeto da CPR Física.

Espera-se que a mudanças introduzidas pela Reforma quanto à recuperação judicial do produtor rural possam estimular a concessão de financiamentos e o fomento do setor agropecuário brasileiro. A conclusão sobre os efetivos impactos e benefícios da Reforma no setor dependerá, como sempre que instituída ampla reforma legislativa, da observância de sua aplicação concreta pelos tribunais.

Referências

BEZERRA FILHO, Manoel Justino. *Lei de Recuperação de Empresas e Falência. Comentários ao artigo 48*. São Paulo: RT, 2019. Disponível em: <https://proview.thomsonreuters.com/launchapp/title/rt/codigos/100073452/v14/document/173747162_S.I_C.III/anchor/a-A.48>. Acessado em: 02/05/21.

Centro de Estudos Avançados em Economia Aplicada – CEPEA; *Confederação da Agricultura e Pecuária do Brasil – CNA. PIB do Agronegócio*. Disponível em: <https://www.cepea.esalq.usp.br/upload/kceditor/files/Cepea_CNA_relatorio_2020.pdf>. Acessado em: 02/05/21.

COELHO, Fabio Ulhoa. *Comentários à Lei de Falências e de Recuperação de Empresas*. São Paulo: RT, 2021. Disponível em: <https://proview.thomsonreuters.com/launchapp/title/rt/monografias/111079511/v14/page/RB-59.2> Acessado em: 02/05/21.

FONSECA, Geraldo; RIBEIRO, Lizah Ellen Geld. *As novidades na recuperação judicial do produtor rural: créditos não sujeitos e o panorama com o veto presidencial à exclusão da cédula de produto rural*. In: Fernando Pompeu Luccas. Reforma da Lei de Falências. RT, 2021. Disponível em: <https://proview.thomsonreuters.com/launchapp/title/rt/monografias/257258159/v1/page/RB-15.14>. Acessado em: 02/05/21.

Instituto Brasileiro de Geografia e Estatística – IBGE. *Censo Agropecuário (2017)*. Disponível em: <https://censos.ibge.gov.br/agro/2017/>. Acessado em: 02/05/21.

MARTINS, Paola Pereira. *A casuística da recuperação do produtor rural*. Revista dos Tribunais. vol. 1009/2019. p. 239-260. Nov/2019.

NUNES, Isabella da Costa. *Após veto presidencial CPR permanece sujeita ao processo de Recuperação Judicial*. Disponível em: <https://www.agrolink.com.br/colunistas/apos-veto-presidencial-cpr-permanece-sujeita-ao-processo-de--recuperacao-judicial_445095.html#:~:text=11%20ao%20Projeto%20de%20Lei,aprovada%20na%20C%C3%A2mara%20dos%20Deputados.&text=Com%20o%20veto%2C%20a%20lei,ao%20processo%20de%20Recupera%C3%A7%C3%A3o%20Judicial>. Acessado em: 18/04/21.

PEREIRA, Franco; DIAMANTE, Thiago. *Os créditos sujeitos à recuperação judicial do produtor rural*. Revista de Direito Privado. vol. 107/2021. p. 171-185. Jan-Mar/2021.

SACRAMONE, Marcelo Barbosa. *Comentários à Lei de Recuperação de Empresas e Falência*. 1ª ed. 2ª tiragem. São Paulo: Saraiva, 2018.

Superior Tribunal de Justiça. Terceira Turma. Recurso Especial n. 1193115/MT. J. 20/08/13.

Superior Tribunal de Justiça. Terceira Turma. Recurso Especial n. 1.800.032/MT. J. 05/11/19.

Superior Tribunal de Justiça. Quarta Turma. Recurso Especial n. 1.811.95/MT. J. 06/10/20.

Superior Tribunal de Justiça. Terceira Turma. REsp 1867694/MT. J. 06/10/20.

Superior Tribunal de Justiça. Terceira Turma. AgInt no AREsp 1564649/GO, J. 08/02/21.

Superior Tribunal de Justiça. Quarta Turma. AgInt no REsp 1834452/MT. J. 23/02/21.

Superior Tribunal de Justiça. Quarta Turma. AgInt no REsp 1886429/MT. J. 01/03/21.

Superior Tribunal de Justiça. Terceira Turma. AgInt no REsp 1895916/PR. J. 29/03/21.

Superior Tribunal de Justiça. Terceira Turma. EDcl no AgInt no REsp 1882781/MT. J. 12/04/21.

Superior Tribunal de Justiça. Quarta Turma. AgInt no REsp 1878612/MT. J. 19/04/21.

Tribunal de Justiça do Estado de São Paulo. 14ª Câmara de Direito Privado. Agravo de Instrumento 2122223-91.2018.8.26.0000. J. 28/11/18.

Tribunal de Justiça do Estado de São Paulo. 30ª Câmara de Direito Privado. Apelação Cível 0000077-51.2013.8.26.0067. J. 30/10/19.

Tribunal de Justiça do Estado de São Paulo. 13ª Câmara de Direito Privado. Apelação Cível 3001104-52.2013.8.26.0282. J. 30/06/20.

Tribunal de Justiça do Estado de São Paulo. 2ª Câmara de Direito Privado. Apelação Cível 1010610-50.2018.8.26.0302. J. 30/04/20.

Tribunal de Justiça do Estado de São Paulo. 12ª Câmara de Direito Privado. Agravo de Instrumento 2156558-68.2020.8.26.000. J. 04/09/20.

VERÇOSA, Haroldo Malheiros Duclerc. *Parecer – O conceito de produtor rural equiparado a empresário para os efeitos da Lei 11.101/2005*. Revista de Direito Empresarial. vol. 21/2016. p. 209-221. Dez/2016.

6. Os *Bondholders* na Reforma da Lei de Recuperação Judicial e Falência

André Chateaubriand Martins
Marcelo Sampaio Góes Ricupero
Nathalia Beschizza

Introdução

Após a promulgação da Lei 11.101 de 9 de fevereiro de 2005 ("LRF"), o Brasil vivenciou anos de crescimento econômico[1] e atraiu investidores estrangeiros. Por essa razão, muitas empresas também expandiram seus negócios para além das fronteiras do país e buscaram investidores estrangeiros.

A globalização também exerceu papel importante para permitir que as empresas brasileiras criassem subsidiárias no exterior e passassem a atuar no mercado econômico mundial, o que culminou no surgimento de grupos empresariais brasileiros com caráter transnacional.

A expansão do mercado econômico brasileiro tornou possível e usual para as empresas brasileiras a emissão de títulos de dívidas no mercado internacional, denominados *bonds* ou *notes*, como forma de captação de recursos.

Os *bonds* ou *notes* são títulos de dívida que representam obrigações ao emissor (devedor) e são frações do valor de um empréstimo que, na grande

[1] Segundo o IBGE, entre 2005 e 2011 o produto interno brasileiro (PIB) teve crescimento exponencial. Disponível em <https://www.ibge.gov.br/estatisticas/economicas/contas-nacionais/9300-contas-nacionais-trimestrais.html?=&t=series-historicas&utm_source=landing&utm_medium=explica&utm_campaign=pib#evolucao-taxa>. Acessado em: 14/06/2021.

maioria das vezes, é custodiado por instituições estrangeiras[2]. A emissão de *bonds* ou *notes* se tornou forma atrativa para as empresas brasileiras obterem recursos, já que os títulos são empréstimos que normalmente contam com maior prazo de vencimento e taxas de juros menores do que as praticadas no mercado, embora representem um endividamento em moeda estrangeira.

A emissão de *bonds* ou *notes* é regulamentada por instrumento denominado *Indenture*, o qual deverá prever as obrigações das partes, as características do título e a representação dos detentores do título perante o emissor na figura do agente fiduciário (*trustee*).

Apesar de o devedor principal ser, via de regra, sociedade constituída no exterior, é bastante comum que figurem como devedoras solidárias ou garantidoras do título sociedades brasileiras do mesmo grupo econômico, as quais respondem integralmente pelo cumprimento das obrigações.

Em decorrência da crise político-econômica que assolou o Brasil a partir de 2014, a procura por recursos estrangeiros e, consequentemente, a presença de capital estrangeiro no Brasil cresceu exponencialmente[3]. Com a escassez de crédito no mercado local, a forma encontrada pelas empresas brasileiras para buscar novas linhas de crédito foi recorrer ao mercado estrangeiro. De lá para cá, tem se observado que as empresas brasileiras continuam captando recursos por meio da emissão de dívida denominada em moeda estrangeira[4].

Como consequência do aumento da presença de capital estrangeiro no mercado econômico brasileiro, os detentores de *bonds* ou *notes* passaram a exercer papel relevante nos processos de insolvência no Brasil. Essa situação gerou diversas discussões relacionadas aos detentores desses

[2] REQUIÃO, Rubens. Curso de Direito Comercial. 29. ed. rev. e atual. São Paulo: Saraiva, 2012.

[3] O Banco Central do Brasil registrou que 2012, 2014 e 2017 foram os anos com maior investimento estrangeiro direto no país. Disponível em <https://www.bcb.gov.br/content/publicacoes/relatorioidp/RelatorioID2018/RID_2019.pdf>. Acessado em: 14/06/2021.

[4] De acordo com a ANBIMA, no mercado externo as operações de renda fixa das empresas brasileiras (emissões de bonds) somam US$ 7,6 bilhões em 2021 contra US$ 8 bilhões do primeiro trimestre de 2020. Disponível em <https://www.anbima.com.br/pt_br/imprensa/volume-de-emissoes-no-mercado-de-capitais-e-o-maior-dos-ultimos-dez-anos-para-um-primeiro-trimestre-8A2AB28878704C6F0178CCEFF8AA614D-00.htm>. Acessado em: 14/06/2021.

títulos perante o Poder Judiciário, considerando que não havia previsão legal sobre a participação de credores estrangeiros nos processos de insolvência brasileiros.

Grande parte dessas questões foram resolvidas pelos tribunais pátrios, o que ocasionou a consolidação da jurisprudência sobre determinados assuntos, como a possibilidade de individualização dos créditos dos credores estrangeiros e a participação individualizada na assembleia geral de credores.

Apesar de a jurisprudência ter resolvido questões que não foram abarcadas pela lei falimentar, fato é que a LRF trata somente do procedimento de insolvência sob a ótica do mercado local. A lacuna legal cria limitações tanto para as empresas brasileiras com subsidiárias ou controladoras estrangeiras quanto para os credores estrangeiros, que têm dificuldade de exercer seus direitos contra o devedor no Brasil ou no exterior.

Além disso, a falta de regulamentação legal criava óbice na interação entre os Tribunais pátrios e as Cortes estrangeiras, considerando que diversos países adotam a Lei Modelo UNCITRAL sobre a Insolvência Nacional ("Lei Modelo UNCITRAL")[5], que dita princípios para regular a insolvência transnacional.

Foi somente com a promulgação da Lei 14.112 de 24 de dezembro de 2020 ("Lei 14.112/2020") que se modificou o modelo de regulamentação da lei falimentar para abarcar questões de insolvência transnacional e adotar os princípios da Lei Modelo UNCITRAL.

O objetivo deste artigo é analisar e discutir os impactos das recentes alterações na LRF no que tange à atuação dos credores estrangeiros detentores de dívida nos processos de insolvência e como as inovações legislativas poderão ser aplicadas na prática.

1. O papel dos credores estrangeiros nos processos de recuperação judicial no brasil

Apesar de a LRF seguir diversas premissas e objetivos do *U.S. Bankruptcy Code*[6], o legislador não se preocupou em regulamentar a classificação dos

[5] Disponível em <https://uncitral.un.org/en/texts/insolvency/modellaw/cross-border_insolvency>. Acessado em: 14/06/2021.

[6] Disponível em <https://www.uscourts.gov/services-forms/bankruptcy>. Acessado em: 14/06/2021.

bonds e *notes* ou a participações dos *bondholders* e *noteholders* nos processos de insolvência, inclusive a participação na assembleia geral de credores.

Enquanto no Brasil os credores detentores de *bonds* são comumente considerados um único credor representados pelo agente fiduciário por ocasião da emissão da dívida, o *U.S. Bankruptcy Code* prevê que os *bondholders* são credores individualmente considerados com direito de voz e voto. Nesse contexto, o agente fiduciário (*trustee*) representa a coletividade dos *bondholders*. Tal representação tem certas limitações, em razão de disposições específicas do *U.S. Bankruptcy Code*, do *Trust Indenture Act de* 1939[7] e do *Securities Act* de 1993[8], os quais têm por finalidade restringir a atuação do agente fiduciário nos processos de insolvência[9].

Em razão de os *bondholders* e *noteholders* contarem com a representação do agente fiduciário (*trustee*) para fazer cumprir as obrigações previstas na *Indenture*, os credores encontravam, essencialmente, duas dificuldades em razão da superveniência do pedido de recuperação judicial: a individualização de seus créditos e a representação em assembleia geral de credores.

Um dos primeiros casos a esbarrar nessa problemática foi a recuperação judicial do Grupo Rede Energia[10]. Inicialmente, o juiz responsável pela recuperação judicial deferiu a representação e direito de voz e voto dos credores estrangeiros em assembleia geral de credores por meio do agente fiduciário. Após a assembleia geral de credores que deliberou sobre o plano de recuperação judicial, o Grupo Rede Energia requereu a desconsideração do voto do agente fiduciário, sob o fundamento de que a *Indenture* não autorizava que o agente fiduciário votasse o plano de recuperação judicial. Diante da inexistência de regra legal, pelo fato de os *bonds* terem sido negociados diretamente no mercado e a *Indenture* prever que o agente fiduciário não poderia repactuar novas condições de pagamento para os

[7] Disponível em <https://www.govinfo.gov/content/pkg/COMPS-1888/pdf/COMPS-1888.pdf>. Acessado em: 14/06/2021.

[8] Disponível em <https://www.govinfo.gov/content/pkg/COMPS-1884/pdf/COMPS-1884.pdf>. Acessado em: 14/06/2021.

[9] ANAPOLSKY, Jeffrey M. & WOODS, Jessica F Pitfalls in Brazilian Bankruptcy Law for International Bond Investors, 8 J. Bus. & Tech. L. 397 (2013)
Disponível em <http://digitalcommons.law.umaryland.edu/jbtl/vol8/iss2/4>. Acessado em: 14/06/2021.

[10] Processo 0067341-20.2012.8.26.0100, que tramitou perante a 2ª Vara de Falências e Recuperações Judiciais da Comarca da Capital do Estado de São Paulo.

credores, o juízo da recuperação judicial entendeu que o voto do agente fiduciário deveria ser desconsiderado.

Não muito depois, os *bondholders* do Grupo OGX[11] enfrentaram o mesmo problema. No entanto, o Tribunal de Justiça do Rio de Janeiro autorizou a participação dos *bondholders* que requereram a individualização das posições, já que esses credores representavam parte significativa da dívida da Classe III (quirografários)[12].

Vale destacar que o Tribunal de Justiça do Estado de São Paulo, no âmbito das recuperações judiciais do Grupo Parmalat[13] e Frigorifico Independência[14], já havia autorizado a participação do agente fiduciário nas respectivas assembleias gerais de credores, como representante da coletividade de detentores de *notes*, independentemente de autorização para os detentores dos títulos participarem da assembleia.

Visando orientar os operadores do Direito, a II Jornada de Direito Comercial do Conselho da Justiça Federal editou o Enunciado 76 para que "*nos casos de emissão de títulos de dívida pela companhia recuperanda, na qual exista agente fiduciário ou figura similar representando uma coletividade de credores, caberá ao agente fiduciário o exercício do voto em assembleia-geral de credores, nos termos e mediante as autorizações previstas no documento de emissão, ressalvada a faculdade de qualquer investidor final pleitear ao juízo da recuperação o desmembramento do direito de voz e voto em assembleia para exercê-los individualmente, unicamente mediante autorização judicial.*"[15]

Portanto, passou-se a equiparar os *bondholders* e *noteholders* aos debenturistas para conferir o mesmo tratamento dado aos debenturistas aos *bondholders* e *noteholders*, justamente porque uma das principais características desse tipo de dívida é que todos os *bondholders* e *noteholders* – portadores

11 Processo 0377620-56.2013.8.19.0001, que tramitou perante a 4ª Vara Empresarial da Comarca da Capital do Estado do Rio de Janeiro.

12 Tribunal de Justiça do Rio de Janeiro. 14ª Câmara de Direito Privado. Agravo de Instrumento 0044890-34.2014.8.19.0000. J. em 22.10.2014.

13 Tribunal de Justiça do Estado de São Paulo. Câmara Especial de Falências e Recuperações Judiciais. Agravo de Instrumento n. 429.622-4/1-00 e n. 429.579.4/4-00. Ambos julgados em 29/03/2006.

14 Tribunal de Justiça de São Paulo. Câmara Especial de Falências e Recuperações Judiciais. Agravo de Instrumento 994.09.291387-6 (antigo n.680.571-4/0). J. em 06/04/2010.

15 Disponível em <https://www.cjf.jus.br/enunciados/enunciado/790 >. Acessado em: 26/07/2021.

dos títulos – são tratados como um único credor, independentemente da quantidade de títulos adquiridos por cada credor.

De acordo com a Lei 6.404 de 15 de dezembro de 1976 ("LSA"), o agente fiduciário tem deveres e atribuições perante os debenturistas, sendo uma delas a representação em processos de insolvência da companhia emissora das debêntures[16]. No entanto, a representação é faculdade do agente fiduciário e não obrigação, pois a LSA tem por objetivo facilitar o exercício dos direitos da comunhão de debenturistas, o que não exclui de maneira alguma a possibilidade de o legitimado ordinário, titular do crédito, atuar diretamente em juízo.

Nesse sentido, o Superior Tribunal de Justiça reconheceu a possibilidade de desmembramento do direito de voz e voto dos *bondholders*, antes representado por agente fiduciário, pois titulares do interesse econômico-financeiro tutelado pelo procedimento recuperacional[17]:

A ausência de regulamentação da participação dos *bondholders* e *noteholders* nos processos de insolvência não foi resolvido pela reforma da LRF e a questão continua sem previsão legal.

Contudo, o que se tem observado é uma tendência dos grupos econômicos transnacionais que detêm dívida para com credores estrangeiros em listar o agente fiduciário na recuperação judicial e, posteriormente, os *bondholders* ou *noteholders* requererem a individualização do crédito

[16] Artigo 68. O agente fiduciário representa, nos termos desta Lei e da escritura de emissão, a comunhão dos debenturistas perante a companhia emissora. (...) § 3º O agente fiduciário pode usar de qualquer ação para proteger direitos ou defender interesses dos debenturistas, sendo-lhe especialmente facultado, no caso de inadimplemento da companhia: (...) d) representar os debenturistas em processos de falência, concordata, intervenção ou liquidação extrajudicial da companhia emissora, salvo deliberação em contrário da assembléia dos debenturistas. Disponível em <http://www.planalto.gov.br/ccivil_03/leis/l6404consol.htm>. Acessado em: 26/05/2021.

[17] Nesse sentido: "*Em regra, quando a companhia passa por processo de recuperação judicial, ante a ausência de previsão expressa na LFRE, a lista de credores por ela apresentada relaciona apenas o nome do agente fiduciário, apontado como credor do valor total dos recursos captados na operação de crédito. Ocorre que, na realidade, os verdadeiros titulares do interesse econômico-financeiro, que sofrerão diretamente os efeitos da reorganização empresarial, são os investidores finais (bondholders), pois são eles os reais credores das recuperandas. Por esse motivo, haja vista a norma autorizativa do art. 39, caput, da Lei 11.101/05, há de se conferir-lhes, como ocorrido na hipótese, a possibilidade de votar nas assembleias de credores, a fim de que possam deliberar acerca de questões que guardam relação direta com seus interesses*" (Superior Tribunal de Justiça. Recurso Especial n.1.670.096/RJ. Terceira Turma. J. em 20/06/2017).

e participação em assembleia geral de credores. Essa tendência muito provavelmente continuará a ser observada nos processos de recuperação judicial de grandes conglomerados, já que os *bondholders* e *noteholders* têm mostrado interesse em participar dos processos de insolvência no Brasil.

Tendo em vista a prática recorrente e as decisões existentes permitindo a participação dos *bondholders* e até regrando a forma de individualização dos créditos e participação em assembleia geral de credores, cabe a ponderação se a reforma da LRF não deveria ter aproveitado e positivado a prática, evitando discussões ou decisões contrárias no futuro.

2. A participação dos credores estrangeiros em processos de recuperação judicial transnacionais no Brasil: uma análise de casos concretos

A LRF foi crida com foco principal no devedor como empresa ou empresário brasileiro e não comtemplou questões relacionadas à insolvência de empresas estrangeiras pertencentes a grupos econômicos localizados no Brasil. Caso essas empresas – sujeitas a jurisdições diferentes – pedissem recuperação judicial haveria a necessidade de cooperação entre juízos diferentes. No entanto, não existiam mecanismos legais que regulassem a interação entre juízos diferentes.

O que se observou nos anos seguintes ao advento da LRF foram os casos de empresas brasileiras que precisaram se socorrer de mecanismos que lhe permitissem obter a cooperação de outros países para evitar que os credores detentores de dívida estrangeira tomassem medidas no exterior que pudessem prejudicar o processo de recuperação judicial no Brasil.

Um dos primeiros casos a enfrentar esse desafio foi a recuperação judicial do Grupo OAS[18]. Dentre as empresas do Grupo OAS que pediram recuperação judicial, constavam três empresas subsidiárias estrangeiras da OAS S.A. que foram constituídas com a finalidade de emitir títulos de dívidas (*bonds*) no exterior. Como é praxe nesse tipo de operação, os títulos contavam com garantias outorgadas pelas empresas brasileiras do grupo.

Apesar de as empresas estrangeiras terem sido incluídas no processo de recuperação judicial, os *bondholders* credores das sociedades estrangeiras

[18] Processo 1030812-77.2015.8.26.0100, que tramitou perante a 1ª Vara de Falências e Recuperações Judiciais da Comarca da Capital do Estado de São Paulo.

OAS Finance Limited e OAS Investments Limited iniciaram processo de insolvência nas ilhas Virgens Britânicas. Existiam, portanto, dois processos de insolvência em curso para a OAS Finance Limited e a OAS Investments Limited. Em adição, foram iniciados dois processos de *Chapter 15* nos Estados Unidos da América[19].

O primeiro processo do *Chapter 15* foi iniciado pelos credores titulares de *bonds* emitidos pela OAS Finance Limited que utilizaram o *Chapter 15* como ferramenta processual para pedir a penhora de ativos da empresa. Além disso, os *bondholders* pediram o reconhecimento do processo de insolvência nas Ilhas Virgens Britânicas como sendo o principal processo (*main proceeding*) de insolvência do Grupo OAS.

Em resposta, o Grupo OAS apresentou perante a Corte de Nova York o segundo processo de *Chapter 15*, no qual requereu o reconhecimento da recuperação judicial no Brasil como o principal processo de insolvência do Grupo OAS. Dentre as diversas impugnações apresentadas pelos credores, questionou-se que a OAS Finance Limited e a OAS Investments Limited não tinham sede no Brasil, tampouco qualquer operação, empregados ou ativos, de modo que a recuperação judicial não poderia correr no Brasil em relação às empresas estrangeiras.

A Corte de Nova York entendeu que o principal estabelecimento do Grupo OAS era o Brasil, considerando que os *bonds* eram garantidos pelas empresas brasileiras do grupo e as escrituras de emissão das dívidas indicavam riscos considerando as operações do Grupo OAS no Brasil. Com base nesses fatores, a Corte de Nova York decidiu que o local do principal estabelecimento era o Brasil, reconhecendo a recuperação judicial como o principal processo de insolvência do Grupo OAS[20].

O que se pode observar no caso do Grupo OAS é que as decisões proferidas pela Corte de Nova York no âmbito do *Chapter 15* influenciaram diretamente e restringiram a atuação dos credores detentores de *bonds*

[19] Memorandum Decision Recognizing Debtors' Brazilian Bankruptcy Proceedings As Foreign Main Proceedings. Case No. 15-10937 (SMB). Chapter 15 before the United States Bankruptcy Court, Southern District of New York. Disponível em: <https://www.nysb.uscourts.gov/sites/default/files/opinions/257308_81_opinion.pdf>. Acessado em: 26/07/2021.

[20] BLOOM, Mark, D. ARAUJO, Vitor. *OAS Group: A Tale of Two Chapter Cases in the United States*. INSOL World – Fourth Quarter, 2015. Disponível em <http://dl.icdst.org/pdfs/files4/c4e5bebec943682376cd7d3a316b83d7.pdf>. Acessado em 26/07/2021.

contra as empresas do Grupo OAS. É evidente que caso a Corte de Nova York não tivesse reconhecido a recuperação judicial como o principal procedimento de insolvência poderia ter se criado imbróglio jurídico, prejudicando a recuperação judicial de forma geral, além de que poderiam ter sido proferidas decisões conflitantes no que tange os ativos do Grupo OAS.

Outro exemplo é o caso do Grupo OGX[21], no qual os *bondholders* detinham a maior parte dos créditos sujeitos à recuperação judicial e representavam mais da metade do endividamento total do Grupo OGX.

Um ponto importante referente à atuação dos *bondholders* na recuperação judicial do Grupo OGX foi a celebração de *Plan Support Agreement* com os *bondholders* que representavam a maior parte da emissão pela OGX Áustria GmbH, os quais eram garantidos pelas empresas do Grupo OGX. O *Plan Support Agreement* previa uma série de obrigações por parte do grupo OGX que visavam reestruturar o passivo do grupo.

No curso da recuperação judicial, foi determinado que apesar de o artigo 39 da LRF legitimar o agente fiduciário a votar em assembleia geral de credores, não havia qualquer obrigação legal para somente o agente fiduciário representar os *bondholders* no conclave. O juízo recuperacional entendeu que não reconhecer os direitos individuais de participação de voz e voto daqueles que demonstrarem capacidade para tal poderia reduzir a legitimidade das decisões tomadas em assembleia geral de credores, mormente com relação à aprovação do plano de recuperação judicial. Desse modo, a decisão que homologou o plano de recuperação judicial consignou que retirar o direito de voz e voto individualizado de cada *bondholder* seria sujeitar a maioria dos credores aos interesses da minoria, o que não poderia ser admitido.

O caso do Grupo OGX serviu como precedente em diversos aspectos, mas principalmente pelo fato de que toda a negociação e aprovação do plano de recuperação judicial dependia de os *bondholders* acreditarem e confiarem na reestruturação proposta pelo Grupo OGX.

Mais recentemente, um dos maiores casos – senão o maior caso – de recuperação judicial no Brasil se tornou bastante litigioso em razão da

21 Processo 0377620-56.2013.8.19.0001, que tramitou perante a 4ª Vara Empresarial da Comarca da Capital do Estado do Rio de Janeiro.

atuação dos *bondholders*. No caso do Grupo Oi[22], entendeu-se que, apesar de os *bondholders* não necessariamente estarem individualizados na lista de credores apresentada pelas recuperandas, era interesse de cada credor individualizar os respectivos créditos e, consequentemente, votar na assembleia geral de credores. Por tal motivo, todos os credores tiveram direito de participar da assembleia geral de credores, uma vez que a legitimidade do agente fiduciário de representar os credores de *bonds* não excluía o direito de cada credor de participar da assembleia geral de credores com direito a voz e voto.

Vale destacar que no caso do Grupo Oi foi iniciado procedimento de insolvência na Holanda, denominado "suspensão de pagamentos", para evitar a falência de determinadas subsidiárias holandesas da Oi S.A., as quais foram responsáveis pela emissão dos títulos de dívida (*bonds*) e que contavam com garantias de pagamento dadas pela Oi S.A. e pela Oi Móvel S.A. A Corte holandesa reconheceu posteriormente que as empresas estrangerias não seriam capazes de quitar suas próprias dívidas e converteu o procedimento de "suspensão de pagamentos" em falência.

Em paralelo, o Grupo Oi também iniciou processo de *Chapter 15* perante a Corte de Nova York, no qual requereu fosse reconhecida a recuperação judicial no Brasil como principal processo de insolvência do Grupo Oi e não a falência na Holanda. Em razão de o Grupo Oi exercer todas as suas atividades no Brasil, a Corte de Nova York entendeu que o principal processo de insolvência era a recuperação judicial[23].

Não obstante, em razão da falência na Holanda, os administradores, com apoio dos *bondholders*, iniciaram outro processo de *Chapter 15*, por meio do qual requereram a reconsideração da decisão que reconheceu a recuperação judicial como sendo o principal processo de insolvência, sob o fundamento de que as empresas holandesas não exerciam quaisquer atividades no Brasil, o que indicava que o seu principal estabelecimento era a Holanda. A Corte de Nova York rejeitou o pedido e entendeu que o

[22] Processo 0203711- 65.2016.8.19.0001, que tramitou perante a 7ª Vara Empresarial da Comarca da Capital do Estado do Rio de Janeiro.

[23] Decision Granting Foreign Representative's Motion To Enforce Brazilian Reorganization Plan And Grant Related Relief. Case No. 16-11791 (SHL) before the United States Bankruptcy Court, Southern District of New York. Disponível em: <https://www.nysb.uscourts.gov/sites/default/files/opinions/267397_280_opinion.pdf>. Acessado em: 26/07/2021.

segundo processo de *Chapter 15* era uma tentativa de modificar o princípio do principal estabelecimento (*COMI principle*)[24], já que o primeiro processo de *Chapter 15* já havia decidido que o Brasil era o principal estabelecimento do Grupo Oi[25].

Resolvidas essas questões, o Grupo Oi negociou junto aos *bondholders* o plano de recuperação judicial, inclusive mediante a opção de conversão dos créditos em participação acionária da Oi S.A. como forma de pagamento dos créditos estrangeiros. Com a participação dos bondholders, mediante a celebração de *Plan Support Agreement*, o Grupo Oi aprovou seu plano de recuperação judicial e pôde dar início ao processo de implementação dos mecanismos para reestruturação financeira e organizacional do grupo.

Mais uma vez, o que se observa é que sem a participação das cortes estrangeiras e o reconhecimento da recuperação judicial no Brasil como o principal processo de insolvência poderiam ter sido proferidas decisões conflitantes que, eventualmente, poderiam ter acarretado a decretação da falência do Grupo Oi e impossibilidade de soerguimento da empresa.

Mais recentemente, o caso do Grupo Constellation[26] emitiu *notes* com vencimento para 2019 e 2024, sendo que as *notes* com vencimento para 2019 contavam com pacote de garantias reais. No entanto, em razão da crise econômica que assolou o mercado de óleo e gás no Brasil, o Grupo Constellation precisou renegociar suas dívidas e pedir recuperação judicial.

Antes do pedido de recuperação judicial, o Grupo Constellation celebrou com os seus credores financeiros *Plan Support Agreement*, o qual previu as condições para reestruturação da dívida do Grupo Constellation e reconhecimento da recuperação judicial no Brasil. A celebração do

24 COOPER, Richard J., CESTERO, Francisco L., MOSIER, Jesse W. Oi S.A.: The Saga of Latin America's Largest Private Sector In-Court Restructuring. Pratt's Journal of Bankruptcy Law, 2018. Disponível em: <https://www.clearygottlieb.com/-/media/files/oi-sa-the-saga-of-latin-americas-largest-private-sector-incourt-restructuring-7-13-18-pdf.pdf>. Acessado em: 26/07/2021.

25 Post-Trial Memorandum of Decision. Case No. 17-11888 (SHL). Case No. 16-11794 (SHL). Case No. 16-11791 (SHL). Chapter 15 before the United States Bankruptcy Court, Southern District of New York. Disponível em: <https://www.nysb.uscourts.gov/sites/default/files/opinions/267397_174_opinion.pdf>. Acessado em: 26/07/2021.

26 Processo 0288463-96.2018.8.19.0001, em trâmite perante a 1ª Vara Empresarial do Rio de Janeiro/RJ.

Plan Support Agreement foi extremamente importante para o pedido de recuperação judicial em consolidação substancial, considerando que parte das empresas estavam localizadas no exterior.

Todavia, o pedido de consolidação substancial foi desafiado pelo Ministério Público do Estado do Rio de Janeiro e pelos credores Alperton Capital e PIMCO (agente fiduciário de da emissão de *bonds* com vencimento para 2019), que não assinaram o *Plan Support Agreement*. Os credores alegaram que as empresas estrangeiras eram independentes das empresas brasileiras e não poderiam ter sua recuperação judicial processada no Brasil, já que não tinham ativos no Brasil. O Tribunal de Justiça do Estado do Rio de Janeiro decidiu que a questão deveria ser submetida à assembleia geral de credores, uma vez que se tratava de decisão econômica e excluiu três subsidiárias estrangeiras da recuperação judicial[27].

Durante a assembleia geral de credores, a PIMCO informou que os *bondholders* votariam individualmente a consolidação substancial e o plano de recuperação judicial. Tanto a consolidação substancial quanto o plano de recuperação judicial foram rejeitados pelos *bondholders* listados na Classe II (credores com garantia real). A despeito de tal fato, o juízo da recuperação judicial considerou os votos individuais abusivos e determinou que somente a PIMCO tinha capacidade de participar da recuperação judicial e representar os *bondholders* em assembleia geral de credores.

Em paralelo, o Grupo Constellation iniciou processo de *Chapter 15* nos Estados Unidos da América e procedimento de insolvência perante a Corte das Ilhas Virgens. A Corte americana reconheceu o Brasil como sendo o local de principal desenvolvimento das atividades do Grupo Constellation e a Corte das Ilhas Virgens indicou dois administradores para fiscalizar e proteger os interesses dos credores, especialmente durante as negociações para reorganização do Grupo Constellation e para evitar a dissipação indevida dos ativos das empresas[28].

[27] Tribunal de Justiça do Rio de Janeiro. 16ª Câmara de Direito Privado. Agravo de Instrumento 0070417-46.2018.8.19.0000. J. em 26.03.2019.

[28] Memorandum Opinion Recognizing Foreign Debtors' Foreign Main and Foreign Nonmain Proceeding. Case 18-13952 (MG) Chapter 15 pending before United States Bankruptcy Court, Southern District of New York 23 (2019). Disponível em <https://www.nysb.uscourts.gov/sites/default/files/opinions/288835_86_opinion.pdf>. Acessado em: 26/07/2021.

Além dos procedimentos estrangeiros de insolvência, a celebração do *Plan Support Agreement* foi essencial para que o Grupo Constellation pudesse reestruturar seu passivo e evitar que os credores tomassem medidas executórias que afetassem o processo de recuperação judicial. As negociações que antecederam a recuperação judicial também foram essenciais para que o Grupo Constellation apresentasse um plano de recuperação judicial viável. Essas medidas também evitaram que os *noteholders* executassem as garantias regidas por lei de Nova York, o que poderia ter piorado a situação financeira do Grupo Constellation e resultado em sua falência.

O que se observa é que o sucesso dos processos recuperacionais em que houve o envolvimento ativo dos credores detentores de dívida estrangeira foi a atuação em conjunto com outras jurisdições, além de negociação dos termos do plano de recuperação judicial junto aos credores. A celebração de *Plan Support Agreement*, como no caso do Grupo Constellation, foi imprescindível para a reestruturação do grupo, e, no caso do Grupo Oi, a conversão dos créditos em participação acionária da Oi S.A. foi a salvação para a aprovação do plano de recuperação judicial.

A falta de previsão legal criava oportunidades para que os credores detentores de dívida estrangeira buscassem no exterior medidas executivas visando recuperar os valores investidos. O que se espera com a reforma da LRF é que os procedimentos de insolvência brasileiros e estrangeiros, assim como a atuação dos credores estrangeiros no Brasil, sejam coordenados e funcionem de forma harmônica.

3. A insolvência transacional e as alternativas aos credores estrangeiros

A Lei 14.112/2020 introduziu mecanismos para regular a insolvência transnacional e proporcionar medidas efetivas de cooperação entre diferentes jurisdições, assegurar os direitos dos credores e do devedor, a conservação dos ativos do devedor, dentre outras medidas para assegurar a preservação da empresa[29].

[29] Artigo 167-A. Este Capítulo disciplina a insolvência transnacional, com o objetivo de proporcionar mecanismos efetivos para: I – a cooperação entre juízes e outras autoridades competentes do Brasil e de outros países em casos de insolvência transnacional; II – o aumento da segurança jurídica para a atividade econômica e para o investimento; III – a administração justa e eficiente de processos de insolvência transnacional, de modo a proteger os interesses

No espírito da reforma da LRF e visando assegurar acesso do credor estrangeiro ao Poder Judiciário brasileiro, a reforma legislativa incluiu disposição específica para garantir que os credores estrangeiros tenham os mesmos direitos dos credores nacionais nos processos de insolvência[30] e sejam classificados da mesma forma que os credores nacionais. Desse modo, os credores estrangeiros deverão receber o mesmo tratamento dos credores nacionais, independentemente de sua localidade, residência ou nacionalidade[31].

A intenção do legislador foi garantir que os credores estrangeiros tenham o mesmo direito que os credores nacionais nos processos de insolvência, garantindo-lhes o mesmo tratamento previsto no artigo 83 da LRF, inclusive quanto à ordem de classificação dos créditos[32]. Há, ainda, previsão de equiparação dos créditos que não tiverem correspondência

de todos os credores e dos demais interessados, inclusive do devedor; IV – a proteção e a maximização do valor dos ativos do devedor; V – a promoção da recuperação de empresas em crise econômico-financeira, com a proteção de investimentos e a preservação de empregos; e VI – a promoção da liquidação dos ativos da empresa em crise econômico-financeira, com a preservação e a otimização da utilização produtiva dos bens, dos ativos e dos recursos produtivos da empresa, inclusive os intangíveis. Disponível em <http://www.planalto.gov.br/ccivil_03/_ato2004-2006/2005/lei/l11101.htm>. Acessado em: 26/05/2021.

[30] Artigo 167-G. Os credores estrangeiros têm os mesmos direitos conferidos aos credores nacionais nos processos de recuperação judicial, de recuperação extrajudicial ou de falência. § 1º Os credores estrangeiros receberão o mesmo tratamento dos credores nacionais, respeitada a ordem de classificação dos créditos prevista nesta Lei, e não serão discriminados em razão de sua nacionalidade ou da localização de sua sede, estabelecimento, residência ou domicílio, respeitado o seguinte: I – os créditos estrangeiros de natureza tributária e previdenciária, bem como as penas pecuniárias por infração de leis penais ou administrativas, inclusive as multas tributárias devidas a Estados estrangeiros, não serão considerados nos processos de recuperação judicial e serão classificados como créditos subordinados nos processos de falência, independentemente de sua classificação nos países em que foram constituídos; II – o crédito do representante estrangeiro será equiparado ao do administrador judicial nos casos em que fizer jus a remuneração, exceto quando for o próprio devedor ou seu representante; III – os créditos que não tiverem correspondência com a classificação prevista nesta Lei serão classificados como quirografários, independentemente da classificação atribuída pela lei do país em que foram constituídos. Disponível em <http://www.planalto.gov.br/ccivil_03/_ato2004-2006/2005/lei/l11101.htm>. Acessado em: 26/07/2021.

[31] SACRAMONE, Marcelo Barbosa. Comentários à Lei de Recuperação de Empresas e Falência. 2ª ed. São Paulo: Saraiva, 2021. P. 636.

[32] BEZERRA FILHO, Manoel Justino. Lei de recuperação de empresas e falência [livro eletrônico]: Lei 11.101/2005: comentada artigo por artigo / Manoel Justino Bezerra Filho;

com a classificação prevista na LRF e que serão classificados como quirografários.

Nesse sentindo, conclui-se que o credor estrangeiro deverá se submeter aos efeitos da recuperação judicial, da recuperação extrajudicial e da falência, na hipótese de o Brasil ser o local do principal estabelecimento do devedor. Pondera-se, entretanto, que na hipótese de não existir procedimento estrangeiro, principal ou secundário, e sendo possível a execução de bens do devedor no exterior, nada obsta que sejam iniciados procedimentos executivos fora do Brasil pelos credores sujeitos ao procedimento de insolvência.

Tal situação se assemelha bastante ao caso do Grupo LATAM, que iniciou processo de *Chapter 11* nos Estados Unidos da América visando reestruturar seu passivo. No entanto, o Grupo LATAM, apesar de grande atuação no Brasil, não ajuizou pedido de reconhecimento de procedimento estrangeiro no Brasil ou pedido de recuperação judicial, de modo que os credores brasileiros não sujeitos ao *Chapter 11* ficaram livres para iniciar execuções no Brasil.

No entanto, é exatamente isso que o legislador buscou evitar com a reforma da LRF. A adoção dos princípios utilizados pela Lei Modelo UNCITRAL visa conferir unicidade aos ativos do devedor. Isto é, a Lei Modelo UNCITRAL trata da crise econômico-financeira de um único empresário, ainda que os bens ou passivos estejam distribuídos entre diversas jurisdições[33].

Seguindo a Lei Modelo UNCITRAL, o legislador assegurou que o processo de insolvência estrangeiro poderá ser reconhecido como principal ou não acessório, caso não tenha sido instaurado no país em que o devedor tenha seu centro dos principais interesses do devedor (COMI). No mesmo sentido, caso o processo estrangeiro seja reconhecido como não principal ou acessório, o legislador assegurou que o juiz local (no caso, o Brasil) poderá colaborar com a jurisdição estrangeira[34].

Eronides A. Rodrigues dos Santos, coautoria especial. 6. ed. São Paulo: Thomson Reuters Brasil, 2021.

33 SACRAMONE, Marcelo Barbosa. Comentários à Lei de Recuperação de Empresas e Falência. 2ª ed. São Paulo: Saraiva, 2021. P. 627.

34 SACRAMONE, Marcelo Barbosa. Comentários à Lei de Recuperação de Empresas e Falência. 2ª ed. São Paulo: Saraiva, 2021. P. 629.

Na hipótese de o processo estrangeiro ser reconhecido como principal pelo Poder Judiciário brasileiro, os processos de execução ou de quaisquer outras medidas individuais tomadas pelos credores relativas ao patrimônio do devedor deverão ser interrompidas (artigos 167-J e 167-M da LRF). A LRF também prevê que após o reconhecimento de um processo estrangeiro como principal, o devedor somente poderá iniciar recuperação judicial, extrajudicial ou falência se o devedor tiver bens ou estabelecimento no país (artigos 167-R da LRF).

Na perspectiva dos credores estrangeiros, a adoção da Lei Modelo UNCITRAL é também positiva, pois trata-se de arcabouço legal conhecido por eles e, como se sabe, os investidores sempre buscam previsibilidade no sistema legal e judiciário nos países em que investem. Ainda que a ausência da Lei Modelo UNCITRAL ou de qualquer outra disposição legal tratando de processos de insolvência transnacionais permitisse a adoção de estratégias e medidas criativas, como as descritas neste artigo, nos parece que a previsibilidade do arcabouço legal é ainda preferível à existência de lacunas legais.

Conclusões

Até a reforma da LRF, o Brasil não adotava as regras e princípios da Lei Modelo UNCITRAL, de modo que as empresas brasileiras com subsidiárias estrangeiras precisavam contar com o auxílio de jurisdições estrangeiras para que não fossem proferidas decisões conflitantes.

Seguindo a jurisprudência e a necessidade de acompanhar a globalização, a LRF foi alterada pela Lei 14.112/2020 para reconhecer os processos de insolvência estrangeiros no Brasil e a cooperação entre jurisdições. As modificações certamente proporcionarão maior segurança e previsibilidade para os casos que envolvem múltiplas jurisdições, endividamento significativo em moeda estrangeira e garantias cruzadas sobre ativos de diferentes empresas.

Além disso, a reforma da LRF preencheu lacunas legais e deve dar aos devedores e credores – especialmente credores estrangeiros – maior segurança jurídica em relação aos processos de insolvência no Brasil. Precedentes como os relativos aos casos do Grupo Oi e Grupo OAS têm mostrado que a adoção da Lei Modelo da UNCITRAL foi necessária para garantir eficácia à insolvência transnacional no Brasil, especialmente em razão da participação ativa dos credores detentores de dívida estrangeira.

No entanto, a individualização dos créditos detidos por *bondholders* e a participação em assembleia geral de credores continuam sendo questões controversas e não foram abarcadas pela reforma legislativa, apesar desses temas estarem presentes em casos de grande destaque no Brasil, como a recuperação judicial do Grupo OGX, Grupo Oi, Grupo Constellation e agora da Samarco. Assim, caberá aos Tribunais pátrios e à jurisprudência a análise de cada caso para decidir sobre o destino dos credores detentores de dívida estrangeira.

Espera-se que a reforma legislativa traga alterações positivas para a atuação dos credores estrangeiros nos processos de recuperação judicial no Brasil, cabendo às partes interessadas buscar o reconhecimento dos procedimentos estrangeiros no Brasil, de modo a prestigiar os princípios da lei falimentar.

Referências

ANAPOLSKY, Jeffrey M. & WOODS, Jessica F. *Pitfalls in Brazilian Bankruptcy Law for International Bond Investors*, 8 J. Bus. & Tech. L. 397 (2013). Disponível em <http://digitalcommons.law.umaryland.edu/jbtl/vol8/iss2/4>. Acessado em: 14/06/2021.

BEZERRA FILHO, Manoel Justino. *Lei de recuperação de empresas e falência [livro eletrônico]: Lei 11.101/2005: comentada artigo por artigo / Manoel Justino Bezerra Filho; Eronides A. Rodrigues dos Santos, coautoria especial.* 6. ed. São Paulo: Thomson Reuters Brasil, 2021.

BLOOM, Mark, D. ARAUJO, Vitor. OAS Group: A Tale of Two Chapter Cases in the United States. INSOL World – Fourth Quarter, 2015. Disponível em <http://dl.icdst.org/pdfs/files4/c4e5bebec943682376cd7d3a316b83d7.pdf>. Acessado em: 26/07/2021.

COOPER, Richard J., CESTERO, Francisco L., MOSIER, Jesse W. *Oi S.A.: The Saga of Latin America's Largest Private Sector In-Court Restructuring.* Pratt's Journal of Bankruptcy Law, 2018. Disponível em: <https://www.clearygottlieb.com/-/media/files/oi-sa-the-saga-of-latin-americas-largest-private-sector-incourt-restructuring-7-13-18-pdf.pdf>. Acessado em: 26/07/2021.

SACRAMONE, Marcelo Barbosa. *Comentários à Lei de Recuperação de Empresas e Falência.* 2ª ed. São Paulo: Saraiva, 2021.

REQUIÃO, Rubens. *Curso de Direito Comercial.* 29. ed. rev. e atual. São Paulo: Saraiva, 2012.

https://www.ibge.gov.br/estatisticas/economicas/contas-nacionais/9300-contas--nacionais-trimestrais.html?=&t=series-historicas&utm_source=landing

&utm_medium=explica&utm_campaign=pib#evolucao-taxa. Acessado em: 14/06/2021.

https://www.bcb.gov.br/content/publicacoes/relatorioidp/RelatorioID2018/RID_2019.pdf. Acesso em 14/06/2021.

https://www.anbima.com.br/pt_br/imprensa/volume-de-emissoes-no-mercado--de-capitais-e-o-maior-dos-ultimos-dez-anos-para-um-primeiro-trimestre--8A2AB28878704C6F0178CCEFF8AA614D-00.htm. Acessado em: 14/06/2021.

https://www.anbima.com.br/pt_br/imprensa/volume-de-emissoes-no-mercado--de-capitais-e-o-maior-dos-ultimos-dez-anos-para-um-primeiro-trimestre--8A2AB28878704C6F0178CCEFF8AA614D-00.htm. Acessado em: 14/06/2021.

Decision Granting Foreign Representative's Motion To Enforce Brazilian Reorganization Plan And Grant Related Relief. Case No. 16-11791 (SHL) before the United States Bankruptcy Court, Southern District of New York. Disponível em: <https://www.nysb.uscourts.gov/sites/default/files/opinions/267397_280_opinion.pdf>. Acessado em: 26/07/2021.

Memorandum Decision Recognizing Debtors' Brazilian Bankruptcy Proceedings As Foreign Main Proceedings. Case No. 15-10937 (SMB). Chapter 15 before the United States Bankruptcy Court, Southern District of New York. Disponível em: <https://www.nysb.uscourts.gov/sites/default/files/opinions/257308_81_opinion.pdf>. Acessado em: 26/07/2021.

Memorandum Opinion Recognizing Foreign Debtors' Foreign Main and Foreign Non Main Proceeding. Case 18-13952 (MG) Chapter 15 pending before United States Bankruptcy Court, Southern District of New York 23 (2019). Disponível em: <https://www.nysb.uscourts.gov/sites/default/files/opinions/288835_86_opinion.pdf>. Acessado em: 26/07/2021.

Post-Trial Memorandum of Decision. Case No. 17-11888 (SHL). Case No. 16-11794 (SHL). Case No. 16-11791 (SHL). Chapter 15 before the United States Bankruptcy Court, Southern District of New York. Disponível em: <https://www.nysb.uscourts.gov/sites/default/files/opinions/267397_174_opinion.pdf>. Acessado em: 26/07/2021.

Superior Tribunal de Justiça. Terceira Turma. Recurso Especial n. 1.670.096/RJ. J. em 20/06/2017.

Tribunal de Justiça de São Paulo. Câmara Especial de Falências e Recuperações Judiciais. Agravo de Instrumento 429.622-4/1-00. J. em 20/03/2006.

Tribunal de Justiça de São Paulo. Câmara Especial de Falências e Recuperações Judiciais. Agravo de Instrumento 429.579.4/4-00. J. em 20/03/2006.

Tribunal de Justiça de São Paulo. Câmara Especial de Falências e Recuperações Judiciais. Agravo de Instrumento 994.09.291387-6 (antigo n. 680.571-4/0). J. em 06/04/2010.

Tribunal de Justiça do Rio de Janeiro. 14ª Câmara de Direito Privado. Agravo de Instrumento 0044890-34.2014.8.19.0000. J. em 22.10.2014.

Tribunal de Justiça do Rio de Janeiro. 16ª Câmara de Direito Privado. Agravo de Instrumento 0070417-46.2018.8.19.0000. J. em 26.03.2019.

7. Os Efeitos da Recuperação Judicial e da Falência sobre as Apólices de Seguro Garantia Judicial

Cassio Gama Amaral
Thais Arza Monteiro

Introdução

O seguro garantia judicial é considerado um meio efetivo de assegurar o cumprimento de obrigações processuais. Equiparado à dinheiro para fins de garantia do Juízo[1]-[2], essa modalidade de garantia judicial vem sendo amplamente aceita em ações cíveis, fiscais e trabalhistas, sendo uma alternativa economicamente mais viável ao devedor que necessita da

[1] Vide artigo 835, §2º do Código de Processo Civil, *para fins de substituição da penhora, equiparam-se a dinheiro a fiança bancária e o seguro garantia judicial, desde que em valor não inferior ao do débito constante da inicial, acrescido de trinta por cento.*

[2] Em decisão paradigmática, o Superior Tribunal de Justiça entendeu que o seguro garantia judicial equipara-se ao depósito em dinheiro, destacando a menor onerosidade ao devedor e a liquidez desse tipo de garantia: "[...]5. No cumprimento de sentença, a fiança bancária e o seguro-garantia judicial são as opções mais eficientes sob o prisma da análise econômica do direito, visto que reduzem os efeitos prejudiciais da penhora ao desonerar os ativos de sociedades empresárias submetidas ao processo de execução, além de assegurar, com eficiência equiparada ao dinheiro, que o exequente receberá a soma pretendida quando obter êxito ao final da demanda. 6. Por serem automaticamente conversíveis em dinheiro ao final do feito executivo, a fiança bancária e o seguro-garantia judicial acarretam a harmonização entre o princípio da máxima eficácia da execução para o credor e o princípio da menor onerosidade para o executado, a aprimorar consideravelmente as bases do sistema de penhora judicial e a ordem de gradação legal de bens penhoráveis, conferindo maior proporcionalidade aos meios de satisfação do crédito ao exequente." (Recurso Especial 1.838.837/SP. Relator para acórdão Ministro Ricardo Villas Bôas Cuevas. Terceira Turma. DJe 21.05.2020).

garantia do Juízo quando comparado, por exemplo, às fianças bancárias ou até mesmo o depósito em dinheiro.

Segundo informações públicas, a partir de 2015, com o advento de alteração do Novo Código de Processo Civil[3], o seguro garantia judicial passou a ter posição ainda mais expressiva no ramo de seguros garantias, representando quase 70% (setenta por cento) dos prêmios recolhidos somente naquele ano[4]. Com a pandemia da COVID-19, o seguro garantia judicial ganhou ainda mais destaque[5].

Com o protagonismo e essencialidade do seguro garantia judicial como mecanismo eficiente de garantia perante o Poder Judiciário despontam discussões importantes em relação ao seu acionamento e os contornos dos direitos e obrigações assumidas pela seguradora perante o credor. Em primeiro lugar, foi necessário regular o aceite desse tipo de garantia em ações envolvendo o fisco, visto que havia uma reiterada resistência do Estado em entender o funcionamento e mecanismo do seguro garantia e aceitar tal garantia como meio idôneo de assegurar dívidas fiscais[6]. O mesmo desafio se viu em ações trabalhistas, sendo o seu aceite objeto de atos normativos e decisões judiciais que pacificaram a discussão a respeito do uso desse mecanismo de garantia em reclamações trabalhistas, inclusive como depósitos recursais[7-8].

[3] A Lei Federal nº 13.105 de 16 de março de 2015 trouxe maior segurança para aceite desse tipo de garantia, estabelecendo que *para fins de substituição da penhora, equiparam-se a dinheiro a fiança bancária e o seguro garantia judicial, desde que em valor não inferior ao do débito constante da inicial, acrescido de trinta por cento* (artigo 835, §2º).

[4] https://sindsegmd.com.br/item-publicacao/mudanca-na-legislacao-aumenta-demanda--por-seguro-garantia-judicial/

[5] Apenas para ilustrar a essencialidade do seguro garantia judicial, durante o fechamento do fórum no início da pandemia, o Conselho Nacional de Justiça ("CNJ") editou a resolução 313 de 19.03.2020, a qual prevê, no seu artigo 4º, que a substituição de garantias é medida excepcional a ser analisada durante o plantão extraordinário do Judiciário.

[6] O tema foi pacificado mediante a edição da Portaria PGFN nº 164, editada em 27.02.2014 e que traz regras que devem ser observadas para que tal garantia seja aceita em ações fiscais.

[7] No âmbito trabalhista foi editado Ato Conjunto n. 1/TST.CSJT.CGJT, de 16 de outubro de 2019, que dispõe sobre o uso do seguro garantia judicial e da fiança bancária em substituição a depósito recursal e para garantia da execução trabalhista.

[8] Vale notar que o Plenário do CNJ optou por suspender os artigos 7º e 8º do Ato Conjunto n. 1/TST.CSJT.CGJT que impedia a substituição do depósito por seguro garantia judicial

Em segundo lugar, com a intensificação da contratação e apresentação de seguros garantias judiciais no âmbito de ações cíveis, fiscais e trabalhistas, outra discussão passou a ser presente no Judiciário em casos de acionamento da garantia: a responsabilidade das seguradoras para pagamento da indenização securitária de demandas cíveis em casos nos quais o devedor esteja em recuperação judicial.

Esse debate é recente e decorre da conjunção de dois fatores que passaram a estar mais presentes desde 2016, diante da crise financeira pelo qual passava (e ainda passa) o país e que levou ao aumento expressivo dos pedidos de recuperação judicial[9]. De um lado, a regulamentação e estabelecimento de jurisprudência consolidada a respeito da validade do seguro garantia judicial como meio de garantia ao processo de execução; e, de outro, o aumento expressivo de empresas que entraram com pedidos de recuperação judicial, incluindo grandes *players* que figuravam como grandes tomadores de garantias judiciais.

A união desses dois fatores trouxe ao Judiciário uma matéria até então jamais debatida: qual a tratamento jurídico deve ser dado aos seguros garantias judiciais nos casos em que o crédito cobrado pela ação autônoma esteja sujeito ao concurso de credores? Embora tenha sido objeto de decisões proferidas em ações individuais e juízo recuperacional, a questão tende a ser pacificada pelo Superior Tribunal de Justiça, nos termos dos precedentes que serão analisados nesse artigo.

Assim, o presente artigo busca abordar os princípios e regras aplicáveis aos institutos jurídicos aplicáveis à temática – concurso de credores e obrigações e deveres da seguradora – os quais, analisados em conjunto, levam à conclusão de que a seguradora jamais pode ser chamada a pagar a dívida objeto de ações cíveis quando o crédito principal está sujeito ao concurso de credores.

Para se chegar a essa conclusão, o presente artigo analisa (i) os créditos que estão sujeitos ao concurso de credores no âmbito da Lei Federal 11.101, de 9 de fevereiro de 2005 (Lei 11.101/2005) (**Seção I**); (ii) a competência

caso tal garantia viesse a ser apresentada antes do depósito (Procedimento de Controle Administrativo nº 0009820-09.2019.2.00.0000, decidido em 03.02.2020).

9 Conforme amplamente noticiado pela mídia, somente no primeiro semestre de 2016, os pedidos de recuperação judicial tiveram um aumento de 100% somente no primeiro semestre daquele ano: https://www.conjur.com.br/2016-jul-04/pedidos-recuperacao-judicial-sobem-100-2016.

para deliberação a respeito dos bens dos devedores em recuperação judicial (**Seção II**); (iii) os aspectos gerais do seguro garantia judicial (**Seção III**); (iv) a situação jurídica enfrentada pelo tomador em recuperação judicial e a possibilidade de se chamar a seguradora para honrar a garantia (**Seção IV**); (v) encerrando-se pelas conclusões e apontamentos finais sobre o tema (**Seção V**).

I. Créditos sujeitos ao concurso de credores na recuperação judicial

A Lei Federal 11.101/2005 prevê as regras aplicáveis aos procedimentos de falência e recuperação judicial no Brasil, trazendo, dentre elas, regramento de competência, sujeição de créditos ao concurso de credores, forma de pagamento dos credores, ordem de prioridade de pagamento, entre outros pontos. Quando editada, essa lei foi considerada uma grande revolução no mundo jurídico brasileiro, que contava antes com Decreto-Lei 7.661 de 21 de junho de 1945 (Decreto-lei 7.661/1945), considerado ultrapassado frente à realidade das empresas brasileiras e a pouca efetividade do ultrapassado processo de concordata para reestruturação de dívidas[10].

Durante os seus mais de 15 (quinze) anos de vigência, a Lei 11.101/2005 se tornou um relevante mecanismo para permitir a efetiva reestruturação de empresas no Brasil. Desde a vigência da Lei 11.101/2005, até o momento foram requeridas 19.163 recuperações judiciais no país[11].

A eficiência da Lei 11.101/2005 passa pela possibilidade de ampla participação dos credores no processo de decisão de reestruturação de dívidas, permitindo que a empresa em recuperação judicial continue exercendo as suas atividades e, em contrapartida, viabilize-se o pagamento diferido dos credores e mediante estruturas de pagamento as mais

[10] A ineficiência do decreto para fins de reestruturação das empresas foi bem abordada pela doutrina por ocasião da edição da Lei 11.101/2015: "2.6.3 O que se verificava é que o sistema do Dec.-lei 7.661/1945 não conseguia proteger os credores da empresa concordatária ou falida e não conseguia também, por outro lado, preservar a atividade empresária, apresentando-se como sistema incapaz de preservar qualquer tipo de interesse, atendendo apenas, na grande maioria das vezes, ao empresário oportunista e desonesto." (BEZERRA FILHO, Manoel Justino. Lei de Recuperação de Empresas e Falência. 14 ed. Revista dos Tribunais. São Paulo. 2019)

[11] Conforme informação disponível em https://www.boavistaservicos.com.br/economia/falencias-e-recuperacoes-judiciais/.

variadas, permitindo-se a manutenção de fluxo de caixa da empresa para que ela possa seguir com suas atividades.

A possibilidade de amplo e estruturado pagamento de dívidas passa pela sujeição de todos os créditos existentes até a data do pedido de recuperação judicial ao consenso dos credores quanto à forma e prazo de pagamento. Nos termos do artigo 49 da Lei 11.101/2005, os créditos sujeitos ao concurso de credores da empresa recuperanda são aqueles existentes na data do pedido, ainda que não vencidos. Considerando a amplitude do conceito previsto nesse artigo, debates surgiram em torno da interpretação e aplicação desse dispositivo, em especial a respeito do conceito jurídico do que seriam créditos existentes.

Nesse sentido, o Superior Tribunal de Justiça (STJ) pacificou o entendimento de que o *caput* do artigo 49 da Lei 11.101/2005 trata de créditos nos quais as obrigações foram contraídas pela recuperanda antes do pedido de recuperação judicial[12]. Além disso, o Enunciado nº 100 da III Jornada de

[12] Conforme AgInt no REsp 1769281 / DF, Terceira Turma. Relator Ministro Marco Aurélio Belizze. DJe. 22.03.2009:
"AGRAVO INTERNO NO RECURSO ESPECIAL. AGRAVO DE INSTRUMENTO. RECUPERAÇÃO JUDICIAL. 1. AUSÊNCIA DE IMPUGNAÇÃO DOS FUNDAMENTOS DO ACÓRDÃO RECORRIDO. SÚMULA 283/STF. 2. NO CASO, O ACÓRDÃO CONCLUIU QUE O FEITO NÃO SE ENQUADRA NAS HIPÓTESES DE SUSPENSÃO PREVISTAS PELO JUÍZO DA RECUPERAÇÃO. REVISÃO OBSTADA PELA SÚMULA 7/STJ. 3. AGRAVO IMPROVIDO.1. A manutenção de argumento que, por si só, sustenta o acórdão recorrido torna inviável o conhecimento do apelo especial, atraindo a aplicação do enunciado n. 283 da Súmula do Supremo Tribunal Federal. 2. De fato, o entendimento desta Corte preconiza que, como o art. 49 da Lei 11.101/2005 prevê que "estão sujeitos à recuperação judicial todos os créditos existentes na data do pedido, ainda que não vencidos", a submissão de determinado crédito à Recuperação Judicial não depende de provimento judicial anterior ou contemporâneo ao pedido de soerguimento empresarial, bastando que se refira às obrigações contraídas anteriormente a ele (EDcl no AgIntno CC 152.900/SP, Rel. Ministro Lázaro Guimarães, Desembargador Convocado do TRF 5ª Região, Segunda Seção, julgado em 8/8/2018, DJe 15/8/2018). 2.1. Contudo, no caso dos autos, o acórdão recorrido concluiu que o feito não se enquadrava nas hipóteses de suspensão previstas pelo Juízo da recuperação judicial. Isso porque a recorrente não foi capaz de demonstrar que o apontado crédito encontrava-se inserido no plano de recuperação judicial. Desse modo, para se entender de forma diferente e acolher a pretensão recursal, seria necessário o revolvimento de elementos fático-probatórios dos autos, o que atrai o óbice dos enunciados n. 7 e 83 da Súmula desta Corte. 3. Agravo interno a que se nega provimento."

Direito Comercial[13], editado em 07 de junho de 2019, também chancelou o entendimento de que a existência do crédito independe de atos judiciais para que seja sujeito ao concurso de credores.

Mais recentemente, a questão foi colocada novamente a debate perante o STJ que, sob o rito do julgamento de demandas repetitivas, editou o tema 1.051, fixando a seguinte tese: *Para o fim de submissão aos efeitos da recuperação judicial, considera-se que a existência do crédito é determinada pela data em que ocorreu o seu fato gerador*[14].

Por ocasião desse julgamento, o STJ debateu a necessidade de liquidação prévia para se considerar que o crédito é sujeito ao concurso de credores, seguindo a linha do posicionamento que já vinha se consolidando na Corte Superior no sentido de que *a submissão do crédito aos efeitos da recuperação judicial não depende de sentença que o declare ou o quantifique, menos ainda de seu trânsito em julgado, bastando a ocorrência do fato gerador.*

Vale notar que o STJ já tinha adotado o entendimento de que os honorários advocatícios fixados no âmbito de sentenças judiciais somente podem ser considerados como créditos concursais caso a sentença tenha sido proferida antes do pedido de recuperação judicial[15]. No entendimento

[13] "Consideram-se sujeitos à recuperação judicial, na forma do art. 49 da Lei n. 11.101/2005, os créditos decorrentes de fatos geradores anteriores ao pedido de recuperação, independentemente da data de eventual acordo, sentença ou trânsito em julgado."

[14] STJ. Segunda Seção. Julgado em 28.04.2020.

[15] Conforme REsp nº 1841960 / SP, Terceira Turma, Relatora Ministra Nancy Andrighi, DJe 13.04.2020 : "DIREITO EMPRESARIAL. RECUPERAÇÃO JUDICIAL. HONORÁRIOS ADVOCATÍCIOS SUCUMBENCIAIS. SENTENÇA POSTERIOR AO PEDIDO RECUPERACIONAL. NATUREZA EXTRACONCURSAL. NÃO SUJEIÇÃO AO PLANO DE RECUPERAÇÃO E A SEUS EFEITOS. 1. Os créditos constituídos depois de ter o devedor ingressado com o pedido de recuperação judicial estão excluídos do plano e de seus efeitos (art. 49, caput, da Lei n. 11.101/2005). 2. A Corte Especial do STJ, no julgamento do EAREsp 1255986/PR, decidiu que a sentença (ou o ato jurisdicional equivalente, na competência originária dos tribunais) é o ato processual que qualifica o nascedouro do direito à percepção dos honorários advocatícios sucumbenciais. 3. Em exegese lógica e sistemática, se a sentença que arbitrou os honorários sucumbenciais se deu posteriormente ao pedido de recuperação judicial, o crédito que dali emana, necessariamente, nascerá com natureza extraconcursal, já que, nos termos do art. 49, caput da Lei 11.101/05, sujeitam-se ao plano de soerguimento os créditos existentes na data do pedido de recuperação judicial, ainda que não vencidos, e não os posteriores. Por outro lado, se a sentença que arbitrou os honorários advocatícios for

da Corte Superior, os honorários advocatícios possuem efeito externo ao processo, de modo que o direito ao seu recebimento somente exsurge com a prolação da sentença. Como consequência, honorários advocatícios fixados em sentenças proferidas após o pedido de recuperação judicial não estão sujeitos ao concurso de credores.

Adicionalmente aos créditos que são sujeitos ao regime do concurso de credores, é de se notar que o §1º do artigo 49 da Lei 11.101/2005 estabelece que *os credores do devedor em recuperação judicial conservam seus direitos e privilégios contra os coobrigados, fiadores e obrigados de regresso.*

Conforme leciona Fabio Ulhoa Coelho[16]:

> "A recuperação judicial do garantido (*avalizado* ou *afiançado*) não importa nenhuma consequência relativamente ao direito do credor exercitável contra o garante (*avalista* ou *fiador*). Por isso, a recuperação judicial daquele não importa a suspensão da execução contra este.
>
> Assim decidiu o TJSP, no julgamento do Agravo de Instrumento n. 7295672-4, relatado pelo Des. Heraldo de Oliveira: "Muito embora o plano de recuperação judicial implique em novação dos créditos, obrigando o devedor e todos os credores a ele sujeitos, como preceitua o artigo 59 da Lei n. 11.101/2005, são preservadas as garantias do crédito, e nessa ordem, o plano de recuperação judicial não afeta o direito do credor em executar os devedores solidários do título de crédito exequendo".

É dizer, ainda que determinado crédito contraído pelo devedor em recuperação judicial esteja sujeito ao concurso de credores nos termos acima expostos, o credor poderá seguir contra os garantidores elencados no referido dispositivo, os quais respondem integralmente pelo passivo independente da relação estabelecida com o devedor principal.

anterior ao pedido recuperacional, o crédito dali decorrente deverá ser tido como concursal, devendo ser habilitado e pago nos termos do plano de recuperação judicial. 4. Na hipótese, a sentença que fixou os honorários advocatícios foi prolatada após o pedido de recuperação judicial e, por conseguinte, em se tratando de crédito constituído posteriormente ao pleito recuperacional, tal verba não deverá se submeter aos seus efeitos, ressalvando-se o controle dos atos expropriatórios pelo juízo universal. 5. Recurso especial provido."

16 COELHO, Fábio Ulhoa. Comentários à Lei de Falências e de Recuperação de Empresas. 12 ed. São Paulo: Revista dos Tribunais, 2017.

Esse regime de responsabilidade decorre preponderantemente do conceito de solidariedade das obrigações previsto no Código Civil[17], o qual autoriza o credor a exigir integralmente a dívida de um ou de todos os credores, sem qualquer distinção.

Nesse cenário, a regra de suspensão das execuções prescrita no artigo 6º, inciso II da Lei 11.101/2005[18] não é aplicável aos devedores solidários[19], os quais continuam respondendo perante o credor nas execuções individuais, independentemente da sujeição do crédito ao regime do concurso de credores[20].

Vale notar, ainda, que com a aprovação do plano de recuperação judicial, os créditos sujeitos ao regime do concurso de credores são novados[21],

[17] Art. 275. O credor tem direito a exigir e receber de um ou de alguns dos devedores, parcial ou totalmente, a dívida comum; se o pagamento tiver sido parcial, todos os demais devedores continuam obrigados solidariamente pelo resto.

[18] Art. 6º A decretação da falência ou o deferimento do processamento da recuperação judicial implica:
(...)
II – suspensão das execuções ajuizadas contra o devedor, inclusive daquelas dos credores particulares do sócio solidário, relativas a créditos ou obrigações sujeitos à recuperação judicial ou à falência;

[19] A única exceção aplicável à suspensão das execuções dos coobrigados é a regra prevista tratada na Lei 11.101/2005, que estende a suspensão ao sócio solidário (artigo 6º, inciso II).

[20] Esse entendimento foi chancelado pelo STJ: AGRAVO REGIMENTAL. DIREITO EMPRESARIAL E PROCESSUAL CIVIL. RECURSO ESPECIAL. EXECUÇÃO AJUIZADA EM FACE DE SÓCIO-AVALISTA DE PESSOA JURÍDICA EM RECUPERAÇÃO JUDICIAL. SUSPENSÃO DA AÇÃO. IMPOSSIBILIDADE.
1. O caput do art. 6º da Lei n. 11.101/05, no que concerne à suspensão das ações por ocasião do deferimento da recuperação, alcança apenas os sócios solidários, presentes naqueles tipos societários em que a responsabilidade pessoal dos consorciados não é limitada às suas respectivas quotas/ações.
2. Não se suspendem, porém, as execuções individuais direcionadas aos avalistas de título cujo devedor principal é sociedade em recuperação judicial, pois diferente é a situação do devedor solidário, na forma do § 1º do art. 49 da referida Lei. De fato, "[a] suspensão das ações e execuções previstas no art. 6º da Lei n. 11.101/2005 não se estende aos coobrigados do devedor" (Enunciado n. 43 da I Jornada de Direito Comercial CJF/STJ). 3. Agravo regimental não provido." (AgRg no REsp 1342833 / SP. Relator Ministro Luis Felipe Salomão. Quarta Turma. DJe 21.05.2014).

[21] Conforme disposto no artigo 59 da Lei 11.101/2005: O plano de recuperação judicial implica novação dos créditos anteriores ao pedido, e obriga o devedor e todos os credores a ele sujeitos, sem prejuízo das garantias, observado o disposto no § 1º do art. 50 desta Lei.

extinguindo-se todas as ações judiciais em curso que objetivam a cobrança desses créditos.

Todas essas considerações a respeito do conceito dos créditos sujeitos ao regime do concurso de credores e impactos desse regime aos coobrigados do devedor em recuperação judicial ganha relevância neste estudo, uma vez que o principal debate em torno do acionamento das apólices de seguro garantia judicial no âmbito de ações cíveis sujeitas ao concurso de credores reside exatamente na competência para deliberar a respeito de bens do devedor em recuperação judicial e garantias por ele contraídas, bem como da natureza da obrigação assumida pela seguradora perante o credor cível em decorrência de seguro garantia judicial.

II. A competência para deliberação a respeito dos bens da empresa em recuperação judicial sujeitos ao concurso de credores e respectivas garantias

Além da definição a respeito dos créditos que estão sujeitos ao concurso de credores, outra questão jurídica relevante que se coloca diz respeito aos procedimentos de constrição e expropriação de bens da empresa recuperanda.

Há muito se debate no Judiciário a competência do juízo universal em relação aos bens da empresa recuperanda, em especial a possibilidade de constrição por credores individuais que não estão sujeitos ao concurso de credores. Sabe-se, contudo, que tal medida ordinariamente contraria o objetivo principal do processo de recuperação judicial – assegurar à empresa em recuperação judicial que mantenha os bens necessários para exercício de sua atividade empresarial sob o seu domínio. É evidente que autorizar indiscriminadamente a adoção de medidas em ações individuais e autônomas pelos credores que não devem receber o seu crédito nos termos do plano de recuperação judicial desvirtuaria o princípio basilar da lei, tendo, em última análise, o efeito de inviabilizar o soerguimento da empresa em recuperação judicial (ainda mais quando se trata de bens essenciais para exercício da atividade empresarial).

Exatamente por isso, o STJ pacificou o entendimento de que o juízo universal é o único competente para decidir a respeito de constrições dos bens essenciais da recuperanda em decorrência de ordens proferidas por outros Juízos em ações cujo crédito não está sujeito ao regime do concurso de credores:

> "CONFLITO POSITIVO DE COMPETÊNCIA. RECUPERAÇÃO JUDICIAL. AÇÃO DE BUSCA E APREENSÃO. BEM MÓVEL. ALIENAÇÃO FIDUCIÁRIA. ATIVIDADE EMPRESARIAL. ESSENCIALIDADE DO BEM. AFERIÇÃO. COMPETÊNCIA DO JUÍZO UNIVERSAL. 1. Ainda que se trate de créditos garantidos por alienação fiduciária, compete ao juízo da recuperação judicial decidir acerca da essencialidade de determinado bem para fins de aplicação da ressalva prevista no art. 49, § 3º, da Lei nº 11.101/2005, na parte que não admite a venda ou a retirada do estabelecimento do devedor dos bens de capital essenciais ao desenvolvimento da atividade empresarial. 2. Impossibilidade de prosseguimento da ação de busca e apreensão sem que o juízo quanto à essencialidade do bem seja previamente exercitado pela autoridade judicial competente, ainda que ultrapassado o prazo de 180 (cento e oitenta dias) a que se refere o art. 6º, § 4º, da Lei n. 11.101/2005. 3. Conflito de competência conhecido para declarar a competência do Juízo de Direito da 1ª Vara dos Feitos de Relação de Consumo Cíveis e Comerciais da Comarca de Barreiras/BA."[22]

Esse entendimento, evidentemente, busca preservar a manutenção da atividade empresarial. Penhoras e ordens de constrição determinadas em ações individuais de credores não sujeitos ao concurso de credores tem potencial de impedir o soerguimento da empresa.

No mesmo sentido e agora tratando de créditos sujeitos ao concurso de credores, conforme redação do inciso III no artigo 6º dada pela Lei 14.112/2020, é expressamente vedada a possibilidade de constrição de bens do devedor cujo crédito esteja sujeito ao concurso de credores. Esse dispositivo legal, tal qual ocorre nos casos de créditos que não estão sujeitos ao concurso de credores, também tem como objetivo evitar, nos casos em que as execuções individuais sejam retomadas, que se vede tratamento diferenciado a um credor que deve receber o seu crédito nas mesmas condições dos demais credores. Nas palavras de Manoel Bezerra Justino Filho:

> "O inc. III proíbe que sobre os bens do devedor sejam efetuadas as constrições que enumera, quando se tratar de obrigação sujeita à recuperação

[22] Conflito de competência 121.207/BA. Relator Ministro Ricardo Villas Bôas Cueva. Segunda Seção. DJe 13.03.2017.

judicial ou à falência. Essa determinação é decorrência de tudo que já foi acima examinado, pois na falência o credor receberá (se houver numerário) na ordem do art. 83 e, na recuperação judicial, receberá na forma estabelecida no plano de recuperação. Por isso mesmo, não seria possível dar continuidade a processos que viessem a onerar ou contristar bens do falido ou do recuperando, em tal situação."

A lógica estabelecida por meio desse dispositivo legal também é clara: se o credor deve receber o seu crédito nos termos do plano de recuperação judicial aprovado, mediante recebimento do seu crédito na forma e condições estabelecidas no plano, a permissão para que constrições individuais possam ser realizadas inviabilizaria a reestruturação da empresa. Como exemplo, o credor, ao invés de receber o seu crédito na forma de pagamento prevista no plano, poderia optar por seguir com a penhora de um bem da recuperanda, o que levaria o processo de recuperação judicial ao insucesso.

Logo, em qualquer cenário, a possibilidade de constrição por credores individuais deve levar em consideração, de um lado, a essencialidade do bem para manutenção da atividade empresarial nos casos em que o crédito não está sujeito ao concurso de credores. De outro, aos credores que devem se sujeitar aos efeitos da recuperação judicial, é vedada qualquer constrição de bens, devendo receber o seu crédito nos termos do plano de recuperação judicial.

Na mesma linha, no que tange às garantias judiciais prestadas por quem tenha requerido o processamento de recuperação judicial, a discussão a respeito da competência do juízo recuperacional para deliberar sobre o seu acionamento também passou a ser travada no Judiciário.

Com efeito, a autorização para que um credor individual pudesse executar garantia judicial fere princípio basilar da recuperação judicial estabelecido no artigo 47 da lei 11.101/2005, o qual prevê que o principal objetivo da recuperação judicial é *viabilizar a superação da situação de crise econômico-financeira do devedor, a fim de permitir a manutenção da fonte produtora, do emprego dos trabalhadores e dos interesses dos credores, promovendo, assim, a preservação da empresa, sua função social e o estímulo à atividade econômica.*

É evidente que admitir que credores individuais possam acionar garantias judiciais prestadas por empresa em recuperação judicial de modo independente e sem que haja análise do contexto e impactos desse acionamento à empresa em recuperação judicial acaba por comprometer o principal objetivo da superação da crise econômica da empresa em recuperação judicial. Seguindo essa linha de raciocínio, o STJ também entende que a competência para deliberação a respeito do acionamento do seguro garantia judicial será sempre do Juízo da recuperação judicial[23].

E essa discussão é relevante para a hipótese ora analisada, porquanto, tratando-se de seguro garantia judicial apresentado em ações cíveis, o *fato gerador* da constituição do crédito da seguradora será a data do pagamento da indenização, de modo que, nesse cenário, a autorização do acionamento da garantia nos casos de créditos sujeitos à recuperação judicial implicará a substituição de um crédito sujeito ao concurso de credores por outro, agora detido pela seguradora, que será constituído após o pedido de recuperação judicial e, como consequência, cobrado na sua integralidade fora do concurso dos credores.

III. Aspectos legais do seguro garantia judicial

O seguro garantia judicial é regulado pela Circular 477/2013, editada em 30 de setembro de 2013 pela Superintendência de Seguros Privados ("SUSEP"), que trata dos aspectos gerais do seguro garantia e o clausulado padrão dessa modalidade de seguro. Trata-se de modalidade de seguro de dano[24] e tem como objetivo assegurar cumprimento de obrigações contratuais assumidas pelo contratante perante o segurado[25].

[23] Conforme AgInt no CC 173083 / MT, Ministro Paulo de Tarso Sanseverino. Segunda Seção. DJe 20.04.2021: "AGRAVO INTERNO NO CONFLITO DE COMPETÊNCIA. RECUPERAÇÃO JUDICIAL. EXECUÇÕES INDIVIDUAIS. LEI N. 11.101/05. INTERPRETAÇÃO SISTEMÁTICO-TELEOLÓGICA DOS SEUS DISPOSITIVOS. NECESSIDADE DE PRESERVAÇÃO DA ATIVIDADE ECONÔMICA. DELIBERAÇÃO ACERCA DO SEGURO GARANTIA. COMPETÊNCIA DO JUÍZO RECUPERACIONAL. PRECEDENTES DA SEGUNDA SEÇÃO DO STJ. MANUTENÇÃO DA DECISÃO AGRAVADA. AGRAVO INTERNO A QUE SE NEGA PROVIMENTO."

[24] "Trata-se de um ramo securitário que deriva dos seguros tradicionais de dano e integra o grupo denominado pela SUSEP como "riscos financeiros". A sua finalidade é assegurar perdas decorrentes do não cumprimento de obrigações assumidas em contrato, em conformidade com o objeto da apólice."

[25] "A relação entre crédito, risco, incerteza e garantia normalmente desperta atenção e, em períodos de aguda crise, as controvérsias são inevitáveis. O seguro garantia é instrumento securitário que assegura o cumprimento de obrigações contratuais para estabilizar eventuais perdas decorrentes da incerteza, do risco e do crédito na operação entre o segurado e

Nos termos do artigo 2º da Circular 477/2013, o *seguro garantia tem por objetivo garantir o fiel cumprimento das obrigações assumidas pelo tomador perante o segurado*, podendo a seguradora ser chamada a pagar no caso de *inadimplemento das obrigações do tomador cobertas pelo seguro*. O seguro garantia judicial envolve, em sua essência, uma relação tripartite, estando, de um lado, o *tomador* que é o devedor principal de determinada ação judicial que, por seu turno, contrata o seguro garantia judicial em favor do Juízo que tramita a ação – *segurado* – perante uma *seguradora* que é o terceiro elemento dessa relação jurídica.

Toda apólice de seguro garantia judicial deve ter prazo determinado[26], nos termos do artigo 8º da Circular 477/2013, mas a sua renovação é compulsória pela seguradora enquanto houver risco a ser segurado no processo judicial em que foi apresentado. Em outros termos, a seguradora somente pode se opor à renovação da apólice de seguro garantia judicial caso o risco segurado – débito discutido em Juízo – não seja mais objeto de disputa.

Nesse contexto, vale ressaltar que a natureza da obrigação da seguradora perante o segurado é **subsidiária**, de modo que a seguradora somente pode ser chamada a pagar o valor segurado no caso do comprovado inadimplemento do tomador.

Em termos simples, o procedimento para acionamento da apólice de seguro garantia judicial depende, em primeiro lugar, de se buscar o adimplemento da obrigação perante o devedor principal. Somente com o inadimplemento desse é que a seguradora poderá ser chamada a quitar a dívida objeto do processo judicial, tendo a sua responsabilidade sempre limitada ao valor da importância segurada.

O inadimplemento, em ações cíveis e trabalhistas, só será verificado em situações nas quais a decisão de mérito já transitou em julgado. Embora seja possível a instauração de cumprimento provisório de sentença, o

tomador." (POLETTO, Gladimir Adriani. Temas Atuais de Direito dos Seguros. Tomo II. Revista dos Tribunais. São Paulo. 2021).

26 A existência de prazo de validade das apólices de seguro garantia judicial é um tema que foi debatido no Judiciário, sendo que tanto a Justiça do Trabalho, quanto a Justiça Cível, pronunciaram-se a respeito da validade da inclusão de prazo determinado nesse tipo de garantia (Vide: TST. RR 1000393-43.2016.5.02.0202. Ministra Dora Maria da Costa. Oitava Turma. DJe 12.12.2019/TJSP. 14ª Câmara de Direito Público. Relator Desembargador Monica Serra. J. em 12.04.2021).

clausulado do seguro garantia previsto na Circular 477/2013 traz disposição clara no sentido de que a expectativa de sinistro somente ocorre quando o inadimplemento se dá após o trânsito em julgado da sentença de mérito[27].

Logo, o acionamento do seguro garantia judicial nas ações cíveis depende do trânsito em julgado de sentença condenatória proferida em desfavor do tomador do seguro, cuja obrigação esteja garantida por seguro garantia judicial, sendo que a seguradora será chamada a pagar somente em caso de inadimplemento do tomador após o trânsito em julgado da sentença. O momento em que o seguro garantia judicial pode ser acionado em ações cíveis foi objeto de apreciação pelo STJ, discorrendo que:

> "[...] A apólice do seguro garantia judicial garante o pagamento de valor correspondente aos depósitos judiciais que o tomador (potencial devedor) necessite realizar no trâmite de processos judiciais, incluídas multas e indenizações. **A cobertura terá efeito depois de transitada em julgado a decisão ou o acordo judicial favorável ao segurado (potencial credor de obrigação pecuniária sub judice) e sua vigência deverá vigorar até a extinção das obrigações do tomador.** Ademais, a renovação da apólice, a princípio automática, somente não se dará se não houver mais risco a ser coberto ou se apresentada nova garantia. Cumpre pontificar que "o seguro continuará em vigor mesmo quando o tomador não houver pagado o prêmio nas datas convencionadas" (art. 11, § 1º, da Circular SUSEP nº 477/2013), além de ser "vedado o estabelecimento de franquias, participações obrigatórias do segurado e/ou prazo de carência nos planos de Seguro Garantia" (art. 10 da Circular SUSEP nº 477/2013). Depreende-se que o seguro garantia judicial oferece forte proteção às duas partes do processo, sendo instrumento sólido e hábil a garantir a satisfação de eventual crédito controvertido, tanto que foi equipado ao dinheiro para fins de penhora. [...]"[28] (grifamos)

Por outro lado, tratando-se de seguro garantia judicial apresentado no âmbito de execuções fiscais, a matéria é regulada não apenas pela Circular

[27] 5.1. Expectativa: ocorre quando transitada em julgado ou realizado acordo judicial em que o tomador deverá realizar o pagamento, ficando o segurado dispensado de efetuar notificações relativas à Expectativa de Sinistro.

[28] STJ. REsp nº 1691748 / PR. Terceira Turma. Relator Ministro Ricardo Villas Bôas Cueva. DJe 17.11.2017.

477/2013, mas também pela Portaria do Procurador-Geral da Fazenda Nacional nº 164 de 27.02.2014 (Portaria nº 164), a qual estabelece regras específicas para apresentação e aceite dessa modalidade de garantia no Judiciário.

O artigo 3º da Portaria nº 164 trata dos requisitos obrigatórios da apólice de seguro garantia judicial a ser apresentada em execuções fiscais, o que inclui prazo mínimo de vigência de 2 (dois) anos. Ainda, o artigo 10º da Portaria nº 164 trata da caracterização do sinistro e, seguindo o previsto no clausulado específico da SUSEP para seguro garantia judicial apresentado no âmbito de execução fiscal, é compreendimento como o *não pagamento pelo tomador do valor executado, quando determinado pelo juiz, independentemente do trânsito em julgado ou de qualquer outra ação judicial em curso na qual se discuta o débito, após o recebimento dos embargos à execução ou da apelação, sem efeito suspensivo.*

Assim, para fins específicos de apólices de seguro garantia judicial apresentadas no âmbito em execução fiscal, embora a responsabilidade da seguradora ainda seja subsidiária, a seguradora pode ser chamada a pagar independentemente da certificação do trânsito em julgado.

Essas considerações a respeito da definição legal do inadimplemento do segurado e consequente chamamento da seguradora para pagamento do valor limite segurado é essencial para a finalidade desse estudo, uma vez que o momento em que se verifica o inadimplemento da empresa em recuperação judicial perante o credor segurado atrai a discussão a respeito da responsabilidade da seguradora pelo pagamento do débito perante esse credor.

IV. O seguro garantia judicial e o tomador em recuperação judicial

Como citado acima, a crise de 2016 teve impacto relevante nos processos de recuperação judicial no Brasil. Conforme noticiado pela mídia[29], segundo dados do Serasa Experian, 1.863 empresas requereram recuperação judicial em 2016[30], representando um acréscimo de 44,7% em relação aos pedidos feitos em 2015. Esse ano ficou conhecido por ter recebido, até

[29] https://www.tmabrasil.org/blog-tma-brasil/noticias-em-geral/recuperacao-judicial-em-tempos-de-crise

[30] https://epocanegocios.globo.com/Economia/noticia/2016/04/serasa-brasil-batera--recorde-de-empresas-que-pedem-recuperacao-judicial-em-2016.html

aquela data, o maior pedido de recuperação judicial em termos de valor de dívida, por meio do requerimento apresentado pela Oi S.A. com dívida estimada à época em R$65,4 bilhões[31].

Como consequência do aumento da crise e intensificação dos pedidos de recuperação judicial, novos debates jurídicos envolvendo garantidores de empresa em recuperação judicial surgiram nos mais diversos foros, tornando a discussão relativa aos efeitos do concurso de credores perante esses garantidores um debate relevante no Judiciário.

Além disso, o fato de grandes *players* do mercado serem beneficiários de garantias relevantes apresentadas no âmbito de ações judiciais também teve impacto no momento do debate a respeito da responsabilização dos garantidores frente aos credores sujeitos ao concurso de credores.

Nesse sentido, as primeiras discussões levadas ao Judiciário a respeito do acionamento do seguro garantia judicial foram travadas em ações cíveis individuais nas quais, apesar de o crédito estar sujeito ao concurso de credores, o credor entendia que podia seguir contra a seguradora, acionando a apólice, defendendo que a ausência de pagamento do crédito no âmbito da ação individual é considerado inadimplemento para fins de acionamento da apólice[32] e, em outros casos, a seguradora figuraria como devedor solidário nos termos do artigo 49, §1º da Lei 11.101/2005, podendo a execução seguir contra ela.

[31] http://g1.globo.com/economia/negocios/noticia/2016/06/oi-entra-com-pedido-de--recuperacao-judicial.html

[32] Nesse sentido, cita-se acórdão proferido pelo Tribunal de Justiça de Santa Catarina que, de modo equivocado, manteve a determinação de acionamento de apólice de seguro garantia judicial apresentado pela Oi S.A., salientando que *o juízo a quo não está adstrito as condições da apólice e o terceiro credor dessa relação não pode ser prejudicado pela discussão bilateral entre as segurada e seguradora, sobretudo, em face do princípio da segurança jurídica e efetividade das decisões judiciais* (TJSC. Agravo de Instrumento nº 4004521-18.2016.8.24.0000. Quarta Câmara de Direito Comercial. Rel. Desembargador Lédio Rosa de Andrade. Julgado em 23.02.2017). Em outro caso envolvendo acionamento de seguro garantia judicial apresentado pela Oi S.A., o Juiz da 10ª Vara Cível do Foro da Comarca de Belo Horizonte/MG determinou acionamento de garantia de crédito sujeito aos efeitos da recuperação judicial, pautando-se no entendimento de que *a recuperação judicial do devedor principal não impede o prosseguimento da execuções contra terceiros devedores solidários ou coobrigados em geral, por garantia cambial, real ou fidejussória.* (Embargos à Execução nº 7748543.86.2005.8.13.0024, opostos pela Oi S.A. contra Maria da Conceição dos Santos).

Ambos os entendimentos, defendidos em diversos processos individuais inclusive movidos contra a OI S.A., decorrem do entendimento equivocado do conceito de inadimplemento que caracteriza sinistro indenizável no âmbito das apólices de seguro garantia judicial, bem como o conceito básico e acima explicitado a respeito da natureza da responsabilidade da seguradora frente o segurado. Analisemos no detalhe a distorção em relação a esses princípios.

Em primeiro lugar, nas ações individuais cujo crédito sob disputa esteja sujeito aos efeitos do concurso de credores, não há que se falar em inadimplemento do devedor em recuperação judicial para fins de acionamento da garantia. É evidente que não há inadimplemento nesse cenário, pelo simples fato de que o credor receberá o seu crédito nos termos do plano de recuperação judicial aprovado. Qualquer entendimento contrário acarreta a subversão do sistema de responsabilidade da seguradora, eis que a seguradora somente pode ser chamada quando há inadimplemento comprovado do tomador do seguro, observada as hipóteses de configuração do sinistro tratadas no capítulo acima.

A análise a respeito do momento em que se configura o inadimplemento do devedor em recuperação judicial tem efeito relevante nas apólices de seguro garantia judicial, eis que havendo a efetiva possibilidade de recebimento do crédito contra o devedor principal, ainda que dentro de um longo prazo, afasta a responsabilidade da seguradora em responder perante o segurado.

E esse entendimento não se extrai apenas do momento em que a seguradora poderá ser chamada a pagar, mas também pela natureza subsidiária da responsabilidade da seguradora frente ao segurado. Como visto acima, a solidariedade não se presume, resultando da lei ou da vontade das partes. Nesses termos, não há como se sustentar que a seguradora, nos casos de apólice de seguro garantia judicial, pode ser incluída no conceito de coobrigadas previsto na Lei 11.101/2005.

Contudo, embora seja clara a natureza da responsabilidade da seguradora, o ingresso de pedido de recuperação judicial por grandes empresas tomadoras dessa modalidade de garantia acabou por gerar discussões no Judiciário sobre a obrigação da seguradora de pagar o crédito acertado em definitivo em juízo cível individual sob o argumento da coobrigação.

Entendimentos dessa natureza, além de violar o princípio relativo à natureza da obrigação assumida pela seguradora, cria um grave problema sistêmico que, em última análise, inviabiliza a recuperação da empresa e afronta os princípios e objetivos da Lei 11.101/2005.

Isso porque, nos termos do que dispõe o artigo 786 do Código Civil[33], a seguradora, ao pagar a indenização securitária, sub-roga-se nos direitos do credor, podendo buscar contra o tomador do seguro garantia judicial o ressarcimento integral do valor da indenização securitária. Esse mecanismo, além de previsto em lei, é comumente negociado em contratos de contragarantia, por meio dos quais a seguradora busca garantias colaterais para fazer frente ao seu direito de sub-rogação[34].

Nesse cenário, considerando que, para fins de sujeição ao concurso de credores, o marco legal é o pedido de recuperação judicial, surge o debate a respeito da sujeição da seguradora ao plano de recuperação judicial, i.e., se deve receber o seu crédito nos termos previstos no plano de recuperação judicial.

Nesse ponto, em recente julgamento de recurso repetitivo nº 1.051 pelo STJ, firmou-se a tese de que os créditos sujeitos aos efeitos da recuperação judicial é a data em que ocorreu o seu fato gerador: *Para o fim de submissão aos efeitos da recuperação judicial, considera-se que a existência do crédito é determinada pela data em que ocorreu o seu fato gerador.*

No caso de sinistros liquidados em ações judiciais, considerando que até a data assinalada pelo juiz para pagamento da indenização securitária – diante da necessária inércia do devedor (contratante do seguro) – não há pretensão contra a seguradora[35], a única interpretação possível é de

[33] Art. 786. Paga a indenização, o segurador sub-roga-se, nos limites do valor respectivo, nos direitos e ações que competirem ao segurado contra o autor do dano.

[34] Em sentido contrário, destacamos posição recente da doutrina a respeito da ausência de sub-rogação nos casos de seguro garantia judicial: "Neste viés de orientação, o mesmo regime jurídico eventualmente seria aplicável ao seguro garantia. Não há aqui um *terceiro causador do dano* – tanto o devedor como o credor têm os seus interesses protegidos por meio da contratação do seguro (e do pagamento do prêmio). Instituído pelo devedor como forma de proteger não apenas a posição do credor, mas também e principalmente de proteger o seu próprio patrimônio (por exemplo, contra crises econômicas que sejam capazes de forçar o ajuizamento de uma recuperação judicial), a ocorrência do sinistro determinaria o pagamento da indenização, mas não autorizaria a sub-rogação". (GALDINO, Flávio. Temas Atuais de Direito dos Seguros. Tomo II. Revista dos Tribunais. São Paulo. 2021)

[35] Nos termos do artigo 189 do Código Civil, a pretensão somente pode ser exercida com a violação ao direito: Violado o direito, nasce para o titular a pretensão, a qual se extingue, pela prescrição, nos prazos a que aludem os arts. 205 e 206.

que o fato gerador do crédito da seguradora derivada do seu direito de sub-rogação contra a tomadora do seguro, nesses casos, surge, apenas, com o pagamento da indenização do seguro e consequente satisfação do crédito garantido em favor do credor principal.

Como consequência, resta claro que o fato gerador da pretensão da seguradora contra a empresa em recuperação judicial ocorrerá sempre após o pedido de recuperação judicial, sobressaindo, daí, a conclusão de que a seguradora jamais será sujeita aos efeitos do concurso de credores.

Pensar de outra forma criaria graves problemas sistêmicos que, ao final, inviabilizaria a reestruturação e recuperação da empresa. Com efeito, nesse cenário, haveria substituição de um crédito que deveria ser pago seguindo as condições acordadas entre os credores da empresa em recuperação judicial por crédito que seria integralmente cobrado fora do concurso de credores, tornando inócuo todo o esforço feito para tentativa de reestruturação da dívida existente na data do pedido de recuperação judicial.

Certamente considerando esse efeito catastrófico aos processos de recuperação de empresas é que o STJ entende que a seguradora não pode ser chamada a responder pelo pagamento de débito que está sujeito ao concurso de credores, uma vez que não há inadimplemento que justifique o acionamento da garantia pelo credor individual:

> "CONFLITO POSITIVO DE COMPETÊNCIA. RECUPERAÇÃO JUDICIAL. PEDIDO DE PROCESSAMENTO DEFERIDO. LEGITIMIDADE. SEGURADORA. EXECUÇÃO TRABALHISTA. SEGURO GARANTIA JUDICIAL. SINISTRO. NÃO OCORRÊNCIA. JUÍZO DA RECUPERAÇÃO JUDICIAL. COMPETÊNCIA. 1. Cinge-se a controvérsia a definir qual o juízo competente para prosseguir com os atos executórios contra a empresa em recuperação na hipótese de ter sido oferecido seguro garantia nos autos da execução em que o crédito foi apurado. 2. O conflito positivo de competência ocorre quando dois ou mais Juízos se declaram competentes para o julgamento da mesma causa, nos termos do artigo 66, I, do CPC/2015. 3. Tem legitimidade para suscitar conflito de competência quem quer que esteja sujeito aos efeitos da sentença que algum dos juízes suscitados possa proferir. Precedentes. 4. O artigo 49, § 1º, da Lei nº 11.101/2005 dispõe que os credores do devedor em recuperação judicial conservam seus direitos e privilégios contra os coobrigados, fiadores

e obrigados de regresso. **5. No seguro-garantia judicial, a relação existente entre o garantidor (seguradora) e o credor (segurado) é distinta daquela existente entre credor (exequente) e o garantidor do título (coobrigado), visto que no primeiro caso a relação resulta do contrato de seguro firmado e, no segundo, do próprio título, somente sendo devida a indenização se e quando ficar caracterizado o sinistro. 6. Na hipótese de haver o deferimento da recuperação judicial a execução contra o devedor principal será extinta, haja vista a ausência de título a lhe dar suporte, somente sendo possível exigir o depósito da indenização pela seguradora se tiver ficado caracterizado o sinistro em momento anterior (ao do pedido de recuperação), observada a extensão dos riscos cobertos pela apólice.** 7. Conflito conhecido para declarar a competência do Juízo de Direito da 3ª Vara Cível de Itumbiara-GO."[36] (grifamos)

Esse entendimento, aliás, vai ao encontro com a posição adotada pelo Juízo da recuperação judicia da OI S.A., que houve por bem suspender a execução de garantias prestadas pela recuperanda em decorrência do efeito sistêmico que tal decisão poderia ter na recuperação judicial:

> "Esclareço que as garantias referidas no dispositivo citado, são aquelas prestadas por "terceiros" – fiança, hipoteca, etc – e que não sofrem qualquer alteração, pois o credor nesta hipótese conserva e mantém seus direitos e privilégios contra esses coobrigados, conforme prevê o § 1º do artigo 49 da Lei 11.101/2005.
>
> **Contudo, as garantias judiciais e cartas de fiança passadas no sentido de assegurar o juízo da execução, não possuem a mesma natureza das garantias previstas no § 1º do art. 49, e com elas não guardam qualquer semelhança,** uma vez que são prestadas no âmbito do processo executivo, com vista a assegurar sua efetividade, não sendo assim atingida pela mencionada regra.
>
> Isto posto, reconheço como sendo inapropriada a liquidação das garantias judiciais e cartas de fiança no âmbito das execuções singulares de créditos que estejam na situação referida e, por conseguinte, sujeitos ao regime da recuperação judicial, pois a satisfação dos referidos créditos, por imposição

[36] STJ. CC 161667 / GO. Ministro Ricardo Villas Bôas Cuevas. Segunda Seção. DJe 31.0.08.2020.

legal, deverá ocorrer no âmbito da R.J. e de acordo com os termos do plano de recuperação."[37]

Logo, ainda que haja divergência jurisprudencial a respeito da possibilidade de acionamento de garantias judiciais apresentadas em processos sujeitos aos efeitos da recuperação judicial, nos parece que há uma tendência acertada do Judiciário em impedir a execução individual dessas garantias. De um lado, consagra-se princípios basilares do direito securitário tal como a responsabilidade subsidiária das seguradoras perante o devedor principal e o momento do inadimplemento da dívida para responsabilização da seguradora. De outro, preserva-se a reestruturação e restabelecimento da empresa em recuperação judicial, evitando que créditos que devem obrigatoriamente estar sujeito ao concurso de credores sejam substituídos por créditos constituídos após o pedido de recuperação judicial e que, por força da lei, não deverão observar o que restar previsto no âmbito do plano de recuperação judicial.

Conclusões

Viu-se que o seguro garantia judicial tem assumido papel protagonista e essencial quando se trata de meios legais para garantia do juízo. Após a positivação legal desse tipo de garantia por meio de regulamentações específicas, a crise de 2016 fez com que empresas até então sólidas e tomadoras de valores expressivos de seguro garantia judicial ingressassem com pedidos de recuperação judicial, nascendo nova discussão a respeito da posição e responsabilidade da seguradora frente a esses créditos.

Nesse cenário, embora tenha havido debate a respeito da possibilidade de se acionar o seguro garantia judicial mesmo em casos nos quais o crédito garantido esteja sujeito ao concurso de credores, fato é que a jurisprudência vem adotando um caminho acertado, ao reconhecer a impossibilidade de se acionar o seguro garantia judicial nessas hipóteses.

Pautando-se nos princípios securitários que regem a relação, é evidente que a responsabilidade da seguradora é subsidiária frente ao credor da empresa em recuperação judicial, somente podendo ser chamada a pagar quando há inadimplemento nos termos delimitados nesse artigo.

[37] Decisão proferida pelo Juízo da 7ª Vara Empresarial no âmbito da recuperação judicial da Oi S.A.

Considerando que, nos casos de crédito sujeito ao concurso de credores, não há inadimplemento da empresa em recuperação judicial, uma vez que o credor, além de receber o seu crédito nos termos do plano de recuperação judicial, tem o seu crédito novado, a seguradora jamais pode ser chamada a honrar garantias nessa situação.

Qualquer entendimento contrário, como visto, levará o sistema de reestruturação de dívida à ruína, eis que haverá a substituição de um crédito sujeito ao concurso de credores pela possibilidade de a seguradora cobrar integralmente o seu crédito em regresso, diante da evidente impossibilidade de sujeição desse novo crédito ao concurso de credores.

Referências

BEZERRA FILHO, Manoel Justino. Lei de Recuperação de Empresas e Falência. 14 ed. Revista dos Tribunais. São Paulo. 2019.

COELHO, Fábio Ulhoa. Comentários à Lei de Falências e de Recuperação de Empresas. 12 ed. São Paulo: Revista dos Tribunais, 2017.

POLETTO, Gladimir Adriani. Temas Atuais de Direito dos Seguros. Tomo II. Revista dos Tribunais. São Paulo. 2021.

GALDINO, Flávio. Temas Atuais de Direito dos Seguros. Tomo II. Revista dos Tribunais. São Paulo. 2021.

8. Aspectos Penais da Distribuição de Lucros ou Dividendos antes da Aprovação do Plano de Recuperação Judicial

Paula Moreira Indalecio
Flávia Guimarães Leardini
Gabriel de Freitas Queiroz
Paola Rossi Pantaleão

Introdução

Ao final do ano de 2020, a Lei nº 11.101/2005 ("LRF"), que regula a recuperação judicial, a recuperação extrajudicial e a falência foi reformulada de maneira ampla, atendendo a críticas de mais de uma década sobre seu conteúdo. Ainda que a legislação de 2005 tenha sido recebida com otimismo à época, principalmente por atualizar as normas que disciplinavam a matéria até então (e que datavam de 1945), diversas ponderações foram tecidas ao longo dos anos com o objetivo de aprimorá-la.

Sancionada pela Presidência da República na véspera do Natal de 2020, a nova lei que atualizou a legislação referente à recuperação judicial, à recuperação extrajudicial e à falência do empresário e da sociedade empresária entrou em vigor em meio a uma delicada conjuntura, em que não só o mercado brasileiro experimentou significativa recessão econômica, como também o restante do mundo tentava se adaptar à pandemia da *Covid-19* e aos catastróficos efeitos que ela trouxe às economias nacionais e mundial.

Com o objetivo de dar mais suporte aos empresários, a legislação trouxe inovações importantes aos credores e devedores, como a ampliação do prazo do parcelamento de dívidas tributárias federais, a possibilidade de autorização judicial para a celebração de contratos de financiamento e a possibilidade de os credores apresentarem um plano de recuperação judicial alternativo ao originalmente proposto pela devedora.

Além de reformar a LRF, a Lei nº 14.112/2020 também trouxe alterações à Lei nº 10.522/12, que instituiu o cadastro informativo de créditos não quitados de órgãos e entidades federais, bem como modificou a Lei nº 8.929/94, responsável por instituir e regular a Cédula de Produto Rural.

Não foi apenas no campo empresarial, contudo, que a nova lei trouxe novidades. Conforme será mais bem detalhado ao longo do presente artigo, a Lei nº 14.112/2020 alterou também o art. 168 da LRF (crime de fraude contra credores), suprimindo lacuna antes existente no que diz respeito à distribuição de lucros e dividendos no período que antecede a aprovação do plano de recuperação judicial.

Ainda que a redação original do art. 168 da LRF previsse o aumento de pena em razão do emprego de contabilidade paralela, a legislação não dispunha expressamente acerca da conduta do devedor que, anteriormente à aprovação do plano de recuperação judicial, aproveitava-se do prazo de suspensão de 180 dias (*stay period*), previsto na lei, para, utilizando-se do caixa momentâneo da empresa, distribuir lucros e dividendos aos sócios e acionistas.

Procurando analisar os efeitos, na seara penal, das alterações trazidas pela Lei nº 14.112/2020 à LRF, o presente artigo apresentará brevemente o trâmite legislativo que culminou na edição e promulgação da lei, explorando as circunstâncias que levaram à aprovação do projeto, que tramitava no Congresso Nacional desde 2005. A fim de se melhor compreender as nuances das alterações à LRF no que tange ao âmbito penal, o presente artigo apresentará noções introdutórias da caracterização da responsabilidade penal, que em muito se difere da responsabilidade contratual e extracontratual que comumente permeia as atividades empresariais.

Nesse contexto, serão tecidos breves comentários às normas e princípios que regem o direito penal no Brasil, de forma a tentar traçar plano de fundo acerca das possibilidades de se sancionar, na esfera penal, condutas ligadas às atividades empresariais, mais especificamente no que tange aos atos praticados por sócios e administradores no bojo de um processo de recuperação judicial ou extrajudicial, ou de falência de empresário ou sociedade empresária.

Em seguida, este artigo tratará sobre as inovações da Lei nº 14.112/2020 no âmbito penal, tecendo-se comentários sobre as mudanças ao tipo previsto no art. 168 da LRF, referente ao crime de fraude contra credores, com especial ênfase às alterações trazidas no tocante à modalidade de contabilidade paralela e distribuição de lucros e dividendos aos sócios e acionistas no período que precede a aprovação do plano de recuperação judicial.

1. Reforma da Lei nº 11.101/2005 pela Lei nº 14.112/2020

A Lei nº 14.112/20, cujas alterações na LRF serão analisadas no presente artigo, por uma perspectiva exclusivamente de direito penal, teve como origem o Projeto de Lei nº 6.229/2005 ("Projeto"), de autoria do então Deputado Federal José Medeiros (PL/SP), que propunha, única e exclusivamente, a alteração do § 7º do art. 6º da recém promulgada LRF, para inserir no rol de crédito suspensos aqueles advindos de execuções fiscais.

A partir de sua apresentação, em novembro de 2005, o Projeto foi remetido para análise pela Comissão de Desenvolvimento Econômico, Indústria, Comércio e Serviços – CDEIC – da Câmara dos Deputados onde tramitou, sem votação definitiva, até março de 2017, quando houve a publicação de parecer favorável pelo então Relator do Projeto na CDEIC, Deputado Federal João Maia (PL/RN).[1]

Aprovado pela CDEIC, o Projeto fora remetido à Comissão de Finanças e Tributação – CFT – da Câmara dos Deputados para análise de seus impactos. Em maio de 2018, a Mesa Diretora da Casa, por ato do então presidente Rodrigo Maia (DEM/RJ) determinou o apensamento do Projeto de Lei nº 10.220/18, proposto pelo então Presidente da República Michel Temer, cujo texto fora elaborado por Eduardo Refinetti Guardia, à época Ministro de Estado da Fazenda.

Dada a relevância e extensão da proposta, a Presidência da Câmara, de ofício, determinou a criação de Comissão Especial destinada a proferir

[1] O parecer também foi favorável a outros dois projetos de lei que propunham outras alterações na lei de falências, sintetizados pelo relator, Dep. João Maia, nos seguintes termos: "Somos, portanto, pela APROVAÇÃO dos Projetos de Lei nº 6.229, de 2005, nº 7.604, de 2006, mº 4.130, de 2008, na forma do substitutivo em anexo (...)" Disponível no Diário da Câmara dos Deputados, edição de março de 2019, fls. 223/228: http://imagem.camara.gov.br/Imagem/d/pdf/DCD0020170309000380000.PDF#page=223

parecer sobre o Projeto,[2] que, porém, só foi efetivamente constituída em 2019. No mesmo ano, ainda sem deliberação específica sobre o Projeto, fora aprovado, em plenário, requisição de tramitação em regime de urgência, bem como designação do Deputado Federal Hugo Leal (PSD/RJ) como relator do Projeto, responsável pela apresentação do parecer.

Durante os trabalhos da Comissão Especial, o relator, Deputado Federal Hugo Leal, apresentou subemenda substitutiva global ao projeto original, cujo texto teve como fundamento integral o anteprojeto apresentado pelo então Ministro Fazenda.

E, justamente, no seio de tal anteprojeto apresentado pela Presidência da República, longo e substantivo, que houve a proposição para alteração do art. 168 da referida lei para inserção de novo tipo penal relativo à contabilidade paralela e distribuição de lucros e dividendos até a aprovação do plano de recuperação judicial apresentado ao Poder Judiciário.[3] Vale citar, inclusive, o teor da justificativa constante do anteprojeto apresentado sobre a nova redação do art. 168:

> A seção I do Capítulo VII regulamenta os crimes em espécie – fraude a credores. O projeto inclui a distribuição de lucros ou dividendos aos sócios de empresas em recuperação judicial nas hipóteses de agravamento da pena. A inclusão se fez necessária para evitar abusos e esvaziamento de patrimônio de empresas nesta situação, em flagrante desrespeito aos credores.[4]

Fica claro, nesse contexto, que o aprimoramento da punição para a modalidade de fraude aos credores levada a cabo por meio de contabilidade paralela ou distribuição de lucros e dividendos no período que antecede à aprovação do plano de recuperação judicial, foi resposta precisa a críticas que vinham sendo feitas à previsão legal existente, que não comportava expressamente essa situação.

[2] Ato da Presidência de 18 de maio de 2018. Disponível em: https://www.camara.leg.br/proposicoesWeb/fichadetramitacao?idProposicao=307272

[3] Projeto de Lei nº 10.220/2018, de autoria da Presidência da República. Disponível em: https://www.camara.leg.br/proposicoesWeb/prop_mostrarintegra?codteor=1658833&filename=PL+10220/2018

[4] Fls. 79 do PL nº 10.220/2018.

2. Breves considerações sobre a responsabilidade penal no Brasil

Antes, no entanto, que se adentre aos contornos jurídicos das alterações trazidas pela novel legislação, é preciso tecer breves apontamentos no que diz respeito à disciplina da responsabilidade penal no Brasil e seus limites.

Como bem se sabe, o direito penal no Brasil é fundado sob o paradigma da responsabilidade subjetiva do agente que concorre para prática de conduta tipificada como ilícito penal pelo legislador brasileiro (princípio da culpabilidade).

Sob tal pressuposto, a lógica da punição estatal, no âmbito penal, pressupõe, em todas as hipóteses, que o agente tenha agido com dolo, isto é, a intenção de obter o resultado delitivo, ou culpa, por meio de negligência, imprudência ou imperícia, quando a lei previr tal possibilidade. Em outras palavras, para que se possa responsabilizar determinado indivíduo criminalmente, no Brasil, é preciso que, para além de sua conduta objetiva estar enquadrada como fato criminoso, que ele a tenha praticado de forma consciente, culposa ou dolosamente[5] para a obtenção do resultado:[6]

> Atribui-se, em Direito Penal, um triplo sentido ao conceito de culpabilidade, que precisa ser linearmente esclarecido. Em primeiro lugar, a culpabilidade – como *fundamento* da pena – refere-se ao fato de ser possível ou não a aplicação de uma pena ao autor de um fato típico e antijurídico, isto é, proibido pela lei penal. Para isso exige-se a presença de uma série de requisitos – *capacidade de culpabilidade, consciência da ilicitude e exigibilidade da conduta* – que constituem os elementos positivos específicos do conceito dogmático de culpabilidade. A ausência de qualquer desses elementos é suficiente para impedir a aplicação de uma sanção penal. Em segundo lugar, a culpabilidade – como *elemento da determinação* ou medição da pena. Nessa acepção, a culpabilidade funciona não como *fundamento* da pena, mas como *limite* desta, impedindo que a pena seja imposta além da medida prevista pela própria ideia de culpabilidade, aliada, é claro, a outros fatores, como

[5] Art. 18 – Diz-se o crime:

Crime doloso

I – doloso, quando o agente quis o resultado ou assumiu o risco de produzi-lo;

Crime culposo

II – culposo, quando o agente deu causa ao resultado por imprudência, negligência ou imperícia.

[6] Entende-se o princípio da culpabilidade como um conceito de triplo sentido,

importância do bem jurídico, fins preventivos etc. E, finalmente, em terceiro lugar, a culpabilidade – vista como conceito contrário à responsabilidade objetiva, identificador da responsabilidade individual e subjetiva. Nessa acepção, o *princípio de culpabilidade* impede a atribuição da responsabilidade penal objetiva, assegurando que ninguém responderá por um resultado absolutamente imprevisível se não houver obrado com dolo ou culpa.[7]

O Código Penal dispõe de uma série de previsões que, analisadas conjuntamente, conferem substrato material ao princípio da culpabilidade, em sua tripla acepção, e consequente regime de responsabilização penal subjetiva.

É o caso, por exemplo, das disposições previstas na parte geral da lei penal, especialmente nos arts. 13 e 29, que, analisadas conjuntamente, conferem sentido ao princípio da culpabilidade:

> Art. 13 – O resultado, de que depende a existência do crime, somente é imputável a quem lhe deu causa. Considera-se causa a ação ou omissão sem a qual o resultado não teria ocorrido. (...)
>
> **Relevância da Omissão**
>
> § 2º – A omissão é penalmente relevante quando o omitente devia e podia agir para evitar o resultado. (...)
>
> Art. 29 – Quem, de qualquer modo, concorre para o crime incide nas penas a este cominadas, na medida de sua culpabilidade.

Nesse diapasão, cumpre formular que, como consequência, o sistema de responsabilização criminal brasileiro é sempre pessoal, na medida em que o olhar recai sobre atos relacionados ao agente – em regra, pessoa física. Vale notar, porém, que a responsabilização de pessoa jurídica também é possível, mas, exclusivamente, em caso de crimes ambientais, sempre sob o mesmo paradigma da culpabilidade.[8]

[7] BITENCOURT, Cezar Roberto. *Tratado de direito penal.* Volume 1: parte geral. 13. ed. atual. – São Paulo: Saraiva, 2008, pp. 330-331.

[8] A Constituição da República, em seus artigos 173, § 5º e 225, § 3º prevê a possibilidade de responsabilização penal de pessoa jurídica, nos casos de crime contra a ordem econômica e financeira e contra a economia popular, e contra o meio ambiente, respectivamente, desde

Ainda, com relação à possibilidade de responsabilização penal da pessoa jurídica, sua concretização está necessariamente adstrita à previsão constitucional que, para devida aplicação, sujeita-se à necessidade de edição de lei específica regulamentadora da matéria, situação exclusiva, até o momento, e como mencionado, aos crimes contra o meio ambiente, previstos e regulados pela Lei nº 9.605/98. Como consequência, qualquer outro delito previsto no ordenamento jurídico – seja no Código Penal ou na legislação penal extravagante – somente poderá ser imputado às pessoas físicas, sempre sob a necessidade da análise da culpabilidade do agente.

Como afirmado anteriormente, a culpabilidade, como conceito, é a forma pela qual o Estado, titular do monopólio da violência, e munido – legitimamente – do poder de punir, impõe, àqueles sob sua tutela, restrições severas – que, em último caso, cassam a liberdade – para reprimir e prevenir que determinadas condutas reconhecidas como indesejáveis sejam praticadas.

Tal sistemática é diametralmente oposta àquela que funda a responsabilidade civil, que, por previsão expressa do Código Civil,[9] tem como objetivo precípuo a reparação de um dano causado em razão de um ato ilícito não criminal (comissivo ou omissivo) praticado, independentemente de dolo ou culpa do agente, quando a lei assim o dispõe.

Ao contrário, o direito penal se fundamenta na ideia de que a punição, ainda que seja o resultado do processo crime, só pode ser justificada a partir do reconhecimento da culpabilidade (dolo ou culpa *stricto sensu*) do agente quando da prática do ilícito penal. Até porque, vale dizer, a punição criminal opera precipuamente com a restrição e privação de direitos personalíssimos,[10] lógica, em regra, oposta à punição de ilícitos civis.

que regulamentadas por lei. A lei nº 9.605/98, que prevê os crimes ambientais, regulamentou o § 3º do art. 225 ao prever, expressamente, a possibilidade de responsabilização da pessoa jurídica, razão pela qual, até hoje, são os crimes ambientais são os únicos possíveis de serem imputados às pessoas jurídicas.

[9] Art. 927. Aquele que, por ato ilícito (arts. 186 e 87). Causar dano a outrem fica obrigado a repará-lo.

Parágrafo único. Haverá obrigação de reparar o dano, independentemente de culpa, nos casos especificados em lei, ou quando a atividade normalmente desenvolvida pelo autor do dano implicar, por sua natureza, risco para os direitos de outrem.

[10] Art. 32. As penas são:

I – privativas de liberdade;

Nesse aspecto específico, o paradigma da culpabilidade como elemento inafastável da responsabilização penal fora bem definido pelo Superior Tribunal de Justiça, ainda na década de 1990, como característica típica do direito penal moderno:

> O Direito Penal moderno é o Direito Penal da culpa. Não se prescinde do elemento subjetivo. Intoleráveis a responsabilidade objetiva e a responsabilidade pelo fato de outrem. A sanção, medida político-jurídica de resposta ao delinquente, deve ajustar-se a conduta delituosa. Conduta é fenômeno ocorrente no plano na experiência. É fato. Fato não se presume. Existe ou não existe. O Direito Penal da culpa é irreconciliável com presunções de fato. (...) Inconstitucionalidade de qualquer lei penal que despreza a responsabilidade subjetiva.[11]

Em conclusão, a sistemática de responsabilização criminal no Brasil é fundada sob o prisma da intervenção mínima que, nas circunstâncias extremas que justificariam sua aplicação, dependerá da análise detida de todos os elementos que circundam o ato delituoso. Trata-se, ao fim, de garantia fundada nas liberdades construídas e conquistadas pelo Estado Democrático de Direito.

3. Disposições penais inseridas na Lei nº 11.101/2005 e análise extensiva da figura típica de fraude a credores

A LRF apresenta capítulo próprio com a indicação de figuras típicas e outras disposições sob o ponto de vista penal e processual penal. Sua entrada em vigor reforçou posição do legislador quanto à manutenção[12] de punição severa para atos atentatórios ao patrimônio da empresa em

II – restritivas de direito;

III – de multa.

[11] Superior Tribunal de Justiça. 6ª Turma. Recurso Especial nº 154.137/PB. J. 06.10.1998.

[12] A criminalização primária remonta ao Livro V das Ordenações Filipinas (1603), quando foi instituído o crime de bancarrota, cuja pena de morte recaía sobre os mercadores cambiadores ou seus feitores que quebravam seus tratos. Em 1830, com a entrada em vigor do Código Penal, o tipo penal de bancarrota foi inserido no art. 263 e passou a compreender a falência em si como ato criminalizável, nos seguintes termos: *"A bancarrota que for qualificada de fraudulenta, na conformidade das leis do comércio, será punida com a prisão com trabalho por um e oito anno. Na mesma pena incorrerão os cúmplices"*. (COSTA, Álvaro Mayrink. *Crime Falimentar.* Revista da EMERJ, Rio de Janeiro, v. 3, n. 12, 2000, p. 146/147).

situação financeiramente delicada, de seus credores e até mesmo à própria higidez da justiça no tratar do processo falimentar.

A análise extensiva do Capítulo VII da LRF permite avaliar a subdivisão feita para a tratativa da disciplina penal de irregularidades praticadas no âmbito de processos de recuperação judicial e falimentares, qual seja: (i) a descrição dos crimes em espécie e respectivas penas; (ii) disposições comuns sobre equiparação de agentes; (iii) estabelecimento de condições objetivas de punibilidade e efeitos extrapenais da condenação, além de (iv) dispositivos que regem a ação penal no caso dos crimes previstos na lei.

Sob olhar específico dos delitos em espécie, as figuras típicas introduzidas no ordenamento jurídico remetem genericamente à criminalização dos agentes que (i) cometem fraudes com a finalidade de locupletar-se (ou favorecer terceiro) indevidamente em prejuízo da pessoa jurídica insolvente (ou de seus credores); (ii) cria, sonega ou divulga indevidamente informações empresariais relevantes; (iii) desvia ou se apropria de bens alheios da recuperanda/massa falida; (iv) acomete processo judicial com irregularidades referentes aos créditos discutidos; (v) exerce atividade sendo inabilitado ou incapacitado; e (vi) beneficia-se financeiramente estando na posição de agente público impedido.

Ainda que diversas condutas tenham sido proscritas pelo legislador, remetemo-nos àquela mais severamente punida, qual seja, a de fraude contra credores, prevista no art. 168 da LRF e que pune a prática de ato fraudulento, antes ou depois da decretação da falência ou da concessão da recuperação judicial, que resulte ou possa resultar prejuízo a credores e que foi cometida com o intuito de obtenção de vantagem indevida para si ou para outrem.[13]

[13] Art. 168. Praticar, antes ou depois da sentença que decretar a falência, conceder a recuperação judicial ou homologar a recuperação extrajudicial, ato fraudulento de que resulte ou possa resultar prejuízo aos credores, com o fim de obter ou assegurar vantagem indevida para si ou para outrem.
Pena – reclusão, de 3 (três) a 6 (seis) anos, e multa.
Aumento da pena
§ 1º A pena aumenta-se de 1/6 (um sexto) a 1/3 (um terço), se o agente:
I – elabora escrituração contábil ou balanço com dados inexatos;
II – omite, na escrituração contábil ou no balanço, lançamento que deles deveria constar, ou altera escrituração ou balanço verdadeiros;

A partir de uma leitura preliminar do tipo penal observa-se a similitude com o delito de estelionato (art. 171 do Código Penal), em especial pela previsão de elemento fraudulento com a finalidade de assegurar vantagem indevida, própria daqueles que, por meio de artifício, ardil, simulação ou estratagema, amealham, ilicitamente, vantagem de natureza econômica.[14]

O ato fraudulento em âmbito falimentar, todavia, guarda uma séria de peculiaridades, em especial no que diz respeito aos sujeitos do crime, ao bem jurídico tutelado pela norma, às disposições dos tipos objetivo e subjetivo e às referências aos atos próprios da fase de insolvência, recuperação e falência da empresa.

De início, o sujeito ativo do crime tem qualidade especial, sendo ele tão somente aquele que é tachado como a pessoa física[15] vinculado ao devedor. Na perspectiva penal, tem-se a classificação do delito como próprio, ou

III – destrói, apaga ou corrompe dados contábeis ou negociais armazenados em computador ou sistema informatizado;

IV – simula a composição do capital social;

V – destrói, oculta ou inutiliza, total ou parcialmente, os documentos de escrituração contábil obrigatórios.

Contabilidade paralela e distribuição de lucros ou dividendos a sócios e acionistas até a aprovação do plano de recuperação judicial

§ 2º A pena é aumentada de 1/3 (um terço) até metade se o devedor manteve ou movimentou recursos ou valores paralelamente à contabilidade exigida pela legislação, inclusive na hipótese de violação do disposto no art. 6º-A desta Lei.

Concurso de pessoas

§ 3º Nas mesmas penas incidem os contadores, técnicos contábeis, auditores e outros profissionais que, de qualquer modo, concorrerem para as condutas criminosas descritas neste artigo, na medida de sua culpabilidade.

Redução ou substituição da pena

§ 4º Tratando-se de falência de microempresa ou de empresa de pequeno porte, e não se constatando prática habitual de condutas fraudulentas por parte do falido, poderá o juiz reduzir a pena de reclusão de 1/3 (um terço) a 2/3 (dois terços) ou substituí-la pelas penas restritivas de direitos, pelas de perda de bens e valores ou pelas de prestação de serviços à comunidade ou a entidades públicas

[14] SOUZA, Luciano Anderson (coord.). *Código penal comentado* [livro eletrônico]. 1. ed. São Paulo: Thomson Reuters Brasil, 2020. p. RL-1.153.

[15] A adoção da responsabilidade penal da pessoa jurídica no direito brasileiro é específica em casos de crimes contra o meio ambiente, nos termos da Lei nº 9.605/1998 que dispões sobre s sanções penais e administrativas derivadas de condutas e atividades lesivas ao meio ambiente, e dá outras providências.

seja, *"exige determinada condição ou qualidade do agente para a sua realização típica"*.[16]

Já no que se refere ao sujeito passivo, seria possível admitir numa análise superficial como sendo unicamente o credor, vez que seu patrimônio indireto é vilipendiado pelas condutas fraudulentas no âmbito da empresa insolvente, todavia, para além do credor enquanto sujeito passivo mediato, a administração da justiça também é atingida, vez que frontalmente afetada pelos atos perpetrados no seio do processo disposto em lei para recuperar ou decretar a falência da empresa.

O bem jurídico tutelado pela norma pressupõe os potenciais danos auferidos pelos credores, bem como o regular funcionamento da justiça, em outras palavras, em razão da conduta ilícita estar umbilicalmente relacionada aos atos judiciais decretáveis no processo falimentar, há evidente afetação à administração da justiça em seu conceito mais amplo de lisura no exercício do *jus puniendi* estatal.

O tipo objetivo, reforçado pelo verbo nuclear "praticar" consiste na realização de qualquer conduta fraudulenta, de que resulte ou possa [resultar] prejuízo aos credores,[17] sendo, portanto, crime de forma livre, de modo que qualquer ato fraudulento do agente pode se amoldar ao tipo. O tipo subjetivo, por sua vez, é o dolo, *"caracterizado pelo conhecimento dos elementos que integram o fato típico e a vontade de praticá-lo"*,[18] que no crime específico tem nuances especiais em razão do fim específico voltado a obter vantagem indevida especificamente em detrimento dos credores.

No que se refere à consumação delitiva, o tipo penal não pressupõe resultado naturalístico e, portanto, sob ótica penal é classificado como formal. Isso é, nos termos da LRF, a mera prática de ato doloso com o intuído de causar mácula ao bem jurídico será considerada um ato criminalizável, sendo desnecessária a percepção da vantagem ilícita pelo autor do crime.

Para além da verificação analítica do tipo penal de fraude a credores, há previsão legal quanto à elevação estabelecida no preceito secundário

16 DOTTI, René Ariel. *Curso de Direito Penal* [livro eletrônico]. 7. ed. São Paulo: Thomson Reuters Brasil, 2020. p. RB-6.10.

17 BEZERRA FILHO, Manoel Justino. *Lei de Recuperação de Empresas e Falência*. 5. ed. São Paulo: Revista dos Tribunais, 2019. *E-Book*.

18 Op. Cit. p. RB-6.3.

da norma (pena prevista). Nesse cotejo, no que diz respeito a condutas envolvendo inexatidão de documentos contábeis, omissão em escrituração ou balanço, destruição de dados contábeis ou negociais armazenados em sistemas, simulação de composição de capital social ou até destruição, ocultação ou inutilização de documentos contábeis, a LRF estabelece majoração penal, com vistas a aumentos de pena que vão de 1/6 a 1/3 da pena aplicável.

Nesse contexto, frise-se que as causas de aumento, também reconhecidas como majorantes, "*constituem-se como simples causa modificadora da pena* [e] *somente estabelecem a sua variação*",[19] ou seja, está vinculada unicamente à previsão penal e sua disposição tão apenas complementa a conduta típica originária, agravando situação diversa. Ou seja, as causas de aumento previstas nos parágrafos do art. 168 estão umbilicalmente ligadas à previsão típica descrita no *caput*.

Revela-se com a mesma natureza a hipótese de aumento de pena pela suposta contabilidade paralela e a distribuição de lucros e dividendos antes de aprovada a recuperação judicial, recentemente inserida no ordenamento jurídico e cujo tratamento científico merece maior detalhamento sob o ponto de vista analítico.

4. Distribuição de lucros e dividendos antes da aprovação do plano de recuperação judicial como uma espécie de fraude a credores

A compreensão sobre a criminalização da conduta de distribuição de lucros e dividendos passa pela compreensão primária sobre o contexto em que foi criada a nova causa de aumento. Nos termos da LRF, previamente às alterações promovidas pela Lei nº 14.112/2020, o indivíduo que mantinha ou movimentasse recursos ou valores paralelamente à contabilidade exigida pela legislação – no contexto de uma empresa em insolvência, em ato popularmente nomeado como "contabilidade paralela" ou "caixa-dois", teria sua pena aumentada de 1/3 até metade, fato que revelava a predisposição do legislador em punir a conduta de forma mais grave.

Além disso, a gravidade da causa de aumento se revelava ante o potencial ofensivo elevado do ato perpetrado, vez que, além de vilipendiar o patrimônio alheio e prejudicar a consecução da justiça, o autor

[19] BITENCOURT, Cezar Roberto. *Código Penal Comentado*. 4. ed. São Paulo: Saraiva, 2007. p. 248.

utilizava-se de expediente sofisticado com a finalidade de encobrir o delito e, igualmente, dificultar a identificação de ilegalidades, isso tudo por meio de atividade contábil sem registro.

Nesse contexto, sob um prisma prático e de observação da realidade, aos olhos do legislador, tão danosa quanto a contabilidade paralela era o ato de ludibriar o credor com vistas à distribuição de lucros ou dividendos no seio de empresa em debilitada situação econômica. Isso pois, quando mais se espera zelo por parte da administração empresarial quanto as finanças da empresa em dificuldade, observa-se o contrário: cometimento de ato que serve unicamente para benefício de alguns poucos.

Nesse ponto, ao longo dos últimos anos ficou evidenciada a potencialidade prejudicial da conduta do gestor que autoriza o dispêndio de valores como forma de distribuir lucros e dividendos, isso pois, na fase excepcional experimentada pela empresa em razão das peculiaridades do período prévio à recuperação judicial, ela possui certos "benefícios" legais, o que possibilita, dentre outros, a suspensão de execuções por ao menos 180 (cento e oitenta) dias.[20] É certo que nesse intervalo de tempo há uma recuperação financeira (ainda que breve) da empresa, mas isso com vistas à retomada de suas atividades usuais, e o ato de distribuir lucros fere tal sistemática de recuperação da atividade econômica que é foco central da LRF.

A recuperação judicial é a possibilidade de a empresa devedora passar por situação de crise econômico-financeira, *"a fim de permitir a manutenção da fonte produtora, do emprego dos trabalhadores e dos interesses dos credores, promovendo, assim, a preservação da empresa, sua função social e o estímulo à atividade econômica"*.[21] Nessa perspectiva, aparentaria contraditória a possibilidade de distribuição de lucros ou dividendos quando o gestor de empresa em situação financeiramente comprometida atua no sentido de transferir valores com a finalidade de repassar lucros e dividendos, atitudes próprias de empresas saudáveis.

[20] Art 6º, §4º. Na recuperação judicial, as suspensões e a proibição de que tratam os incisos I, II e III do caput deste artigo perdurarão pelo prazo de 180 (cento e oitenta) dias, contado do deferimento do processamento da recuperação, prorrogável por igual período, uma única vez, em caráter excepcional, desde que o devedor não haja concorrido com a superação do lapso temporal. (Redação dada pela Lei nº 14.112, de 2020).

[21] MARZAGÃO, Lídia Valério. *A recuperação judicial. Comentários à nova lei de falências e recuperação de empresas: doutrina e prática*. Coord. Rubens Approbato Machado. São Paulo: Quartier Latin, 2005. p. 80.

Antes mesmo de sua criminalização, o ato de distribuição dos lucros ou dividendos era criticável sob o viés do controle judicial das empresas em situação economicamente deteriorada. Conforme se observa da leitura do art. 66 da LRF, não é permitido ao devedor nesta fase alienar ou onerar bens ou direitos, salvo por decisão judicial focada na utilidade da medida e depois de ouvido o comitê de credores.[22] Essa previsão, por si só, já demonstrava que, desde a entrada em vigor do texto pretérito (2005), a vontade primária do legislador era a preservação da empresa como instrumento social de desenvolvimento.

Fato é que, conforme exposto, com o advento da Lei nº 14.112/2020 que reformou o texto da LRF, foi inserida previsão não só proibindo a distribuição de lucros e dividendos, como impondo uma pena privativa de liberdade coligada à previsão criminal de fraude de credores.

O texto atual do art. 168, §2º proscreve a distribuição do lucro e dividendos a sócios e acionistas até a aprovação do plano de recuperação judicial com base nas peculiaridades do art. 6-A da LRF,[23] ato que reconhece a anomalia que permeava esta fase do procedimento falimentar.

Os ensinamentos do i. Professor Fábio Ulhôa Coelho jogam luz à proibição da conduta mencionada:

> **Proibição de distribuição de lucros ou dividendos.** Não são apenas os credores da sociedade empresária em crise (econômica, financeira ou patrimonial) que deve contribuir com uma quota do sacrifício exigido para a superação desta. Também dos sócios ou acionistas se exige igual empenho. Enquanto o plano de recuperação judicial não for aprovado, por isso, é proibida a distribuição de dividendos ou participação nos lucros.[24]

[22] Art. 66. Após a distribuição do pedido de recuperação judicial, o devedor não poderá alienar ou onerar bens ou direitos de seu ativo não circulante, inclusive para os fins previstos no art. 67 desta Lei, salvo mediante autorização do juiz, depois de ouvido o Comitê de Credores, se houver, com exceção daqueles previamente autorizados no plano de recuperação judicial. (Redação dada pela Lei nº 14.112, de 2020).

[23] Art. 6º-A. É vedado ao devedor, até a aprovação do plano de recuperação judicial, distribuir lucros ou dividendos a sócios e acionistas, sujeitando-se o infrator ao disposto no art. 168 desta Lei. (Incluído pela Lei nº 14.112, de 2020).

[24] COELHO, Fábio Ulhôa. *Comentários à Lei de Falências e de Recuperação de Empresas: Lei 14.112/2020 – Nova Lei de Falências*. 14. ed. São Paulo: Ed. Revista dos Tribunais, 2021. RB-7.1.

Sob o ponto de vista puramente penal, a criminalização indicada, conforme salientado, foi inserida no ordenamento jurídico como uma majorante do crime de fraude a credores. As características intrínsecas do tipo penal sob o ponto de vista analítico se mantêm, com a posição de um sujeito ativo, passivo, bem jurídico tutelado e exigência dos elementos objetivo e subjetivo, este último com a consciência e vontade de vilipendiar patrimônio alheio com vistas a um benefício próprio.

O exame do novo texto normativo revela a sensibilidade do legislador com fatores relevantes para o desenvolvimento das atividades empresárias e o processo regular de recuperação da empresa em fase de deterioração financeira. A criminalização da conduta, portanto, pode servir como instrumento de preservação patrimonial e mitigação de prejuízos aos atores envolvidos no processo de recuperação empresarial.

Conclusões

A Lei nº 14.112/2020, como se viu, trouxe diversas inovações à legislação falimentar com a pretensão de garantir mais eficiência aos institutos regulados pela LRF, diante de um panorama fático de enfraquecimento das economias nacional e global.

Não foi apenas pensando na facilitação das relações entre devedores e credores que a nova lei trouxe novidades. Foi ela também responsável por alterar o art. 168 (crime de fraude contra credores), suprimindo lacuna antes existente no que diz respeito à possibilidade de se proceder à distribuição de lucros e dividendos no período que antecede a aprovação do plano de recuperação judicial.

Conforme consta, inclusive, da exposição de motivos para sua inclusão, essa alteração *"se fez necessária para evitar abusos e esvaziamento de patrimônio de empresas nesta situação, em flagrante desrespeito aos credores"*.[25]

O crime de fraude a credores, de forma geral, remanesceu inalterado no ordenamento, buscando preservar, dentre outros, o patrimônio dos credores e a lisura do processo de recuperação judicial. A análise técnico-jurídica sobre o conteúdo da norma penalizadora passa pela verificação das causas de aumento que visam a proteger certos aspectos relacionados à

[25] Pág. 79 do Projeto de Lei nº 10.220/2018, de autoria da Presidência da República. Disponível em: https://www.camara.leg.br/proposicoesWeb/prop_mostrarintegra?codteor=1658833&filename=PL+10220/2018.

preservação do patrimônio da própria companhia e dos credores em razão de condutas especiais.

Assim foi que, o legislador, na reforma de 2020, optou por inserir expressa menção à "*contabilidade paralela e distribuição de lucros ou dividendos a sócios e acionistas até a aprovação do plano de recuperação judicial*"[26] como conduta vilipendiosa ao patrimônio do credor.

Nesse sentido, a criminalização da distribuição dos lucros e dividendos até a aprovação do plano de recuperação judicial parece estar em consonância com o todo contido na LFR, em especial se verificada em amplo aspecto de proteção da empresa em período de debilidade estrutural.

Referências

BEZERRA FILHO, Manoel Justino. *Lei de Recuperação de Empresas e Falência*. 5. ed. São Paulo: Revista dos Tribunais, 2019. *E-book.*

BITENCOURT, Cezar Roberto. *Código Penal Comentado*. 4. ed. São Paulo: Saraiva, 2007.

COSTA, Álvaro Mayrink. Crime falimentar. *Revista da EMERJ*, Rio de Janeiro, v. 3, n. 12, 2000.

BITENCOURT, Cezar Roberto. *Tratado de direito penal*. 13. ed. atual. São Paulo: Saraiva, 2008. v.1.

COELHO, Fábio Ulhôa. *Comentários à Lei de Falências e de Recuperação de Empresas*: Lei 14.112/2020 Nova Lei de Falências. 14. ed. São Paulo: Revista dos Tribunais, 2021. *E-book.*

DOTTI, René Ariel. *Curso de Direito Penal*. 7. ed. São Paulo: Revista dos Tribunais, 2020. *E-book.*

MARZAGÃO, Lídia Valério. A recuperação judicial. *In*: *MACHADO, Rubens Approbato. Comentários à nova Lei de Falências e Recuperação de Empresas: doutrina e prática*. São Paulo: Quartier Latin, 2005.

BRASIL. Superior Tribunal de Justiça (6. Turma). *Recurso Especial 154137/PB*. O Direito penal moderno é Direito Penal da culpa. não se prescinde do elemento subjetivo. Intoleráveis a responsabilidade pelo fato de outrem... Relator: Luiz Vicente Cernicchario, 18 de dezembro de 2018. Disponível em: https://processo.stj.jus.br/processo/pesquisa/?src=1.1.3&aplicacao=processos.ea&tipoPesquisa=tipoPesquisaGenerica&num_registro=199700798038. Acesso em: 1 jul. 2021

SOUZA, Luciano Anderson (coord.). *Código penal comentado*. São Paulo: Revista dos Tribunais, 2020. *E-book.*

[26] Artigo 168, § 2º, da Lei nº 11.101/2005, conforme redação dada pela Lei nº 14.112/2020.

9. Administração Pública e a Lei de Falências e Recuperação de Empresas: Os Principais Problemas nas Concessões de Serviço Público

André Luiz Freire

Introdução

Neste ano, entraram em vigor as modificações introduzidas pela Lei 14.112/2020 na Lei 11.101/2005, a Lei de Falências e de Recuperação de Empresas ("LFRE"). Uma série de alterações importantes no regime falimentar e da recuperação judicial foram realizadas pelo legislador e isso nos leva à seguinte questão: houve alteração do quadro em relação à aplicação da LFR aos entes que exercem atividade administrativa?

Não estou presumindo que todos os leitores deste artigo sejam estudiosos de direito administrativo; o mais provável, aliás, é que sejam estudiosos do regime falimentar e de recuperação de empresas. Por isso, é importante apresentar uma visão geral do que é a "atividade administrativa" e quem a exerce. A exposição mais detalhada deste tema ajudará a entender quando a LFRE poderá ser aplicada àqueles que realizam esse tipo de atividade e que problemas podem surgir da incidência do regime de falência e recuperação judicial.

Como será visto abaixo, a LFRE terá aplicação basicamente às pessoas jurídicas de direito privado que: (i) não integram a Administração Pública direta ou indireta; e (b) estão na situação jurídica de concessionário, permissionário ou autorizatário de serviço público. E aí será possível avaliar que a reforma produzida pela Lei 14.112/2020 não endereçou algum dos problemas da recuperação judicial e da falência das concessionárias, permissionárias e autorizatárias de serviço público.

1. As atividades administrativas

A Constituição de 1988 atribuiu ao Estado brasileiro uma série de atividades, como sendo de sua titularidade. A edição de atos usualmente gerais e abstratos que inovam em caráter originário a ordem jurídica e sujeitos a controle de constitucionalidade (a atividade legislativa), a tomada de decisão em caráter definitivo relativo aos diversos conflitos sociais e para a aplicação da lei penal (atividade jurisdicional), a decretação de estado de sítio, a fiscalização da produção e comércio de material bélico, a emissão de moeda, a prestação do serviço postal, a exploração de aeroportos e rodovias, o planejamento e defesa contra calamidades públicas, dentre outras tantas. Em alguns casos, leis também transformam uma atividade originalmente privada (isto é, de titularidade privada) em atividades públicas, como, por exemplo, o serviço funerário (que, em muitos Municípios, é considerado "serviço público") e as operações realizadas em recintos alfandegados não instalados em portos e aeroportos (os portos secos), que são de titularidade da União por força da Lei 9.074/1995. Todas essas atividades que, por determinação da ordem jurídica (Constituição Federal, Constituições estaduais, leis orgânicas municipais e leis em geral), são de titularidade do Estado – isto é, dos entes políticos (União, Estados, Distrito Federal e Municípios) – são as chamadas "atividades públicas".

O regime característico e normal dessas atividades públicas é o de direito público. E quando essas atividades públicas forem qualificadas de "administrativas", o seu regime será o de direito administrativo. As atividades administrativas (que são as que nos interessam neste artigo) são as executadas no exercício de função administrativa. São atividades em que o Estado – ou quem lhe faça às vezes – edita atos infralegais, numa estrutura e regime hierárquicos e sujeitos a controle de juridicidade pelo Poder Judiciário.[1] Essas atividades (de conteúdo altamente heterogêneo, já que a Administração Pública faz de tudo, desde conceder recursos financeiros aos necessitados – via Bolsa Família, por exemplo – até a aquisição forçada de imóveis privados pela desapropriação) podem ser classificadas em dois grupos: as atividades finalísticas e as atividades instrumentais.

[1] Este controle também pode ser feito pela via arbitral, mas isso não é relevante aqui.

Dentre as atividades finalísticas, estão as de limitação à autonomia privada e sacrifícios de direitos (atividade administrativa ordenadora), a utilização de técnicas de encorajamento – incentivos e prêmios – de atividades privadas (atividade fomentadora) e as mais diversas prestações (jurídicas e materiais) a cargo do Estado. Estas últimas são as atividades prestacionais, cuja espécie mais significativa é a prestação de serviços públicos. Já as atividades instrumentais (que existem para dar suporte às atividades finalísticas) dizem respeito à atividade financeira do Estado (de elaborar o orçamento público, obter recursos públicos originários ou derivados, como os tributos, bem como prever e realizar despesas públicas) e as mais diversas tarefas de gestão de bens e pessoal. Em todos esses casos, o regime jurídico característico e normal é o de direito público-administrativo. E este regime é marcado pela aplicação conjunta dos princípios da supremacia do interesse público sobre o privado e o da indisponibilidade dos interesses públicos pela Administração.

Ao lado das atividades públicas estão aquelas de titularidade privada. São todas as atividades não atribuídas pela ordem jurídica aos entes políticos. Enquanto as atividades públicas são taxativas ("princípio da competência"), a definição das atividades privadas, na nossa Constituição, passa pelo princípio da liberdade. A não ser que a ordem jurídica expressamente tenha colocado alguma atividade como sendo de titularidade do Estado, ela será privada. Por qual razão a comercialização de medicamentos, a comercialização de jornais e revistas, a produção de peças de automóveis, a prestação de serviços de informática e outras tantas são privadas? Simplesmente porque a ordem jurídica não estipulou que os entes políticos são os seus titulares. Essas atividades – sejam elas econômicas, sociais e qualquer outra natureza – estão sujeitas, como regime característico e normal, ao direito privado.[2]

[2] Para um panorama mais preciso deste tema, vide: FREIRE, André Luiz. *O regime de direito público na prestação de serviços públicos por pessoas privadas*, Caps. 1 e 2.

Atividades	
Públicas	*Privadas*
Direito público	Direito privado
Atividade legislativa	Atividades econômicas
Atividade jurisdicional	Atividades sociais
Atividade administrativa	Quaisquer outras atividades não atribuídas ao Estado
Atividade política ou de governo	

2. A realização das atividades administrativas

Uma coisa é a previsão da titularidade das atividades administrativas; outra, diz respeito a quem deverá **executá-las**. A princípio, uma atividade administrativa deverá ser executada pelo seu titular, isto é, pela União, pelos Estados, pelo Distrito Federal ou pelos Municípios. Tudo vai depender, portanto, de saber quem a ordem jurídica previu como o **titular** da tarefa administrativa, sendo que, em alguns casos, esta titularidade é compartilhada por todos os entes políticos (ex.: saúde e educação). No entanto, como técnica de organização administrativa, os entes políticos podem **descentralizar** as atividades administrativas (no todo ou em parte, conforme o caso) a outras pessoas.

2.1. A descentralização técnica e o art. 2º, I, da LFRE

A descentralização de competências relacionadas às atividades administrativas será "técnica", quando ela for realizada por lei, seja para criar uma nova pessoa jurídica de direito público (são as autarquias, nos seus mais diversos tipos – corporativas, fundacionais, consórcios públicos etc.) ou para autorizar a criação de uma pessoa jurídica de direito privado: são as empresas estatais (empresas públicas e sociedades de economia mista[3])

[3] A grande diferença entre as duas modalidades é que, nas empresas públicas, a totalidade do capital da pessoa privada será do Poder Público; por outro lado, nas sociedades de economia

e as fundações estatais privadas. Por exemplo, a atividade de regulação e fiscalização do transporte aquaviário foi descentralizado, pela Lei nº 10.233/2001, para a autarquia especial Agência Nacional de Transportes Aquaviários – ANTAQ. As competências de prestação do serviço público postal foram descentralizadas para uma empresa pública federal, a Empresa Brasileira de Correios e Telégrafos – ECT. Nestes casos, a pessoa jurídica criada (seja de direito público, seja ela de direito privado) será integrante da estrutura da Administração Pública; ela será uma entidade da Administração Pública indireta.

Aliás, o Estado pode instituir empresas estatais para executar atividades que não são de titularidade pública, mas sim de titularidade privada. A atividade bancária não é de titularidade pública; nenhum dos entes políticos é o seu titular. A princípio, qualquer pessoa privada tem a liberdade de iniciar um empreendimento bancário (desde que atenda aos requisitos legais, o que pode implicar ter uma autorização estatal, desde que previsto em lei, conforme prevê o art. 170, parágrafo único, da CF); é a liberdade de iniciativa. No entanto, por razões de relevante interesse coletivo e segurança nacional (art. 173, *caput*, da CF), qualquer ente político (desde que autorizado por lei) poderá instituir uma empresa estatal para **intervir no domínio econômico**, isto é, no campo próprio das atividades privadas, cujo regime característico e normal é o de direito privado. Aqui, não se pode falar propriamente de descentralização, porque não está em pauta uma atividade pública originária; mas unicamente o ingresso do Estado no domínio próprio dos sujeitos privados e, quando ele o fizer, deverá ser por empresa estatal, nos termos do art. 173 da Constituição. É o caso do Banco do Brasil, da Caixa Econômica Federal e do Banco do Nordeste. Embora não falemos de descentralização de atividade administrativa, estas empresas estatais (as chamadas "empresas estatais exploradoras de atividade econômica") serão integrantes da Administração Pública indireta e seu regime privado também sofrerá derrogações constitucionais e legais de direito público.

A grande diferença para as empresas estatais exploradoras de atividades administrativas (comumente chamadas de "prestadoras de serviço público") é que o regime de direito público destas é mais intenso (derivada

mista, a maioria das ações com direito a voto serão de titularidade pública, podendo o restante ser de titularidade privada.

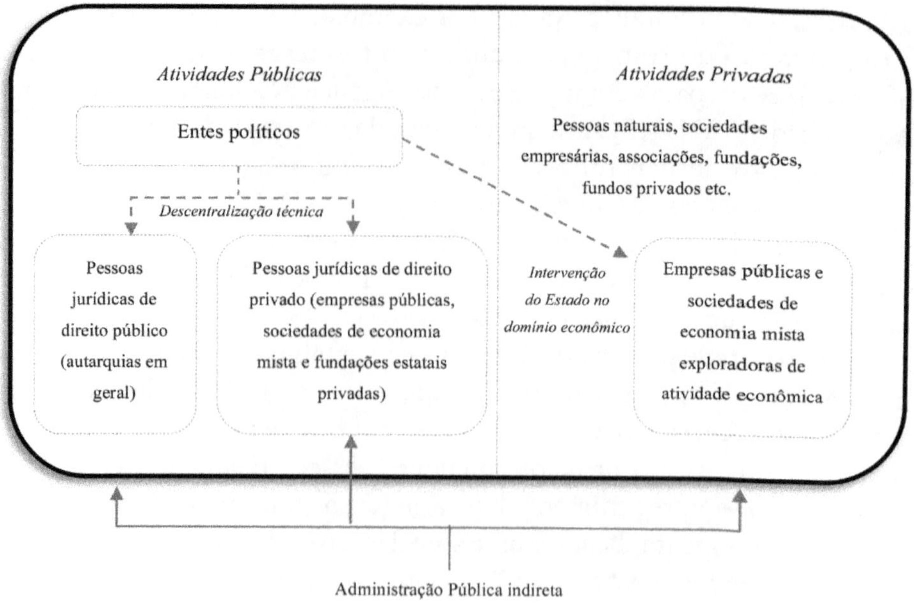

da natureza pública da atividade) do que aquele derrogador do regime privado das empresas estatais exploradoras de atividade pública. Um exemplo pode ser dado com base na LFRE. O art. 173, § 2º, da Constituição prevê que o regime jurídico das empresas estatais exploradoras de atividade (privada) econômica será o mesmo das empresas privadas, inclusive quanto aos direitos e obrigações civis, comerciais, trabalhistas e tributários. Por isso, há quem questione a própria constitucionalidade do art. 2º, I, da LFRE, que exclui esse tipo de empresa estatal do regime falimentar e de recuperação judicial e extrajudicial. Isto, no entanto, não cabe para as empresas estatais que são fruto de descentralização administrativa; afinal, a necessidade de execução da atividade administrativa (de interesse de toda coletividade) não poderia se sobrepor ao interesse dos credores da empresa estatal.[4] Neste último caso, este interesse privado (também digno de proteção) seria resguardado pela responsabilidade subsidiária do próprio ente político titular da atividade pública em

[4] Sobre o tema, vide as considerações de Celso Antônio Bandeira de Mello (*Curso de direito administrativo*, pp. 218-219).

questão. De todo modo, como não há declaração de inconstitucionalidade do dispositivo, ele é válido e eficaz e, atualmente, exclui também as empresas estatais exploradoras de atividade econômica do regime da LFRE.

2.2. A descentralização por colaboração: os concessionários e permissionários de serviço público

Mas o Estado também pode descentralizar parcela das atividades administrativas a pessoas privadas não integrantes da Administração indireta. Isso ocorre apenas no âmbito das atividades administrativas prestacionais. Aqui, com base em lei (afinal, como toda atividade administrativa, está sujeita ao princípio da legalidade), o Estado descentraliza determinadas competências públicas por meio de um ato administrativo (unilateral ou bilateral). É, por exemplo, o caso dos notários e registradores (art. 243 da Constituição)[5] e dos concessionários, permissionários e autorizatários de serviços públicos. Esta última situação é a que nos interessa e vou, para facilitar a exposição, falar apenas dos "concessionários", embora existam diferenças de regime entre concessão, permissão e autorização. Para os nossos fins aqui, essas diferenças não são relevantes.

Os concessionários de serviços públicos são sujeitos privados que resolvem atuar no campo próprio do Estado. O ato administrativo que delega as competências públicas de prestação do serviço público é o contrato de concessão. Ocorre aqui o sentido inverso da intervenção do Estado no domínio econômico. Neste, é o Estado que resolve entrar no campo privado e, por isso, o regime jurídico será o de direito privado, com derrogações de direito público. Nas concessões e permissões de serviço público, são os sujeitos privados que resolvem atuar no campo típico do Estado, desenvolvendo uma atividade administrativa. Esta **atividade** está sujeita ao direito público, mas a natureza da pessoa que a executa traz a incidência de uma série de normas de direito privado (ex.: com exceção do contrato de concessão, os demais contratos do concessionário serão todos regidos pelo direito privado). Por executar atividade administrativa prestacional, o concessionário é um **agente público** e é por isso que

[5] Vide as obras de Maurício Zockun (*Regime constitucional da atividade notarial e de registro*) e Celso Fernandes Campilongo (*A função social do notariado: eficiência, confiança e imparcialidade, passim*) sobre o tema.

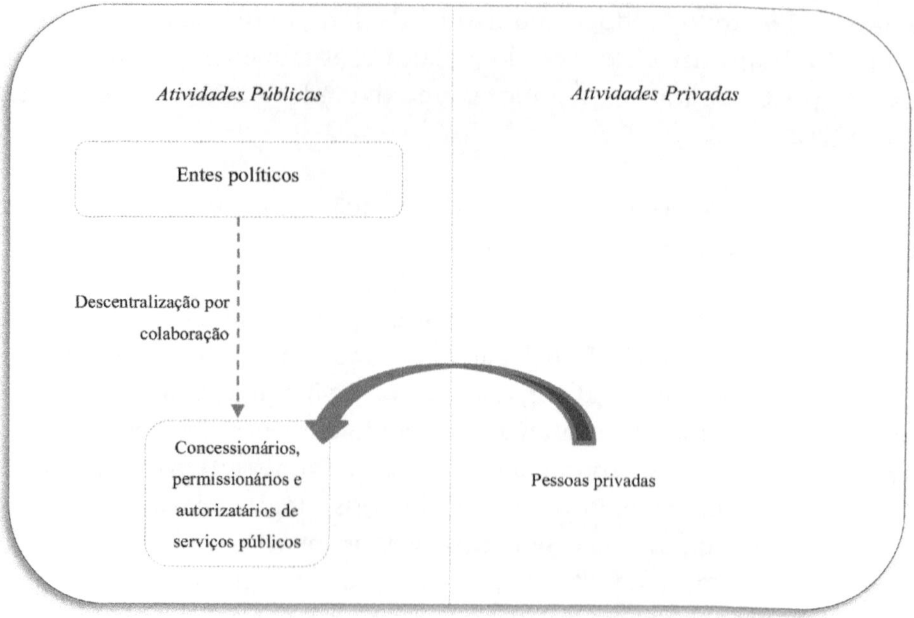

o Estado tem a competência para dirigir a realização do serviço (nos termos do contrato de concessão e atos regulamentares). O fato de tais sujeitos privados serem delegatários de serviços públicos traz uma série de consequências jurídicas relevantes. Um exemplo é a responsabilidade objetiva na prestação do serviço (art. 37, § 6º, da Constituição). Outro é o dever de não interromper a prestação do serviço delegado, salvo em hipóteses legais específicas.

Como já é possível perceber deste breve panorama das atividades administrativos, quando falamos da aplicação da LFRE às atividades administrativas, estamos falando da situação jurídica das **sociedades empresárias** que são **concessionários**, **permissionários** e **autorizatários** de serviço público. É aqui que surgem os debates sobre a extensão da aplicação da Lei 11.101/2015 sobre as atividades administrativas. Os entes políticos e as pessoas administrativas da Administração indireta, seja qual for sua natureza, não estão sujeitos à LFRE.

3. As questões da aplicação da LFRE

Há dois temas diferentes a serem avaliados. O primeiro é a questão da recuperação judicial; o outro, da falência.

3.1. Recuperação judicial e concessões

Em relação à LFRE, o tema mais comum no âmbito das concessões de serviço público e de obras públicas é o da recuperação judicial. Como será visto, falência não é algo comum nas concessões. No entanto, não raro, há concessionárias que buscam a recuperação judicial.

A recuperação judicial é um dos instrumentos utilizados quando estamos diante de "concessões em crise", cujo contexto usualmente (isto é, pode haver diferenças em cada caso concreto) é o seguinte: (a) uma série de inadimplementos contratuais pelo concessionário, especialmente em relação a investimentos obrigatórios; (b) por força de "(a)", há a aplicação de diversas multas contratuais pelo Poder Concedente e diversos processos sancionadores em andamento; (c) há inadimplemento do concessionário no pagamento de valores de outorga ao Poder Concedente; (d) pedidos de reequilíbrio feitos pelo concessionário, ora ainda sem decisão do Poder Concedente, ora já negados; (e) inadimplemento do concessionário em relação a obrigações de financiamento ou de terceiros.

Numa concessão em crise, o concessionário (comummente, uma sociedade de propósito específico estruturada na forma de sociedade anônima) cogita ingressar num processo de recuperação judicial, a fim de viabilizar a sua continuidade. Neste caso, a primeira questão que surge é a seguinte: é possível incluir os créditos do Poder Concedente no plano de recuperação judicial?

Há, em primeiro lugar, o argumento favorável à inclusão. O fundamento é o art. 49 da LFRE, o qual estabelece que "[e]stão sujeitos à recuperação judicial todos os créditos existentes na data do pedido, ainda que não vencidos". Como a LFRE é posterior às leis que disciplinam as concessões (Lei 8.987/1995 e Lei 11.079/2004) e ela não fez qualquer ressalva a créditos públicos não-tributários, não haveria qualquer impeditivo à inclusão de tais créditos no plano de recuperação judicial. Justamente por isso, alguns concessionários de serviço público incluíram em seus planos os valores devidos ao Poder Público. E, em alguns casos, este era certamente o débito da concessionária mais significativo.[6]

[6] Há precedentes favoráveis a esta tese. Vide: TJSP, 2207236-63.2015.8.26.0000, 1ª Câmara Reservada de Direito Empresarial, rel. Des. Francisco Loureiro, j. 10.12.2015; TJSP, AI 2050766-62.2019.8.26.0000, 15ª Câmara de Direito Público. Rel. Des. Rezende Silveira, j. 01.08.2019; TJRJ, AI 0057446-63.2017.8.19.0000, 8ª Câmara Cível, j. 08.09.2018.

Em linha oposta, o Poder Público passou a sustentar que os créditos públicos não poderiam ser objeto de recuperação judicial. E isso porque o princípio da indisponibilidade do interesse público impediria o Estado de transacionar em relação a tais créditos. Este argumento foi usado pelo Poder Público no âmbito dos processos de recuperação judicial da Oi S.A. e do Aeroportos do Brasil – Viracopos S.A. Outros argumentos de menor relevância, como o caso de tais créditos serem objeto de execução fiscal, ou ainda de não haver uma classe específica para multas.[7]

Ao que me parece, não me parece correta a argumentação do Poder Público de que o princípio da indisponibilidade do interesse público não admite a submissão dos créditos públicos ao regime da recuperação judicial. A razão é simples: o princípio da indisponibilidade veda que os agentes públicos – por sua vontade exclusiva – disponham de bens e interesses públicos como se fossem bens e interesses privados. Isso significa que, para que esse ato de disposição possa ocorrer, é preciso que exista **lei** autorizando a medida. Por isso, a venda de bens públicos das pessoas jurídicas de direito público precisa de lei autorizativa, tal como a lei é necessária para que o Estado faça acordos e transações para evitar ou encerrar litígios (no âmbito federal, isso foi feito pela Lei nº 9.469/1997). No caso, a LFRE deixa claro no já citado art. 49 que **todos os créditos existentes na data do pedido**, ainda que vencidos, poderão ser incluídos na recuperação judicial. A LFRE, volto a destacar, é posterior às leis que tratam das concessões e permissões de serviço público. Ela poderia ter deixado de fora tais créditos, mas não o fez. Por isso, se a lei autoriza a inclusão de **todos os créditos**, sem ressalvas, não é possível usar o princípio da indisponibilidade para afastar essa sujeição. E não me parece haver também inconstitucionalidade do dispositivo, a fim de conferir uma interpretação conforme à Constituição de que os créditos públicos estariam fora do art. 49. Se isso é vantajoso ou não para o regime das concessões, é outro problema que não se relaciona com a análise jurídico-dogmática.

7 TJSP, AI 2150057-35.2019.8.26.0000, 2ª Câmara Reservada de Direito Empresarial, rel. Des. Grava Brazil, j. 03.12.2019; TJSP, AI 2150057-35.2019.8.26.0000, 2ª Câmara Reservada de Direito Empresarial, rel. Des. Grava Brazil. j. 03.12.2019; TJSP, AI 2184539-77.2017.8.26.0000, 2ª Câmara Reservada de Direito Empresarial, rel. Des. Ricardo Negrão, j. 23.04.2018.

Apesar disso, há pedidos de recuperação judicial de concessionárias que não incluem – apesar de sua relevância para o contexto geral de crise da sociedade – os créditos públicos. Por que isso ocorre?

A resposta é simples. Ela passa por uma premissa: o ajuizamento de pedido de recuperação judicial não impede o Poder Concedente de instaurar e decretar a caducidade da concessão. A caducidade é a hipótese de extinção contratual por ato unilateral do Poder Concedente, tendo como fundamento inadimplementos contratuais (art. 38 da Lei nº 8.987/1995, a "Lei de Concessões"). Usualmente, os mesmos fatos que levam à decretação de caducidade não fundamentam a aplicação de outras sanções administrativas, em especial, as que levam à impossibilidade de celebração de contratos administrativos e participação em licitações públicas por certo período de tempo (vide art. 87, III e IV, da Lei nº 8.666/1993; art. 156, III e IV, da Lei nº 14.133/2021; art. 78-J da Lei 10.233/2001). Aqui, há sempre o risco de os efeitos dessas sanções serem estendidas para os acionistas diretos, já que as concessionárias são, usualmente, sociedades de propósito específico. Como, nesses casos, há uma série de inadimplementos contratuais, o fato de a concessionária ter dado entrada no pedido de recuperação judicial (e ter incluído os créditos públicos no plano) traz sempre o risco concreto de o Poder Concedente iniciar o processo de caducidade. Então, para mitigar este risco, algumas concessionárias não incluem os créditos do Poder Concedente. Ou ainda, se incluem, adotam alguma medida para evitar o início do processo de caducidade ou para suspendê-lo (o que vai depender muito do contexto concreto).

Em suma, a inclusão dos créditos públicos na recuperação judicial me parece possível, embora o problema narrado acima (a possibilidade de início da caducidade, caso haja inadimplementos contratuais pela recuperanda) possa ocorrer na prática. E, quanto a este ponto, a reforma na LFRE nada mudou o quadro.

3.2. Falência e concessões

Para as concessões, o que importa sobre a falência é que ela leva à extinção da pessoa jurídica concessionária. Isso significa que a decretação da falência pelo Poder Judiciário leva à extinção da concessão pelo desaparecimento de um dos sujeitos, o que está expresso no art. 35, VI, da Lei de Concessões. Embora esta não faça qualquer alusão aos efeitos da falência nas concessões, os seus efeitos serão os mesmos de uma extinção por caducidade (em que o motivo da extinção decorre de culpa do concessionário).

Esses efeitos são os seguintes: (a) retomada dos serviços pelo Poder Concedente (diretamente ou por alguém por ele indicado para assumir os serviços); (b) eventual indenização devida ao concessionário falido (que não precisa ser paga previamente), caso existam bens reversíveis não amortizados; (c) dever de pagamento de multas aplicadas ainda em aberto; (d) conforme a gravidade do contexto, aplicação de sanção de restrição à participação em futuras licitações e celebração de contratos com o Poder Público.[8] E aqui certamente a Administração buscará estender os efeitos dessas sanções aos acionistas da concessionária, já que a aplicação de tais sanções à falida seria impossível. No entanto, parece-me que isso só seria possível nos casos de desconsideração da personalidade jurídica do art. 160 da Lei nº 14.133/2021.

É muito difícil encontrarmos, na prática das concessões, um caso em que há a decretação da falência de uma concessionária. Isso porque, antes de se chegar a esse drástico resultado, provavelmente os acionistas da concessionária em crise encontram uma solução de mercado. Ou então, a situação de crise da concessionária a levou a descumprir uma série de obrigações contratuais, levando o Poder Concedente a decretar a caducidade antes da falência.

E a decretação da caducidade será a tendência do Poder Concedente. A primeira razão consiste na própria continuidade do serviço. O Poder Público procurará ter uma solução para a potencial descontinuidade que se avizinha. Além disso, a caducidade acaba evitando outra discussão no âmbito da falência, que é o da responsabilidade subsidiária do Estado pelos débitos da falida. A razão para isso reside no fato de que a atividade desempenhada pelo concessionário é pública, isto é, de titularidade do Estado. Este apenas delegou temporariamente tal tarifa a um terceiro, que se tornou agente público (o concessionário). Por isso, se o concessionário

[8] Usualmente, essas sanções seriam as previstas no art. 87, III e IV, da Lei nº 8.666/1993 (suspensão do direito de licitar e contratar por até 2 anos e declaração de inidoneidade, respectivamente). No entanto, certos serviços públicos federais podem ter um regime sancionador específico (ex.: a do setor rodoviário federal, previsto na Lei nº 10.233/2001) e, para as concessões futuras, será aplicado o regime sancionador da Nova Lei de Licitações, a Lei nº 14.133/2021, que prevê as sanções de impedimento de licitar e contratar de 1 a 3 anos (art. 156, III) e a declaração de inidoneidade de 3 a 6 anos (art. 156, IV).

– ao desenvolver suas atividades – não possui condições de arcar com seus débitos, o Estado (titular da atividade) deverá responder por ela. Essa questão já foi apontada pela doutrina há bastante tempo, havendo precedente do Superior Tribunal de Justiça nesse sentido.[9]

4. Enfim, o que mudou para o regime das concessões?

A rigor, a reforma na LFRE não trouxe modificações no regime falimentar e de recuperação judicial às atividades administrativas. Ela continua restrita às concessões, permissões e autorizações de serviço público. E a reforma não endereçou os problemas usualmente existentes em processos de recuperação judicial e falências. Em suma, as questões ainda estão em aberto e o regime não têm sido ainda altamente utilizado nas concessões, permissões e autorizações.

Referências

CAMPILONGO, Celso Fernandes. *Função social do notariado: eficiência, confiança e imparcialidade*. São Paulo: Saraiva, 2014.

FREIRE, André Luiz. *O regime de direito público na prestação de serviços públicos por pessoas privadas*. São Paulo: Malheiros Editores, 2014.

MELLO, Celso Antônio Bandeira de. *Curso de direito administrativo*. 34. ed. São Paulo: Malheiros Editores, 2019.

ZOCKUN, Maurício. *Regime constitucional da atividade notarial e de registro*. São Paulo: Malheiros Editores, 2018.

[9] STJ, REsp 1.135.927/MG, 2ª Turma, rel. Min. Castro Meira, j. 10.08.2010, DJe 19.08.2010.

10. Vetos na Lei de Recuperação Judicial e Falência

Maricí Giannico
Sofia Costa Agreli
Thamires de Oliveira Loduca

O Projeto de Lei n.º 4.458/2020 que inseriu alterações substanciais à Lei n.º 11.101/2005 foi sancionado em seu texto original com 14 (quatorze) vetos impostos pelo Presidente da República, o Sr. Jair Bolsonaro. Segundo as razões do Veto apresentadas pela Presidência, eles foram impostos "por contrariedade ao interesse público e inconstitucionalidade".

Regularmente previsto pelo art. 66, §§ 1º e 2º, da Constituição Federal,[1] o veto representa a discordância do Presidente da República com determinado trecho de projeto de lei que fora anteriormente aprovado pelas Casas Legislativas do Congresso Nacional (Câmara dos Deputados e Senado Federal) e pode ser total ou parcial.

No caso do Projeto de Lei n.º 4.458/2020, os vetos apresentados foram apenas parciais em relação aos seguintes trechos das seguintes proposições:

[1] Art. 66. A Casa na qual tenha sido concluída a votação enviará o projeto de lei ao Presidente da República, que, aquiescendo, o sancionará.
§ 1º. Se o Presidente da República considerar o projeto, no todo ou em parte, inconstitucional ou contrário ao interesse público, vetá-lo-á total ou parcialmente, no prazo de quinze dias úteis, contados da data do recebimento, e comunicará, dentro de quarenta e oito horas, ao Presidente do Senado Federal os motivos do veto.
§ 2º. O veto parcial somente abrangerá texto integral de artigo, de parágrafo, de inciso ou de alínea.

(i) art. 6º, § 10, da Lei nº 11.101/05, que assim dispunha: "§ 10. Na hipótese de recuperação judicial, também serão suspensas as execuções trabalhistas contra responsável, subsidiário ou solidário, até a homologação do plano ou a convolação da recuperação judicial em falência".

(ii) art. 6º, § 13, da Lei nº 11.101/05, que assim dispunha: "não se sujeitam aos efeitos da recuperação judicial os contratos e obrigações decorrentes dos atos cooperativos praticados pelas sociedades cooperativas com seus cooperados, na forma do art. 79 da Lei nº 5.764, de 16 de dezembro de 1971, consequentemente, não se aplicando a vedação contida no inciso II do art. 2º quando a sociedade operadora de plano de assistência à saúde for cooperativa médica".

(iii) art. 6º-B, *caput*, da Lei nº 11.101/05, que assim dispunha: "não se aplica o limite percentual de que tratam os arts. 15 e 16 da Lei nº 9.065, de 20 de junho de 1995, à apuração do imposto sobre a renda e da Contribuição Social sobre o Lucro Líquido (CSLL) sobre a parcela do lucro líquido decorrente de ganho de capital resultante da alienação judicial de bens ou direitos, de que tratam os arts. 60, 66 e 141 desta Lei, pela pessoa jurídica em recuperação judicial ou com falência decretada".

(iv) art. 6º-B, inc. I, da Lei nº 11.101/05, que assim dispunha: "pessoa jurídica que seja controladora, controlada, coligada ou interligada; ou"

(v) art. 6º-B, inc. II, da Lei nº 11.101/05, que assim dispunha: "pessoa física que seja acionista controlador, sócio, titular ou administrador da pessoa jurídica devedora".

(vi) art. 50-A, *caput*, inc. I, da Lei nº 11.101/05, que assim dispunha: "a receita obtida pelo devedor não será computada na apuração da base de cálculo da Contribuição para o Programa de Integração Social (PIS) e para o Programa de Formação do Patrimônio do Servidor Público (Pasep) e da Contribuição para o Financiamento da Seguridade Social (Cofins);"

(vii) art. 50-A, *caput*, inc. II, da Lei nº 11.101/05, que assim dispunha: "o ganho obtido pelo devedor com a redução da dívida não se sujeitará ao limite percentual de que tratam os arts. 42 e 58 da

Lei nº 8.981, de 20 de janeiro de 1995, na apuração do imposto sobre a renda e da CSLL; e"

(viii) art. 50-A, *caput*, inc. III, da Lei nº 11.101/05, que assim dispunha: "as despesas correspondentes às obrigações assumidas no plano de recuperação judicial serão consideradas dedutíveis na determinação do lucro real e da base de cálculo da CSLL, desde que não tenham sido objeto de dedução anterior".

(ix) art. 50-A, par. único, inc. I, da Lei nº 11.101/05, que assim dispunha: "pessoa jurídica que seja controladora, controlada, coligada ou interligada; ou"

(x) art. 50-A, par. único, inc. II, da Lei nº 11.101/05, que assim dispunha: "pessoa física que seja acionista controladora, sócia, titular ou administradora da pessoa jurídica devedora".

(xi) art. 60, par. único, da Lei nº 11.101/05, que assim dispunha: "o objeto da alienação estará livre de qualquer ônus e não haverá sucessão do arrematante nas obrigações do devedor de qualquer natureza, incluídas, mas não exclusivamente, as de natureza ambiental, regulatória, administrativa, penal, anticorrupção, tributária e trabalhista, observado o disposto no § 1º do art. 141 desta Lei."

(xii) art. 66, § 3º, da Lei nº 11.101/05, que assim dispunha: "desde que a alienação seja realizada com observância do disposto no § 1º do art. 141 e no art. 142 desta Lei, o objeto da alienação estará livre de qualquer ônus e não haverá sucessão do adquirente nas obrigações do devedor, incluídas, mas não exclusivamente, as de natureza ambiental, regulatória, administrativa, penal, anticorrupção, tributária e trabalhista".

(xiii) art. 11, *caput*, da Lei nº 8.929/94, que assim dispunha: "não se sujeitarão aos efeitos da recuperação judicial os créditos e as garantias cedulares vinculados à CPR com liquidação física, em caso de antecipação parcial ou integral do preço, ou, ainda, representativa de operação de troca por insumos ("*barter*"), subsistindo ao credor o direito à restituição de tais bens que se encontrarem em poder do emitente da cédula ou de qualquer terceiro, salvo motivo de caso fortuito ou força maior que comprovadamente impeça o cumprimento parcial ou total da entrega do produto" e

(xiv) art. 11, par. único, da Lei nº 8.929/94, que assim dispunha: "Caberá ao Ministério da Agricultura, Pecuária e Abastecimento definir quais atos e eventos caracterizam-se como caso fortuito ou força maior para os efeitos deste artigo".

Após o envio, pela Presidência da República, das razões de veto apresentadas, as Casas Legislativas do Congresso Nacional deliberaram em sessão conjunta sobre os vetos inicialmente impostos, conforme prevê o art. 57, § 3º, inc. IV, da Constituição Federal,[2] havendo rejeitado doze dos quatorze vetos da Presidência, mantendo apenas os vetos ao art. 6º, § 10, da Lei nº 11.101/05 e ao art. 11, par. único, da Lei nº 8.929/94.

O art. 6º, § 10, da Lei nº 11.101/05 (Lei de Falências) previa que, na hipótese de recuperação judicial, seriam suspensas não só as execuções trabalhistas propostas em face do responsável (devedor principal), mas também aquelas propostas em face do devedor subsidiário,[3] do devedor solidário ou do sócio – isto até a homologação do plano ou da convolação da recuperação judicial em falência.

Assim, não só o devedor principal teria suas execuções trabalhistas suspensas, mas também os demais responsáveis pela dívida.

[2] Art. 57. O Congresso Nacional reunir-se-á, anualmente, na Capital Federal, de 2 de fevereiro a 17 de julho e de 1º de agosto a 22 de dezembro. (...); § 3º. Além de outros casos previstos nesta Constituição, a Câmara dos Deputados e o Senado Federal reunir-se-ão em sessão conjunta para: (...); IV – conhecer do veto e sobre ele deliberar.

[3] Lembrando que as empresas integrantes do mesmo grupo econômico da devedora principal são consideradas devedoras solidárias, conforme disposto no art. 2º, § 2º, da CLT: "art. 2º. Considera-se empregador a empresa, individual ou coletiva, que, assumindo os riscos da atividade econômica, admite, assalaria e dirige a prestação pessoal de serviço. § 1º. Equiparam-se ao empregador, para os efeitos exclusivos da relação de emprego, os profissionais liberais, as instituições de beneficência, as associações recreativas ou outras instituições sem fins lucrativos, que admitirem trabalhadores como empregados. § 2º. Sempre que uma ou mais empresas, tendo, embora, cada uma delas, personalidade jurídica própria, estiverem sob a direção, controle ou administração de outra, ou ainda quando, mesmo guardando cada uma sua autonomia, integrem grupo econômico, serão responsáveis solidariamente pelas obrigações decorrentes da relação de emprego. § 3º. Não caracteriza grupo econômico a mera identidade de sócios, sendo necessárias, para a configuração do grupo, a demonstração do interesse integrado, a efetiva comunhão de interesses e a atuação conjunta das empresas dele integrantes".

Este é um dos pontos mais polêmicos da reforma da Lei de Falências, já que se relaciona com a suspensão das execuções trabalhistas. Segundo as razões do Veto Presidencial:

> (...) embora se reconheça o mérito da proposta, o dispositivo contraria o interesse público por causar insegurança jurídica ao estar em descompasso com a essência do arcabouço normativo brasileiro quanto à priorização dos créditos de natureza trabalhista e por acidentes de trabalho, nos termos do art. 186 do Código Tributário Nacional – CTN, e da própria sistemática instituída pela Lei nº 11.101, de 2005, para a proteção desses créditos.

Com a manutenção do veto pelas Casas Legislativas, permanece hígido o entendimento jurisprudencial firmado pelo Tribunal Superior do Trabalho no sentido de que, em casos de falência ou recuperação judicial do devedor principal, a execução trabalhista poderá ser redirecionada aos devedores subsidiários ou solidários, ou até mesmo aos seus sócios.[4]

O entendimento consolidado pelo Tribunal Superior do Trabalho quanto ao redirecionamento das execuções trabalhistas visa a preservar especialmente a garantia constitucional da razoável duração do processo, e está em consonância com o inc. IV da Súmula nº 331 daquele Tribunal, segundo a qual

> o inadimplemento das obrigações trabalhistas, por parte do empregador, implica a responsabilidade subsidiária do tomador dos serviços quanto àquelas obrigações, desde que haja participado da relação processual e conste também do título executivo judicial.

Nesse sentido, inclusive, vale relembrar que o Tribunal Superior do Trabalho reconhece não ser necessário o prévio esgotamento da execução trabalhista movida em face do devedor principal quando este estiver em processo de recuperação judicial ou falência, para o redirecionamento da execução em face do devedor subsidiário ou solidário.[5]

[4] TST, 5ª Turma, RR 103300-98.2008.5.02.0039, rel. Min. Douglas Alencar Rodrigues, j. 13/2/2019, DJe 22/2/2019; TST, 2ª Turma, Ag 7550820145040451, rel. Min. Delaide Miranda Arantes, j. 14/10/2020, DJe 16/10/2020; TST, 2ª Turma, AIRR 101769-40.2016.5.01.0001, rel. Min. Delaide Miranda Arantes, j. 20/5/2020, DJe 29/5/2020.

[5] TST, 6ª Turma, AIRR 11093-96.2014.5.01.0201, rel. Min. Lelio Bentes Corrêa, j. 17/6/2020, DJe 19/6/2020; TRT22, 1ª Turma, AGV 00002037-32.2015.5.22.0003, rel. Des. Liana Ferraz

Ou seja, para que qualquer outro devedor seja obrigado a arcar com a dívida trabalhista do devedor principal, não há exigência prévia de que sejam esgotados todos os meios para se obter o valor da dívida da empresa, com a realização de pesquisas de valores em contas bancárias, pesquisas de bens *etc.*

Na hipótese de recuperação judicial, a lei permite que, mesmo que haja outros meios para se obter o crédito da empresa devedora, o empregado se valha de meios mais céleres, buscando o pagamento de seus créditos perante outros devedores, como as empresas do mesmo grupo econômico, os devedores subsidiários ou os próprios sócios de tais empresas.

Além disto, eventual suspensão das execuções trabalhistas propostas por trabalhadores em face de empresas em recuperação judicial ou em processo falimentar aumentaria a insegurança jurídica de tais trabalhadores, credores da massa falida, uma vez que os processos de recuperação judicial em regra são complexos e demorados.

Vale ressaltar, ainda, que os créditos trabalhistas têm natureza alimentar em razão de expressa previsão legal, contida no art. 100, § 1º, da Constituição Federal,[6] o que é amplamente reconhecido também pela doutrina pátria:

> O salário deve ser integralmente pago. Esse é o princípio. Proíbe a lei que sejam efetuados descontos, mediante os quais se reduziria efetivamente o montante da remuneração ajustada. As consequências de tal redução seriam desastrosas para o trabalhador. Como se sabe, o salário é o meio único de sua subsistência, tendo, por conseguinte, indiscutível caráter alimentar. A possibilidade de ser diminuído, por descontos, retenção ou

de Carvalho, j. 19/10/2020; TST, 6ª Turma, AIRR 10177-69.2014.5.15.0008, rel. Min. Katia Magalhães Arruda, j. 18/11/2020, DJe 20/11/2020.

[6] Art. 100. Os pagamentos devidos pelas Fazendas Públicas Federal, Estaduais, Distrital e Municipais, em virtude de sentença judiciária, far-se-ão exclusivamente na ordem cronológica de apresentação dos precatórios e à conta dos créditos respectivos, proibida a designação de casos ou de pessoas nas dotações orçamentárias e nos créditos adicionais abertos para este fim. § 1º. Os débitos de natureza alimentícia compreendem aqueles decorrentes de salários, vencimentos, proventos, pensões e suas complementações, benefícios previdenciários e indenizações por morte ou por invalidez, fundadas em responsabilidade civil, em virtude de sentença judicial transitada em julgado, e serão pagos com preferência sobre todos os demais débitos, exceto sobre aqueles referidos no § 2º deste artigo.

compensação, constituiria grave ameaça ao equilíbrio do orçamento doméstico do empregado.[7]

Considerando a natureza alimentar e essencial dos créditos trabalhistas, o art. 449 da Consolidação das Leis do Trabalho ratifica a preferência destes créditos em caso de falência ou recuperação judicial da empresa:

> Art. 449. Os direitos oriundos da existência do contrato de trabalho subsistirão em caso de falência, concordata ou dissolução da empresa.
> § 1º. Na falência constituirão créditos privilegiados a totalidade dos salários devidos ao empregado e a totalidade das indenizações a que tiver direito.

Se os credores tivessem que aguardar a homologação dos planos de recuperação judicial das empresas ou a decretação de falência para executarem seus créditos, poderiam ficar em situação de extrema vulnerabilidade e insegurança jurídica.

Conclui-se, portanto, que o veto imposto ao art. 6º, § 10, está em plena consonância com a legislação, doutrina e jurisprudência pátrias e poderá evitar inúmeras discussões e situações de incerteza jurídica na esfera trabalhista.

Já o veto ao parágrafo único do art. 11 da Lei nº 8.929/94, que institui a Cédula de Produto Rural (CPR), continha a previsão de que caberia ao Ministério da Agricultura, Pecuária e Abastecimento (MAPA) a definição dos atos e eventos que caracterizam "caso fortuito" ou "força maior" para efeitos do *caput*,[8] isto é, para efeitos de excluir da recuperação judicial o direito do credor de restituir os bens objeto da CPR que se encontrem em poder do emitente da cédula ou de terceiro, salvo motivo de "caso fortuito" ou "força maior" que impeça o cumprimento parcial ou total da entrega do produto.

[7] GOMES, Orlando. *O salário no direito brasileiro*. São Paulo, LTr, 1996, p. 103.

[8] Art. 11. Não se sujeitarão aos efeitos da recuperação judicial os créditos e as garantias cedulares vinculados à CPR com liquidação física, em caso de antecipação parcial ou integral do preço, ou, ainda, representativa de operação de troca por insumos (*barter*), **subsistindo ao credor o direito à restituição de tais bens que se encontrarem em poder do emitente da cédula ou de qualquer terceiro, salvo motivo de caso fortuito ou força maior que comprovadamente impeça o cumprimento parcial ou total da entrega do produto.**

Como se sabe, a CPR é um título de crédito que representa "a promessa de entrega de produtos rurais".[9] Por meio dela, são especificadas a quantidade e a qualidade do produto rural objeto do título. A depender das características do título, a CPR poderá ser liquidada de forma financeira, ou seja, com o pagamento em dinheiro, ao invés da entrega do produto rural. As alterações trazidas pelo Projeto de Lei n.º 4.458/2020 dizem respeito especificamente à CPR-física, permanecendo a CPR-financeira sujeita ao regime falimentar.

O produto rural, por sua vez, é legalmente definido como aquele que exerce (i) atividades de agricultura, pecuária, plantação de floresta, pesca, aquicultura, incluindo os derivados, subprodutos e resíduos de valor econômico, bem como os beneficiados e os submetidos à primeira industrialização,[10] (ii) atividade de conservação de florestas nativas e dos respectivos biomas e manejo de florestas nativas no âmbito do programa de concessão de florestas públicas, ou (iii) outras atividades florestais que vierem a ser definidas pelo Poder Executivo como ambientalmente sustentáveis.

O veto ao parágrafo único do art. 11, que atribuía ao MAPA a competência para definir o que seria considerado "caso fortuito" ou "força maior" para justificar o impedimento total ou parcial da entrega do produto, teve por fundamento a usurpação da competência legislativa de iniciativa do Presidente da República, nos termos do art. 61, § 1º, inc. II, alínea "e" c/c art. 84, inc. VI, da Constituição da República. As razões do veto foram amparadas no julgamento da ADI 4.288,[11] em acordão assim ementado:

> AÇÃO DIRETA DE INCONSTITUCIONALIDADE. LEI 12.257/2006, DO ESTADO DE SÃO PAULO. POLÍTICA DE REESTRUTURAÇÃO DAS SANTAS CASAS E HOSPITAIS FILANTRÓPICOS. INICIATIVA PARLAMENTAR. INOBSERVÂNCIA DA EXCLUSIVIDADE DE INICIATIVA DO CHEFE DO PODER EXECUTIVO. ATRIBUIÇÃO DE ÓRGÃOS DA ADMINISTRAÇÃO PÚBLICA E DESTINAÇÃO DE

[9] Art. 1º da Lei nº 8.929/1994.

[10] Art. 1º, § 2º, inc. I, 1º, da Lei nº 8.929/1994.

[11] STF, Pleno, ADI 4288, rel. Min. Edson Fachin, rel. p/ acórdão Min. Alexandre de Moraes, j. 29/06/2020, DJe 13/08/2020.

> RECEITAS PÚBLICAS. RESERVA DE ADMINISTRAÇÃO. PEDIDO PROCEDENTE.
>
> 1. A Lei Estadual 12.257/2006, de iniciativa parlamentar, dispõe sobre política pública a ser executada pela Secretaria de Estado da Saúde, com repercussão direta nas atribuições desse órgão, que passa a assumir a responsabilidade pela qualificação técnica de hospitais filantrópicos, e com previsão de repasse de recursos do Fundo Estadual de Saúde (art. 2º).
>
> 2. Inconstitucionalidade formal. Processo legislativo iniciado por parlamentar, quando a Constituição Federal (art. 61, § 1º, II, 'c' e 'e') reserva ao chefe do Poder Executivo a iniciativa de leis que tratem do regime jurídico de servidores desse Poder ou que modifiquem a competência e o funcionamento de órgãos administrativos.
>
> 3. Ação Direta julgada procedente.

Embora o texto constitucional seja expresso sobre a competência do Presidente da República, o intuito de o MAPA definir as situações de "caso fortuito" ou "força maior" que excetuam a possibilidade de o credor receber o produto rural objeto da CPR fora dos parâmetros da recuperação judicial seria conferir maior segurança ao produtor rural de acordo com a cultura plantada, a região, os métodos de produção e a produtividade, assegurando que o caso fortuito ou a força maior alegados possa ser reconhecido.

Além do mais, o art. 5º da Lei Federal nº 8.171/1999[12] (Lei da Política Agrícola), e o art. 1º, inc. V, do Anexo I do Decreto 10.253/2020,[13] já conferem ao MAPA a competência para a definição desses critérios, na medida em que lhe atribui o poder de "manter sistema de análise e informação sobre a conjuntura econômica e social da atividade agrícola

[12] Art. 5º. Fica instituído o Conselho Nacional de Política Agrícola (CNPA), vinculado ao Ministério da Agricultura, Pecuária e Abastecimento, com as seguintes atribuições: (Redação dada pela Lei nº 13.901, de 2019).
III – orientar a elaboração do Plano de Safra;
IV – propor ajustamentos ou alterações na política agrícola;
VI – manter sistema de análise e informação sobre a conjuntura econômica e social da atividade agrícola.

[13] Art. 1º. O Ministério da Agricultura, Pecuária e Abastecimento, órgão da administração pública federal direta, tem como áreas de competência os seguintes assuntos:
V – informação agropecuária;

e informação agrícola". Com isso, a especialidade técnica e a estrutura tecnológica do MAPA facilitariam a aplicação do *caput* do art. 11 da Lei 8.929/94.

Diante disso, conclui-se que a atuação do MAPA nesses casos teria caráter meramente informativo, que não afrontaria o art. 61, § 1º, inc. II, alínea "e", da Constituição da República. Ao contrário, o MAPA, enquanto órgão que dispõe de informações técnicas necessárias para a caracterização dos eventos, auxiliaria na aplicação da norma e garantiria segurança jurídica, o que se alinha com a previsão do art. 30 da Lei de Introdução das Normas ao Direito Brasileiro (Decreto-Lei nº 4.657/1942), que estabelece que "as autoridades públicas devem atuar para aumentar a segurança jurídica na aplicação das normas".

Referências

COELHO, Fábio Ulhôa. *Títulos de crédito*. São Paulo: Revista dos Tribunais, 2021.
GOMES, Orlando. *O salário no direito brasileiro*. São Paulo: LTr, 1996.